村山修一著

日本陰陽道史総説

塙書房刊

この本を
九十四歳を以て
逝ける
母しげ刀自の
霊前に捧ぐ。

序

本書は、従来著者が断片的に発表してきたわが陰陽道《おんみようどう》史関係の小論を修正補訂した上に、相当の加筆を行なって装いを新たにし、日本陰陽道の文化史的通観を試みたものであって、易占や陰陽道の技法・理論を解説し、あるいはこれを宗教学的に叙述することを目的としたものではない。

著者は長年、神仏習合史研究を手がけて来たが、そこで屡々感じたのは、神祇信仰にも仏教にも、陰陽道が深く纒綿し、これが内外両思想・宗教の接触・交流を一段と複雑にしており、この関係の解明こそ緊急の課題ではないかということであった。大陸の漢民族社会に発生し発展した陰陽道は、その呪術性を通して神祇信仰・仏教と結びつき易い性格を有し、それが神仏習合を多彩ならしめたのみならず、その一見、合理的にみえる理論は、日本の政治・法制・軍事・学問・文学・美術・芸能など様々な分野に進出し、さては日本人の日常生活慣習にも滲透、民俗化し、今日なお根強く残滓を留める程になった。そうした意味からわが陰陽道史の解明は今後の日本史研究にとり、決して等閑視しえないものがあるが、従来この方面の研究は立ち遅れの状態にあり、研究書もいまもって寥々たる有様であるのにかんがみ、敢て非才を省みず、爰にせめて現在までの学界の業績を総観的にまとめた展望書を刊行し、同学諸賢の便に資したく思い立ったのは六年前であった。

しかし筆が軌道に乗り始めて間もなく、ある猛暑の深更、突如隣家より出火してわが家は類焼を被り、書斎を失って呆然自失の心境に追い込まれ、一時は執筆放棄を覚悟したのであったが、焼跡の瓦礫の下から泥まみれの草稿を発見して気を取り直し、再び執筆を継続し、爾来牛の歩みのごとく、仕事は進められた。稿の進行とともに、陰陽道の関連する分野が上述のごとく多岐にわたるため、これをどう拾収しまとめてゆくかの問題に直面し、すべてを網羅しようとすれば、本書の成稿はさらに何時になるか見通しがつかず、起稿以来年序を経るの久しきを思い、幾多未知未解決点を遺しつつ、一先ずこの辺で擱筆することを決意したのである。

かくして出来上ったものは甚だ不充分不本意を免れなかったが、斎藤勵・滝川政次郎・桃裕行・西田長男ら諸氏をはじめとし、多くの先輩同学諸賢のすぐれた斯道開拓なくしては、ここまで記述することもむつかしかったであろう。いま改めて、その学恩を身に沁みて感ずるものである。さらに、多種多様な史料・写真等を通じて著者に援助の手を指し延べられた、東京大学の桃裕行氏、小浜市立図書館の小畑昭八郎氏、妙法院の三崎義泉氏、大阪女子大学の田中文英氏、生魂神社の二宮正彦氏、前田尊経閣文庫、宮内庁書陵部、東京大学史料編纂所の山中裕氏、京都の高山寺・梅林寺ならびに円光寺、京都国立博物館の中野玄三氏、京都大学人文科学研究所の梅原郁氏、奈良の法隆寺・戒長寺、泉南の久米田寺各位に対し、心から御礼申し上げるとともに、本書出版のお世話になった白石静男氏に厚く謝意を表する次第である。

昭和五十五庚申歳早苗月三十日

満六十六歳誕辰にあたって

村山修一しるす

目次

本文挿入資料目録

表およびグラフ

挿図

系図

日本陰陽道史総説

一　大陸における陰陽道の発祥と推移

一　陰陽道の起源

陰陽道《おんみょうどう》とは、古代中国に起った陰陽五行説を中心とする思想とそれに基づく諸技術をさすもので、日月星辰の運行・位置を考え、相生相克の理により吉凶を判じ、あらゆる思考や行動の指針を導き出そうとするところにおもな目的がある。中国において、もっとも古くまとまってこの思想を知りうる文献として、陰陽説では『易経』、五行説では『書経』中の『洪範』があげられるが、恐らく五行説は、陰陽道から発生しつつ両者互いに不可分の関係のうちに発展したので、陰陽道は大まかには易の思想といってよい。この易はもと夏王朝の連山、殷（商）王朝の帰蔵、周王朝の周易と三種あって、前二者は詳細が伝わらず、後世専ら行なわれたのは周易であった。上記の書物によると、『易経』は太古の君主である伏羲が創め、周の文王が完成したものであり、『洪範』は夏の禹王が天から授って以来伝承され、殷朝滅亡に際し、殷の箕子が周の武王に伝えたという。周王朝の興起と陰陽五行説は深い関係があったのである。

唐の孔頴達が著した『周易正義』によると易には三義あり、㈠は易簡すなわち、もっとも簡単明瞭な天地の原理的法則で、陰陽の思想はこれを代表している。㈡は変易と称し、宇宙の一切の現象を流転変化の相において認識することである。㈢は不易で万物流転には一定不変の法則があるとみる。従って一見、㈡と㈢は矛盾するようであるが、密接不離な関係において成立する。この三義のうち、後世中国の学者が重視するのは第二の変易であって、『説文』に「易、蜥易蝘蜓守宮なり」とあるのが重要な拠りどころになっている。つまり易は蜥易から来たものでトカゲを指し、蝘蜓守宮のヤモリと同類と説く。

これらの爬虫類は、宋の陸佃著『埤雅』、明の李時珍著『本草綱目』などによれば、蜥易は日に十二時色を変じ、守宮は五色に変ずるので、彼の有名な変色の動物カメレオンのごとく、それによって易を変易の意味にとるものであるが、爬虫類の変色する動物から易が思いつかれたとする説は無理としても、易の発生に関して、これらの動物が何等か関係のあったことは想像してよいであろう。すなわち、日常手近かにみられるヤモリ、トカゲに一たん水をのんでこれを水滴として吐き出す習性のあることや、同じ爬虫類の蛇が水辺陰湿の場所を好むことから、中国では古くから巫祝すなわちシャーマンの類の人々がこれらの動物を畜養し、これを利用して雨乞の宗教儀礼を行なったので、白鳥清氏は、『山海経』・『西原賦』・『酉陽雑俎』等の文献を引用してこれを説明せられ、『左伝』や『史記』にある御龍氏・富龍氏の類は、爬虫類を飼育して雨乞儀礼を行なったシャーマンに他ならず、女媧も要する蛇形の雨神龍である伏義氏を制御するシャーマンと解されてくるのである。

また、伏羲が黄河から出現の龍馬の背に負っていた図によって八卦を画し、これを蓍《めどき》に託して易をつくり、禹は治水の際、洛水から出た書によって五行思想の中心となる「洪範九疇」をつくったという河図洛書の説は、陰陽五行説を神聖化するための工作ではあったろうが、爬虫類のイメージからきた龍馬や河水がこの説の中心になっている点に雨乞シャーマンの巫術がその基盤となった事情を暗示している。

上記易の帰蔵によれば、「昔、女媧の筮するや雲幕を張り之を枚占す、曰く、吉なり、昭昭たる九州、日月は代極して土地を平均し、四国を和合す」とあり、恐らく女巫が鼇の足を四脚にしてその上に壇を立て卜占巫術を行ない、その際雲幕を張って伏羲と交わり、天地陰陽交会を現わし、降雨・生殖・繁栄を祈ったものと推定される。山東省任城にある漢の武梁祠左右第四石に描く伏羲・女媧像は下身蛇体にして交尾の状を示し、明らかに生産増殖の意が看取されるのである。

殷代のころまで盛んであった亀卜の法は、巫祝シャーマンの活躍によって、周代には蓍（竹）による占筮がこれに代り、この間天文や暦の進歩により陰陽五行説は次第に体系をととのえてきた。津田左右吉博士によれば、陰陽の語の初見は『老子』であり、もっとも最初から記載せられていたかどうかは疑問としても、『荀子』『韓非子』はじめ戦国末の典籍には随所にあらわれてくるから、戦国末には巫覡の徒によって占兆にこれが利用せられていたであろうという。また同博士は陰陽説成立の基盤として『呂氏春秋』の文を引き、宇宙は形質と気で成立ち、前者は天と地、後者は陰と陽が根幹をなすとの考えがあったとのべられた。すなわち気は宇宙のあらゆる事物に存在し、万象をして万象たるはたらきをなさしむる力と考えられ、春秋寒暖をはじめ明暗昼夜、男女両性など日常の経験からえた知識が陰陽の二元観を生み出したのであり、それは善と悪、生と死といった対立関係でなく、両者あわせて宇宙と人生を存立させるはたらきをしたのである。従って本来そこには倫理的宗教的意義や思想は含まれていなかったのであると。

また、同氏は、男女二神が宇宙万物を造ったという一種の宇宙生成説話が民間にあって、それが二元観の源流をなしたかもしれないと『淮南子精神訓』の文などから推測されている。五行説についてもその文献的初見は『洪範』と『尚書』の甘誓であるが、後者の五行にはその意義が明らかでなく、前者は人間生活に必要な物質として五行をあげたまでであり、あらゆる現象や事物のはたらきとしてみられていないところから、戦国末以前にはいわゆる五行説はまだ成立していなかっと判断されたが、これに対して、飯島忠夫博士は、『洪範』の文は、やはり後世五行説の源流をなすもので、すでに占星術的意義を有し、倫理学・政治学の基本原理の成立を認められている。そこでは水火木金土を五行とし、これを鹹苦酸辛甘の五味に配当し、あるいは、君主の貌・言・視・聴・思の五事に対応させているところからも、五行は君主の道徳の基礎原理となっており、それが自然現象に影響するものとしていることがしられるのである。

やがて、戦国時代・秦朝をへて漢のはじめころになると、陰陽五行説は大いに発展し、複雑さを加えた。前漢の武帝（B.C.一四〇即位）のはじめころ、淮南王劉安の編述になる『淮南子』は、この間の消息を伺う書物として注目されるであろう。本書によると、生成の順序として示された水火木金土の五行は、相生の順序としての木火土金水におきかえられ、さらにまた木土水火金という相勝の順序においても解釈された。

五行の「行」は、天のために気を行《めぐ》らすことで、天においては、五星すなわち歳星（木星）熒惑星（火星）鎮星（土星）太白星（金星）辰星（水星）といい、季節に配しては春夏土用秋冬、霊獣と色に配しては蒼龍（青色）朱鳥（赤色）黄龍（黄色）白虎（白色）玄武（黒色）とする。これらから推して、五行の五の数が、古代に認識された五つの惑星におもな発想の根元を求められるであろう。

いっぽう、四季の循環からして陰陽二気の相克と交替の継起関係が考え出され、ついで五行相克の関係が導き出された。それは生壮老囚死の関係に対応し、人間の吉凶禍福をしるための基礎理論となる。さらに月齢の周期が一年約十二回繰返えされ、かつ木星の週期が十二年であるところから、一年を陰陽の消長とみて十二段に分けることから始まり、亥に終るいわゆる十二辰をこれに配当した。けだし十二辰の名は、植物の発生・繁茂・成熟・凋落の過程を陰陽の消長する十二の段階に分って名づけたもので、これを鼠から猪までの動物に宛てたのは第二次的な考えであるが、古くからの動物神聖観の思想が結びついた結果である。

他方、十日を週期とする計算法があって、これに甲乙丙丁以下のいわゆる十干の名称がつけられた。十干の名称もまた草木の発生より凋落に至る各過程を意味するので、五行と結びつくことにより、相生相克の観念が一層強調されてくる。かくて十干十二支の組合せから、歳月日時方位に占星術的価値がつけられ、ここに陰陽五行説と天文暦法の結合が陰陽道と呼ばれる原始的科学知識を形成し、人間の未来を予知する拠所として上古の漢民族社会を風靡するに至った。

二　陰陽道と儒教の接触

そうした陰陽道の発展は、おのずから儒教・道教など他の諸思想との接触・融合をもたらす結果にもなったので、そのもっとも注目すべきは儒教との関係である。戦国時代の末に出た孔子が易の十翼をつくり、『論語』述而篇の中で、「我に数年を加し、五十にして易を学ばば以て大過無かるべし」といった点について何れもそれは事実でないとする説がある。とくに、『論語』の文については、易を孔子がいた魯の地方の方言で亦と同音なるべく、従って、「五十にして学ばば亦以て大過なかるべし」と読むべきであり、孔子の時代に易はなく、神秘思想を排除した孔子が易をとりいれることは考えられないとする意見が出されている（松本雅明氏「古典の形成」世界歴史講座第四巻一三一ページ）。

しかし、孔子の時代に易の説明がなかったわけでなく、「五十にして学ばば」では意味が通らず、当時易全体が神秘思想とみられていたかどうかも疑問であって、孔子と易を無関係に取扱うのは、歴史的現実に即さない憾みがあると思われる。もっとも、孔子が十翼、すなわち、『彖《たん》伝』・『象伝』・『繫辞伝』など十篇の易解説書（易伝）をつくったとの漢代以来の説には疑義が挾まれ、恐らくは、孔子の門流の手になるものであろうとする考えが有力である。鬼神を遠ざけ、性や天道に余り関心を示さぬ筈の孔子も天命を信じ人道を体得すれば、天・鬼神に接しうると考えた。人道を通してではあっても、聖人が天・鬼神と交わりその開示をうけるとすれば、おのずから聖人の巫祝化を伴い、ひいて儒家の政治権力との結合に道を開くこととなる。何となればもともと上古の権力者は天や祖先をまつり鬼神と交わることによって、呪術的超人的権威を加えたが、『易伝』を通じて、儒家は、秦漢の君主の呪術的権威を肯定し、その助長を促すに至ったからである。

たとえば、『易伝』のうちの『繫辞伝』では、万物生成変化の原動力としての陰陽二気を形而下と形而上、現象面と抽象面、応用面と原理面に分ち、形而下の道である易の爻卦象辞を通じて儒家の聖人は形而上の道である天道・神道を把握し、これを概念化して人々に伝えうるものとし、もって聖人の呪術的権威を高めつつ君主権が確立してゆく戦国時代末期の情勢に対応していったのである。さらに、秦王朝のときの博士伏生は、『尚書』（周を中心とする古代王朝の史書で、孔子の門流により編集され儒家の経典化した）の内容に、呪術的要素を強く導入し、五行説に基づく災異・祥瑞説を加えて、聖人君主の呪術性を強調した『尚書大伝』をつくり、これが漢代に入り晁錯や董仲舒など上層有力知識人によって大いに発展せしめられた。

そこで、話を中国古代の帝王観に対する儒家および易の思想の進出へとうつしてゆきたい。そもそも夏殷周三王朝の支配者は王を称していたが、秦になって皇帝の称号が出現した。すなわち、秦王政は、天下統一の功を長く後世に伝えるための称号を、丞相御史に議せしめ、制詔・朕の特別用語とともに天皇・地皇・秦皇三者神霊中、最高の秦皇の偉大な功業に比定しようとしたものであるが、皇帝の帝もまた最高神である天帝の語から来ている。同時に君主が祖神をまつるに際し、帝号をつけてその神聖化絶対化をはかったところから、人格神の称号にも用途が拡大されて来、やがて覇者的権力者に利用されるに至るのである。

いずれにせよ皇帝の出現は、宇宙万物の主宰者である天帝（昊天）上帝と地上の君主とを同一視する思想を生み出した。皇帝を称したのち、始皇帝は紀元前二一九年、泰山に封禅の儀を行ない、絶対者としての権威を一層強化している。封禅の儀は天子が泰山において上帝をまつるもので、伝説は別として、実際には始皇帝にはじまるといわれるが、不老不死を求めた彼が、とくに宇宙の絶対神に同化して不滅の存在となることを祈念したところにその発想があったのではあるまいか。

秦に代って、漢王劉邦が天下を統一するや、群臣に推されて皇帝の地位につき、以後漢朝は歴代皇帝を称するとともに、また天子とも自称し、皇帝と天子が同義的に併称される時代となった。そこでは、皇帝に上帝として宇宙を主宰する絶対者的位置づけが見られなくなり、漢が呉楚七国の乱を平げて難局を切りぬけたのち君臨した文帝の即位三年の詔に至って、君主の地位は天から与えられるもの、君主に徳がなければ天は災をもってこれを示し戒める。ゆえに天下の治乱は、天子の責任であるとの徳治主義が明確化した。これは儒教思想の影響によるものであるが、武帝の時代に入ると、儒家は、積極的に皇帝や天子の意義を論ずるようになった。武帝に重く用いられた董仲舒は、天地陰陽日月星辰山川人倫に通じ、天地にひとしい徳をもつものを皇帝と称し、天は、これをたすけて子とするゆえに天子と号するのであると両者を結びつけた。そこには武帝の権威の絶対性を認めつつ、天地自然の理法に従わせようとする儒家的倫理的意義づけが看取されよう。

かくて天下太平になれば、祥瑞至るの実を示そうとして、武帝はしきりに瑞号瑞歌をつくって天下に誇示した。元狩元年（B.C. 一二二）十月白麟をえ、白麟の歌や元狩の元号が出来、鼎を汾水の上に得ては元鼎と改元し、元鼎四年（B.C. 一一三）、宝鼎天馬があらわれたとてはその歌をつくらせ、元封二年（B.C. 一〇九）、甘泉宮に芝九茎を見出して、「芝房の歌」を、太始三年（B.C. 九四）、赤雁をえて朱雁の歌をつくらせたのはその例である。

宣帝も『孝経』によって循吏（法律と人情に従う公吏、酷吏に対する）の政治を行ない、子が親の罪を、妻が夫の罪を、孫が祖父母の罪を匿すのを許す程であった反面、讖や董仲舒の弟子睦弘による讖符瑞の解読を用いてその権威を示し、元康五年（B.C. 六一）、河東に后土を祠ったとき、神爵（雀）が集まったとて神爵と改元し、様々な瑞兆があらわれたとて、「五鳳」「甘露」「黄龍」などの改元を行なった。さらに儒家は、天子を古礼の体現者へと近づけることによって王道的君主観の実践をはかった。そのひとつのあらわれが宗廟ならびに郊祀制度の改革である。儒家は祖宗の廟が嫡宗のみによって祀らるべく、異姓や分族のものの祭祀は古礼に反するとし、漢初以来京師のほか各郡国におかれていた郡国廟を元帝のとき（B.C.四〇）献議して廃止せしめた。

また漢初以来皇帝は、白・青・黄・赤・黒の五帝を長安の西北郊にまつり、武帝のときこれに加えて甘泉宮に天神を、河東に地神を新たにまつり、その宗教的呪術的権威を一段と高めたが、成帝の時代、儒官の主張により、これは過美にすぎ、都から余りにも遠く、古礼に違うとして天神地神の祭祀は首都の南北両郊に移された。

かように古礼によって皇帝を天命に従わせ、その倫理的意義づけを行なった儒家は、天命の権威化神秘化を理論的にすすめるため、ここに陰陽五行説に由来する緯書や図讖を利用するに至ったのである。緯書に対する経書は、漢代になって『礼』『楽』『書』『詩』『易』『春秋』を網羅する名称（五経という場合は『楽』を除く）となり、聖人の表わした書物を意味した。緯書はそれに対して聖人が文字の裏の意味を記したものといわれ、経《たていと》緯《よこいと》両者互いに相補って全きをうるとの意識の下に登場した。上記『礼』『楽』『書』『詩』『易』『春秋』や『孝経』にはそれぞれ緯書が出来、総称して七緯といい、そこではじめにのべたような河図洛書の類、すなわち図讖による説明が行なわれていた。図讖は天命が授与されることを示す祥瑞と、未来を予測せしめる予言の類（讖）をさすので、成帝のときにはさらに甘忠可により図讖思想を一段と誇張した『天官歴包元太平経』があらわれた。緯書では帝を煌煌たる上帝、つまりその明察が万物および宇宙に絶対者として君臨するものとし、天子は爵位であって天命により与えられるとしており、これは現実に漢の君主が絶対的支配者であると同時に、天命をうけ天をまつる最高の呪術的司祭者であることに対応している。

換言すれば、支配者の権威の絶対性と天命授与の二つを神秘的な図讖に帰することにより、儒家は皇帝と天子の両者を統一したので、その結果、漢の君主の呪術的権威化に奉仕することによって、儒教は国家の教理としての地位を確立した。反面受命者である天子は、徳の有無により天命が革まるという革命の思想を容認することによって、漢王朝の滅亡を肯定しうる理論的根拠をもここに随伴するところとなった。果たして漢は、元帝のころから中央の支配権はゆるみ、成帝には嗣子なく漢の前途に不安が生ずると、革命思想により漢の再受命による延命工作が表面化した。そのひとつが右の『太平経』の出現である。

そもそも漢代に入ってから王朝交替を五行説で説明する風が盛んとなり、武帝のとき漢の徳は土徳と定められ、黄が聖色とされたが、既述眭弘が漢は堯の後であると主張し、そのころから漢は堯の後裔で火徳（赤）であるとの思想が弘まった。『太平経』は、漢室が改めて天の命を受け直せば立直るものだとの天帝の教えを真人の赤精子から得たとし、かなりの反対があったにかかわらず、この主張が通って哀帝のとき帝号を陳聖劉太平皇帝、元号を太初と改める工作が行なわれた（むろんこれは何等の効果もなかった）。

これよりさき、昭帝のとき、眭弘は災異の啓示によって漢朝の運命は尽きたから天下に賢人を求めて帝位を譲り天命に順うべしと上書して誅せられている。ついで漢朝を簒奪した王莽もまた『周礼』や『孝経』によって教化政治を目ざし、自己を周公に比す一方、図讖神僊を信じ神秘的権威づけに努めた。彼の新王朝樹立は堯の後なる火徳の漢から舜の後なる土徳の彼へ譲られたことを意味し、堯舜の禅譲を火徳から土徳への天道とあわせ顕現したものとされた。王莽の天下は僅か十五年で赤眉の乱をきっかけに崩壊したが、赤眉の徒は王莽の討伐軍と区別するため眉を赤く塗り、かく呼ばれたので、その赤色は漢朝の火徳（赤）をあらわすものであった。赤眉集団中に城陽景王祠をまつる巫祝が随伴したことは、この乱が単なる不逞無頼の徒の政治的社会的暴動であったのみならず、かなりの宗教的色彩をおびたものであったことをうかがわせる。

景王は漢初、呂氏打倒に功あった朱虚侯劉章をさし、山東・河北の両省にまたがりその祠が多数つくられ、病気に関する御利益あらたかで農村民衆の信仰をあつめ、景王の後裔と称する劉盆子を天子にかつぎ出し、巫祝の発する景王の託宣によって行動した点に原始シャーマン的要素が看取され、五行説の赤色も呪術的な形で集団統制に効果的役割を演じたであろう。

漢朝を再興した光武帝も、図讖を信じて天下に公布し封禅の儀を行なったが、この図讖には、孔子が作ったといわれるものもあった。彼の時代にあらわれた『孔丘秘経』なる書には、孔子が漢のために赤制（漢の制度）をつくり暦道の久長を示したとある。こうして、孔子の教が、図讖を抱合することにより、図讖を信じた光武帝は儒教を国教として認めた。前漢では、董仲舒らにより、帝王の徳と天道の相関関係、つまり王道の善悪に応じて、天はその意志を祥瑞や災異によってあらわすとの説が行なわれて、儒教の呪術化が高められたが、いまや、図讖と結びついて、孔子の教えは、天・鬼神の教えとその神秘的呪術性を徹底せしめるに至った。

順帝のときには、于吉が神人から授けられた神書であるとて、その弟子宮嵩が『太平清領書』なるものを帝王に奉った。このころより、後漢は宦官や外戚の政権争奪が激化し、皇帝は有名無実化しつつあったが、桓帝の時代に襄楷が再びこの書を献上した。『太平清領書』は前漢末、甘忠可が皇帝に献じた『天官歴包元太平経』と同類のものと思われ、後漢の衰退を救うための陰陽五行説と儒教的道徳観に基づく呪術的指南書であった。しかし結局この書は、「妖妄不経なり」としてしりぞけられたのち、後漢は内訌にあけくれつつ、つぎの霊帝の代になって黄巾の乱をみ、王朝崩壊の原因をつくった。

三　道士方術士と陰陽道

黄巾の叛乱は、太平道と呼ばれる宗教結社を中核とするが、その指導者張角は『太平清領書』をよみ、これから啓発されるところ多く、太平道の名もこの書の内容からきた可能性が考えられる。張角は、黄河下流から揚子江中下流域に至る広大な地域に数十万の信者をつくり大教団を組織し、これを軍事組織へと育てていった。挙兵の計画として中平元年（一八四）三月五日を蜂起の時期としたのは、この歳が甲子で王者の事を挙ぐる日であるとされていたによるが、「蒼天（漢王朝）已に死す、黄天当に立つべし」と宣言したのは、黄色が漢に代るべきものの色として当時広く信ぜられていたからで、黄色い頭巾をつけて同志の標識にし、よって黄巾の賊と呼ばれた。張角の壮大な叛乱計画は残念乍ら漢朝への内通者によって失敗したが、その残党は地方豪族と結びついて遂に政府に最後のとどめを刺した。

黄巾の叛乱という形で、農民のエネルギーを結集させた思想的背景である「太平道」の指導者張角は、黄老道すなわち黄帝と老子に仕えまつった。両者は漢代には神仙として仰がれ、桓帝が仏陀とともにこれを宮中にまつって祥福を祈ったのは周知である。張角の宗教が神仙思想中心であったかどうかは明らかでないが、布教方法は、九節の杖をもって病気の治療をすることで、符と霊水を飲ませ、呪文を唱えれば平癒するという。九節の杖は、古来仙人の持物とされ、布教者の神秘的権威づけのためのものであった。

太平道より少しくおくれてあらわれた「五斗米道」（天師道）は、入信者に米五斗を課したところからきた俗称で、張道陵はこれを新出正一明（盟）威之道と称し、かつての太平道の布教地へ進出していった。新出は太平道以後新しくあらわれた宗教の意で、天地水の三神に対し、自己の姓名と犯した罪過を記し、今後再び罪を繰返えさぬ誓約書を呈する「三官手書の法」が治病のための重要な行儀とされ、『老子五千文』なる書が教義として信者に学習せしめられた。この書はもとより老子に名をかりて、信者の生活規範と道の教えを示したもので、実践的なところに主眼がおかれている。

南北朝に入ると寇謙之により新天師道が説かれた。彼は洛陽近くの嵩山で修行した仙道の道士で、四一五年、太上老君と称する天神が嵩山に降って彼に天師の供を授け道教の粛清を命じ、ついで老君の玄孫が来臨して『録図真経』なる神書を授けたという。この経は彼の宗教の中心となる教義が記されていたが、北魏の太武帝に呈して帰信を得、遂に新天師道は北魏の国家宗教となった。そこでは神仙思想と仏教と儒教的礼法が混融されていたのである。以上太平道より新天師道に至る新興宗教は、黄老思想を呪術的に発展せしめながら、陰陽五行思想の積極的利用はしなかったようにみえるが、がんらい道士方術士の類はことに後漢以来易と密接な関係をもっていた。

『後漢書』にのせた三十数名の方術士列伝中から主なものを拾い上げると、高獲は光武帝と古くからの友人で、帝より仕官のすすめがあったのを断り、在野人として一生を過し、天文遁甲に秀で鬼神を使役した。章帝のときに出た謝夷吾は、風角占候を学び占験すぐれ、用いられて鉅鹿の太守に至り、和帝のとき太医丞となり、針の治療でしられた郭玉は、陰陽不測の術をきわめ、手の脈を診察するだけで男女をいい当てたという。樊英は五経に通じ風角星算・河洛七緯・推歩災異に秀で、壺山の南に隠棲していたが、四方より教えを乞うもの集まり、有名になった。はるか西方成都の大火を呪術によって消すの奇蹟をあらわし、安帝に召されて博士に任じ策書を賜った。順帝のとき仕官を断ったが、光禄大夫に任ぜられた。朝廷災異あるごとに彼に卜占せしめ占験著しいものがあり、易の章句を著わし世に樊氏の学と称せられた。同じころ出た廖扶は父が連坐して獄死したことから仕官をすすめられても断り、在野人として通した。予め凶年を知り、穀数千斛《こく》をあつめて一族に給し、疫死して弔えぬ不幸な者には葬送してやったというから富裕人だったのであろう。また唐檀は災異・星占に得意で子弟百余人をあつめて教授した。安帝の元初七年（一二〇）太守劉祇が芝草をえ、これを祥瑞のしるしとして朝廷に献上するため彼に相談したところ、帝威衰微の時代であるからとてこれを止めさせた。同じ劉祇が四つ子の生れたのを占わせると兵革の前兆であると檀は占い、果して延光四年（一二五）孫程が兵乱を起した。郎中に任ぜられたとき、白虹日を貫く天変をみ、官を棄てて去った。二十八篇の著書があって『唐子』という。

後漢も末年に至るに従い、方術の士はいよいよ多く輩出したが、桓帝のとき、隴西太守馮緄に用いられた許曼は、馮の将来を筮占によって的中せしめるなど験著しいものがあり、その祖父峻も卜占にすぐれ、その著『易林』は、広く世に行なわれた。また趙彦は遁甲に詳しく、それによって兵法を考え南陽の宗資、朝廷の命により賊を討つにあたり、「孤虚の法」と称する兵法を宗資に教え、無事兵乱の平定が出来た。公沖穆は貧家の出身で、よく河洛推歩の術を学び、建成山や東萊山にこもっていたが、諸方より教えを乞う者多く出でて孝廉に挙げられ、緇侯劉敞の悪政を諫めて改めしめ、百姓に対しては螟虫発生を呪術によって退治し、凶作を救い、あるいは予め占候して、霖雨・大水を知り百姓を避難せしめるなど、上下を問わず広く世人より尊敬された。

降って霊帝の世、図緯の学を善くした韓説は、日蝕や宮中の火災を予言して的中せしめるの功あり、江夏太守に至った。同じころ董扶は、自邸で図讖を講義していたが、見出されて侍中となり、劉備の蜀政権樹立を予言し、一年後それが事実となった。天官算術に明らかな単颺は、献帝に用いられ漢中太守より尚書へと進んだが、人より黄龍の出現は何の祥かときかれたのに対し、五十年以内に後漢の滅亡、新王朝の出現を予言し、果してそれより四十年余にして魏が後漢に代った。以上は代表的に数名をあげたにすぎないので、もってその大体を推知しえよう。

為政者が務めて彼等を利用したのは、主として世の推移を占術により察知し、予め対処しうる便宜があったから乱世に近づく程その必要性が高まってくる。それだけに方術士たちも権力者に屈せぬ反骨的態度が一方にあって占術の権威を誇示したと思われる。『後漢書』は、「漢の世に異術の士甚だ衆し、不経なりと雖もまた誣うべからざるあり」とのべているように、儒家本来の立場からは非難すべきものがあっても、時代はすでに彼等を必要とするような世相に変っていたのである。岡崎文夫氏（『魏晋南北朝通史』五三二ページ）は、以上異術の士を、中国の神道教的方術の流と鬼道教的巫術の流の二つに分けられたが、それは知識人の理論的なものをとりいれ、上層階級に適応したものと全く呪術のみに依存した庶民的なものの違いとみるべきで、現実に両者は相混融して流行したのである。

後漢のあと魏の曹操も数名の道士を召したが、奇術に脅威を感ずるときはこれを追放あるいは殺害しようとしている。けだし自らに便なるものは敵に有利に利用されることもあったからである。

晋の武帝は、星気讖緯の学を禁じたが、泰始三年（二六七）四月、張掖太守焦勝が吉祥図を白画で示した奇石を氐池県大柳谷口より得て献上したときは、太祖の廟に告げてここに収めしめている。

東晋成帝の咸和三年（三二八）、荏平の令師懽が黒兎をえてこれを石勒に献じた。勒の臣下はこれを革命の祥瑞とし、黒（玄）は水徳に当り、五行相克の理により金徳の晋に代って水徳の新王朝を開くべきであると進言し、よって勒は太和元年（三二八）、新しく建元し趙王を称するとともに天下に大赦した。ついで政敵劉曜を倒してみずから帝位につき建平と改元した。これが後趙の明帝である。よって西域諸国や東晋から様々の珍宝奇獣が献ぜられたが、その中には白獣・白兎・木連理などがあった。また甘露が降ったとて明帝は三年の刑以下を大赦し、百姓に去年の税滞納を特赦した。つづいて南郊に白気あり、天に立昇るのをみて大いによろこび、重ねて刑軽減の恩赦をほどこしている。石勒が後趙建国にあたり、図讖に大きな関心をよせていた次第がわかろう。

氐族出身である前秦の宣昭帝苻堅は、漢人の名臣王猛を宰相に任じて大いに国勢を伸ばし、猛の献策により老荘図讖の学を禁じた。また前燕を亡した歳、西南より大風俄に吹き、西南の天に赤星があらわれた。太史令魏延がこれは西南の国である巴獠が明年滅亡するしるしであるから、これを討伐するようすすめ、堅はそれに従って遂に巴獠を征服した。このころ魏延が后妃星明を失うの天変あり、后妃移動の兆であると堅に告げ、果して堅の母苟氏がひそかに堅の弟融をたずねて灞上へ出かけたことがわかり、天変と人間の相関関係に驚き、これより堅は占星官を重んじたという。さきに堅は前燕を亡した際、幽帝慕容暐や一族を赦免し、暐を尚書に任ずるなど寛大な政策をとっていたが、その後天鼓鳴り彗星尾をひくこと十余丈のものがあらわれた。この星を蚩尤《しゆう》と称し古来兵乱の兆とみられていた。こうした天変をみて太史令張孟は燕が堅の前秦を亡す相であるから暐一味を殺すようすすめたが、堅はきいれなかった。のち慕容の族が叛乱を起し後燕をたてるにおよび、堅は諫めを納れなかったのを後悔している。堅帝位につくのはじめ、新平王彫が図讖を説き、堅が将来燕を亡し七州を平定し、そのとき新平の地より玉器が出るであろうと予言し、彼をよろこばせた。王猛は彫が左道を説き衆を惑わすものであるとし、堅にすすめて彫を殺させた。果して燕を征服の後、新平より銘器を献ずる者あり、そこに書かれた銘文が彫の予言通りであったとて光禄大夫の位を追贈している。

江北の統一に成功した堅は大挙して東晉を討たんとし、臣下にこれをはかった。賛否両意見が出された中でも、今年は鎮星斗牛を守り、福徳呉にあるゆえ出兵はよくないと強く諫めるものがあったのに、彼は大軍を恃み、強行に出兵して大敗し、遂に羌族出身の姚萇から政権譲渡を迫られて、「図讖符命何の依拠するところあらん、五胡の次序汝羌の名無し」ときめつけたが殺されてしまった。

以上によってみると、苻堅は王猛によって、易を排撃しながら、終生これに関心をもたざるをえず、臣下やとりまき連中にもこれを信ずる者があって、その意見が結果的には正しい場合もあり、一概にこれを斥けることができなかったのである。

仏教の篤信者として有名な梁の武帝は、儒学や易の注釈書を多数あらわした教養人であり、多才多芸、陰陽緯候、卜筮占決など長ぜざるものなしといわれた。また士大夫の身分であったころから陰陽五行、風角星算に明るい陶弘景という学者と親交あり、武帝革命の挙兵に際しては図讖の数カ所に梁の字を成すものがあるのを引いて弟子をして武帝に献ぜしめた。武帝即位後、召しかかえようと命じたが、応じなかったので、国に吉凶の大事があるとき予め山中に住む陶弘景に使を派してこれをきいたから、時の人弘景を「山中宰相」といった。

四　初期中国仏教と陰陽道の接触

さて一方、一世紀後半、中国に入ったといわれる仏教は、東晉の時代から次第に隆昌の機運に向い、それに伴って仏教と老荘思想や陰陽道との習合もまた活潑化した。すでに西晉時代、竺法護は、『舎頭諫太子二十八宿経』を訳出して、中国における宿曜道の発展に資するところがあったが、宿曜道は仏家における天文道ともいうべきもので、遠い源流はインドに発するとはいえ、古く中国に発生した天文道が、陰陽五行説と密接に結びついて発達したところから、仏教的天文道が中国人に受容されるや、中国の天文道と習合して著しく陰陽道的色彩を帯びるに至り、呪術的卜占的傾向を濃厚ならしめ、いわば吉凶判断の方伎に重点がおかれたところに宿曜道なるものが成立したのである。

東晉時代に入り、西域の僧である帛尸梨蜜羅（Śrimitra）は呪術にすぐれ、『孔雀王神呪経』・『孔雀王雜神呪』などの呪的密部経典を訳出し、呉の建康に始めて密教を伝えたが、呪的要素の強い密教の流布は、ことに老荘思想や陰陽道など中国の呪術的な思想・方伎と結びつき易い面をもっていた。宿曜道の成立はその結果の一つのあらわれであるといえよう。天文図讖に詳しい竺曇蓋・竺法曠らとともに当時呪僧としてしられたが、民間では多くの呪術僧が活躍して仏教の一般社会への布教に素地を与えた。しかしこのような陰陽道的仏教が上層社会に一大発展をとげるのは、唐代に入り不空・金剛智・善無畏等インド僧により純密が伝えられてからである。

隋の文帝は、易に興味をもち、斯道に堪能な者は召して官を与え厚く信任した。来和は宰相宇文護の推挙により仕え『相経』四十巻を著した。臨孝恭・劉祐らも厚遇せられた人々で、前者は祥瑞災異ある毎に卜を立てて上奏し、当らなかったことはないといわれた。『欹器図』（三巻）『地動銅儀経』（一巻）『九宮五墓』（一巻）『遁甲月令』（十巻）『元辰経』（十巻）『元辰厄』（百九巻）『百怪書』（十八巻）『禄命書』（二十巻）『九宮亀経』（百十巻）『太一式経』（三十巻）『孔子馬頭易卜書』（一巻）など多数の著書をのこした。後者にも『兵書』（十巻）『陰策』（二十巻）『観台飛候』（六巻）『玄象要記』（五巻）『律暦術文』（一巻）『婚姻志』（三巻）『産乳志』（二巻）『式経』（四巻）『四時立成法』（一巻）『安暦志』（十二巻）『帰正易』（十巻）などの著作があって知見の程が察せられる。

隋の都大興城の建設は、宇文愷の創案の下に、その都市計画は易の乾卦によって行なわれた。文帝のつぎの煬帝は暴君としてしられ、図讖の学を排撃し、その書物はこれを集めて焼かしめたというが、一概に陰陽道を斥けたわけではないようで、蕭吉は彼の信任をうけた方術家の一人であった。梁の武帝の兄で長沙の宣武王懿の孫にあたり、命をうけて東宮の宮殿内の妖怪を退治した挿話がある。彼も『金海』（三十巻）『相経要録』（一巻）『宅経』（八巻）『葬経』（六巻）『楽譜』（十二巻）『帝王養生方』（二巻）『相手版要決』（一巻）『太一立成』（一巻）等多数の著書がある。これらの書物のうち、来和の『相経』や蕭吉の『相経要録』は面相による人の運命卜占を説いたものと思われるが、そもそも中国では人性の本質を考えるにあたり陰陽五行説を導入したものがあり、三国時代にあらわれた劉劭はその先駆者の一人というべく、観相術をもって人物を弁別する論を立て注目せられた。

東晉の簡文帝のごときは子がないので、卜者を召して諸妃はじめ宮廷の女性を観相させ、子を生む女として、卜者が進めた崑崙（黒人）の賤しい召使を寵し漸くにして孝武帝というあとつぎを得たと伝えられる。唐朝は初期において三論法相諸宗の興隆をみ、則天武后の代に入って華厳宗が抬頭した。武后は唐の国号を周と改め、みずから聖神皇帝と称するとともに載初元年（六九〇）七月、『大雲経』を天下に頒ち、両京および諸州に大雲経寺各一所を置いた。『旧唐書』によれば、この年沙門十人をして『大雲経』を偽撰して上らしめ、武后受命のことを盛んに説かしめ、これが仏意に合い、天下太平の基となると宣伝せしめたという。

けだし『大雲経』は、正式には『大方等無想大雲経』と称し、北涼の曇無讖が訳したもので、その中に、仏陀が浄光天女に対して、わが滅後七百年後、南天竺の王女に生れ王位につき仏教を護り、終には無量寿仏国に往生するであろうとの予言がのせられており、武后はこれを利用して、みずからの革命を正当化し、翼賛する讖文をつくるのに利用したことをさしたのであろう。政策的とはいえ、仏教と図讖の結合は、やがて陰陽道的仏教全盛の時代を予告するものであった。

武后失脚して玄宗朝となるや、インドより善無畏・金剛智・不空ら密教僧が相ついで来朝し、多数密部の経典を訳出し、ことに不空は、玄宗の信任をえて政治の権力と結び国家仏教を展開せしめた。それまで中国の密教は、雑密として道教的に理解される傾向があったが、善無畏・金剛智は、『大日経』以下の経典を伝えて密教の本格的体系化をはかった。これが純密といわれるもので、それとともに陰陽道との習合による卜占的方伎としても新たな発展をみせるに至った。不空はこれらを総合した純密の大成者となったのである。

善無畏の訳出した経典には、『大毘盧遮那成仏神変加持経』『虚空蔵菩薩満諸願最勝心陀羅尼求聞持法蘇婆呼童子経』『蘇悉地掲羅経』があり、不空の師金剛智には、『金剛頂瑜伽中略出念誦経』『観自在如意輪菩薩瑜伽法要』があって、呪術的ないし呪禁道的な傾向をみるが、金剛智はほかに『北斗七星念誦儀軌』を訳して、明らかに宿曜道をも説いたことがしられる。

また、善無畏の弟子一行は張氏出身、襄州都督鄭国公公謹の孫で若くして経史陰陽五行の学に通じ、道士尹崇の蔵書中より楊雄の『太玄経』を借り、『大衍玄図及義決』一巻を著して以来有名になり、出家して嵩山や当陽山に修行した。著わすところ、『大衍論』『摂調伏蔵天一太一経』及び『太一局遁甲経』『釈氏系録』はじめ、『北斗七星護摩経』『宿曜儀軌』『梵天火羅九曜七曜星辰別行法』など、陰陽宿曜の諸道に造詣深かったことを示し、朝廷の命をうけ、新たに『開元大衍暦経』を撰するなど、暦・天文に精通していたのである。

これに対し、不空の訳出するところは、『金剛頂一切如来真言摂大乗現証大教王経』『仁王護国般若波羅蜜多経』『摩利支天菩薩陀羅尼経』『金剛寿命陀羅尼経』など呪禁的傾向のものを強く交えた上、『北斗七星護摩秘要儀軌』『北方毘沙門多聞宝蔵天王神妙陀羅尼行儀軌』『北方毘沙門天王随軍護法儀軌』『同真言』や『文殊師利菩薩及諸仙所説吉凶時日善悪宿曜経』など宿曜道の訳出に本格的に取りくんでおり、最後の宿曜経は斯道の中心経典として後世、わが国でもっとも重んぜられたものである。

不空は開元六年（七一八）十四歳のとき、ジャワで金剛智に師事し、同八年洛陽に入ったが、師が寂した開元二十九年その遺命により、また中国を出て師子国に経を求め、天宝五年（七四六）長安に帰り、師の金剛界曼荼羅法を大成したのみならず、善無畏のもたらした胎蔵界曼荼羅法をも修め中国真言密教の綜合をなしとげた。

このころ、唐の玄宗は、則天武后の仏教過信政策を改め、道教を重んじたが、長生術に心を惹かれ、雑密的印度医学にも関心を有したところから、不空の呪禁的巫祝的密教にも魅せられ、やがて内乱による政治的動揺期に祈禱的効果をみては、益々これに傾斜せざるをえなくなった。天宝のはじめ兵乱起り、西蕃三国の兵が安西城を囲んだ。不空は詔をうけて調伏の祈禱をすると、忽ち神兵五百人余が宮廷の庭に現じたので、玄宗は驚いて不空にきくと、これは毘沙門天が兵を率いて内乱を鎮定するしるしであると答え、その後、果して安西を囲んだ賊が降伏したとしらせてきた。安西城では不空が祈禱した同じ時に神兵があらわれ、光明天王が蕃将を怒視したというのである。爾来、勅によって諸道の城楼に天王像をおくことになった。けだし不空がこのとき用いた秘法が上記の『北方毘沙門多聞宝蔵天王神妙陀羅尼』や『北方毘沙門天王随軍護法』だったのであろう。

これより不空は、河西節度使はじめ北方軍閥の帰依をも博し、安禄山の乱により粛宗即位するや、『不動尊八方神旗経』などを献じ、長安大興善寺に祈禱を修してまたその信任をうけ、つぎの代宗のときには、大興善寺に灌頂道場をおき、鉄勒部人僕固懐恩の叛乱には、百座の講会を催してその平定を祈り効験があった。さきに出た仏図澄の宗教は、神異霊験的雑密軍国仏教の趣きがあったのに対し、不空は、同じ軍国仏教的ながら理論儀軌をそなえ、はるかに陰陽道理念を濃厚にとりいれた真言密教であったといえよう。不空の寂後、権力者と結びついたこの密教は急速に衰微し、徳宗はむしろ抑圧政策をとったが、他方陰陽道的仏教は広く中国の一般社会にひろがり、また、朝鮮・日本など外国にも伝播して永くその影響の広大さを示した。

以上、中国における陰陽道の歴史を、発祥期から隆昌期へとやや重点的に概観してきたが、飛鳥期より平安初期に至るわが国の活潑な大陸文化受容に伴う陰陽道の輸入は、こうした中国における斯道の発展事情を理解することにより、一層深くその歴史的意義づけをなしうるであろう。かくて次章にわが黎明期の陰陽道へと眼を転じてゆくこととなる。

二　陰陽道の日本伝来と官制化

五　わが陰陽道伝来の事情と聖徳太子の新政

陰陽道の大陸からの伝来について、もっとも古く文献の伝えるところは、継体朝にはじまる『日本書紀』の記事である。それによれば継体天皇七年（五一三）七月、百済から五経博士段揚爾が貢上され、同十年九月には五経博士漢《あや》の高安茂が来朝して段揚爾と交代した。五経は前章にも触れたごとく、『易経』を含むから、五経博士のわが国への派遣・駐在は、当然その道の流布を意味する。継体朝以後、わが国には内乱の時期があって五経博士の消息は明らかでないが、欽明朝に入ると朝廷の陰陽道摂取は活潑化した。

欽明天皇十四年（五五三）六月、百済に易博士・暦博士上番の交代と卜書・暦本・薬物の貢上が求められ、その結果翌年二月、百済より五経博士柳貴が遣されて固徳馬丁と交代し、別に易博士施徳王道良、暦博士固徳王保孫らが来朝した。その後、推古朝になって十年十月、百済僧観勒が渡来し、暦本はじめ天文・地理書や遁甲方術書を献上した。朝廷は書生三、四人を選んで観勒にこれらの書を学ばせたというから、欽明朝貢上の典籍よりもさらにすすんだ内容のものであったのだろう。

このとき、陽胡史《やこのおびと》の祖玉陳《ふる》は暦法を、大友村主《すぐり》高聡は天文と遁甲を、山背臣日立は方術を学び、それぞれその道の専門家となった。これらの人々は大むね大陸よりの渡来者であったと思われるが、大友高聡のごときは、近江国滋賀郡大友郷の帰化氏族であって、後世、甲賀五十三家の中に大友（大伴）の一族伴氏が出たのは、甲賀忍術が遁甲に淵源することを物語るのであろうと滝川政次郎博士は推測されている（『遊女の歴史』一〇八ページ）。

とにかく僧侶が伝えた結果、陰陽道は、学問技術中心から著しく宗教的雰囲気を伴ったものとして、日本人に受取られるようになった。観勒自身やがて蘇我氏のたてた法興寺に住したのであって、陰陽道はいよいよ仏教と不可分離にみられていったのである。いっぽう僧旻は、聖徳太子の命により留学生として直接唐に学び、百済伝来とは異なる一層新しい陰陽道を伝えたので、中臣鎌足や蘇我入鹿は競ってこれに学んだといわれる。

以上のように、飛鳥前代より聖徳太子の新政のころにかけ、数回にわたって陰陽道の公的伝来が行なわれ、その都度、より新しい文献・典籍の舶載をみて、大陸におけるその思想的展開は、わが国にも陰陽道の発展と高揚を活潑に促進せしめたものと思われる。個人的にも、例えば鞍作得志のような帰化人系の知識人が、大陸に渡り斯道を学んだであろうが、彼は高句麗で、虎に変化《へんげ》の奇術や治療の針を授ったといい、そこには土着の呪術と陰陽道的方術の習合が看取されるようである。当時高句麗に陰陽道が深く滲透していた事情は、『宋史高麗伝』の記事からも想像に難くない。

文献を通してしられる初期陰陽道伝来の模様はざっとこうしたものであるが、それ以前でも、大陸と交渉のあったこの島国に、全くその伝播がなかったとはいい切れない。三世紀にあらわれた耶馬台国の女王卑弥呼が仕えた鬼道はシャマニズムとみられるが、この内陸国と接して海岸に面していた倭奴国には、周知のごとく大陸文化が流入しており、当然鬼道にも何等かの外来的影響が及んだのであって、当時中国に盛んであった道教や、より広く土俗的宗教となっていた陰陽道の波及が当然考えられてこなければならない。あるいは神霊の憑依する巫的活動を中心としたシャマニズムに、多少方位天文的儀礼や呪法が加味されたことも推察される。

やがて、大和朝廷国家が成立し、そこに様々な宗教儀礼や宗教行事がととのえられ、これが文献に上るようになると、やがて民族伝統的な神祇信仰として観念づけられてくるが、様々の権力闘争がくりかえされて諸国家の統合が進む中で、倭奴国のような大陸の宗教思想をとりいれたいわば先進的な国家の影響が拡がり、その結果、そうした神祇信仰形成へとつながってきた次第を考えるならば、これが真に固有なわが民族的宗教・信仰といえるかどうか疑義がないでもないが、一応大和朝廷成立のころを起点とし、それ以後の外来的影響に対する在来的なものを固有の要素とみなして叙述をすすめることにしたい。

さて上記の事情により、数次にわたり公的受容の行なわれた陰陽道は、現実に当時の社会にどのような形で影響を与えつつあったであろうか。仏教摂取には強い抵抗があって、遂に蘇我・物部の政治的対立をエスカレートさせるに至ったけれども、陰陽道そのものに対するはっきりした抵抗は記録をみず、むしろ崇仏派の排仏派に対する非難攻撃の手段に利用された点が注意される。陰陽道の天人相関思想からくる祥瑞災異の考え（とくに妖異孽禍の説）は、政治的にもっとも利用され易く、蘇我稲目のまつる仏像を奪って物部尾輿らが難波の堀江に流し、寺を焼くと空に風雲なくして宮殿に火災が生じ、同様物部守屋も蘇我馬子らの寺を焼き、仏像を焼却あるいは堀江に投棄すると雲なくして風雨起る奇蹟が生じたと『日本書紀』にあるのは、明らかに災異妖禍の思想をもって物部氏側の行動を批判したものである。ただし、この記事は、同様な災異現象を二つも重ねているところから、後の潤色にかかるものとも疑われるが、崇仏・排仏両派の争いに、神祇の祟りと陰陽道の災異思想が、互いに相手を攻撃する手段に使用されたことは、当時としてはありえないことではなかろう。

かくて、陰陽道は、初期においては天人相関の災異思想をもってその機能をあらわしたようであったが、間もなく崇仏派が勝利を得るにおよんで、新たな政治体制の権威づけや理論づけにも積極的な役目を荷うこととなった。聖徳太子はすぐれた仏教の理解者である反面、陰陽道にもただならぬ関心をもち、憲法十七条・冠位十二階の制定、国史編纂などを通じて、陰陽五行説・讖緯説をわが政治理念に深く導入したことはすでに周知のところである。

この点を、近代史学の上で明らかにせられたのは、岡田正之博士であって、名著『近江奈良朝の漢文学』によれば、冠位十二階の徳目の順序が儒教の徳仁義礼智信とせず、徳仁礼信義智としたのは、全く『管子』等の五行説によったもので、『推古紀』に当色の絁《きぬ》をもってこれを縫うとあるように、五行に配当せられた色により各階の冠の色が定められたのである。木に配した大仁・小仁には青、火に配した大礼・小礼には赤、土に配した大信・小信には黄、金に配した大義・小義は白、水に配した大智・小智には黒の色を宛て、とくに信が重んぜられたのはこれを尊ぶ法家思想の優位を意味したのであって、これはつぎの憲法十七条にも通ずる事実である。

滝川博士によれば、十二階の十二は、『史記　天官書』に天帝の常居である太一星をとりまく十二の衛星をあげているのに当り、五色の配当は陰陽五行を調和し妖変を除き祥福を招くためである。妖変には服妖・詩妖等様々のものがあり、服妖は衣服にあらわれる凶兆をさし、不吉な色彩模様や奇異な服飾の流行等がそれである。詩妖は、民間に流行した童謡・歌謡に、不吉な意味を含めた言辞があらわれることで、すべてこれらの妖は君主の背徳から生ずる。奇怪な童謡の出現は聖徳太子没後、大化改新のころにかけて盛んに『書紀』にあらわれるが、所詮は五行思想の投影に他ならない。服妖については、すでに崇仏排仏に関してのべられた諸種の記事にもみられ、美的感覚に鋭敏な平安朝宮廷人の間には強く信ぜられ、三善清行が、深紅色の衣服の流行は、火災の頻発と関係ありとて、この色の禁を朝廷に請うた話は有名である。

上述のように、推古朝十年（六〇二）、暦本・天文・地理並びに遁甲・方術の書が観勒によりもたらされており、仏教を深く研究された太子は、また陰陽五行思想をも充分学ばれるところがあったことは疑いない。それによってこの思想の効用を信ぜられた結果、この冠位十二階の制定となったのである。何れにせよ、この制定は栄誉授与の大権が天皇にあることをはっきりさせ、従来のカバネによる豪族の上下の秩序を、漸次天皇の権力による新たな支配体制へと移行させようとしたところにねらいがあったので、蘇我氏の崇峻天皇暗殺、新羅の任那侵攻など国の内外が非常事態に直面しつつあったとき、蘇我氏を抑え、中央集権国家強化のための重要政策の一つとして断行せられたものであったのである。続いて、この政策を一段と強化するため、翌年の推古十二年四月、憲法十七条を公布せられた。

この憲法については、古来偽作説が行なわれてきたが、これを否定する実在説も有力なものがあり、私はいま滝川博士の「国家制法の始、上宮太子憲法十七箇条」なる論文（『律令格式の研究』所収）の主旨に従い、太子の真作として話をすすめたい。とくに当時の国際国内の政治情勢から判断して、当時の日本は緊急を要する事態にさし迫っていたと思われ、冠位十二階の制度と政治的思想的に密接不離な憲法十七条制定は大筋において何等疑うべき余地はない。従って、前者にみられた法家思想は、憲法十七条においても顕著なものがあると同時に、これと結びついた陰陽五行思想も頗る注目すべきものがあったのである。

従来、第二条の「篤く三宝を敬え」や「和を以て貴しと為し」の文によって憲法に仏教主導型の思想的背景を求め、あるいは同じ「和を以て貴しと為し」や「悪を懲《こら》し善を勧む」など、幾つかの文によって儒教本位の思想的基盤を見出すことが多くの学者により行なわれてきたが、滝川博士は、「和を以て貴しと為し」の文を、この憲法のモデルたる六条詔書がつくられた北斉北周時代の中国における流行語であることを、『資治通鑑』や平安朝、丹波康頼著す『医心方』（後述）の記事をひいて説明せられ、仏教や儒教の思想からきたとする考えをしりぞけられた。たんなる字句の面を捉えて、その出典関係を想定し、強引にこれが敷衍的議論を微に入り細にわたり展開することは、益々憲法の内容を当時の歴史の流れから浮き上らせてしまう。「篤く三宝を敬え」に至っては後世、仏教における太子の神話化、聖人化の伝統によって、憲法そのものを仏典的雰囲気の中で取扱う根拠とされてしまった感がある。もとよりこの条文は仏教布教のためのものではなく、その教義の深遠さをのべたものでもなく、まさに、現実に民族共同体的割拠的神祇信仰によって、国家的団結がはばまれている非常事態の当時の日本を、普遍的国際的な思想に立つ仏教の主旨によって、強力に統一しようとしたところに太子のねらいがあったのである。「和を以て貴しと為し」もこれと相呼応する意味をもってみるべきである。

条文十七の数が、陰陽道思想に由来することは、古くより想像せられていたが、岡田正之博士は、『管子』ならびに『春秋緯書』の説に基づき、陰の極数八と陽の極数九の和であるとの見解を示され、今日多くの学者により承認されている。いま一つは、仏家の立場からする見解で、太子の著作といわれる『維摩経義疏』はじめ『勝鬘経』や天親の『法華経論』などにみえる十七の名義を根拠とするもので、とくに『維摩経』本文に、大士の直心以下十七事が仏国浄土の因であることをのべているところから、聖徳太子がわが国を仏国浄土たらしめんとする理想をもたれ、これが十七条憲法全体の精神であるとする（姉崎博士「三経義疏に参照して十七条憲法の意義内容」帝国学士院紀事第一巻第一号）。

この考えもまた仏家を中心として支持される人は多いが、この憲法はその発想が仏教布教にあったのでなく、日本国家の直面する危機に対し、何をおいても国内体制の強化を目ざされたところにあり、仏教の受容とその流布は、あくまでその線に添うてとり上げられたものであった。個人的には深い仏教理解者であった太子も、憲法作成にあたっては、政治権力者として宗教をも支配すべき立場に立たれたのであって、仏国浄土建設の広大無偏な悲願を立てるよりも、天皇権力の下に強固な国家統一を目ざすための憲法として、万物を開き一統を総べる（『管子』）ための陰陽協合の極地を象徴する十七を意識されたものである。それが歴史の流れの中で考えらるべき憲法の意義であろう。憲法発布の年を甲子革令の思想によって推古十二年に選ばれたこともこの重大な意義に相呼応するものであって、三善清行以来識者が夙に想到したところであった。

陰陽五行思想による新政策の意義づけは太子の固い信念となったので、国史編纂はさらにこれを裏付けるものであった。二十世紀の科学にも対比される程、当時としては劃期的な理論・技術を含むこの思想は、太子にとって天皇・国家を支える新しい理念となった。口頭伝承や神託のみに頼っていては、確かめるすべのないわが国家の創業の時期を、この新しい思想をとり入れることによって太子は推定されたのである。

六　白鳳朝における陰陽道思想の高揚

しかし、太子の死とともに政局は逆転動揺し、為政者礼讃よりも批判や危機をとなえる空気が強くなり、災異思想は再び高まった。童謡の流行（いわゆる詩妖）、一基二萼《はなぶさ》の蓮の出現、雪上芝草の発見（以上いわゆる草妖）、巫女の託宣、猿の奇異な行動、春に冬の令行なわれるなどの異常気象、茨田《まんだ》池の水の変化などには、神祇的呪術思想や道教的思想も認められるが、これらを一貫するものは、来るべき政変を予見した危機意識に立つ災異観であった。中大兄皇子らの蘇我氏打倒が成功し、新政府樹立さるるや、始めて大化の元号をたて、ついで白雉と改元し、為政者礼讃の祥瑞思想はここに軌道に乗ったかのごとくであった。

ただ現在の『日本書紀』の記事によってみるとき、幾つかの問題がのこされる。その一つは、白雉の改元が記事甚だ詳細で、お祭り騒ぎ的な取扱いがされているのに比べ、最初の建元である大化の元号制定については、決定の経過も意義づけも全くされておらず、不自然の感があることである。中世の文献ながら、『愚管抄』『皇年代略記』などには、持統朝朱鳥の年号七年続いたのち大化が四年あったことをのべており、しかも『皇年代略記』には大化建元の理由が近江国都賀山醴泉涌出の瑞によるものであろうかと注記している。

同じ大化の元号が、余り時代を隔てることなく再使用される不自然さがどうして起ったかについて、重松明久氏は、『日本書紀』編纂が新旧両度にわたって行なわれ、実際には天武朝に白雉・朱雀、持統朝に大化の元号しかなかったものが、旧『日本書紀』編纂の際は朱雀を朱鳥と改め、別に朱雀を白雉の前、天智期にあったごとくし、孝徳朝に白鳳を新しく遡上追建し、新『日本書紀』編纂に至っては持統朝の大化、天武朝の白雉・朱雀を孝徳朝に移し、現在の『日本書紀』にみるごとく、斉明・天智・持統朝に全く建元なく、天武朝に朱鳥ただ一つあるのみの不自然な形にしてしまったと説明する。

そうして、この新旧両度の編纂の態度の違いは、旧が大友（弘文）天皇否定、天御中主尊に始まり、甲寅を神武元年とする天の原理に立つのに対し、新は近江朝を容認し、国常立尊を初発に、辛酉年を神武元年とする地の原理に立つところからきているとする友田吉之助氏の説によっている。

以上の推論には、なお検討の余地もあろうが、元号に象徴される祥瑞思想が白雉によって始めて具体化したことは想像できよう。その白雉建元が孝徳朝か天武朝かはさておき、大化改新によって国博士となった旻法師は新しく唐より陰陽道を伝えた人であり、現在の『日本書紀』に、孝徳朝白雉建元が彼の証言によるところ大なるをのべていることからも、建元の如何とは別に祥瑞思想の利用は考えられたとしてよい。

これよりさき、皇極元年、蘇我入鹿も豎者より白雀を贈られているところからみて、聖徳太子以来、祥瑞に対する識者の関心は漸次高まりつつあったのである。白雉建元の詔勅に、「公卿に始めて百官等に及ぶまで清白《あきらけ》き意《こころ》を以て神祇を敬ひ奉りて、並びに休祥《よきさが》を受けて天下を栄えしむ」（原文漢文）とあるごとく、白の祥瑞は、神祇信仰の清浄な心に通ずるものとして、日本人にはもっとも受け入れ易いものであったろう。また同詔勅中、わが国の瑞兆の嚆矢として、「誉田《ほむだ》天皇の世に白鳥宮に樔《す》くふ、大鷦鷯帝の時に竜馬西に見ゆ」（原文漢文）云々といい、竜馬はいわゆる白色の神馬であって、白瑞がわが伝統的瑞色であり、応神・仁徳朝がその起点であるとしているのも注目に価する。それは難波に遷都した孝徳朝が遠く河内に本拠をおいた応神・仁徳朝のいにしえを理想化しようとしたものとみてよかろう。

白雉についで建てられたのは朱鳥であるが、天武朝では盛んに赤色の瑞が強調された。それは白雉が中瑞、朱鳥すなわち朱雀が、上瑞として一段とすぐれているということよりも、近江朝廷を倒して専制権力を確立しえた天武天皇が壬申の乱のころより、みずからを項羽と長年戦って苦労した漢の高祖に擬し、その高祖が漢を火徳＝赤色の国と称したとの伝えにちなんで、味方の軍の旗じるしを赤色として以来、赤の祥瑞を好み、伝統的な白瑞のあとは、赤瑞を求めて遂に建元するに至ったものとみられるのである。赤色もまた神祇の赤き心浄き心に通じ、朱鳥建元によって、宮を飛鳥浄御原宮と名づけたのは、明らかに天皇の病平癒を祈っての呪術的意味をもつ。天武天皇は歴代天皇中でも珍しく天文・遁甲をよくし、みずから式《ちょく》を秉《と》って占いをし、壬申の乱では、すでに乱のはじめ部下の心理的効果をねらってのことでもあるが、自己の勝利を占いで確信された程である。

遁甲は奇門遁甲ともいい、奇門は十干のうち乙丙丁を三奇、天の八門、地の八方である休生傷杜景死驚開を八門とし、これらを合せた称で、帝堯が甲子を、その宰相である風后が奇門遁甲をつくった。風后は兵法十三篇、『孤虚法』十二巻を著し、始めて遁甲千八十局を立てた。遁は隠、幽隠の道であり、甲は儀である。両者組合わされて六甲六儀(甲子・甲戌・甲申・甲午・甲辰・甲寅)となるが、要するに用兵機微の理を神明の徳に通じ取るもので、本来軍陣兵法として編み出された占術である。

すなわち、陰陽の変化に応じ、隠身の術を用い、吉をとり凶を避ける(遁れる)もので、その流に、風角・遁甲・七政・元気・六日七分・逢占・日者・挺専・須臾・孤虚等の例があったという。けだし滝川博士(「遁甲と式盤」『日本歴史考古学論叢』所収)のいわれるごとく・式占の一種であって太乙(太一)・雷公等とならび式盤(後述)による占法として重視せられたものである。

壬申の乱のあと陰陽寮が設けられ、四年正月五日、占星台がつくられた。その結果、日蝕・彗星や流星の出現など天文の異変が多く記録に上り、災異の現象は急増するが、同時に祥瑞の報告も盛んで、白雉・白鷹・白鵄・赤烏・赤亀・嘉禾・赤雉・朱雀・芝草・鹿角など多数の例があげられる。かくて陰陽道の官制化は、国家権力による斯道の独占化を意味したのである。宗教思想の統制はむろん陰陽道に止らず、固有の神祇祭祀そのものがまず新しい組織化をうけたのであって、そのもっとも象徴的な例は伊勢神宮である。天皇は壬申の乱に神宮の加護を祈られ、即位元年には中絶していた斎王に大来皇女を任じ、二十一年式年遷宮の制を定め、大いに神宮の地位を高めたが、二年十一月大嘗祭における悠紀・主基の国郡を選び、あるいは五節の舞の作法をはじめるなど、これに伴って祭祀制度が着々整備されていった。

吉野裕子氏は六月二十四日、皇大神宮別宮伊雑宮御田植神事の出しものである大翳《さしは》に「太一」の文字が見えるのを手がかりに、伊勢神宮における天照大神と中国の最高神たる太一の習合を考え、これが陰陽道ならびに伊勢神宮の興隆に熱心であった天武朝に由来することを推定され、北極星である太一の居処としての内宮に対し、それと密接な関係にある北斗七星は、外宮の豊受大神に習合されたものと推定された。これは式年遷宮に用いられる内宮の「屋形紋錦の御被《ふすま》」の紋様が、太一の居処つまり内宮を象徴し、これに対して、外宮の「刺車文錦」の文様が、北斗としての外宮の象徴に他ならぬとする考えからも導かれる。

そう考えると、天武朝に選ばれた悠紀が丹波、主基が播磨とみられるのも、両国ともに大和から西北に当り、天皇の居処である大和が太一とするとき、豊受大神の精である北斗やこれを追う南斗はその西北に求めらるべきところから、丹波は北斗に輸し送られる御饌の国、南斗はその次に送られる御饌の国とみられたのである。

さらに、十年五月一日「皇祖の御魂を祭る」とある『日本書紀』の記事も、夏至に南斗をまつる神衣祭に他ならず、伝統的な伊勢神宮の重要行事となっているものであるが、斗《ます》形の南斗には鼈星なる万物支配の霊ともいうべきものが含まれるので、中国では南斗を廟としてまつる風があった上、火徳の帝堯の廟として漢唐の高祖により祀られたところから、自らを火徳に擬する天武天皇は火＝太陽を媒介とし、帝堯も天照大神もひとしく祖霊と観念して南斗をまつったものであろうと吉野氏は論じた。

以上の推論には、なお史料的裏付けが必要と思うが、政治上、飛躍的に陰陽道の役割が重くなったことは最早疑えないであろう。

七　陰陽道関係官僚組織の成立

かくて天武朝にはじまった国史編纂は、陰陽五行説をもって年代設置の根拠としたのみならず、政治的記事を中心として、これに易や讖緯的潤色を到るところ加えた。白村江《はくすきのえ》の戦以後、百済からの亡命者や帰化人系の大陸留学者の帰還によって、陰陽道でも角福牟《ろくふくむ》・僧法蔵・同行心などの専門家が、五経学者には許率母《こそつも》、兵法家には達率谷那晋《たちそちこくなしん》首《しゅ》・木素《もくす》貴子・憶礼福留《おくらいふくる》・答本《ほん》春初らが朝廷に仕え、天智紀元年四月に高麗の日本服属を占った釈道顕も陰陽道に詳しく、彼等が、天武朝の陰陽道興隆につくしたことは少なくなかったであろう。

つぎの持統朝には、陰陽博士としてはじめてしられる法蔵および道基が銀二十両を賜っており、その後、奈良朝のはじめにかけては、行心の子僧隆観や新羅僧義法らの陰陽家が還俗せしめられ、それぞれ金財《たから》・大津連首意毘登と改めており、角福牟の子録兄《ろくのえ》麻呂には神亀元年（七二四）羽林連の姓が与えられた。これらの処置は陰陽道の官僚的発展をはかるために行なわれたのであろうが、天平二年（七三〇）三月には、医術、暦の各道とともに後継者のなくなることを恐れ、吉田連宜・大津連首・御立連清道・難波連吉成・山口忌寸田主・私部首石村・志斐連三田次の七人の博士に各自弟子をとって習わしめるよう詔が出ている程で、斯道の前途は楽観を許さぬものがあった。

けだし陰陽道が政治批判や陰謀に巻込まれ易いところから、政府はつとにこの点を警戒し僧尼令においても、僧尼の「上、玄象を観て仮つて災祥を説、語《こと》国家に及び百姓を妖惑し、併せて兵書を習ひ読み人を殺し」云々する者は罪科に処することを規定しており、また職制律において玄象（天文に関する）器物をはじめ天文図書・讖書・兵書・七曜暦・太一・雷公式などを私家に所有するを禁じ、犯違する者は徒一年を科し、雑令ではこれらのものを外部へ持ち出すこと、天文観測する者は占書を読むべからずと規定していて、私的利用を極力抑制した。

それにも拘らず、行心は大津皇子の骨法を相し、人臣と異なるものありとして太子に逆謀を勧めたとの廉により流罪せられ、光仁朝陰陽頭に至った大津連大浦ははじめ藤原仲麻呂の信任をうけ、事の吉凶を問われるにおよんで叛逆の意図あるを知り、これを朝廷に密奏し、功によって宿祢の姓を賜わり、従四位上兵部大輔兼美作守となったが、神護景雲元年（七六七）和気王の変により宿祢姓を除き、日向守に左遷され、のち許されて帰京したという。陰陽家はこのように、つねに権力者の私欲に利用され罪に陥る危険性を包蔵していたのである。そうしたことから、後継者の養成にあたっても、容易に人材を得難い事情があったのではなかろうか（陰陽道はじめ諸道の学問が、主として帰化人系の手に握られていた事情も、後継者難の一因であることはいうまでもない）。

同年八月には、陰陽員外助紀朝臣益麻呂が頭に、弓削宿祢薩摩が助に任ぜられ、允にはすでに山上朝臣船主、員外允には日下部連虫麻呂、大属に百済公秋麻呂、天文博士に国見連今虫がそなわっていて、このとき陰陽寮職員の主なものがしられ、陰陽寮機構が確認されてくる。天平宝字二年（七五八）六月には、大宰府の陰陽師余益人《すぐり》に百済朝臣の姓を賜っており、天平二年（七三〇）三月、東海・東山・山陰・西海の各道に節度使設置の際、道別に陰陽師一人の配置をみ、ここに陰陽師の地方官人制もしられてくる。

ここで改めてこの官制の全貌を眺めてみよう。養老律令によれば、陰陽寮は中務省に属し、つぎの職員をもって構成される。すなわち頭は一人で天文・暦数・風雲・気色を掌り、異有れば密封奏聞の事を行なう。その下に助・允・大属・少属各一人があり、陰陽師は六人で占筮相地を掌る。陰陽博士は一人で陰陽生等を教えるもの、陰陽生の数は十人である。暦博士は一人で造暦と暦生十人の教育を掌る。天文博士は一人で天文・気色を候し、異あれば密奏し、また天文生十人の教育を行なう。漏刻博士は二人で守辰丁を率い漏刻の節を伺うもの、守辰丁は二十人で漏刻の時をはかり、時をもって鐘鼓を撃つのである。そのほか使部二十人、直丁三人が付属し、合して頭以下八十九名の職員がおかれる。

その職掌はこれを分って卜占と土地の吉凶を相する、㈠陰陽道関係と、㈡暦道関係、㈢天文道関係、それに時刻を報知する㈣漏刻関係の四つの分野になる。人員の配置は㈠が十七名、㈡が十一名、㈢が十一名、㈣が二十二名となっていて、漏刻関係がもっとも多いが、これは仕事が機械的で不断に勤務する必要があり、交代制などを考慮した結果であろう。他の三道は、それぞれ博士一人の下に教習をうけるものが十人置かれているが、陰陽道のみこのほか陰陽師六人があり、それに対して暦師・天文師の設置はない。結局卜占を中心とする呪術的方術的活動に重点がおかれていたことは、陰陽寮の名称によって総括されていたところからも明らかである。

では、そのモデルとなった唐の制度はどうなっていたであろうか。『唐六典』によるに、秘書省に太史局あり、太史令（二人）の下に丞（二人）令史（二人）書令史（四人）が置かれ、太史令は天文を観察し暦数を稽定し、凡そ日月星辰の変、風雲・気色の異あればその属を率いて占候するものとされる。つぎに暦の関係では司暦二人、保章正一人、暦生三十六人、装書暦生五人、天文関係では監候五人、天文観生九十人、霊台郎二人、天文生六十人、漏刻関係では挈壺正二人、司辰十九人、漏刻典事十六人、漏刻博士六人、漏刻生三百六十人、典鐘二百八十人、典鼓百六十人、合計千五十四人を擁する大組織である。しかし陰陽道関係はここに含まれず、別に太常寺という宗廟の祭祀礼儀を中心とした組織の中に、太楽署・鼓吹署・太医署とならんで太卜署があり、これに令一人・丞二人・卜正二人・卜師二十人・巫師十五人・卜博士二人・助教二人・卜筮生四十五人、計八十九名が配属され、陰陽の卜占にたずさわる。令が行なう卜筮の法は、亀占・兆占・易占・式占の四種あり、国家の祭祀にあたり、吉凶を卜うのが重要な仕事で、年末には大儺をとり行なう。

従って、天文・暦関係と陰陽関係は全く切離された別の部署に入り、前者は学術・技術的分野に、後者は宗教的分野に重点がおかれる。前者は千五十四人に対し、後者は八十九人の職員にすぎず、前者の令は二人あって、ともに従五品下であるのに対し、後者の令は一人で従八品下と低い。これを以てしても、天文・暦の分野が陰陽卜占の分野よりはるかに重んぜられていたことがしられ、隋の時代には太史局は太史監と称せられ、その機構は一段と高位におかれていた程である。

いま職員数の上で日唐両制を比較すると、㈠陰陽関係では日本が十七名に対し、唐は八十六名、㈡暦関係では日本が十一名に対し、唐は四十四名、㈢天文の関係では日本が十一名に対し、唐が百五十七名、㈣漏刻関係では日本が二十二名に対し、唐八百四十三名で、これに日本では頭以下五人、唐では太史局の令以下十人、太卜署の令以下三人のそれぞれ統轄的部局が置かれ、全体を総計すると日本の六十六名に対し、唐は千百四十三名となる。

従って、唐は実に日本の十七倍強の人員を擁する大機構であるが、内訳についていえば、陰陽関係は日本の約五倍、暦関係は四倍、天文関係は十四倍強、漏刻関係は三十八倍強となり、唐では、天文・漏刻関係に非常な重点がおかれていることがしられる。恐らく天文では観測施設が大規模であり、漏刻もまた滝川博士（『京制並に都城制の研究』三一五ページ）のいわれるように精密な時刻、器物の製作、壮大な報知機構の樹立があったためで、要するに唐では、諸般の技術的設備が日本とは比較にならぬ程すすみ、その背後に天文学を中心とする知識の高度化、その人材の豊かさが想像されてくる。

換言すれば、日本では科学的技術的面において、唐を模倣することが当時の実情から困難であり、そうした施設を余り必要としない卜占の面に勢い重きをおかざるをえなかったのである。陰陽道の複雑な理論はさておき、実用的な卜占の分野においては、わが古来の神祇的作法とも一脈相通ずるところがあって、受入れ易かった事情が察せられよう。朝廷では一概に技術を軽視したわけではなかったが、実際上唐制をそのまま受入れるだけの技術的文化的地盤が充分ではなかった。それが後世、律令政府は卜占に力をいれ迷信主導型の風潮を馴致したといわれた所以であろう。

正倉院文書に収める官人考試帳は、大宝元年（七〇一）より養老二年（七一八）の間のものと考えられているが、そこに四人の陰陽道官人が列挙されている。すなわち陰陽師高金蔵は年五十八、正七位下、太一・遁甲・天文・六任式・算術・相地を能くする。文忌寸広麻呂は年五十、五行占相地を能くする。陰陽博士録兄麻呂は年三十三で、周易経および揲筮・太一・遁甲・六壬式・算術・相地を能くする。天文博士王中文は年三十五、従六位下、太一・遁甲・天文・六壬式・算術・相地を能くするとあり、録兄麻呂は既述のとおり天智朝活躍した角福牟の子で百済人と思われる。高金蔵は『新撰姓氏録』に高麗人で法名を信成といったことが見え、文忌寸広麻呂は漢《あや》氏の後裔、王中文も『新撰姓氏録』により高麗人であることがしられる。

右の四人中三人は、太一・遁甲・天文・六壬式・算術・相地を能くすることが共通しており、太一・遁甲・六壬は雷公とともに式占《ちょく》の四種をなし、楓木をもってつくった天の局盤と棗心をもってつくった地の局盤を用いて行なう。

この式占のほかに録兄麻呂は周易経および揲筮をも能くしていたので、揲筮《せつぜい》は竹（蓍《めどき》）を揲《かぞ》え卦を求めて卜占をするもので、後世にはこの占法が一般化した。当時は筮占・式占の両者ならび行なわれていたが、式占の方が優勢であった。また文忌寸広麻呂が能くした五行占とは『唐六典』のいう算木を用いる兆占なるものをさすのであろう。とすると、『唐六典』がのせた上掲四種の卜占中、亀占のみが欠けているわけだが、わが国では神祇令で規定されているからであろう。けだし神祇官の祭祀行事にはすでに陰陽的要素がかなり混入しており、その点については次章にふれるであろう。また四人全体に共通しているのは相地であって、遷都や官衙・殿堂の造立など土木事業が盛んな当時、土地の吉凶卜占は盛んであり、相地の術を求められる必要が多かったのである。

八　帝都建設にみる陰陽道思想の展開

藤原京は、すでにその素地が天武天皇時代に胚胎しており、天皇が各所に都地を模索させられたことは周知であるが、その十三年二月二十八日、広瀬王・大伴安麻呂以下の官人とともに、陰陽師・工匠を畿内に派遣し、都の候補地を調査せしめられており、陰陽師は当然このとき相地の業にたずさわったものである。

『万葉集』巻一の藤原宮の役民の作る歌と題した長歌の中に、「わが国は常世にならむ図負《ふみ》へる神《あや》しき亀も新代《あらたよ》と泉の河に持ち越せる」とあって、「図負へる神しき亀」は泉の河のイヅの序として用いられているようであるが、天智紀九年六月には、村里より背に申字を書し、上黄下玄《くろ》の長さ六寸許りの亀がえられたことを記しており、当時奇しき亀についての関心が要路にあったことをうかがわせる。天智紀の亀は、『日本書紀通証』のいうように近江朝廷滅亡の予告的記事とすれば、この亀は瑞兆とはいい難いが、反対に天武朝側からすれば、吉兆となるのであろう。いわゆる河図洛書のうち、わが国では黄河から出た神馬より、洛水から出た神亀の方が人気があったようで、亀が神仙的な不老不死の動物とみられたためであろう。雄略紀二十二年六月、浦島子が大亀にのり仙境へ行った話を、文筆家である伊預部馬養が丹波国司として在任中筆録して以来、亀の瑞兆思想は一段と高まったと思われる。いずれにしても、『万葉集』の歌から神亀の年号のみならず、藤原京選定に陰陽道的相地と意義づけが行なわれたことは充分想像しうるところである。

また、平城遷都に際して、始めてその意義を詳しく明示した詔勅が、和銅元年(七〇八)二月十五日に出され、その中で、「方今平城の地は四禽図に叶い三山鎮を作す、亀筮並に従う」とか、「往古より已降、近代に至るまで日を揆《はか》り星を瞻て宮室の基を起し、世を卜《うら》え土を相《み》て帝皇の邑を建つ」とかいった陰陽道思想中心の主旨が公表された。これはたんに陰陽道思想をかりて抽象的にのべたものでなく、実際に陰陽師を使って地相を勘案し、亀占・筮占の作業を行なったものとみるべきである。

降って桓武天皇は、延暦元年(七八二)八月九日、先帝光仁の改葬のため山陵造営の候補地をうるため、志濃王・紀古佐美・陰陽頭紀本らはじめ六位以下の陰陽道を解する者十三人を大和国に派しており、延暦三年には、藤原小黒麻呂・同種継以下官人らと陰陽助船連田口らを遣して長岡遷都のため土地を相せしめている。これらによって相地が重視された一斑を窺いうるが、とくに遷都に関してはいま少し詳しく追究しておきたい。

元明の詔勅にある四禽の禽は、霊獣である青竜・朱雀・白虎・玄武の四神をさし、星の信仰に由来するもので、北斗崇拝につながる二十八宿の信仰と相関し、東方を青竜、南方を朱雀、西方を白虎、北方を玄武とするのは、それぞれ青を東、赤を南、白を西、黒を北、黄を中央に配する五行思想に他ならぬ。この四神は、方位を正し吉凶禍福を支配すると考えられ、都邑が正しく東西南北に企画されていないと災が生ずると信ぜられたから、正確に北辰(北極星)

を観測し厳密に方位が定められた。けだし北辰は天の中枢にあって動かぬ貴い星で、仏教では尊星王、妙見菩薩などと称し、災厄を消去し富貴延命を招来する功徳があるとしてとくに密教で重視せられたが、漢民族においても北斗七星の星座を天帝の座とみなし紫宮と称する。紫色は北方の間色で最貴の色なるがゆえである。

漢文化に心酔した北魏の孝文帝は、宮城を都洛陽の北端中央に定めたが、この北闕制は、唐の長安城もまた踏襲し、平城・平安両京はこれを模倣した。藤原京も同様の主旨に立ち、耳成《なし》山を正しく背にし、香具・畝傍を東西に対せしめ、まさしく三山鎮をなす地形と見立てた点は、陰陽書に水は東より南へ流れ、西北の高いのが大吉であるといわれるのに一致する。街衢は東西に左右両京に分たれ、条坊は藤原京では十二条八坊、平城京は九条八坊となり、平安京またこれに従ったが、これらも陰陽道思想が背景にあることは想像に難くない。

滝川博士は、『医心方』（後述）を引用して、左は天すなわち陽、右は地すなわち陰を意味し、九条八坊の九は陽の極数、八は陰の極数から考えたものと説明された。然らば、十二条八坊も何等かの意義が考えられていたにちがいない。たとえば、式盤は天地両局とも十二月将・十二神将・十二干（十干にさらに戊巳が重ねて加わる）・十二支と十二の数をもって構成されるので（詳しくは第五章参照）、左右両京を天地両盤に見立てるなら、十二の数はその根本的な構成を意味するわけであろう。天武天皇を中心とした浄御原朝廷には式占陰陽道が盛んであったことから、当然左様に考えられてくるのである。

さらに恭仁《くに》京は滝川博士の御指摘によれば、東西に流れる木津川を洛陽城の東西に貫く洛水に見立てて建設されたもので、北極星に擬せられる北の宮城と南に展開する街区の坊を衆星と見立てたその間を、天漢つまり銀河を象徴する川が流れるという、秦の始皇帝以来の首都構想が聖武天皇によりとり入れられたのである。銀河は西洋より夙く中国では星とみられ、河漢の名でまつられ、地上の四瀆《とく》梁津を支配するものとされていたのである。しかもこれによって平城京は決して廃都となったのでなく、唐の制をとりいれ、複都制をとった結果のもので、恭仁京は平城京の陪都にすぎないし、これと前後して藤原宇合に命じ整備させられた難波京もこれに他ならないとされる。

唐の情勢をつぶさにしられた聖武天皇が、複都制を知って、これを本邦にも実現しようと思い立たれたことは充分想像できる。しかし正式に複都制を敷くとなれば、設備のみならず大幅に官人組織を拡充する必要があり、果して当時の日本に、唐制と同様のものが実現するだけの政治・経済的地盤があったかどうか疑われる。上述のように陰陽寮と中国の太史局大卜署との組織を比べただけでも想像に余りある。たとえ聖武天皇が中国の五京制のような壮大な構想をもたれたとしても、所詮それは実現がむつかしく、せいぜい離宮程度の施設に終らざるをえなかったのである。平城京が一時廃都となり、恭仁・難波を転々したことは、『続紀』の示すところに従って事実とみてよい。

ただ、恭仁京経営の背後に、陰陽道思想による相地の解釈があったろうことは、滝川博士の主唱されるとおり、従来の日本古代史家によって見落されてきた重大な点である。もっとも博士はこの点を強調される余り、喜田博士以来の通説を否定し、橘諸兄の野心と無関係だとされたのは行きすぎであろう。諸兄は確かに平城遷都の主導権を握った藤原氏の進出ぶりを忘れていなかったし、同時に都城選定の陰陽道的知識も心得ていたので、表面的には後者の知識をもって巧みに聖武天皇の賛同を得ることに成功した。天皇御自身も唐の制度を理想としておられたから、彼の野心は、一先ず成功を収めたわけであった。陰陽道思想は、このように当時政治的情勢と深くからみ合いながら現実化していったので、それとは別個に独り立ちして進むものではないと思う。

広嗣の乱鎮圧の報導の日と東国行幸の日の前後を細かく推定して、滝川博士の説に賛成する見方もあるが、わたくしは天皇の東国への出発は、やはり広嗣の乱と密接にかかわり合いがあったものと考えたい。天武天皇の「都城宮室は一処に非ず、必ず両参を造らん」との御意志を、直ちに聖武朝の新都建設に結びつけてしまうのは、いささか即断の嫌がありはしないだろうか。

九　初期暦道と呪禁道

さて、卜占に対し比重が軽くあつかわれている暦道の分野について、わが国受容の推移をあらましたどってみると、既述欽明十五年、百済より暦博士固徳王保孫来朝を暦法渡来の初見とし（実際はこれ以前に伝っていたように推測される）、推古十年には、百済僧観勒により暦本が貢され、陽胡史祖玉陳《ふる》が観勒より暦法を学んだとされるが、『三代実録』（貞観三、六、十六条）によれば、陰陽頭大春日真野麻呂が奏言した中に、観勒のもたらした暦術は未だ世に行なわれなかったとあって、直ちにこのときは実施されるに至っていなかったのである。また谷川士清の『日本書紀通証』は一条兼良の言葉として、推古十年は隋の開皇二十二年に相当するから、観勒輸入の暦は皇極暦であろうと推定しているが、それ以前に百済から渡来の暦について、今井湊氏が百済は中国の南北朝時代、南朝と交渉をもっていたゆえ、南朝の暦法である何承天の元嘉暦であろうと論じた。

ついで、新羅を通じ唐の儀鳳暦（麟徳暦）が入っており、持統紀四年十一月十一日条には、始めて勅により元嘉・儀鳳両暦が施行せられた。これよりさき推古十二年（六〇四）はじめて暦日を用いられ（『政事要略』第二十五）、推古紀三十六年三月二日条には、日蝕を記録しており、学術的にこれは正確であるといわれていて、次第に理解されてきた中国の暦の知識が、陰陽五行説と相俟って、聖徳太子の国史編纂に大きく寄与するところとなったであろう。天智朝に入ると、元年四月二十五日、台をたてて漏刻を置き、はじめて鐘や鼓を打って時刻をしらせており、この漏刻は天皇が即位以前にみずからつくられたものだという。日蝕は持統朝五年（六九一）より、その記録が相ついであらわれるが、佐藤政次氏（『日本暦学史』）は、これは元嘉暦によって月日をたて、儀鳳暦により蝕を推算したものと思われ、それらの蝕は殆んど日本では見ることのできぬものであるから、実際の観測の結果ではないと断ぜられている。事実当時のわが国では、天文観測は技術的にむつかしく、天文観候がせいぜいのところであり、独自の暦法樹立には程遠く、全く中国の暦に依存するしかなかったのである。

天平七年（七三五）に至り、吉備真備は唐より『大衍暦経』一巻『大衍暦立成』十二巻を伝え、天平宝字元年（七五七）十一月九日、暦算生は漢晋の『律暦志』『大衍暦議』『九章』『六章』『周髀』『定天論』を学ぶべきことが定められ、同七年八月には儀鳳暦を廃し大衍暦を用いることになった。儀鳳暦は、唐の高宗の麟徳二年（六六五）に李淳風が西域の経緯暦を参考にしてつくり、大衍暦は、僧一行が玄宗の開元六年（七一八）西域の瞿曇悉達の訳にかかるインドの九執暦を参考に、従来の中国の暦を整理改訂したもので、これがわが国では伝来より一世紀にわたって行なわれた。

この間、唐では代宗のとき郭献之が五紀暦をつくり、光仁天皇宝亀十一年（七八〇）には、わが遣唐使録事羽栗臣翼によって日本に伝えられ、翌天応元年、これをもって暦をつくるよう勅が下されたが、習学する人がなかったため行なわれず、文徳天皇斉衡三年（八五六）になって、陰陽頭兼暦博士大春日真野麻呂は、五紀暦による暦の作成を請い、これより大衍暦と併用されることになった。以上によって、わが国の暦道は、中国の暦法の進歩に追随するだけでも容易でなく、人材払底の程が察せられよう。

暦道とならび技術中心ながら呪術的な面を通じ、陰陽道に密接な関係あるものとして、呪禁道が注意されなければならない。『唐六典』では、太卜署の前に太医署が置かれ、医療職員の一つとして呪禁博士一人が定められている。隋朝でも一人または二人がおり、その下に呪禁師・呪禁工が配属された。呪禁博士は呪禁生を教え、呪禁を以て新魅の厲（疫鬼）となるものを抜除するもので、呪禁道とは山居方術の士があやつる道禁と密教における禁呪が習合したところに成立した治療術である。その法に五あり、存思・禹歩・営目・掌決・手印と呼ばれる。これに対して日本の令制では宮内省典薬寮に呪禁博士一人、呪禁師二人、呪禁生六人と規定され、中国と規模において大差はない。『唐六典』にいう山居方術の士とは道教の道士をさし、主に陰陽道に基づいた呪術的作法をなすものである。

これら呪禁官僚は令の制定後、平安初頭ころ迄存在したが、その名前のしられる者としては、『書紀』持統五年（六九一）十二月条に、呪禁博士木素丁武、沙宅万首、『続日本紀』神護景雲元年（七六七）八月十六日条に呪禁師末使主望足があり、『藤原武智麻呂伝』には余仁軍および韓国連広足がみえ、帰化人が多かった。ただし広足は物部大連の子孫で鹽児のとき、その父祖が武烈天皇時代に三韓に使したとの理由で韓国連と改称された。のち延暦九年（七九〇）十一月、韓国連源は高原氏と改めることを朝廷に願い出て許されている。しかし結局は以下にのべる密教や宿曜道・陰陽道・修験道の活動に押されて振わず、その作法はこれら諸道に吸収されてしまったのである。

呪禁道は、敏達天皇六年（五七七）はじめて百済より渡来したと伝えられ、韓国連の家では、三韓に使した人を出しているところからみて、呪禁道を受容した家筋らしく、広足が呪禁師となった理由も首肯されようが、彼が役小角に師事しながら小角を天皇に讒し追放したのは、小角があやつった葛城山の一言主神の呪言信仰と呪禁道の対立を意味するものであり、反面両者には、呪禁的行法において、相通ずるものがあったことを暗示しているのではなかろうか（拙著『山伏の歴史』六二―六四ページ）。

呪禁道ほどではないにせよ、陰陽道の官人制を維持するための人材は、決して当時豊かではなかったので、その理由は既述したとおり、政治的渦中に巻込まれる危険性を伴うこと、帰化人系に主導権を握られていることなどがあげられようが、その割には経済的に恵まれなかった点も見落せない。そのためか養老五年（七二一）正月二十七日には詔して、「文人武士は国家の重んずるところ、医術方術は古今斯に崇ぶ、宜しく百僚の内において学業に優遊し師範たるに堪えうる者を擢んでて特に賞賜を加え後生を勧励すべし」といい、算術の正六位山口忌寸田主、正八位上志斐連三田次、正八位下私部首石村、陰陽の従五位上大津連首、従五位下津守連通、王仲文、角兄麻呂、正六位上余泰勝、志我閇連阿弥陀に絁十疋・糸十疋・糸十絇・布廿端・鍬廿口を与えた。

ついで、天平宝字元年八月二十三日には、勅して、「天文・陰陽・暦算・医針等の学は国家の要とするところ、並に公廨の田を置て諸生の供給に用うべし……陰陽寮に十町、内薬司八町、典薬寮十町」とある。翌二年八月、陰陽生の二十五年以上にわたるものには他の技術者とともに位一階を授け、宝亀二年（七七一）十一月、陰陽師ら学者五十五人にそれぞれ糸十絇を下賜、天応元年（七八一）十一月にも同様のことがあった。

三　律令的陰陽道の展開

一〇　桓武朝迄の祥瑞災異思想概観

前章で、仏教受容期における祥瑞災異思想の発現に始まり、律令的官制化に至る陰陽道の発展をみたが、そこでは極めて政治的観念的な利用の分野と、方術作法としての制度的実技的な分野の両面にわたる、初期陰陽道の姿をとらえたのであった。これが奈良朝仏教の隆盛期に入り、どのように展開していったであろうか、その展開の諸相を眺めてゆきたい。

まず、政局ともっとも深く結びついた祥瑞災異思想発現の状況を知るため、仏教公伝の欽明朝より奈良朝の終り桓武朝まで、およそ二世紀半近くの時代の中で、仏教隆盛期のもつ特色をさぐることとし、『日本書紀』『続日本紀』を基に、歴代の祥瑞災異各件数と各天皇在位中の年間の平均件数（天皇一代の間の両者件数をそれぞれ、その天皇の在位年数で割ったもの）をつぎに表とグラフを用いて示してみた。

第2表で明らかなように、祥瑞は皇極・天武・元明・称徳と四つのピークがあるが後の二者がもっとも高く、この後の二者相互をくらべると、称徳朝は孤立したピークであるのに対し、元明朝のは、天武より元正に至るかなり長い年数にわたる祥瑞調の時期をふまえたものである点が異なる。皇極朝は大化改新前夜で、蘇我氏との対立による皇室多難の時代であっただけに、政局の急転を予想して祥瑞災異ともに関心が高まったのであろう。そうしてそれには、『書紀』そのものが一層これを強調する形に潤色したことも考えられる。

これに対して、天武朝は前章でのべたように天皇自身がその造詣深く、官制を樹立した程であるから、祥瑞災異ともに記事が多いのは不思議でない。その後持統朝のやや低調な時期を通過して元明朝へと祥瑞災異が上昇をつづける

第１表　飛鳥より奈良時代に至る各天皇在位中の祥瑞災異件数表

天皇名 カッコは在位年数	祥瑞件数	在位１年当りの祥瑞件数	災異件数	在位１年当りの災異件数
欽明（32）	0	0	4	0.13弱
敏達（14）	0	0	3	1.21強
用明（２）	0	0	0	0
崇峻（５）	0	0	0	0
推古（36）	2	0.05強	19	0.53
舒明（13）	1	0.08弱	18	1.4弱
皇極（４）	4	1	16	4
孝徳（10）	2	0.2	7	0.7
斉明（７）	1	0.14強	10	1.4強
天智（10）	3	0.3	16	1.6
天武（15）	20	1.3強	71	5弱
持統（10）	10	1	20	2
文武（10）	18	1.8	47	4.7
元明（８）	19	2.4弱	48	6
元正（８）	9	1.1弱	21	2.6強
聖武（25）	22	0.88	109	4.3強
孝謙（９）	6	0.7弱	16	1.8弱
淳仁（６）	0	0	90	15
称徳（６）	14	2.3強	81	13.5
光仁（10）	16	1.6	92	9.2
桓武（25）	22	0.88	165	6.6

のは、平城遷都をめぐって持統天皇の皇統派と藤原氏の連合に対する他の皇族と反藤原氏貴族の対立の深刻化を思

第2表　飛鳥より奈良時代に至る各天皇在位1年当りの平均祥瑞災異件数グラフ

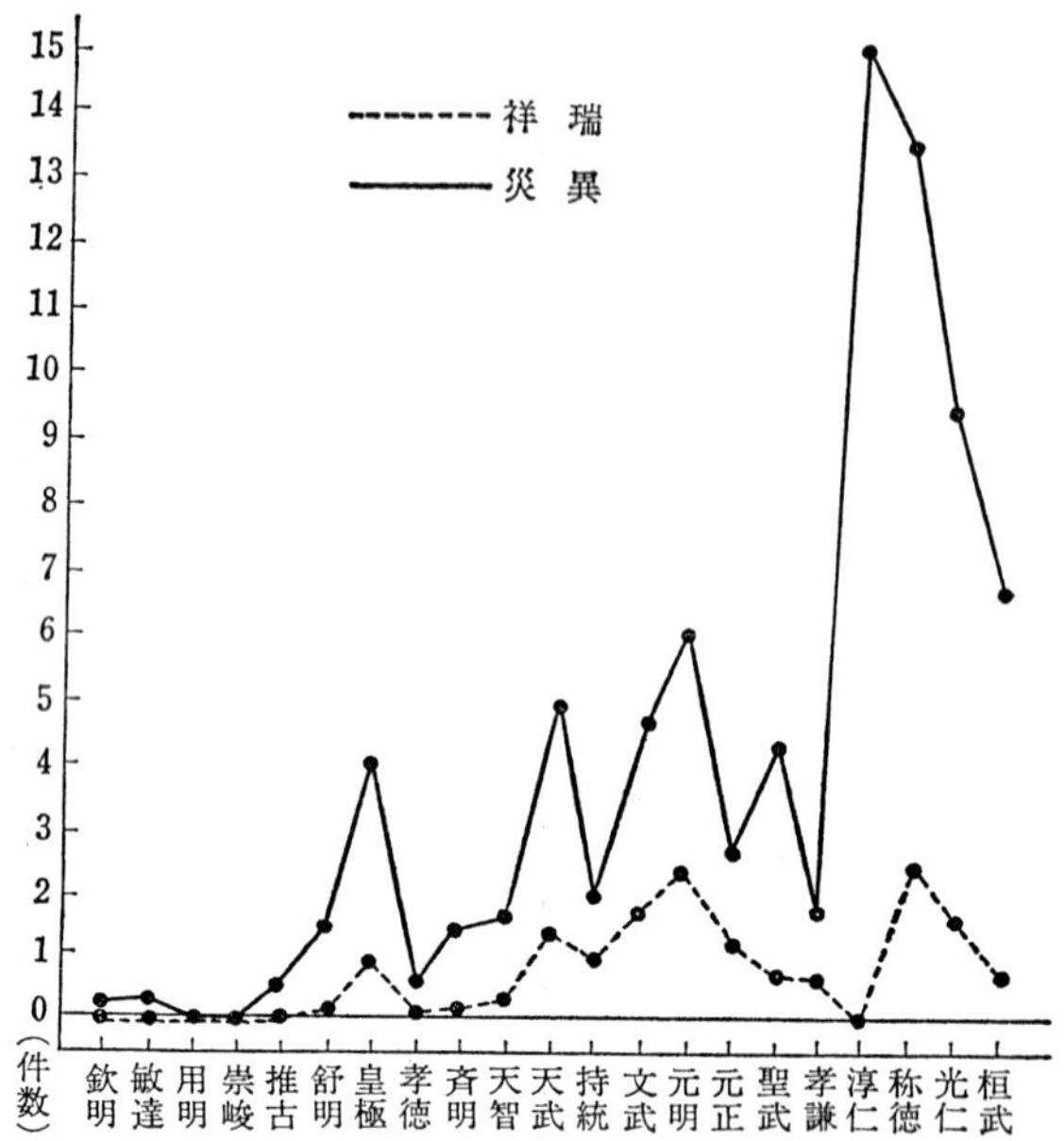

わせ、天皇礼讃と時局批判の両者が拮抗したものとみられる。その後国家仏教興隆の頂点であった聖武朝から孝謙朝にかけては沈滞気味となるが、淳仁朝に至って祥瑞は最低に災異は最高にと両極端を示し、ただごとでない時代潮流を暗示する。もとより孝謙上皇と淳仁天皇および藤原仲麻呂の確執が原因で、事実上政権を握る上皇と仲麻呂の間にお互いを非難する災異を強調した結果のあらわれである。仲麻呂失脚後重祚した称徳朝は、謀叛摘発に神経質となり、道鏡一派は祥瑞をもって帝徳礼讃に躍気となった反面、猜疑と不安の渦まく暗い政界を反映し、災異件数も余り減らなかったのである。つまりこの時代の祥瑞は皇太子未定にゆれる政界の苦悩を糊塗しようとするところに出たものとみることができよう。

かくて、災異件数は淳仁朝を例外とし、祥瑞の増減に応じて変化することがわかるが、大むね祥瑞を上廻るのは、災異が相手を批判する場合にも自己を予め危機より護るためにも利用され易かったからである。災厄を予見し、身の安全をはかることが陰陽道の基本的な考え方であった。以上グラフを通して概観される両思想の推移をおもな具体的事実について検討してみよう。

一　奈良朝前期の祥瑞災異思想

大宝元年（七〇一）正月元旦、文武天皇は大極殿において朝賀をうけられたが、その際正門には烏形幢《はた》をたて、左には日像・青竜・朱雀の幡、右には月像・玄武・白虎の幡があり、外国の使節は左右に列し、「文物之儀是に於て備われり」と『続紀』がのべているところをみると、四神はたんに帝都建設など土木的意味からばかりでなく、元旦の盛儀にも示されることによって政治の理念を形成する重要な要素ともなったのである。文物の儀が対外的にも恥しくない程ととのったのは、こうした陰陽道的儀礼制度の完備を意味するものに他ならなかった。

高松塚古墳の壁画に描かれた四神の図もそうした「文物の儀」を表現したものとして解すべく、日月星辰四神を含めた神霊的世界の描写が中国や高句麗の例に比してそれ程神秘的ないし情緒的なものはなく（長広敏雄「高松塚古墳壁画の意義」二八—二九ページ、吉田光邦「高松塚の星象四神図について」五九—六一ページ、『仏教芸術』八七号所収）、著しく形式的象徴的性格をおび、冷厳な感じを与えるところによくそれがうかがえると思う。すなわち古墳の天井に描かれた星宿は、かなりの正確さをもって北極星を中心とする紫宮の星座とこれをとりまく二十八宿の星座から成ることがわかり、外国のように星座のほか、飛雲飛天・神仙・神獣など天空の神秘観を高める描写はなく、また東壁の日象は金色、西壁の月象は銀色を呈し、中国・高句麗にみられる三本足の烏やヒキガエルの姿はなく、日月の下にみえる雲気は単純な十数条の平行線と線上の尖った小さい山岳で代表され、雲に伴う幽玄神秘な情緒は全く見出されない。

かくて死者のねむる幽境の世界にあっても四神は純宗教的にではなく、律令国家権力の儀礼的象徴として取扱われた感が深い。何れにせよ、これが元旦朝賀の儀を飾る形式として定められ、以後平安朝に入っても続けられたことは藤原冬嗣ら撰する『内裏式』により明らかである。また『貞観式』『延喜式』によれば、平安前期、一品より四品までの親王の冠の徽章がそれぞれ青竜より玄武までの四神の像とされたが、舟尾好正氏はこの制度は多分奈良朝よりあったとみてよかろうとの意見を出されている（直木孝次郎「日本古代史からみた高松塚古墳」『仏教芸術』八七号所収）。『続日本紀』は上記四神の旗を立てた朝賀の儀につづき、四日には大安殿で天皇が祥瑞を受け給うこと、告朔の儀の如しと記している。四神に囲まれたところには必ず瑞を伴うわけで、祥瑞上奏は毎月朔日毎に祖廟をまつり、その月の暦を頒つ中国の告朔の儀と同様、行事化することになった。なお告朔の儀はすでに天武朝に行なわれたものである。奏瑞の儀は『内裏式』でも治部卿が奏瑞者となることを規定しているが、瑞なければ奏詞なしともあって政情に左右されたことが推測される。

文武朝の瑞には、白鼈《かわかめ》（元、九、三）・白鹿（元、九、三および慶雲三、七、二十八）・赤烏（二、七、十七および慶雲二、九、二十六）・白鳩（三、三、九および慶雲三、五、十五）・白燕（三、八、二十一および慶雲元、七、三）・白亀（四、八、十）・神馬（大宝二、四、八および慶雲元、五、十）・嘉禾（元、九、三および大宝二、十、十）・木連理（慶雲元、六、十五）・白烏（慶雲元、七、三）など生物のほか、日鐫・牛黄・金・慶雲など変化に富み、災は日蝕はじめ大風・旱魃・飢饉など異常気象・農耕不作が主となっている。

このうち大宝二年四月八日の神馬献上はどのような馬か明らかでないが、これを見出した隆観は配流されて飛騨国にあったのを許されて帰京し、金財と改め陰陽師になった。瑞を案出することはもともと彼の得意とするところであった。慶雲三年十二月、諸国疫病流行し死者多きによって土牛をつくり追儺を行なったが、平安時代には恒例化し大寒日の前夜半、土牛・童子の像を宮中諸方の門に立てて祓いを修した。『延喜式』に、陽明・待賢二門には青色、美福・朱雀二門は赤色、郁芳・皇嘉・殷富・達智の四門には黄色、談天・藻壁二門には白色、安嘉・偉鑒二門には黒色、あわせて十二頭の五行を象徴した土牛（それぞれ高さ二尺、長さ三尺）と土牛に添えて童子像（高さ二尺）一体ずつが立てられ、立春の日の前夜半にこれを撤すると規定されており、もと立春に農耕祈念の行事に用いられたものが疫気追却の役を負わされたのである。五行説では土は水の陰気に克つとされ、疫疾蔓延が水に関係あることは古代人が経験を通して感じ取っていた。

このようにみてくると、文武朝は、如何にも「文物の儀」備わった時期で、各種の瑞奏や陰陽道的行事に先例の樹立をみたわけである。これをうけて元明朝は帝権宣揚がさらに促進され、はじめにあたっては武蔵国の銅献上、平城遷都等注目すべき出来事があり、大々的な犯罪者の大赦、善行表彰、官吏の栄進とともに、銅銭・銀銭を発行して祥瑞ムードを高めたが、地方では疫疾流行しきりであって、薬の頒給があった。和銅五年（七一二）、伊賀国が玄狐を献じ、これに関して九月詔勅が出た。曰く、子年は年穀が実らぬとの伝えがあるが、それにも拘らず今年は豊作で目出度き限りである。その上伊賀国より献上の黒狐は上瑞に合うと。よって天下に大赦、租税減免等を実施した。その後、白鳩・嘉瓜・嘉蓮・木連理・白雉・慶雲（二度）・白狐・白鴿・瑞雲・甘露等の瑞奏続き、最後に霊亀があらわれた。この亀は左京人大初位下高田首久比麻呂が献じたもので長さ七寸、広さ六寸、左眼白く右眼赤く首に三公を背に七星をあらわし、前脚に離の卦、後脚に一爻あり、腹下には赤白二点を出し、八字がそれにつづいてみえるというのである。まさに奇異に満ちた亀であったから間もなく元正天皇即位されると霊亀の改元が行なわれた。

霊亀三年（七一七＝養老元年）九月、美濃国不破の行宮に天皇行幸し、同国当耆郡多度山の美泉を見られ、この水で洗うに皮膚なめらかに疵愈え、飲めば白髪黒に戻り、頽髪新しく生え、あるいは疫病に験が著しかった。よって十一月詔を下し、「『符瑞書』に醴泉は美泉なり、以て老を養うべし」とある。けだし水の精なるがためである。すなわち大瑞にかなっているから改めて養老元年となすと宣言せられた。醴泉の瑞は、これよりさき持統天皇七年にも沙門法員等を遣して試みに近江国益須《やす》郡都賀山の醴泉を飲ましめられ、八年には病人で益須寺に宿泊して療養するもの多く、よって同寺に水田四町布六十端を寄進し、益須郡の今年の調役雑徭を免除されている。やがて養老四年八月六日、右大臣藤原不比等死し、ついで元明上皇不予となり、同五年十二月七日崩じ、持統系皇族ならびに藤原氏に不利な情勢があらわれると不安な政局を反映して災異に注目すべき記事があらわれた。

養老五年二月十五日、大蔵省の倉自ら鳴ることあり（これを鼓妖という）、十六日、白虹日を貫くの天変あり、十七日詔勅を下して曰く、世諺に申の歳は常に事故ありというが、果して昨年は咎徴しげくあらわれ、水旱の災に天下稔らず「朝庭の儀表」である藤原不比等の薨逝すら起り災異の余は今年に及んでいる。政治上の意見あらば進んで天皇に直言すべしというのである。

元正朝は末年、すなわち養老七年に至り、十月十一日白亀の瑞があらわれた。左京人紀朝臣家献上の長さ一寸半、広さ一寸、両眼ともに赤い亀であって『孝経援神契』に天子孝あるときは天龍降り地亀出づとし、熊氏の『瑞応図』には王者は不偏不党、徳沢流洽するときは霊亀出づとのべており、まさに大瑞かなうものであるとて大赦・租税免除・賜禄などを行なったが、明年匆々三月に聖武天皇に譲位し、同時に神亀と改元された。

この場合興味があるのは、前帝譲位の直前にあらわれた祥瑞をもって新帝の新しい元号樹立の理由とすることで、元明譲位・霊亀改元の先例がそのまま踏襲され、いずれも同じ亀瑞を利用しているのである。亀瑞思想はまさに隆盛期の様相を呈し、神亀三年（七二六）正月二日、大倭国より白亀献上、この時は何の恩賞も行事もなかったが、神亀六年六月二十日には左京職より長《たけ》五寸三分、広さ四寸五分の亀、背に「天王貴平知百年」の文あるものを献ずるにより八月五日大極殿に出御して天平と改元するの詔を発し、賜禄・大赦・表彰以下広く恩恵の事を行ない、亀の発見者、河内国古市郡の人、賀茂子虫に従六位上を授け種々の財物を賜った。子虫は唐僧道栄に教えられて瑞亀を献じたものであったから、道栄も従五位下の階に準じて緋色の袈裟等を賜った。

けだし、このころ、瑞の発見が陰陽道に通じた僧侶の力によることは少なくなかったのであろう。子虫もあるいは巫祝に関係した家の出身であったかもしれない。いずれにせよ天平の大々的な亀瑞宣伝は当時発生した長屋王の変と密接な関係があることは想像に難からず、いわば子虫・道栄らは、長屋王打倒の中心である藤原氏のために一役買い、光明子皇后冊立のムードを高める助太刀をしたとみられよう。

天平十二年（七四〇）、藤原広嗣の乱のあとをうけ、恭仁遷都にはじまる首都選定の紛糾つづき、十七年末に至って再び平城京に還都され、一先ず政局の落ちついた十八年、また白亀の瑞が出た。河内国守大伴宿祢古慈斐の解によると、古市郡内で右京人尾張王なる者がえた白亀は、長闊にして短小の異形を呈し大瑞に合うものであった。よって亀を進めた人は従五位下に叙し古市郡今年の租調を免じ、その他にも恩給を行なわれた。これによる改元はなかったが、瑞亀の出所が前回と同じ河内国古市郡であることは偶然とはみられぬものがある。霊亀が高揚されれば必然、河図洛書の説によって神馬も宣伝されねばならぬ。聖武朝の瑞祥として神馬がよく出るのはむしろ当然といえよう。

最初は、神亀三年二月一日、出雲国より白馬が献ぜられ、つぎは天平三年十二月二日、甲斐国より献じた黒身白髦尾《たてがみ》のもの、第三回は天平十年正月一日、信濃国が献じた同様の馬、第四回は天平十一年三月、対馬の目正八位上養徳馬飼建乙麻呂がえた青身白髦尾の馬で、あとの三者は同工異曲これらは地方官僚によって仕組まれた恩典目あての造作ともみられ、黒駒は甲斐のものが古来著聞し、この程度の瑞は左して珍奇という程でもなかったと思われる。それ以外では、白燕・白鼠・白雀・白烏・赤烏・白狐・白雉などが挙げられるが、奈良朝を通じもっとも長く在位した割には少なく、むしろ災異の件数の方が目立つ。

すなわち、日蝕、太白・熒惑両星に関する天文の変、地震・山火事・暴風雨・疫病流行などしきりに起り、あたかも進行中の東大寺大仏造営に対する批判的風潮と相俟って朝廷は神仏祈謝、恩典施行を盛んに繰返えさねばならなかった。所詮多少の奏瑞で糊塗しうる世相ではなかったが、天平二十一年四月、陸奥国より黄金の貢上をえて大仏完成に朗報がもたらされたため、これを瑞として天平感宝と改元したものの、聖体不予のため遂に孝謙に譲位され、再び元号を改めて勝宝元年とした。ここにおいて一年に二度の改元、四文字の元号という新例があらわれたが、これはけだし唐の則天武后にあやかった光明皇后の創意に出づるところである。

同時に皇后宮職を北極星座中天帝の居所である紫微星の名をとり、紫微中台と改めたのも太政官を圧する権力拡大の野心をあらわしたもので、その陰に藤原仲麻呂の存在があったのはいうまでもない。勝宝の改元は祥瑞によるわけでなく、たんなる譲位に伴うものであったが、これらの新例は未婚皇女（孝謙）への譲位なる新例と無関係ではなかったろう。譲位が祥瑞ムードのうちに行なわれることは元明以来の慣例となっており、この場合は大勢からみて黄金ラッシュの瑞調で乗切ったものと解されよう。

孝謙朝でも白亀献上が二件あるが、改元は「天平」の故智をまねて演出せられ、天平宝字となった。いわゆる文字の瑞であって、天皇寝殿の天井裏より天下太平の文字があらわれたと伝える。ついで駿河国益頭《やいづ》郡の人、金刺舎人麻自が文字のある蚕を献じたが、その文字とは、「五月八日開二下帝釈ノ標ヲ一、知ラシム二天皇ノ命百年息ナルヲ一」といい、五月八日は聖武天皇周忌のため悔過《けか》斎会を催した終日にあたり、帝釈が天皇皇后の至誠に感じ、天門を開通し、百年の遠期を授けたことを意味し、宝祚延長、国家全平の験《しるし》であるとて祝賀された。余程念の入った造作であるが、橘奈良麻呂の乱の直後で政界の動揺を糊塗しようとする意図が秘められている。

この年十一月には、医生・針生・天文生・陰陽生・暦算生が学ぶところの典籍を指示し、その勉学により登用することを定めたが、天文生には、『天官書』、漢晋の『天文志』『三色簿讃』『韓楊要集』、陰陽生には『周易』『新撰陰陽書』『黄帝金匱』『五行大義』、暦算生には前章にもふれたごとく漢晋の『律暦志』『大衍暦議』『九章』『六章』『周髀』『定天論』が挙げられた。けだしこれら専門家の養成が一段と痛感せられたからである。

翌宝字二年二月二十七日、大和国城下《しきのしも》郡大和神山に奇藤を生じ、その根に虫が十六文字を彫成したと報ぜられた。曰く「王大則并天下人、此内任大平臣、守昊命」と。先例より造作は一段とこみ入っている。早速博士らに命じてその意味をさぐらしめた結果、天皇が賢臣を挙げ用いれば、天その徳に報い、太平を致すであろう。また奇藤の藤は藤原氏の中枢的人物に他ならぬというので、藤原仲麻呂の策動が看取される。

一二　奈良朝後期の祥瑞災異思想

同年八月淳仁即位して仲麻呂の専権はいよいよ表面化し、その陰陽道的政策は次々に打ち出された。まず光明皇太后・孝謙上皇に改めて尊号を奉り、その徳を礼讃し、その中で蚕文の瑞、藤枝虫彫の祥を改めて強調し、おのずから聖武天皇にも尊号献上の次第となったが、一転して同年八月十八日陰陽寮より災異の上奏が行なわれた。それは明年三合の厄歳にあたり、水旱疫疾の災が心配されるので、天下諸国に命じ、摩訶般若波羅蜜を念ぜしめたいというものである。けだし『黄帝九宮経』に、大歳・害気・大陰の三神合する歳は、天下に大災厄の起ることが記されているので、仲麻呂は新しい説を天皇に認めさせることにより人心の収攬をはかったのであろう。

この災異上奏をはさんで、つぎに彼は大保（右大臣）の昇進をとげ、恵美押勝の名を賜わり、功封功田を給せられ、独裁者的地位はいよいよ高まった。押勝の名が彼の創案に出たとすれば、その野心の程が察せられる。続いて官制をすべて唐風に改め、陰陽寮は国家の重大事を記すところであるからとて太史局と改称した。

天平宝字六年、仲麻呂遂に正一位に昇り、その勢力頂点に達するころより、孝謙上皇と疎隔の兆あり、軍備に力をいれ出したのは、たんに新羅征討のためばかりではなかったと思われるが、同年正月二十八日、東海・南海・西海等各道節度使が用いる綿甲冑各々二万二百五十具を大宰府で造らせ、その様式は唐国の新様をとりいれ、五行の色にかたどって甲板の形を描かしめた。すなわち、碧地には朱、赤地には黄、黄地には朱、白地には黒、黒地には白をもって四千五十具ごとに一行の色を宛てた。彼のこうした陰陽道好みは、遂に自己の政策の吉凶判断にまですすみ、前章所説のごとく陰陽家大津大浦を用いて将来を予測しようとしたが、かえってこれが彼の叛意漏洩の発端となったのである。

仲麻呂誅戮の翌年、人心一新のため天平神護と改元したが、この年飢饉つづき米価高騰し、朝廷は屢々米の放出をしたに拘らず、事態は改善されなかった。しかもこの頃より道鏡一派の祥瑞造作活動は著しく、彼の皇位に対する野心は表面化した。天平神護二年十月二十日、隅寺（海竜王寺）の毘沙門天像より仏舎利出現の奇瑞あり、法花寺に安置し百官をしてこれを礼拝せしめたのみならず、詔勅下って発見者基真には法参議・大律師を、その師円興には法臣を、道鏡には法王の位を授け、藤原永手を左大臣、吉備真備を右大臣に任じ、文武百官にもそれぞれ加階するところあり、大騒ぎをしたが、二年後にその奸計は暴露された。

基真は、山階寺にあって邪法を修するを好み、詐って童子を呪縛し人の陰事を説いたのみならず、毘沙門天像をつくってひそかにその前に数粒の珠子をおき、仏舎利出現と宣伝した。道鏡はこれを利用して自分の瑞となさんがため、天皇に諷して天下に大赦し、広く叙爵し基真に法参議叙任のほか、物部浄志朝臣の姓を賜い、随身兵八人をつけられた。その横暴なること皇法を顧みず、師円興をも飛騨国へ追放させてしまったと伝えられる。

しかし、『続紀』には、基真処罰の記事がないことをみると、道鏡の権勢下、事件は巧みにとりつくろわれたのであろう。実際上記のとおり大げさな祝賀と恩典が行なわれた以上、天皇もひっこみがつかなくなったに違いない。しかもこれを巧みに糊塗する働きをしたのが慶雲の瑞であった。

天平神護三年（七六七）六月十六日申時、都の東南方にあたり、七色の雲立昇り天皇以下侍臣等怪しみ喜びつつ見たが、伊勢国では国司従五位下阿倍朝臣東人等が六月十七日、度会郡豊受宮の上空に五色の雲立つとその写生図を進奏し、陰陽寮も七月十七日西北方に美雲を、同二十三日東南方に本朱で末黄を呈し、稍々五色を具えた奇雲を観測した旨を上奏した。これよりさき三河国よりも慶雲出現の報あり、朝廷では六百口の僧を屈請し、西宮寝殿に斎を設け参列の僧侶は俗人のごとく、仏法儀礼のはめを外し、手を拍《う》って歓喜する騒ぎがあった。道鏡一派の露骨な祥瑞政策がすでに動き出していたので、八月十六日遂に詔勅が発せられた。その内容を大略説明するとこうである。

以上数々上奏せられた慶雲は瑞書によれば景雲に他ならず、大瑞にあたるが、これは敢て朕の徳のせいではなかろうと思うものの、伊勢大神宮の上にもあらわれたからには先皇の神霊のおめぐみであり、去る正月大法師らが二七間諸大寺で熱心に最勝王経講読、吉祥天悔過法要をいとなみ、諸臣が政事に精励をいたした結果、三宝諸天、天地の神々があらわされた貴い瑞でもあるから、朕独り忍び黙することをえず、共に大いによろこび天地の御恩に報ずべしと考える。よって、大神宮の祢宜・大物忌・内人等位二級に、御巫以下は一級に叙するをはじめ、伊勢国神郡二郡の郡司、諸国祝部に一級六位以下左右京男女六十以上に一級、その他善行者に二級下賜、田租免除、五位以上に賜物、天下諸国の田租半分の免除、八十以上の老人、孤独者らに籾下賜を行ない、年号を改めて神護景雲とし、犯罪者に大赦をほどこすと、ほぼ以上の主旨である。

何とも大仰でその大盤振舞にはただ驚きの他ないが、この詔勅で注意されるのは、大仏造立の場合と同様、伊勢神宮をもち出してきたこと（とくに外宮神官の積極的協力）、正月の諸寺法要をとりあげて僧侶の奉仕をとくに賞したこと、および雲に七色あるいは、五色の色がかかると具体的に表示したことの三点であろう。

天下の田租半減は財政に重大な影響を与えたと思われるが、当時天候不順で「諸国頻年登《みの》らず」（神護景雲元、四、二十四）とある以上、いずれにせよ朝廷は減収を覚悟せざるをえなかったのであろう。この瑞によって当然、陰陽寮は恩賞に預ったが、陰陽寮員外介紀朝臣益麻呂が陰陽頭に、弓削宿祢薩摩が介となったことから、道鏡一派の勢力が陰陽寮を支配しつつあった事情を察せしめる。彼等の祥瑞攻勢はこれに止らず、翌二年六月二十一日には武蔵国より白雉が献ぜられた。これは同国橘樹《たちばな》郡の人、飛鳥部吉志五百国《いほくに》が同国久良《くらき》郡に護たところであったから、国名武蔵は武を戢《と》め、文を崇ぶ祥、郡名久良は宝暦延長の表を示し、姓吉志は兆民子来の心をあらわし、名五百国は五方朝貢の験《しるし》を明らかにしたものとこじつけ、武蔵国天平神護二年以前の未納正税免除、久良郡今年田租三分の一の免除はじめ、関係者の叙位・賜物があった。

九月十一日の詔勅によれば、七月八日には三河国碧海郡の人、長谷部文選は白鳥を、同十一日には肥後国葦北郡の人刑部《おさかべ》広瀬の女が赤眼の白亀を、日向国宮埼郡の人大伴人益は白髪の尾ある青馬を進献した。『顧野王符瑞図』に白鳥は太陽の精とあり、『史記』に神亀は四時色を変ずるとあるが、『熊氏瑞応図』に王者は不偏不党、その徳あらわれるとき霊亀出づとある。瑞式を考えるに、白鳥は中瑞、霊亀・神馬は大瑞である。よって例のごとく関係の国や人物に恩典が施された。十一月二日、美作掾恩智神主広人が白鼠を、翌三年五月十六日、伊勢員弁《いなべ》郡の人、猪名部文麻呂が白鳩を、十一月、伊予国より白鹿を献じ、とくに白鹿に対しては二十八日詔を発し、新嘗・豊明節と昨日冬至に慈雨が降ったことと白鹿と慶事が三つ重なったゆえ黒記白記の御酒を賜うとしている。瑞奏はなおもつづき、明けて四年五月十一日、伊予国員外掾笠雄宗および同国守高円広世は白鹿、大宰帥弓削御浄清人は白雀、七月十八日、常陸国那賀郡の人、丈部龍麻呂・占部小足は白烏、筑前国嘉麻郡の人、財部宇代は白雉を上り、これをもって称徳朝は終るのである。

こうした瑞奏頻出の時代は一方で不破内親王の追放、氷上志計志麻呂の遠流、縣犬養姉女の巫蠱による配流、宇佐八幡の託宣、和気清麻呂および姉法均尼流罪など重大な政治事件が起っており、大宰府管内の暴風（宝亀元、正、二十二）、対馬飢饉（同、四、九）、志摩国暴風（同、六、八）、美濃国大雨（同、六、十四）、京都飢饉（同、六、二十四）、土佐国飢饉（同、七、九）、但馬国疫病（同、七、十八）、出羽国氷雨（同、七、二十八）など天災も少なからず、決して平穏・慶賀の世相ではなかったのである。

以上奈良朝の祥瑞災異を具体的事実について概観してきたが、わけても道鏡が勢力をえた時代の祥瑞発現は異常であることから彼の陰陽道的活動にしばらく注目してみよう。

平安末、永万元年（一一六五）ころに東大寺恵珍が編集した『七大寺年表』に、道鏡は河内国人、弓削氏出身、天智天皇孫志基親王第六子といい、義淵の弟子、はじめ葛木山に籠り如意輪法を修し苦行極りなし、折から近江保良宮に療養中の孝謙上皇は彼を召し、宿曜秘法を修せしめられたところ、験あって平復せられ、それにより天平宝字七年少僧都に任ぜられたとある。『続日本紀』（宝亀三、四、七）にも略《ほぼ》梵文に渉り禅行を以て聞えたりと記し、葛木山での修行はきびしく注目されるところがあったらしい。皇胤の伝えは疑われているが、如意輪法は得意だったと見え、宮廷に入っては宿曜法に手腕を発揮した。

けだし観音信仰はわが上古の仏教中、薬師とならんでもっとも親しまれ、その多様な変身と多面的な利益は人々をひきつけ、これに関連した呪術的作法としての『陀羅尼集経』や『陀羅尼雑集』が重んぜられ、そこでは観音のほか、北辰菩薩妙見呪・太白仙人呪・熒仙人呪など天文方位にわたる陰陽的呪文も含まれていた。これらのいわゆる雑密信仰の中でも如意輪観音の作法は浄不浄を論ぜず、あらゆる者に福徳増益諸罪滅除を可能ならしめるとされ、そこで誦される如意輪陀羅尼はもっとも法験すぐれたものであった。

天平宝字七年（七六三）七月二日、道鏡が四十巻の経典を写させた中に、『大金色孔雀王呪経』はじめ孔雀王呪の関係経典四種七巻や『十一面観世音神呪経』『十一面神呪心経』『陀羅尼集経』等があり、彼の修法に用いられた経典とみられるが、孔雀経類は祈雨止雨安産はじめ疾病に効あり、十一面観音の呪も障難抜除にすぐれたもので、要するに彼の得意とするのは医療の面にあったのである。

その修業場となった葛木山は、役小角の修行地として奈良朝以前より著聞し、小角は呪言神である一言主神をまつる賀茂氏の出身であった。長年この山ではげしい修練をつみ、『孔雀王経』の呪を誦し、非凡な験術を得、鬼神を使役したという。小角が雑密をとりいれ孔雀王呪を修めたかどうかは定かでないが、奈良朝には葛木山の原始的呪術信仰に密教的呪術行者（いわゆる禅師）が接触し、あるいは既述した呪禁師韓国連広足も師事するところがあり、そこには葛木山信仰の主導権争いもあったであろう。やがて道鏡が修行に入山するころは密教行者の勢力が強くなり、のちの修験道の素地をつくるに至った。

当時雑密に属する経典としては上記のほか、『北辰菩薩経』（『北斗七星延命経』？）『大雲輪請雨経』『安宅神呪経』さらには『舎頭経』『二十八宿経』などの存在が古文書からしられ、『請雨経』や『安宅神呪経』は飛鳥白鳳期にすでに舶載されてはいるものの、他の経典は恐らく奈良朝に新しくもたらされたのであろう。『二十八宿経』は、詳しくは『舎頭諫太子二十八宿経』と呼ばれ、二十八宿を中心に星の運行による吉凶卜占・禁忌等を説いた宿曜道の重要な典籍であり、その成立が西域か中国かはさておき、陰陽道的要素の強いものであることは否定出来ず、道鏡が宿曜道秘法の名手である以上、この経を利用したことは疑いない。

京都栂尾の高山寺所蔵『宿曜占文抄』(文治四年の書写)は、道鏡が宿曜秘法を孝謙上皇に伝授したこと、藤原仲麻呂の叛乱もこの秘法が修せられたため無事平定されたことを伝えており、たんなる医療的呪法に止らず、天文を考え未来を卜定し、それにそなえる呪法を修するのが宿曜道であった。既述、大津皇子の骨法を相した新羅僧行心はじめ僧侶で陰陽道に詳しかったものはむしろ宿曜師とみるべきであったかもしれない。雑密と陰陽道は宿曜道を通じて密接に結ばれていたのであり、道鏡の宿曜道は当時の陰陽道界をリードするものであった。

一三　光仁朝の陰陽道と吉備真備

話を戻してつぎに光仁朝の祥瑞を眺めてみよう。称徳崩後、道鏡の追放をみて十月一日白壁王は即位し、光仁天皇になると宝亀と改元した。これは去る八月五日、肥後国葦北郡の人、日奉部《ひまつり》広主売および同十七日同国益城郡の人、山稲主《やまいなぬし》が白亀を献じたによる(二件とも称徳朝の記事には見えない)ものである。その後白雉(三件)・白鳥(三件)・白亀(二件)・白鼠(二件)・木連理(二件)・慶雲、一茎花の蓮、前の二蹄牛に似た馬、文字を有する蚕など在位約十一年間を通じて多数の奏瑞はあったが改元のことなく、宝亀十二年(七八一)に至り、伊勢斎宮に美雲があらわれた瑞をもって天応と改元されたに止る。ただしその美雲についての具体的な記事は全くない。天応の名も従来の年号が殆んど具体的に瑞物と関連したものであったのに対し、甚だ抽象的である。またこれに伴う恩典として、瑞奏関係者や一般官僚の位階昇進、犯罪者の特赦、善行者の表彰、孤独者や老人救済などは慣例どおりであるが、その他に陸奥・出羽の蝦夷討伐に従軍した兵士の今年の田租免除、種子貸与がうたわれているのは注目に価する。けだしこのころ陸奥国上治郡の郡領伊治公呰麻呂叛し、東北一体はその蹂躪するにまかせ、大混乱を呈していた時期である。兵士の徴発相つぎ、民間の疲弊甚しきものがあった。

宝亀十一年（七八〇）六月十六日、鈴鹿の関西内城に大鼓鳴る怪あり、同年十月三日には左右兵庫の鼓鳴り、後箭の動声を聞き、その響き内兵庫に達すといい、天応元年（七八一）三月十二日、美作国苫田郡の兵庫鳴動し、同十六日また鈴鹿関の西中城門にて大鼓自ら鳴り、同四月一日、左右の兵庫の兵器自ら鳴り、五月十六日、鈴鹿に三たび鳴動あり、十二月二十六日、兵庫南院の東庫鳴動するなど、いわゆる「鼓妖」相ついだことも、兵革にゆれ動く不安な世相を暗示する。天皇みずからも不予の兆ありしもののごとく、旁々天応改元は祥瑞によるとはいい条、実際は災異改元に近く、世直し的な意味が強かったのではあるまいか。

蝦夷の問題ばかりではない。光仁朝はすでに初世において、井上内親王・他戸親王廃立のいまわしい事件を起している。両者が大和国宇智郡に配流の上、非業の最後をとげられてから三年足らずしてその怨霊は広く信ぜられ、皇太子山部親王が宝亀八年十二月病にかかるや、井上内親王を改葬して幽魂をなぐさめることあり、井水や河川の涸渇、二十日余にわたる京中および内竪曹司への瓦石土塊の落下はみなその祟りといわれ、事件に暗躍した藤原百川はじめ天皇・皇太子は霊の夢に悩された。さらに淡路に配流された淳仁天皇の墓をも改葬して山陵と称するなどして皇太子の病気平愈を祈られた。

宝亀七年五月二十九日、災変屢々あらわれるとて大祓を行なわれ、宮中や朝堂では僧六百口を屈請して大般若経を読ましめたが、翌年三月十九日にも宮中頻りに妖怪ありとて大祓や大般若経読経があった。もって怨霊恐怖の空気が宮廷を支配していた次第を窺いしるであろう。加うるに気象不順をつげ、暴風・霖雨・地震の天災相つぎ、宝亀五、六年、全国的凶作の相を呈し、宝亀八年になっても事態は好転しなかった。宝亀四年十二月、山城国乙訓郡における夥しい狼・狐・鹿の出現、同六年四月、河内・摂津両国で鼠が五穀草木を食い荒し、同七月、下野国都賀郡でも同様のことあり、同七年八月、天下諸国蝗害に見舞われるなど、凶作の側面を物語る。

こうした実情を背景とした光仁朝では、祥瑞ムードが高まる筈もなく、既述祥瑞として献ぜられた前蹄牛に似た奇馬のごときは、人の作為が暴露して上総国の介巨勢馬主以下五人は解官せられ、本主宗我部虫麻呂は杖八十に処せられる始末であった。かくて光仁朝はすでに祥瑞思想が凋落しつつあったことを知るであろう。

この時代に吉備真備、大津大浦、二人のすぐれた陰陽家が没したことも右の風潮を暗示するようであった。大浦についてはすでに述べたとおりであるが、真備について『続紀』(宝亀六、十、二)は、「入唐して業を受け、経史を研覧して衆芸に該ね渉れり、我が朝の学生、名を唐国に播《ほどこ》す者は唯、大臣(真備)と朝衡(阿倍仲麻呂)二人のみ」と記した程博学であり、そのため後世種々の俗伝を生じた。大江匡房の『江談抄』に「吉備入唐間事」と題して詳しい伝説をのせている。真備が在唐中、諸道芸能を学んで余りにも熟達したので、唐人はこれをねたみ楼に幽閉した。風雨の深夜に鬼があらわれ、自分は遣唐使の安倍で、この楼に幽閉されて餓死し鬼となったが、自分の子孫は日本でどうしているか知りたいというので、話してやると鬼は大いによろこび、その恩返えしに今後唐の国事を教えてやると約束した。まずこの国で真備に『文選』を読ませ恥をかかせようとする企てがあると告げ、鬼の飛行自在の術をもって真備は楼をぬけ出し、帝王宮の『文選』講所に至り、終夜ひそかにこの講演をきき暗誦し、暦本に書いて唐の勅使を驚かせ、つぎに唐人は囲碁をもって圧伏しようとしたが、これも鬼の助けをえて未然に三百六十目ばかりを案じて唐人を打ち負かした。唐人怒って真備に食物を与えず、殺そうとはかった。真備は鬼に命じて唐にある百年を経た雙六筒と簺盤《さいばん》(すごろくばん)をとりよせさせ、この筒と盤(多分天地の式盤《ちょく》であろう)を用いて日月を封じたため、天下暗黒で唐土は大騒動となった。よってこれを占うに、術道の者が日月を隠しており、その者は真備の住む楼であることが知れ、真備は自分を日本へ帰すなら日月を出してやるといい、仕方なく唐朝は彼を帰国せしめた。また、既掲『宿曜占文抄』によると、在唐中、三史・五経・刑名・算術・陰陽・暦道・天文・漏刻・漢書・道秘術・雑占等十三道に通じ衆芸にわたったので、唐朝は惜しんで彼の帰国を許さず、よって彼は日月を封じ暗黒ならしめること十日、唐朝これを怪しみ占うに、日本国人はもし彼が帰朝できなければ怨みを致すことがわかったので、漸く許され帰るをえたとある。彼は宿曜属星を祭る秘法を修し、その法力により従二位右大臣まで登りえたのである。年三十六のとき病を煩い、老母の心配する気持に報ぜんがため、薬師寺に参り、薬師丈六仏を拝し、誓願して曰く、七日間毎に心経千遍を誦せん、そのゆえは病の平愈を望み、あるいは命の延びることを望むに非ず、余命の示現をえて定業の理を知り、母を得心させたいと思うのであると。既にして七日目の夜、夢に天より短籍一枚（長さ一尺、広さ二尺ばかり）下る。真備これをみるに、七八八八九年とあり、これが余命の数らしいと思いつつも、思いわずらっていると、上空で四十年だと声がした。空を仰ぐと僧の姿がみえ、驚いて目がさめた。よって三十六歳に四十を足せば七十六歳が定業だとわかり、母を納得させることができた。

以上の話のあと、『宿曜占文抄』は、「天平神護元年記文也、宝亀三年七十六薨歟」と注記している。この書が引用した『吉備真備伝』はいま知る由なく、宝亀六年八十三歳にて薨じた『続紀』の文と符合しないが、『続紀』宝亀元年十月八日、上表して彼が骸骨を乞うた文に天平宝字八年、生年数七十に満つとあって、これから計算すれば宝亀元年が七十六に当る。従って宝亀三年薨時は八十一歳となり、『続紀』の二つの記事は互いに矛盾する。多分七十六歳は彼が官界から身を引いた歳であり、これを四十年前に予見したということであろう。彼は宿曜秘法によって自己の運命を察知していたとされるのである。なお『占文抄』によれば、真備は祭属星法を一人胸中に秘めて子孫に伝えず人々から非難された、この属星法は義浄三蔵の訳するところで、大霊験あり、天下に知られるようになったが、その本は得難く、後代に伝写されたところ九家にすぎない。

そもそも、祭星法は天智天皇三年（六六四）五月、唐の天文博士郭務悰等来朝したとき、中臣鎌子に伝授した。鎌子は性聡敏で忽ち卜筮の道を得、天皇の近臣として毎月二度この秘法を行ない、遂に内大臣正一位に至った。道鏡もこの法を修し観音呪を持し、孝謙上皇の病を愈やし、恵美押勝の叛乱も調伏せしめた。法王の地位に登ったのもこの法の致すところである。吉備真備・藤原鎌足またこの法のお蔭で出世したというのである。鎌足活躍の時代は義浄が弱年のころであり、果して祭属星法が輸入されていたかどうか疑わしい。

一四　陰陽道官僚の密教・道教との交渉

眼を転じて、陰陽道官僚の人材を眺めると、従四位上の最高位に達した大津大浦は美作守・日向守・安芸守を歴任、宝亀六年五月十七日没し、山上朝臣船主があとをうけて頭となり、翌年三月天文博士を兼ねた。然るに延暦元年（七八二）閏正月、氷上川継の叛謀に坐し頭を免じ、隠岐介に貶せられ、さらに三月二十六日、弓削女王等とはかって天皇の乗輿を魘魅した廉で隠岐に流され（延暦二十四年三月赦免入京）、代って紀本が頭となった。彼は九月六日肥後守を兼ね、間もなく栄井蓑麻呂に代った。蓑麻呂は翌年正月四日八十歳に達したので長年の忠勤を賞し、絁・布・米・塩を賜っている。彼は延暦四年正月、高橋御坂に代るまでその任にあった。

ついで同九年三月二十六日、左京大夫藤原菅嗣、同十年七月四日藤原刷雄《よし》と引きつがれてゆく。菅嗣・刷雄と藤原氏から頭になるものがあらわれたことは注目されるが、菅嗣は宇合の四子中、身分のもっとも低い綱平の子、母は秦朝元の娘で従兄弟である種継の力によってこの地位についたとみられ、刷雄は恵美押勝の子で越前守・図書頭に至った人、禅行あるにより、諸子のうちただ一人死をまぬがれ隠岐に流された。『尊卑分脈』には徳一菩薩は彼のことであるとの一説をのせている。

かようにみると、奈良朝末の陰陽頭は斯道の名職としてより、官僚的地位として利用せられ、それだけ専門家としての権威は減じつつあったように感ぜられる。藤原氏の中では閑職としてみられていたのであろう。

奈良朝仏教は、本質的には学団的教学活動を主としたけれども、国家社会の俗的要求に応ずるためには雑密による呪術的活動が必要であった。そうして、この雑密を伝えた異国の宗教家たちは、同時に陰陽道に造詣深いものも少なからず、僧侶としては宿曜師とみらるべきものがあったろう。度重なる遷都や活潑な堂舎仏閣の築造は、地相の吉凶に対する関心を高め、令制が呪禁道とならんで、僧侶の俗的進出を医療面に制約し、医療呪術を容認した結果、雑密的宿曜的呪術仏教は陰陽道を圧倒する勢いを示し、既述のように道鏡は一族薩摩を陰陽助に任じ、陰陽寮支配の手を延ばした。

道鏡失脚後、弓削宿祢はすべて弓削連に貶された中で、薩摩だけは宿祢をゆるされた（『続紀』宝亀七、三、四）。理由は明らかでないが、たんなる陰陽官僚として仕える上で、宿祢ぐらいの地位は許さるべきものだったのであろう。没落後の弓削氏の中には、こうしたゆかりで民間的陰陽師となるものもあったかもしれない。平安初期、斯道の名人弓削是雄が出たのも、決して偶然ではなかったであろう。

いずれにしても、宿曜道の隆昌に伴う星の信仰の流行は、攘災招福の行事をいよいよ盛んならしめた。延暦十五年三月十九日、勅して北辰を祭ることを禁じたが、この禁制はすでに夙くから出されておるに拘らず実行されず、京畿の吏民は春秋ごとに職を棄て業を忘れ、多数集まって風紀を紊すに至っているとのべていて（『日本後紀』）、奈良朝後期には都鄙に拡がっていたのであろう。北辰は北極星を指し、五行思想では北方を黒に宛てるから、玄宮北極ともいい、天下の興亡を主さどり人々の善悪を照し不祥を除き、長寿を保たしめる尊い星である。密教の尊星法も北辰をまつる作法で妙見菩薩とも呼ぶ。北辰は北斗（七星）の信仰を伴うこと多く、北斗は生れ年および日の干支により七星の何れかに属し、これを本命星と呼び、この星をまつれば災厄を除き長寿延命を得ると『北斗七星延命経』に説くものである。

奈良朝、この経は『北辰菩薩経』として輸入されており、正倉院文書には妙見菩薩像がみえ、既掲北辰菩薩妙呪・太白仙人呪・熒惑仙人呪など星の呪文もしられていた。『日本霊異記』には、紀伊国安諦郡私部寺（巻上三四）や河内国安宿郡信天原山寺（下五）の妙見菩薩や大和国高市郡波多里の人、呉原忌寸名妹丸《なぐわしまる》が海上遭難し妙見菩薩を念じて助かった話を載せ、『続紀』（宝亀八、八、十五条）には上野国群馬郡の戸五十烟、美作国勝田郡五十烟を河内国の妙見寺に寄進した記事がある。

陰陽道は密教ばかりでなく、神祇信仰に対しても習合し易い類似点をもっていた。これを端的に物語るのは祓いである。さきに文武朝にはじめられた土牛による追儺《ついな》行事が平安朝恒例化したことをみたが、宝亀元年（七七〇）六月二十三日には、疫神を京師の四隅、畿内の十堺にまつることがあり、これも疫気退散の陰陽道的行事と考えられる。平安時代の『延喜式』には宮城四隅疫神祭、畿内堺十処疫神祭が記され、臨時祭として続けられていた。畿内堺十処疫神祭には金鉄人像が用いられることになっているが、これは陰陽道の祓具として祓いの行事に用いられる人形の一種に他ならない。恒例の祓行事として重要なのは六月十二月晦日のもので、令制に東西文部が祓刀を上り祓詞を読むと規定され、『延喜式』にその詳細な内容が示されている。その中で金装横刀《こがねづくりのたち》二口、金銀塗れる人像各二枚、烏装横刀《くろづくりのたち》六口が用意され、金人銀人横刀は東西文部が読み上げる呪言にみえるものをさし、何れも垢穢を去る陰陽道的祓具である。

呪言とは、「謹しんで請う、皇天上帝、三極大君、日月星辰、八方諸神、司命司籍、左に東王父、右に西王母、五方五帝、四時四気、捧ぐるに銀人を以てし、禍災を除かんと請う、捧ぐるに金刀を以てし、帝祚を延さんと請う、呪に曰く、東は扶桑に至り西は虞淵に至り、南は炎光に至り北は弱水に至る。千城百国、精治万歳、万歳万歳」(以上仮名交りに書下す)というもので、最初に陰陽道のおもな神を網羅し銀人金刀を献じて攘災と長寿延命を祈願するのである。

銀人は出雲本以外は禄人とし、金銀を塗った人形をさすものである。穢を負う人形はそれ自体穢を消去る福神的呪力をそなえていたので金銀の色はそれを象徴する。刀も実際は金装と烏装の二種あって陰陽を意味したのではあるまいか。これによって祓がたんなる穢れの除法に止らず、瑞祥をことほぐ道教的陰陽道的行事であったことをしるであろう。そうして中臣氏の御祓麻捧呈・祝詞朗読とならんで行なわれたところに陰陽道の積極的な神祇界への進出・習合がうかがわれるのである。この趨勢は律令制の崩壊、北家藤原氏の台頭を背景として次第に進みつつ、貴族の私的要求に添った呪術中心の方向に変質してゆく。次章で、平安朝前期の政界における陰陽道の諸相を一瞥しつつ、その過程を具体的に追究してゆきたい。

四　律令的陰陽道の変質

一五　長岡京遷都の政治的理念

桓武天皇は即位の翌年、改元して延暦とした。同年八月十九日の詔勅によれば、「年穀豊稔にして徴祥仍《しきり》に臻《いた》れり、思うに万国と此の休祥を嘉《よみ》せむ」とあって祥瑞改元のごとくであるが、具体的な祥瑞の事実は示されておらず（武蔵・淡路・土佐・和泉は飢饉に見舞われ）、その前月二十九日には右大臣以下参議以上ともに上奏して「此頃災異荐《しきり》に臻つて妖徴並に見《あらわ》れたり」といい、むしろ災厄続きの年であったようにみえる。

従って、この改元は実質上は即位による改元にすぎず、祥瑞改元そのものに対する要路の関心は、前朝に引きつづき低調になっていた感がある。延暦は天皇一代遂に改められず、平安朝の元号中、最長のものになった事実に徴しても改元意欲自身余り盛上らなかったのである。もっとも瑞奏は、白雀・赤雀・白雉・白鹿・白烏・白燕・白狐・慶雲・木連理など延暦年間決して少しとはしないが、何れも改元にはつながらなかった。他方で地震・飢饉・疫病流行等災厄記事はかなり多く、平穏な時代とはいいえないものがあった。しかし一代を通じて天皇に改元の意図がなかったからとて、一がいに陰陽道思想に冷淡であったと断ずるわけにはゆかない。むしろその反対であったともいえるのである。そのためにはまず天皇の長岡遷都の問題からみてゆかねばならぬ。

遷都の理由については諸説あるが、天智・天武両皇統の対立がからんでいることは第一に留意すべきであろう。滝川政次郎博士は井上内親王・他戸親王の追放により、天武系の皇族は宮廷から一掃せられたが、長年天武系歴代の帝都となっていた平城京に安んずることを快しとせず、皇統が新たになるとともに、その都も一新さるべきだとの決意を桓武天皇が抱かれたのが真の理由とされている。私もこれに讃したいが、これに付随して加えるならば、前章にのべたような井上内親王・他戸親王怨霊による不祥事の続発も心理的にこの決意を確固たらしめたと思う。この決意によって積極的活動を始めたのが種継である。滝川博士は恭仁京と同様、長岡京にあっても一貴族の野心による遷都を否定されたが、遷都に政治家の暗躍があったことは平城遷都以来見逃すべからざる趨勢であった。それはともかく、天皇は光仁の即位による天智系の復活を新王朝の創始と見、これにふさわしい新都造営を行なうことは中国歴代の慣例にもあることとされたのであって、長岡遷都には、中国の革命思想の影響があるとは滝川博士の力説されるところである（革命思想と長岡遷都、同博士『京制並に都城制の研究』所収）。

たしかに、律令制以来わが宮廷には中国の天命思想が入りこみ、天皇の地位は、人力によって左右しうるものではないとの理念が生じたことは歴代の詔勅からうかがえるし、それに伴う革命思想は中国のごとく易姓でなくても異なった皇統の交代によって擬制的に成立する。天智天皇の子、大友皇子から皇位を奪い即位された天武天皇が漢高祖にみずから擬せられたであろうことは前にのべた。光仁・桓武両天皇の登極は、強引な藤原百川の策動によるところではあったが、危険な政治工作が運よく成功し、皇后・皇太子に至るまで天武系を払拭し、天智系の復活が決定的となったことは、予想外に運の向いた桓武天皇にとってまことに天佑とも感ぜられ、昊天上帝による革命を信ぜざるをえなかったのであろう。従って新王朝の新建元たる意味をもつ延暦はそれだけに重みがあり、天皇が在位する限り軽々しく改元すべきものではなかったのであろう。

また天皇は、生母高野新笠夫人が、百済武寧王の子純陁太子の後裔で、帰化人たる和《やまと》氏朝臣の出身であったから、漢土の政治思想は一層身近く感ぜられるところがあったと思われる。しかも藤原浜成が山部王（桓武）の立太子に反対したのは、生母高野新笠が帰化人で出自の賤しいとされたためであったから、桓武天皇はこれを気にし、即位すると反撥的に叛乱を起した氷上川継の姻戚である理由により浜成から参議侍従の地位を奪い、やがて新笠を皇太后とし、天高知日之子姫尊の諡号を上られ、和朝臣家麻呂を従三位中納言まで昇進させ、帰化人の優遇化をはかられた。母賤しくして即位しえた好運の気持は、天皇をして天命の思想を一層高めしめたに相違ない。

それでは、なにゆえ長岡を新京地として選定したかについては、詔勅に、河川近く交通に便で貢賦を運ぶのに容易であるとしている点があげられるが、理念的には、河内国交野で天皇が行なわれた郊天の祭祀に重大な関係ありとする考えがある（林陸朗氏『長岡京の謎』六六ページ）。交野の地は、いま大阪府北河内郡の枚方市・交野市にまたがる地域で、古来鷹狩の狩猟場として聞えていた。延暦二年（七八三）十月十四日、天皇は交野に鷹を放って遊猟し、十八日まで逗留され、その間行宮《あん》に供奉した百済王氏一族に恩賞があった。百済寺には近江・播磨両国の正税各五千束を施入し、百済王利善に従四位下、同武鏡に正五位下、同元徳・同玄鏡に従五位上、同明信に正四位下、同真善に従五位下と昇階せしめられている。

同六年十月十七日交野に遊猟された際は、大納言藤原継縄《ただ》の別業を行宮とされており（前回の遊猟に行宮とされたのも同じ別業だったのであろう）、継縄は、百済王等を率いて種々の楽を奏し、百済王玄鏡、継縄の子乙叡《たかとし》には正五位下、百済王元信・同善貞・同忠信には従五位下、同明本にも従五位下を授けられた。これによって交野が百済王氏一族の根拠地であることがしられ、継縄は百済王明信の娘を妻としていた関係からここに別業を営んでいたのである。

しかしそれより重要なのは、延暦四年十一月十日、交野に天神を祀られた事実で、これは宿禱に賽するためであったという。すなわち、かねがね天皇は、賤しい帰化人系の母をもちながら即位しえた天帝の顧命を謝する気持であったが、ここに至ってその念願を果された。しかも同六年十一月四日、再びこの地に天つ神ならぬ昊天上帝をまつられ、その際あわせて天宗高紹天皇（光仁天皇）を配祀せられたことが『続紀』にのせる祭文によって明らかとなった。祭文は二つあって、一つは、維れ延暦六年歳次《やど》る十一月庚戌朔甲寅、嗣天子臣謹しんで従二位行大納言兼民部卿造東大寺司長官藤原朝臣継縄を遣して敢て昭かに昊天上帝に告《まおさ》しむ、臣恭しく睠命を膺《うけ》て鴻基を嗣ぎ守り、幸に穹蒼祚を降し、覆燾《ふくとう》徴を騰るに頼り、四海晏然として万姓康楽なり、方に今大明南に至つて長晷《ちょうと》初めて昇り、敬つて燔祀の義を采りて祇しんで報徳の典を修す、謹しんで玉帛犠斉粢盛《しせい》の庶品を以て茲の禋燎を備へ、祇しんで潔誠を薦《すす》む、高紹天皇の配神作主尚《こいねがわ》くは響《う》け玉へ

いま一つは、

維れ延暦六年歳次丁卯に次る十一月庚戌朔甲寅、孝子皇帝臣緯謹しんで従二位行大納言兼民部卿造東大寺司長官藤原朝臣継縄を遣して敢て昭かに高紹天皇に告げさしむ、臣庸虚をもつて忝くも天序を承け、上玄祉を錫《たま》ひて率土心を宅す、方に今履長伊《これ》始めて粛《つつし》みて郊禋に事へ用《もつ》て燔祀を昊天上帝に致す、高紹天皇、慶、長発に流れ、徳、思文に冠たり、対越昭かに升《のぼ》つて永く言《ここ》に命に配す、謹しんで制幣犠斉、粢盛庶品を以て式《も》つて明薦を陳ぶ、侑神作主尚くは響け給へ（以上すべて原文を仮名交りに書改む。）

というものである。はじめの文に天神である昊天上帝がはっきり示され、「大明南に至りて長晷初めて昇り」に冬至の日の祭りであることをあらわし、「恭しく睠命を膺けて鴻基を嗣ぎ守り」に天命をうけ登極したことをいい、「祇みて報徳之典を修す」にその報謝のための祭祀であることを明らかにしている。つぎに父、光仁天皇の尊霊に向い「粛みて郊禋に事へ」とのべて帝都近郊に天帝をまつると宣言し、父帝の徳をたたえ、その配祀を告げているのである。

滝川博士が、『大唐郊祀録』にのせた冬至祀昊天上帝の祝文を掲げて指摘されたように、交野の祭文は唐のそれを流用し、ただ配祀を唐では太祖とあるのを光仁帝に代えたのである。これは明らかに天皇が父帝をもって新王朝の祖に擬せられたその表われに他ならぬ。古代中国では帝都の南郊に冬至の候、円丘を設けて祭天の儀を行なっており、

その伝統は明清時代まで継承され、北京の天壇はその長い歴史を象徴するものであった。かくて交野郊天の地が長岡京の南郊にあたるとすれば、長岡の選定はこの関係が考慮されてのことと推理されてこよう。

尤も上述のごとく長岡京決定には、交通の利便に伴う経済的要因もあり、交野の祭祀は何れかといえば天皇生母の里方に関連した後宮的私的性格において観念づけられる行事であるから、実際上表面的な理由とはなりえないものであったし、祭天の場所を本にして都の位置を選ぶというのもいささか本末顚倒の考え方といわざるをえない。むしろもっと視野を拡げて考えてみると、天皇は淀川水系を重視せられ、この水系を含む地域を政治・経済・文化の中心地区として新しい国家の発展を画策せられたのであって、その線上に浮び上ったのが他ならぬ長岡であったと見るべきではなかろうか。

夙く新王朝の祖ともいうべき天智天皇は、大化改新に際し、淀川の入口、難波に（奈良朝を通じてその遺構は多く保持されており）、あるいは淀川水系の一つの起点たる琵琶湖の南端近く大津に遷都せられたのであって、この祖法を新たな形で復活させることにより、新時代を開こうとされたにちがいない。天智天皇がかつて大津と改められた古津の地名が、奈良時代に復活したのを、桓武天皇により延暦十三年十一月、また大津と天智朝にもどされたのもそのあらわれである。それにしても、平城京を捨てることはさすがに保守派の抵抗もあり、これを排除してスムーズに遷都するためには迅速な工事が要求されるが、幸い淀川水系の地域は交通に便あり、平城京のみならず、難波京の施設を移すことによって首都造営は促進させられたであろう。

長岡京跡出土の多数の重圏文・重弧文瓦が恐らく難波京から移送されたものであろうとの滝川博士の推測は認めるべく、奈良朝を通じて残存した難波京の機能は長岡へ完全に移されたのである。『類聚三代格』（巻五）所収、延暦十二年三月九日の太政官符に、「難波大宮既に停む、宜しく職名を改めて国となすべし」（原文漢文）云々の句はそれを意味している。そのほか長岡京跡出土の瓦に平城宮のものも少なからずあったことはいうまでもない。かくて天武王朝の都平城京は桓武天皇により抹殺されたのであった。

ここに、山城西部に勢力をもつ秦朝元の女を母とする藤原種継の活動が始まった。同じく淀川水系に勢力地をもつ継縄、山城北部に拠る秦島麻呂の女を妻とする藤原小黒麻呂らもあったが、種継の辣腕がもっとも優先した。ことに継縄は温厚な人物であったらしく、郊天の祭地を護る立場もあって種継の主張を黙認したのであろう。要するに長岡遷都はいくつかの要因が組み合わされて実現したものの、天命革命の中国思想が重要な理由の一つとして、従来見落されていたことは滝川博士の唱導せられたとおり、この際反省しなければならぬところである。

一六　平安朝初期の天皇と陰陽道思想

桓武天皇のこうした大抱負と決意によって決行せられた長岡遷都は、間もなく起った藤原種継暗殺事件によって重大な影響をうけ、やがて延暦十三年の平安京遷都へとあわただしく政局は変転した。平安京の土地選定がどうして行なわれたか知るに由ないが、根本的には長岡京選定の場合と理念の上で変るところはなかったと思われ、淀川水系の中でさらに上流、そして交野の郊天祭地から北に当る宇太村の地、そこは藤原小黒麻呂に縁ある秦氏の勢力地でもあった。

奠都の詔が出た翌年の延暦十四年正月十六日に催された、宮廷の賀宴で奏せられた踏歌にも、「新年正月北辰来」云々の句があり、民間では禁止した北辰信仰を掲げて北闕制による平安京の尊厳を強調した。郊天の祭儀は延暦六年以後記録に徴しえないが、同二十二年十一月一日冬至にあたり、老人星があらわれ、これ瑞星なりとして百官賀表を上り、天皇大いによろこんで、郊天祭のごとく天帝を礼拝せられ、恩赦・加階・賑給のことがあった（『類聚国史』）。

いっぽう、平安京の造営事業は、遷都後十年たっても所期の工事は終らず、蝦夷討伐の犠牲も少なからず、遂に延暦二十四年十二月には両者とも打切りの止むなきに至り、天皇を落胆させたが、年を重ねて次第に気力も衰えられたと見え、二十三年八月十日暴風雨により中院の西楼倒壊し、牛が死んだ話をきかれると、生年丑年であるゆえに「朕利あらず」と歎ぜられ、これがやがて崩御の前兆であったと『日本後紀』は記している。もともと井上内親王・他戸親王や早良親王の怨霊を気にせられた天皇であったが、平安京遷都のころは、既述のごとき大きな抱負と決意がこれをカバーしていた。しかるに治世振わず、身体不調が加わって祟霊への意識が高まり、これが慰和優遇政策は臨終に近づくに従い顕著なものがあった。ゆえに天皇の崩御は宮廷に非常な不吉感を汪溢せしめたので、『日本後紀』が日赤くして光無く兵庫鳴り、月蝕起り、京都周辺の山々火災のため京中昼なお昏いとのべているのはこれを端的にあらわすものである。

大同元年（八〇六）三月二十日有司言上し、生年および重復日のゆえをもって殯宮に挙哀の礼を行なうのを停止されるよう乞うたが、皇太子（平城）これを許さなかったのは悲歎の気持なお強く、挙哀を止める心情になかったからであるとともに、陰陽道の禁忌に対する反撥とも受取れる。重復日は毎月、陰陽重なる特定の日と特定の干支にあたる日が設定され、これらの月日に合えば慶事に吉、悔事に凶と定められていたのであるが、これによって挙哀の礼が止められた例は歴朝では天武朝以来ないことであった。

平城天皇は、体質虚弱かつ神経質であったから、かえって陰陽道の吉凶に反撥されたとも考えられる。大同二年九月二十八日詔を下し、このごろ陰陽師はいつわりの説をとなえ卜占を乱用するが、そこにいわれている歳対歳位の説、五辰や大将軍の運行などはすべて『堪輿雑志』（『漢書』の「堪輿金匱」）に出たものであって、正しい典拠があるわけでない。今後は暦注を除き聖賢の格言によるべしと命ぜられ、陰陽道禁忌嫌いの方針がはっきり打ち出されている。

他方では、践祚後僅か二ヵ月で改元し、延暦二十五年五月十八日をもって大同とされた。由来改元は先帝崩御後年を踰えてから行なうのが例であったのを破られたため、先帝の残年をもって当年の嘉号とし、慎しむところがないのは孝子の義に違い、失というべきであると『日本後紀』は非難した（大同の号は、延暦二十二年十一月の郊天祭に出された詔勅中に、「太平大同の化言わずしも自らに成りぬ」とあるところから考え出されたものであろうか）。挙哀に反対した人が先帝への哀悼の涙乾かざるに新号を立てることは一見矛盾するが、神経質であったため、上述の不吉な宮廷の雰囲気にたえられず、性急に改元へと踏み切られたものと思う。ただ当時具注暦を廃し、一切の陰陽道的禁忌を停止することは行き過ぎで、農業行事や婚礼等の祭儀に不便を来すところから、嵯峨朝になって、弘仁元年（八一〇）九月二十八日、公卿より具注暦を許されるよう請願し許されている。

嵯峨天皇は、律令国家の理念を高めるため、『内裏式』『弘仁式』『弘仁儀式』等の儀式行事の書を編纂され、陰陽官僚の職分についても明確にされるところがあったが、とくに詳しい『弘仁儀式』がいま伝わらないため具体的に知ることはできない。また天皇は大唐文化を好まれ、内裏の殿閣・諸門に唐風の佳名をつけた額をあげ、宮城の正殿には北極星座中、天子の居位とされる紫微星の名をとって紫宸殿と名づけ、左京を洛陽城、右京を長安城と称し、各坊にも唐名を附し、行事や服装に至るまで大陸風に改め、すべてに儒教的合理主義を徹底させ、陰陽道などの呪術的なものは極力これを排撃された。淳和天皇もこれをうけ、迷信的怪奇思想は極力戒められるところがあった。

弘仁十一年（八二〇）三月三日節会の日に陰陽介江沼臣小並、陰陽師道祖息麻呂、陰陽生志斐人成、広幡浄継らが博戯により処罰されているのは陰陽官僚の沈滞を示すものかもしれない。かような次第であったから、祥瑞災異の上奏も少なく、わずかに天長三年（八二六）十二月三十日、この年の七、八月に慶雲が各地にあらわれたのを賀して、大赦・賑給・表彰等のことを行なわれたのが目立つ位である。九月二十日、河内国若江・渋河両郡の地二十町を陰陽寮に充てられているのは、これと関係があるかどうか明らかでない。かくて両天皇とも遺詔して、葬儀に関すること一切合理的に処置し冗費を除き迷信に陥ることなきよう指示せられた。ことに淳和上皇は承和七年（八四〇）五月六日の顧命に、

予聞く、人歿して精魂天に帰す、而して空しく冢墓《ちょうぼ》を存す、鬼物焉に憑る、終に乃ち祟を為し、長く後累を貽《のこ》す、今宜しく骨を砕き粉と為し、之を山中に散ずべし

といわれ、よって同十三日山城国乙訓郡物集《もずめ》村に葬り奉ったのち、御骨を砕き大原野西山嶺上に散し奉ったという。嵯峨上皇の遺詔に至ってはさらに懇切を極め、厚葬の無駄を説き、薄葬の次第を教えた上、「葬の限、三日を過ぎず、卜筮を信ずることなく俗事に拘わるなかれ」と指示された。

しかし上皇崩後二日目、藤原良房はクーデターを行なって、仁明天皇皇子恒貞親王の廃立を断行し、儒教的合理主義風潮は一瞬にして葬り去られた。その端的なあらわれは、承和十年七月の同上皇周忌斎会であって、十五日（壬寅）に行なうべきところ、この日は天皇および太皇太后の御本命日（寅）に当るゆえ、十四日にくり上げたいと有司より奏上あり、恐らく良房の意見によるものであって、中納言源信・参議源弘（ともに嵯峨天皇皇子）らは、葬送周忌とも寅の日を避くべからずとの嵯峨上皇の遺詔を示して反対したが、良房は遺詔の「俗事に拘わるなかれ」とは、民間の些細な拘忌であって、朝家の慣例となった事柄をさすものではないといい張って十四日にきめてしまった（恐らく藤原氏の公卿はすべて良房に賛成したものである）。のみならず、翌十一年八月五日には、文章博士春澄善縄（彼は後述するように極端な陰陽道禁忌主義者としてしられていた）・菅原是善ら良房の旨をうけてつぎのように朝議にはかり賛同をえた。

すなわち世間のこと、物怪あるごとに先霊の祟だというのは、これはいわれなきことであると嵯峨天皇は仰せられたが、所司をして卜わしめると先霊の祟が明らかに卦に出ている。これを信ずれば先帝遺詔の主旨に反し用いざれば現在の人々により非難されよう。進退これ谷《きわ》まる、よって（中国の典籍を引用し卜筮の必要をとき）、遺詔といえども改むべきは改めるのが宜しいのではないかというのである。これにより物怪あれば卜占に頼るべきことがきまったが、すでに承和十年五月一日、日赤くして光りなく黒気天に渡る怪異あり、神祇官・陰陽寮をして解謝せしめており、同八日内裏の物怪や日異を鎮めるため、百人の法師を請じて清涼殿に薬師経、常寧殿に薬師法、大極殿に大般若経を修せしめており、承和の変による宮廷の動揺を物語る。

一七　藤原氏の進出と災異思想の増大

かくて、仁明朝より再び吉凶事項の上奏や吉凶改元の風潮が高まってきた。いま試みに平城天皇より後三条天皇に至るまでの祥瑞災異両件数表とグラフ（第3表―第5表）を示して時代の大勢をみながら叙述をすすめてゆきたい。

承和十五年（八四八）五月、豊後国大分郡擬少領膳伴公家吉が同郡寒川石上にてうるところの白亀を大宰府から献上したので六月三日、左右大臣以下公卿連署して賀表を上った。これに対して天皇勅を下し、その中で「今卿等の表賀、斯の如し、朕の菲虚何ぞ以て克く任ぜん」云々とのべ、自分の徳ではないと拒ったが、公卿重ねて嘉納されんことを乞い、式部省や僧綱も賀表を献じたので、止むなく詔を下して嘉祥の改元を行ない、種々の恩典を公布した。藤原氏を中心として祥瑞ムード盛上げに躍起となった事情が推察されるようである。ついで五畿内七道諸国の天神地祇に奉幣して賀し十二の陵墓にも賀祥を報告せしめた。

第3表　平安朝歴代祥瑞件数一覧表

項目／天皇及在位年数	祥瑞動物	慶雲	祥瑞天変	瑞雪	甘雨甘露	木連理	其他	計	在位一年当り件数
平　城（3）	1			1	1			3	1
嵯　峨（14）	5	1	1	2		1	1	11	0.8
淳　和（10）	1	2		4		1	1	9	0.9
仁　明（17）	4	6	3	1	5		1	20	1.2
文　徳（8）	6			3	15	2	2	28	3.5
清　和（19）	3	8	5	8	1	4	3	32	1.7
陽　成（7）	9	3	2	5		12		31	4.4
光　孝（4）	2		6	3		6	1	18	4.5
宇　多（10）	1	1			1			3	0.3
醍　醐（33）	4		1	1	1		1	8	0.2
朱　雀（15）	2		1	2	1			6	0.4
村　上（21）			1		1			2	0.1
冷　泉（2）								0	0
円　融（15）	1			1				2	0.1
花　山（3）	1							1	0.3
一　条（25）	2			1			1	4	0.16
三　条（4）				1				1	0.25
後一条（20）	1			1			1	3	0.15
後朱雀（9）								0	0
後冷泉（23）							2	2	0.09
後三条（5）							1	1	0.2

第4表　平安朝歴代災異件数一覧表

天皇及在位年数＼項目	地震	火事	凶作旱魃虫害	疾疫	災異天変	物怪	総計	在位一年当り件数	災異天変物怪合計件数	在位一年当り件数
平　城（3）	1	3	3	2	2	3	14	4.7	5	1.7
嵯　峨（14）	7	7	7	4	7	6	38	2.7	13	0.9
淳　和（10）	82	6	7	7	1	4	107	10.7	5	0.5
仁　明（17）	48	14	11	10	18	27	128	7.5	45	2.7
文　徳（8）	95	9	3	4	17	29	157	19	46	5.5
清　和（19）	178	29	11	5	79	54	356	18.7	133	7
陽　成（7）	77	11	3		38	34	163	23.3	72	10
光　孝（4）	31	5			21	16	73	18	37	9
宇　多（10）	15	2	3	1	21	17	59	5.9	38	3.8
醍　醐（33）	14	2	14	22	40	42	134	4	82	2.5
朱　雀（15）	32	5	2	1	13	22	75	5	35	2.3
村　上（21）	7	5	8	11	21	14	66	3	35	1.7
冷　泉（2）	2				3	3	8	4	6	3
円　融（15）	25	5		1	23	27	81	5.4	50	3.3
花　山（3）	2	2	1			6	11	3.7	6	2
一　条（25）	11	4	3	8	20	14	60	2.4	34	1.4
三　条（4）	3	3			2	3	11	2.7	5	1.2
後一条（20）	9	6	6	7	8	22	58	2.9	30	1.5
後朱雀（9）	3	1		1	4	3	12	1.3	7	0.8
後冷泉（23）	7	13	3	3	15	15	56	2.4	30	1.3
後三条（5）	4	2		4	3	6	19	3.8	9	1.8

第5表　平安朝歴代祥瑞・災異両件数比較グラフ

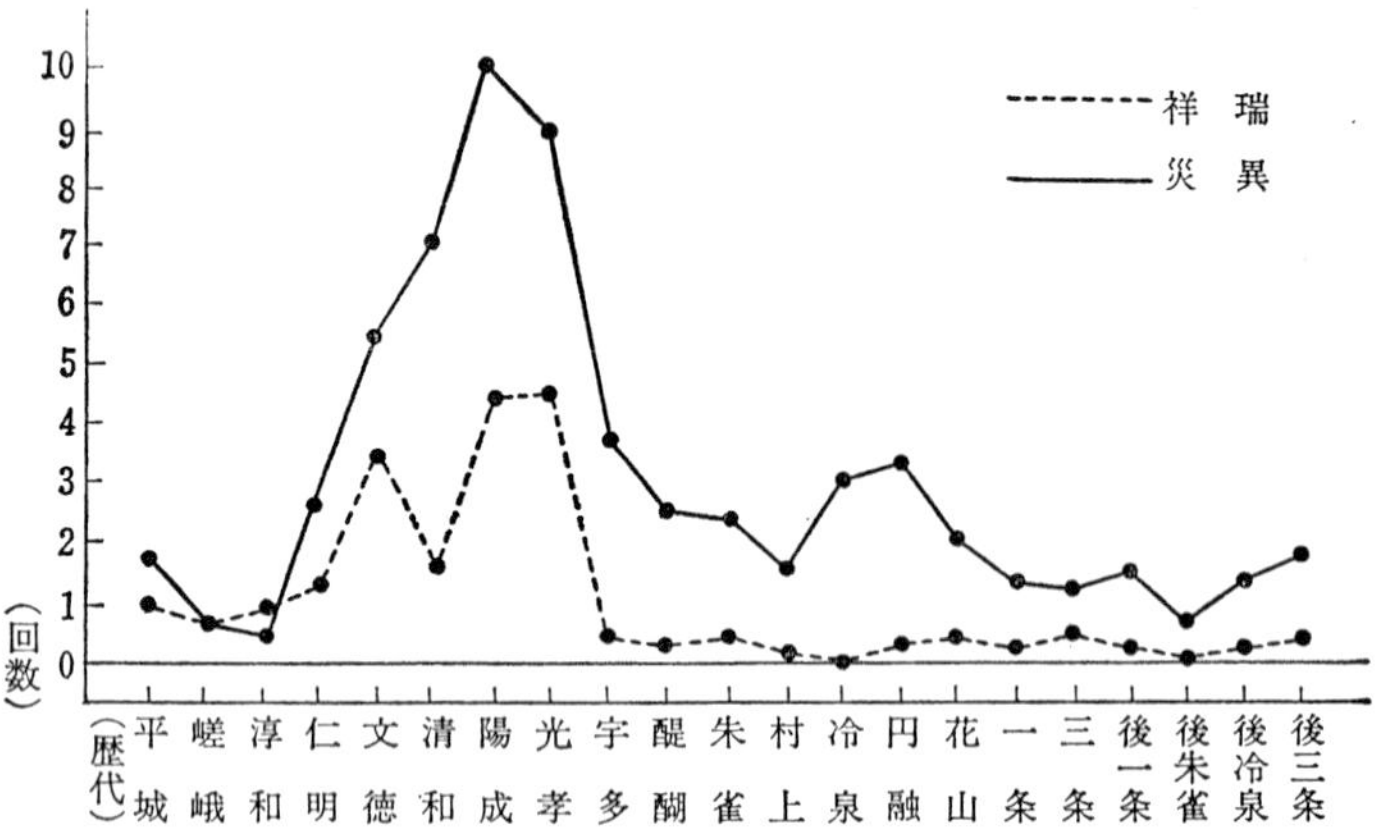

嘉祥三年（八五〇）文徳即位して間もなく七月七日、備前国磐梨郡石生郷神河より白亀、同十日、石見国安農郡川合郷より甘露を献上あり、群臣の瑞奏に対し、朕の徳は帝堯のそれに同じからず、賀するに当らずとして一たん拒絶したが、重ねて公卿賀表を呈し、遂に聴許された。かくて翌年四月二十八日をもって仁寿と改元された。けだし賀表を天皇が一たん辞退するのは仁明天皇の例を追ったのであろう。

一方、嘉祥三年（八五〇）のころより些細な出来事、例えば魚《か》虎鳥《はせみ》が東宮の樹の間を飛びまわった（嘉祥三、四、六）、雷があった（同、十二、十四）、鷺に似て小さい名前のわからぬ鳥が御殿の前の梅の木に集まり（仁寿元、三、二十七）、冬であるのに暖く（仁寿元、十二月）、南殿の前にかみ殺されたらしい死蛇があった（仁寿元、五、二十四）等々、そしてその記事のあとに、「何以書レ之、記レ異也」と断り書がある。なぜこんな小事も書くかといえば、異《い》なるがためであるとの意味で、物怪のたぐいは小事と雖も取上げト占の材料とする承和以来の藤原氏の意向を如実に反映している。

仁寿三年十二月八日、諸国郡および国分二寺をして陰陽書法により毎年害気を鎮めさせたいと陰陽寮が奏言し裁許されているのは、この年、天平九年・弘仁五年につぐ疫病大流行があったためではあるが、この機を捉え藤原氏の方針に便乗して、その職掌を陰陽師が拡大しようとはかったことは明らかである。仁寿は四年目にして七月二十三日、石見国から醴泉涌出した（三日にして涸れた）のを瑞とし、十一月三十日斉衡と改元されたが、これは中国理想の五皇帝の徳と等しくするの意であると称せられる。例により恩典が下された中でも伊勢大神宮祢宜大物忌内人、諸社祢宜祝らが爵一級を賜っていることはこの瑞に神官が関係したことを暗示している。

斉衡もまた四年目にして前年十月二十日、常陸国より木連理を、同十二月十三日、美作国より白鹿を献ったによって天安と改元し、このときもまた伊勢の祢宜大物忌内人、諸社祢宜等に爵一級を賜わり、内外諸名神社へ瑞の報告があった。天皇は天安二年（八五八）八月、急病を発して崩じたが、在位わずか八年にして三度も改元したのは異例に属し、これをもってしても祥瑞報告が頻りに行なわれたことを裏付けるとともに、災異もまたこれに劣らず繁きものがあった。

『文徳実録』が天皇を評して、「聖体羸病、頻りに万機を廃す」としたように、藤原氏が承和の変を起してまで強引に擁立した天皇の健康は藤原氏の常に気にしたところで、頻繁な祥瑞改元はそこに一つの理由はあろう。いうに足らぬ出来事でも不予の前兆でないかと案ぜられ、雹が降ったり（斉衡三、三、三）、御池の水が黒色に変じたり（同、三、十八）、太政官庁前同時に虹が立ったり（斉衡三、八、七）、版位の下に鷺が集まったり（同年、十一、二十九、及び天安二、七、二十七）、藻壁門が自然頽落したこと（天安元、八、十五）をわざわざ怪異と注記しているところに当局の神経質となっている様子が感ぜられる。

尤も天皇御自身は政務に意欲をもたれ、極力遊覧を止めて紀夏井のごとき清廉無欲な能吏を寵用せられ、大いに朝廷の行事を興し、皇室の権威を高めようと努力された。仁寿二年（八五二）正月二十二日、近臣に酒宴を賜い楽を命じ詩を賦せしめられることがあり、その席に預るもの数人にすぎなかったのは、詩賦の教養あるもの少なかったせいであろうか。『文徳実録』は「此れ弘仁の遺美を復す、いわゆる内宴というもの也」といっているように、嵯峨天皇がはじめられた文人の宴を再興されたのである。

さらに注意すべきは神祇的行事であって、嘉祥三年（八五〇）四月十七日、即位にあたり、五畿七道諸国の神社に一階の昇進を行ない、無位のものは新たに正六位上に叙せられている（上記瑞奏に伊勢はじめ諸社神官が関係していることは、この諸神同時昇叙と何等かのつながりがあるかもしれない）。ついで同年九月八日、宮主占部雄貞、神琴師菅生末継、典侍藤原泉子、御巫榎本浄子等を摂津国に遣わし、八十島祭を営ましめられた。この祭りは摂津国難波津（場所はいまの大阪市西淀川区佃《つくだ》島あるいは木津川下流の月正島または靫《うつぼ》永代浜といわれる）において行なわれる一代一度の大祓の行事で、住吉神、依羅《よさみ》の神々もまつられる。文徳朝以前に記録がないところから、祭りの起源に関しては説が分れるが、とにかくこの時より記録されているのは始めて官祭として盛大に執行された事実の反映である。

『延喜式』によれば、この祭りには御輿形三十具、金人銀人像各八十枚が用意され、金人銀人像は前章、東西文部の祓詞でものべた通り祓具としての人形《ひとがた》であり、これをのせて流すものが御輿形である。大江匡房の『江家次第』に祭の次第を説明し、八十島使が京都出発の日、宮主が参入して天皇に御麻《おおぬさ》を献る。天皇はこれを一撫《な》でし、息をふきかけて返えされる。けだし御麻は身体を撫でることによって付着の穢れをこれに移し流し去るもので撫物のことである。これを御衣筥に入れたものを女官が携えて祭使と難波津に至る。祭場では宮主が国司に命じて祭壇をつくらせ祭物をおき、御衣筥を宮主の前に安置し、神祇官は琴を弾じ女官は御衣筥を抜き御麻をとり出して振るとされている。

滝川博士（「八十島祭と陰陽道」八九ページ）は、『延喜式』陰陽寮式儺祭の条に見える陰陽道の条文から、神祇官の内には神々を祭る宮があり、宮主とは、この神々を祀った宮居の主という意味に他ならぬとされている。ここに八十島祭を主宰する宮主占部雄貞は弟の業基とともに亀筮のことに長じ、文徳が東宮のころ宮主となり、践祚するや大宮主に任ぜられた。このように宮主は卜部から選ばれ、卜部は伊豆・壱岐・対馬の卜亀に長じたものから取ったので、もと朝鮮渡来の陰陽道的方術の流れであった。

滝川博士によれば、雄貞の子伊伎宿祢是雄は清和朝に宮主に任ぜられたが、彼は陰陽道の呪術に通じ独歩と称せられた。ゆえに神祇官におかれた宮主卜部も陰陽寮の陰陽師・陰陽博士も同じく卜筮を用いるが、神祇官の亀卜が大陸から伝ったのは、式占を主とする陰陽寮の占術より遥に古いとされる。第二章のはじめにふれた卑弥呼の鬼道もあるいは古い卜占を入れたものであったかもしれない。

すでに平安中期、後一条天皇の時代には、陰陽寮の助以下が八十島に下向することになっていたし(『左経記』寛仁元、十二、十二条)、鎌倉初期、建久二年(一一九一)十月九日には、陰陽助賀茂済憲が宮主の職掌をもって下向したことが『玉葉』から明らかである。八十島祭が陰陽道的祓の祭であることが明らかとなれば、それは鎮護国家の公的なものより、天皇個人の長寿延命を祈る私的性格が強くなる。これは前記の諸神同時昇叙とともに天皇即位のはじめ、ことに蒲柳の聖体にかんがみ、厳修されたにちがいない。

ついで、斉衡三年十一月二十三日の冬至には、桓武天皇の先例にならい、河内国交野において郊天の儀を営まれた。その前日には光仁天皇の後田原山陵に勅使を立てて配天の事を告げ、祭日には新成殿の前で大祓をしたのち、天皇は庭中に出で、大納言藤原良相より郊天祝文を記した木簡(祝板)を受け、左京大夫菅原是善が捧ぐる筆硯により其の諱を自署され、珪(玉製の笏)をとり北面して天を拝まれた。

良相は、右大弁清原岑成・菅原是善・右中弁藤原良縄らとともに交野柏原野に向い、荒菰を敷き儀式の予行を試みた上、天壇の円丘に祭りをなし、夜漏上水一尅すなわち午前零時半、帰京して胙《ひもろぎ》を献じた。胙は祭供の肉である。

滝川博士は良相らが中国と同様、犠牲の獣を焼き、迎神の儀を行なったのであろうと論ぜられた。先例ではこれ程の具体的な記事がなかったので、この儀式の全く中国的風習に従ったことがここに至って明確となった。ただ桓武天皇は、即位後余り年序を経ずしてやられたのに、今回はむしろ天皇の晩年に近くなってからのことであったのは、やはり聖体の安穏祈願が意識されてのことではあるまいか。これより二年たたずして文徳朝は終りを告げたのである。

つぎの清和天皇は、良房の強引な策動により、九歳で即位され、天安三年（八五九）改元して貞観となった。一応祥瑞改元とはなっているが、これ以後十八年間再び改元をみることはなかった。この貞観は唐の太宗の年号をとったと伝えられ、文徳の天安が魏の献文帝の元号をとった先例にならったようにもみられるが、やはり太宗の治世を理想と仰いだところから来ているのであろう。

しかし実際上、清和朝の日本は決して安泰とはいえないようであった。第4表にみるごとく地震だけでも一七八回に上る記録があり、富士山（貞観六、七、十七、同七、十二、九）阿蘇山（貞観十三、五、十六）鶴見岳（貞観九、二、十一）鳥海山（貞観十三、五、十六）開聞岳（貞観十六、七、二）等火山の噴火または鳴動しきりで、大火は三十回に近く、大旱魃も十一回に達した反面、天空では流星の報告十数回、熒惑星・太白星・歳星・彗星はじめ天文の異変続出し、また新羅との関係悪化して入寇の懸念も生じていた。

こうした情勢を背景に、物怪災異の報告は相つぎ、兵庫・倉庫の鳴動など、いわゆる鼓妖の怪は陰陽寮長楽門・筑前・肥後・壱岐島・石見・美作・若狭・但馬・佐渡・遠江の諸国に及ぶが、朝廷では鷺が朔平門上、あるいは紫宸殿前庭や神泉苑に集まり、鳥類が内豎伝点の籌《ちゅう》木をくわえぬき（貞観十九年まで九回の記録あり）、狐が太政官庁・紫宸殿・主殿寮に出現し鳴き、屎をし死ぬなどし、太政官庁前に鬼跡が発見され、紫宸殿前に虹が立ち、外記候庁前に旋風起り、無数の虫が飛散し、毎夜数万の鼠跡が京中に満ちるなど、輿をひく現象は片っ端から物怪として取扱う風潮はいよいよ高揚した。

内豎伝点の籌木は漏刻の点数を記したはかりの木で仁明朝（承和十三、正、四）にも烏が伝漏の籤（時刻を報ずる木札）を引きぬいたことがあり、こうしたいたずらはよくあったとみえる。鬼の足跡が太政官庁前で見つかったという鬼は恐らく陰陽道でいう鬼であろう。鬼の字にあてたオニの語は、もと隠《おん》から出で目に見えぬ神霊を想像したわが国固有の観念に他ならず、角のある恐ろしい形相をして、ひそかに暗所をわたり歩く外来の妖物とは異なっていた。鬼への恐怖は主として陰陽家の禁忌により宣伝せられたもので、後述する百鬼夜行へと発展する。

貞観七年（八六五）、天皇が東宮より内裏へ移ろうとせられたとき、陰陽寮では御本命が午で乾の方角は今年絶命にあたる、東宮より内裏は乾の方向になるのでこれを避けられるよう進言し、方違のため八月二十一日、一たん太政官曹司に移られ、十一月四日漸く内裏へ還幸された。天皇が仁寿殿に入られると、それより三日間、諸衛警固し諸司宜陽門外廊下に宿直し、物々しい警戒振りで、わざわざ勅使を伊勢大神宮その他十一社に奉幣せしめこのことを告げられた。天皇の私生活に陰陽道の禁忌が深く迫ってきたことを感じさせるであろう。これがいわゆる方違の初見で、当時の陰陽師の創案にかかる。しかし方違の語そのものは平安中期まで下らねば見られない。

加うるに陰陽家は天行の災異を強調し始めた。貞観五年三月十五日、五畿七道諸国に詔を下し、安居の中、仁王経を講じ秋の収穫期までつづけるよう命じたのは、これよりさき陰陽寮が卜筮を検するに今年天行の疫あるべく、予め善を修し飢饉凶作にそなえるよう奏上したからであった。同八年四月十八日、若狭国では、官庫・兵庫自らに鳴る怪異あり、陰陽寮は兵乱天行災をなすの兆とし、警衛防疫を呼びかけている。この「天行」とは天の運行をさし、陰陽家の説により周期的に起る現象を意味するので、卜筮をもって知りうる臨時の災異とはちがったものである。

貞観十五年二月二十三日、陰陽寮が今年天行まさに慎しむべく、三合の歳に当るゆえ、年穀不作の恐れを予告し、ために宮中や諸国の寺において転読祈禱が行なわれた。ついで貞観十七年十一月十五日また来年三合の歳に当るとの陰陽寮奏言があり、大般若経読誦を天下に令した。三合の厄は孝謙朝にとなえられて以来のもので、かかる周期災厄説が以後陰陽家進出の手段として種々の論説へと発展したことは後章にのべるであろう。翌貞観十八年四月十日夜子刻、大極殿より火を失し小安殿・蒼竜・白虎両楼・延休堂および北門・北東西三面廊百余間にわたり延焼し、数日にして漸く鎮火する事件が起り、陰陽寮奏言の三合厄歳は適中する形となったのである。

前丹波守安倍房上・笠弘興は、火元容疑者として拘禁せられ、三日間廃朝を行なった。十四日の賀茂祭は停止され、二十日建礼門前で大祓を修し、左右近衛・左右兵衛の勇者は京中の警備につき毎夜巡察した。五月八日桓武天皇柏原山陵に災火を告げ、二十三日六十僧をして紫宸殿に大般若経を転読せしめた。朝廷公家に与えたショックの程を察せしめるであろう。八月二十五日、陰陽寮はなお火災の気ありと奏言したため、五畿七道諸国の神社に奉幣し、十月五日また卜筮兵火あるべしとの告により重ねて五畿七道諸国の社に奉幣祈念された。この間七月二十六日には肥後国より白亀が献上され、公卿は賀表を上ったが大極殿の不祥事は到底糊塗するに足らず、天皇に退位を決意せしめるに至った。

かくして、清和朝は総体的にみて暗い感じをぬぐえないが、『貞観儀式』の編纂は宮廷の儀礼行事に対する関心が強く、律令的理念を高揚しようとする雰囲気があったことを示している。この書は『弘仁儀式』を発展させたものとみられ、神祇的行事が多く含まれていることも陰陽道との関係で注目されるであろう。ただかような儀式典礼の整備は、嵯峨朝と異なり、上記のごとき、陰陽道的禁忌作法の煩雑化と併行したものであったところに、形式化因習化的傾向を否定しえないものがあった。

つぎの陽成天皇は、即位の翌年、貞観十九年四月十六日、元慶と改元した。これは正月即位の日に但馬国が白雉、二月十日尾張国が木連理、閏二月二十一日備後国が白鹿を上奏したのに基づいているが、祥瑞形式による即位改元というべく、それにしてもこれは祥瑞改元最後の例とみられるものである。陽成朝は前朝をうけて災異記事はさらに増加し、最高調を示した。上記の鳥が伝点籌木をくわえぬいたり、白鷺が紫宸殿や大極殿に飛来群集し、雉や鴨が宮中にあらわれるなど、鳥の記事十数件はじめ、紫宸殿前版木（儀式の際、公家の列位を示す二〇センチ四方ぐらいの木札）上に犬尿あり、狐が昼、本宮にて鳴きつづけ、春華門南の大木が自然に倒れるなど、宮廷の細事が盛んに記載され、元慶五年（八八二）正月には、とくに諸衛陣に怪異多しと『三代実録』はのべているが、それらは狐鼠の所作や嚙まれた被害に関するものであった。

地方もこれに劣らず、越前国気比神宮では神火が見え、隠岐国では兵庫振動し、肥後国では河水赤色に変じ冬のごとく草木枯死するなど種々の異変が報ぜられ、これと競うがごとく、白色の鳥獣や、木連理の瑞奏が、備中・備後・但馬・美濃・伊勢・伯耆・越中・尾張等の諸国にわたった。『類聚三代格』（巻五）によると、貞観十四年五月、出羽・武蔵等の国に始めて陰陽師をおき、同十八年七月二十一日、下総国は史生一人を減じて陰陽師に代え、元慶六年九月二十九日、陸奥鎮守府でも陰陽師を新たに加え、寛平三年（八九一）七月二十日には常陸国が史生一名を陰陽師にふりかえるなど、地方における陰陽職の増置がみられるのは、清和朝以降のこうした瑞災両面の報告が激増した側面を物語るものである。

朝廷では怪異の頻発によって禁忌がふえた結果、たとえば元慶七年十二月、荷前《のざき》の使発遣は忌日多くして定まらず、十二月二十三日を国忌日に拘らず止むをえずとしてこれに充てた。また元慶元年二月二十九日、天皇が東宮より仁寿殿に移る際、清和朝は既述したとおり太政官曹司庁へ一たん方違されたが、今回は左様なことはなかった代り、童女四人、一人は燎火を秉り、一人は盥手器を持ち、二人は黄牛二頭を牽き、御輿より前行、これは陰陽家の新居を鎮める法によったもので、以後三日間公卿は内裏に宿直して出なかったとある。禁忌の乱発に伴う呪術儀礼の繁雑化が想像されるのである。

光孝朝もわずか三年ながら依然災異件数高く、流星観測七件のほか、塡星・太白星の異常、太陽および月の変色など天文異変をはじめ宮廷の怪異に至ってはいよいよ甚しいものがあった。仁和二年（八八六）七月二十九日夜亥時、紫宸殿前に長人あり、往還徘徊するところを内竪司の伝点者（時刻を報ずる人）が見つけ驚いて失神した。右近衛陣前で燈火を燃す者もこれに気付いたが、その後、左近衛陣のあたりで絞者に似た声が聞えた。世にこれを鬼絞というと『三代実録』は記している。夜暗に乗じ宮中をうかがう賊があったのであろう。仁和三年八月十七日の記事に至っては不安な世相を如実に描写している。夜亥時ある人が往来の人につぎのような話をした。

武徳殿の東縁の松原（宴の松原と呼ぶ）西に美しい女性三人歩いていたところ、松樹下に容色端麗の男子あって一人の女性の手をとり松樹下につれてゆき、相語らい睦じくなった。しばらくの間物音もせず、怪しんで見にゆくと、その女性の手足のみ折れて地上にあり、首・胴体はなかった。これをきいた右兵衛右衛門陣の宿侍が現場へかけつけたが、屍も件の男も見つからなかったと。世人は多分鬼が人間に変じて女性を殺したのであろうと噂した。そのため読経することになり、諸寺の僧が請ぜられて朝堂院東西廊に宿をとった。夜中騒動の声をきき、僧達はわれ先にとび出したが何事もなかった。およそこの月、宮中と京師でかかる「不根の妖語」（根も葉もない怪談）が人の口に上ったもの三十六種におよび、一々載せるわけにゆかないと『三代実録』に述べてある。

宴の松原の怪事があった翌日、宿徳名僧百口を紫宸・大極両殿に請じて三日間大般若経転読を修する騒ぎであった。物怪盛行の背景となる災厄の記事もこれに劣らず、仁和元年二月十八日には、左京一条衛士町の火事で三百余家、同年十二月二十七日、右京二条で二百余家焼失、同二年八月十二日、右京衛士町百余家火事、同年二月二十日、山崎津でも、民家数十家罹災など大火相つぎ、仁和元年七月十三日、肥前国で夜中砂灰の類が降り、薩摩国では八月十一日開聞嶽噴火、同二年五月二十六日、安房国でも砂石粉土降って田畑凋枯する珍事があった。出羽国からは元慶八年・仁和元年・同二年としきりに石鏃が降る現象を報告しており、あるいは火山活動も関係があったかと疑われる。京師にあっても地震しきりで、仁和三年七月三十日のごときは震動数刻におよび、諸司倉屋東西家屋倒壊、死者数を知れず、摂津国では津波の被害甚大で、余震は八月に入っても数日続いた。

光孝天皇は、即位されると卜占しげき時勢を考えられてか元慶八年六月十日、御体御卜《おほみま》の儀が承和以後絶えていたのを復活せしめられた。これは卜庭神である太詔戸神・櫛真智命をまつり、夏冬二季に聖体の卜占を行なうもので、中臣氏二人、宮主一人・卜部八人が奉仕し、御体御卜を読奏する。神祇官の行事とはいえ、宮主・卜部は既述したように陰陽道的亀卜を司ったのである。

一八　陰陽道的行事作法の整備

宇多天皇の即位によって、これまでの吉凶卜占万能の風潮はかなり抑制せられた。天皇は藤原氏の擅権を抑え、皇威の伸張をはかろうとし、桓武朝より嵯峨朝にかけての時代を目標に、儒教主義の高揚、宮廷諸行事の振興に努められた。その中でいま陰陽道に関係した行事一、二をあげてみよう。

その第一は仁和二年正月、元旦の四方拝である。これは天皇が清涼殿東庭において、自分の本命である属星と天地四方ならびに御陵を拝せられるもので、天皇は貞観九年（八六七）丁亥のお生れで本命星は乾の方角にあり、その方に向って地神と五行の星を拝せられている。四方を拝するのは陰陽道の四神と考えられ、その際つぎの呪文がとなえられる（『内裏儀式』）。

賊冦之中、過度我身、毒魔之中、過度我身、危厄之中、過度我身、毒気之中、過度我身、五兵口舌之中、過度我身、五危六害之中、過度我身、万病除愈、所欲従心、急々如律令、

この「急々如律令」は、道家・陰陽師の唱える呪文で、後世修験道行者にもとりいれられた。もと漢代、律令に明示された事項を下達する場合、「如二律令一」（律令の如くせよ）と書き、あるいはその上に「毋レ忽」（ゆるがせにするなかれ）の字が加わり、さらに「急々」に変ったものとみられる（滝川博士『律令の研究』付録七二ページ）。法律の文によってあらわされた国家権力が次第に呪力におきかえて考えられたものであろう。

すでに光仁朝で触れた四角四堺祭も陰陽道の祭りとして相関連するところがあるものと思われる。天皇は、また寛平二年（八九〇）二月三十日、源善（嵯峨天皇曽孫）に仰せられて、正月十五日の七草粥、三月三日の桃花餅は民間では古来行事として久しいが、今後は自分にも作ってほしいと仰せられた。天皇には常の御所のほか、くつろがれる離宮風のものがあって、これを後院と称したが、善はその後院別当をしていたので、天皇が朝廷の日常生活にも古来の民間風習を入れるよう命ぜられたものである。七草粥は遠く中国の七種菜の羹の風習に由来し、この日瑞祥をあらわす金箔の呪文の札を屏風に貼って飾り、新しい歳の菜を食し、人日と称し人の吉凶を占ったといい、三月三日は鼠麴菜（母子草）の汁をとって羹《あつもの》をつくり、蜜をまぜて粉にまぶし、龍舌粁と名づけ魔除けの食事にした風習があって桃花餅はその伝統をうけついだものであろう。

文徳朝嘉祥三年（八五〇）五月には民間で母子草をとり、餅にした記録があって、こうした道家的陰陽道的風習は、すでに平安初期わが国固有の歳初ないし春の行事にとけこんでいたので、敢て中国の思想を意識して宮廷にとりいれられてないところに、陰陽道行事の神祇的国風化の基調も垣間見られるのである。

奈良朝以来盛んとなった北辰（妙見）信仰も宮廷行事として続けられ、予め宮主が聖体の穢れの有無をトし、支障なければ形式的な祓ののち、天皇が燈火を北辰に奉る。献燈の場所は宮中より北方に当るところの寺刹が選ばれ、貞観（八五九―八七六）以来霊巌寺に宛てられたが、宇多朝に入って、月林寺に変り、さらに円城寺に遷り、醍醐朝、また霊巌寺にもどった。霊巌寺は京都市北区鷹ケ峯の北に、月林寺は同市左京区修学院の曼殊院近傍に、円城寺は同市左京区鹿ケ谷桜谷町にあり、いずれも天台密教の寺院であった。天台比叡山には、夙くから妙見堂（八部院）があり、伝教自作と伝える妙見菩薩像がまつられていた。天皇は、寛平元年（八八九）十月九日より大学博士善淵愛成を師として『周易』を学ばれ、三年六月十三日に至って業を了えられた。『周易』をこれほど究められたのは歴代中異例のことである。今日京都東山御文庫に収められている宸筆の『周易抄』は、『周易』の経注より必要な字句を摘出メモされたもので、譲位後の染筆といわれるが、若年より老境に至るまで陰陽道への関心は変らず、激変する政局に立たれたことが、何等か影響していることは充分想像されよう。

仁和四年十二月二十五日の太政官符をもって、陰陽寮の官人以下諸生以上二十八名に給する月料米は、京庫より給するを停め、山城国十九町三段二百九十九歩、河内国二十七町九段九十六歩、摂津国十町二百六十歩、計五十三町二段六百五十五歩をもってこれに当てるよう指示されているが、律令に規定する職員として二十八名は少なすぎ、あるいは人員削減があったのかとも思われる。これを仮りに二十八人で平均したものとして計算すると、一人当り一町九段余となる。さきに延暦十年（七九一）二月十八日の太政官符で定められた陰陽博士職田四町、暦博士職田三町、天文博士職田四町とあるのを比較すると、陰陽寮職員の手当はそう多くはなかったものと察せられる。

以上、宇多朝は、必ずしも陰陽道思想の低調期とはいえないにしても、吉凶卜占の呪的活動は天皇の儒教的合理主義を反映して前代よりは振わなかった。事実祥瑞上奏ブームは急激に醒め、記録も激減したので、一つには阿衡の紛議にはじまる天皇と藤原氏の対立的意識が底流となり、慶賀の気分は全く薄れ切ってしまったのである。災異もこれにつれて減少したとはいえ、政局の緊張に応じ、天文の異変が度々報告された。なかんづく熒惑星に関するもの二十件（『日本紀略』による）におよび、太白星も数件記録に上る。

熒惑星は火星で天武天皇十年（六八一）九月十七日条に初見があり、その行くところ兵乱・疾疫・火災・飢饉が生ずるとて恐れられた。また太白星は金星で養老六年（七二二）七月十日を初見とし、この星の動きに異常があれば兵乱起ると信ぜられる。醍醐朝に入ると熒惑星は少なく、代って彗星出現が目立つ。また老人星があらわれ、延喜九年（九〇九）十一月七日には老人星祭があった。彗星はハハキボシとも呼ばれ、古く舒明天皇十一年（六三九）正月二十五日観測されたとき、僧旻は飢饉の前兆を示す妖星として恐れた。宝亀三年（七七二）、承和六年（八三九）、同八年に出現して読経による祈禱が行なわれ、延喜五年には諸社奉幣・大祓などがあった。老人星は寿星ともよぶが、祥瑞災異いずれにも利用される星で、延喜九年十一月七日、この星をまつられたのは既述延暦二十二年十一月冬至の日に桓武天皇が老人星を拝せられた先例にならわれたかどうか明らかでない。

陰陽道の祭祀としてさらに興味あるのは五竜祭で、醍醐朝より所見がある。一名雩《あまごい》祭とも称し、青赤黄白黒の五竜をまつるのは五行の信仰からきている。そうして仏典の読経や神社奉幣が同時になされることも多い。北山十二月谷や神泉苑など水辺の地が祭場に選ばれるが、神泉苑は真言密教によるもので、空海が天長年間（八二四―八三三）はじめたのに基づくと伝える。延喜十年九月一日には東寺長者観賢が、延長二年（九二四）六、七月には観宿が修した。『覚禅鈔』によれば、密教で請雨経法を行なうときは五竜祭を伴うものである。方六尺の青い天蓋と長さ六尺の五竜の幡で祭壇所を飾るので、この五色もむろん五行を象っている（詳しくは第七章第二九節参照）。

延喜十五年十月十六日、疱瘡流行のため建礼門前に鬼気祭が修せられ、同時に紫宸殿大庭・建礼門・朱雀門三ヵ所で大祓が執行された。鬼気祭の先例としては貞観九年正月二十六日、疫癘の消除の仁王経読誦と同時に催された記事(『三代実録』)があるのみである。『朝野群載』は、長治二年(一一〇五)二月二十二日付宮城四角巽方鬼気祭に供奉する勅使以下の陰陽寮職員の名簿注進状をのせており、上述した宮城四隅疫神祭と密接な関係を有し、『吾妻鏡』(寛元二、五、二十六)には両者あわせて営んだ記事を収めている。

延長五年(九二七)十一月二十六日、勅により藤原時平ら数人の手で『延喜式』が撰進せられ、これからしてなお上掲のもの以外、多くの陰陽道的行事をしることができるのである。この書は嵯峨朝にできた『内裏式』『弘仁式』『弘仁儀式』、清和朝につくられた『貞観儀式』を総合し、律令体制のしめくくりをつけた意味もあって、必ずしもその内容がすべて当時の実情そのままを反映したとは考え難いが、少なくとも平安朝前期を通じて諸行事の成立発展をとげた次第を推測する手がかりとなるのみならず、律令制の変質に伴う陰陽道の新展開をも物語る側面ももっている。よってつぎにそのおもなものについて説明してゆくことにしよう。

陰陽寮の行事として新年のはじめには、上厭日(厭日は、大将軍、すなわち太白神が征伐を行なう日で天子以外の者には凶とされる、十二支を逆行して各月にあてはめた日がそれにあたる)の早暁害気のあるところ、宮門内外各一カ所に祭壇をたて、深さ三尺の穴を掘り、五位以上および官人等杵(盾)を執り、「害気消除、人無疾病、五穀成熟、築二七杵」の呪を読み、缶《ほとぎ》など鎮物を埋める。内膳司の庭火および平野竈神祭は毎月癸日のうち吉日を撰んで奉仕され、御本命祭は一年六度、三元祭は一月、七月、十月各中旬の三度と定められている。大寒の日、土牛童子等の像を諸門に立てるのは既述のとおり。十二月晦日の追儺は昏時、禁中の庭に食薦を敷き、祭物を並べ、陰陽師がつぎの祭文を読む。

今年今月今日今時、時上直符、時上直事、時下直符、時下直事及山川禁気、江河谿谷廿四君、千二百官、兵馬九千万人(已上音読)、衆諸前後左右に位置し各其方に随い、諦《あきらか》に位を定め候すべし、大宮内に神祇官主の祝《いわ》ひまつり敬ひまつる天地の諸御神たちは平けくおたひにいまさふへしと申す、事別けて詔りたまはく、穢く悪しき疫鬼の所所村村に蔵《かく》り隠《かく》らふるをば、千里の外、四方の堺《ほとり》、東方陸奥、西方遠値嘉、南方土佐、北方佐渡よりおちの所をなむたち疫鬼の住みかと定め賜ひ、行《ま》け賜ひて五色の宝物、海山の種種味物を給ひて罷《まけ》賜い、移し賜ふ所所方方に急に罷往《しりつきい》ねと追給ふと詔るに姧心を挾《わきはさ》んで留りかくらば、大儺公小儺公、五兵を持ちて追走り、刑殺物《うちつつかむ》ぞと聞き食ふと詔りたまふ。（原文を仮名交りに改む）

追儺に用いられる桃弓枝や葦矢のうち、後者の材料は毎年十二月上旬、摂津国より採取して送られる。この大儺式についてはすでに『内裏式』に詳しい記事がある。

すなわち、近衛の官人らの手で承明門が開かれ、闈司《いし》（宮門の管理者）の合図で公卿参入し、中務省の官人は桃弓・葦矢をもった侍従・内舎人・大舎人を率いて参列する。陰陽師や斎部は祭具をとり、大舎人が扮した方相氏一人、黄金四目の仮面をつけ、玄衣朱裳の出で立ちで右手戈（くわ）を執り、左手楯を持つ。侲子（童子）二十人も同じく紺の布衣に朱をつけた服装で庭上に並ぶ。陰陽師は斎部を率いて奠祭し、上記の呪文を読む。そのあと方相氏鬼やらいの掛声を発し、戈をもって三度楯を撃つ。これに応じて群臣相唱和し鬼逐の作法をなし、四門をへて宮城門外に出で、左右京職これを引き継ぎ京外に至って終る。

毎年の暦を奉る式は、『内裏式』に十一月一日の作法を具体的に示しているが、『延喜式』では同日、「具注暦」二巻、「頒暦」百六十六巻が延政門より正月一日、「七曜暦」が承明門より奏進されることを記している。

つぎに、『延喜式』は京城諸門の開閉につき詳細な時刻を示している。陰陽寮の漏刻（水時計）が示すところに従い、守辰丁は時に鐘、刻に鼓を撃つが、一年二十四気（節）のうち、冬至・夏至を除く二十二気ごとに日出・日入の移動につれ、少しずつ開閉の時刻を変えてある。太鼓は十二ずつ二度鳴らされ、羅城門の開閉は宮城諸門に先立って行なわれる（滝川博士『京制並びに都城制の研究』二一八ページ）。陰陽寮の構内には鐘楼があり、その音は京中にひびき渡った。鐘を撞く木は松の枝で本周三尺、長さ一丈六尺と『延喜式』にあるから、これより推して随分の大鐘であったことが想像されよう。なお天安二年（八五八）五月三日、侍従殿の前に始めて漏水をおき院外の漏刻の誤りを正したと伝える。尤もこの場合、金鼓は鳴らさなかった。訂正用の漏刻だからである。

以上は、「陰陽寮式」にみえるところを中心としてのべたが、つぎには「神祇式」にも注意してみなければならない。御体御卜のまつりはすでに触れた。忌火庭火祭は、内膳司において神今食《いまき》のまつり（六月十二月）のあと行なわれるが、陰陽寮の庭火および平野竃神祭に近いものである。つぎに祓《はらい》は毎月晦日の祓と六月十二月晦日の大祓、それに一代一度のものと三種あって、大祓はこれを二季御贖《おあがもの》・一代一度のを羅城御贖（羅城祭）という。三種のまつりは規模の大小によるもので、本質的に相違はなく、『延喜式』は六月の大祓について範を示してあるが、『貞観儀式』は、一層詳しく二季御贖を解説している。

それは文徳朝にのべた八十島《やそしま》祭とも同様な性格の行事で、御贖とは穢れを移す人形であり、これを水火に投じてわが身の穢れを払う身の代《しろ》である。『貞観儀式』によれば鉄偶人三十六枚（金銀二種の箔の粧いをしたもの各々十六枚と箔のないもの四枚）、木偶人二十四枚、御輿形四具、金装横刀二口、荒世和《にご》世の服、坩坏《つぼ》などが用意されるが、これらの料物はすべて穢れを移し、投棄し去る身の代の役をなす。また麻二斤、小竹《しぬ》二十株は前者が身体を撫でて穢れを移す撫物、後者が身長などを計り、その長さに小竹を折って身の代とするもので、祓には御麻《おおぬき》・節折《よおり》（小竹）と贖の三通りが含まれる。

祭の執行は、中臣・卜部・宮主によって行なわれるが、とくに宮主が呪言をとなえ、呪術作法をするところが二度あって、そこにこの行事の中心があるとみられる。宮主は既述のごとく、陰陽道的祭官であるから、この祓はわが国に固有の純粋な神祇的行事ではない。二季とも晦日申時以前に親王以下百官が朱雀門に集まり、卜部が祝詞を読んだのである。御贖は天皇のみならず、中宮・東宮からも出された。同じ一世一代の大祓ながら羅城御贖は陸地、八十島祭は水辺の行事で、ともに身の代の材料はじめ祭具一切は相当の量に上り、その費用は莫大であったから、延喜のころも厳粛に規定どおり行なわれたかどうか疑いがないでもない。朱雀朝承平二年（九三二）には、用途不足し十日程延期して行なわれたことがあった。そのほか宮城四隅で行なわれる鎮火祭、京城四隅で行なわれる道饗祭も律令制以来のものだが、陰陽道的祭祀に似た形式をとっている。滝川博士は、道饗祭の祝詞で読まれる八衢比古・八衢比売二柱の神は、中国の城隍神から来たものであろうと推断された（前掲書一九三ページ）。

これで『延喜式』を中心とした行事儀礼の概観を終るが、内裏関係のほか、各神社に対する記事の中にも陰陽道的要素のものが見出され、その地域的拡大、地方への滲透を暗示するものがある。

一九　革命革令思想の台頭と災異思想の因習化

ところで、醍醐朝は改元の上でも注目すべき時期であった。寛平十年（八九八）四月十六日、昌泰と改められたのは、たんなる即位改元にすぎなかったが、昌泰四年七月十五日の延喜改元は、道真左遷事件に関係しながら、陰陽道説が大いにクローズアップされる背景をもっていた。『扶桑略記』（昌泰四、八、二十九条）には、「逆臣辛酉革命老人星事」にもとづく改元が諸社に報告された旨を記しているが、辛酉革命はいわゆる天行の災であって、ここに天行災異改元最初の例が開けた。

易に造詣深い文章博士三善清行は、昌泰三年（九〇〇）十月十一日、道真に書簡を送り、明年は辛酉にして変革に当る、二月にはまさに干戈動くであろう（政変を指したものか）。あなたの栄進は吉備真備以外、学者では例がない。この辺のところでその止足を知り栄分を察し、身を退いて後生を大切にされるがよくはないかと勧告した。この書状が果して彼の道真に対する友情から出たものかどうか問題の存するところで、続いて同年十一月二十一日彼は預論革命議を朝廷に呈し、明年二月は帝王革命の期、君臣剋賊の運に当り、中国・日本いずれも易の説は正確にあてはまる。天皇即位のはじめは祥瑞があらわれたが、変革の際は干戈が用いられ誅斬のことがないとは限らない。よって天皇には神慮をめぐらされ戒厳警衛し、邪計や異図を未然に防止されたいとの意味の内容を披瀝した。

この二つの清行の書状を結びつけて考えると、一方では道真に下野をすすめて追いつめ、他方では天皇に対し邪計異図をもつものの排撃、つまり道真罷免をほのめかし、政変の勃発を期待していたかのごとくである。虎視眈々、道真の失脚をねらっていた藤原時平ら一派がこれに乗ずることは、清行のすでに洞察するところであった。果して、クーデターは、昌泰四年正月二十五日に起され、道真は追放され、清行の予言は適中の形となった。調子にのった彼は二月二十二日、革命勘文を奉呈し、四ヵ条の根拠を示した。

その第一として、『詩緯』によれば辛酉を革命、甲子を革令、戊午を革運の歳とするが、なかんづく辛酉は神武即位の年に始まり、一蔀《ぼ》という大変動の周期たる千三百二十一年目は斉明女帝が百済救援に九州へ赴いてその地に崩じ、天智即位となった災厄の歳となる。それから二百四十年を経た昌泰四年は、いわゆる四六の変で、これまた大変革にあたると、国史上の事実を苦心しながら索強附会これつとめて立証した。

第二は、昌泰三年秋に彗星出現、第三は同じく老人星出現、以上の三ヵ条は預論革命議にもあげたところをさらに詳説したもの、第四条は称徳天皇が天平宝字九年（七六五）、逆臣藤原仲麻呂を亡ぼして天平神護元年と改めた先例である。しかし仲麻呂の誅伐は実際はその前年であり、改元は人心一新のためであって辛酉革命とは無関係であるから根拠にはならない。要するに清行は敢て逆臣と改元の結びつきを強調し、道真左遷事件を強行に適用させようとしたのである（所功氏『三善清行』八八―九六ページ）。

清行はまた、甲子革令についても聖徳太子が憲法を発布せられた歳として重視しており、以後革命革令の説は改元の有力な根拠とせられる道を開いた。すなわち、応和元年（九六一）、治安元年（一〇二一）、永保元年（一〇八一）、永治元年（一一四一）と辛酉の四回、康保元年（九六四）、万寿元年（一〇二四）、応徳元年（一〇八四）、天養元年（一一四四）と甲子の四回にわたり改元が励行されるに至っている。藤原氏に迎合して出世をはかった清行は、易の讖緯説を材料に大いに飛躍するチャンスをつかんだのであった（ただし延喜四年の甲子の歳は、改元ムードを高める材料もまたその必要もなかったのであろう）。

延喜は二十三年つづいたのち、閏四月十一日、「水潦疾疫」により延長と改元された。実はこれより少し前、三月二十一日、皇太子保明親王急死し、天下庶人悲泣せざるなく、その声雷のごとく、世間では道真の怨霊の致すところと噂した。改元はこのショックが実際上のきっかけになったのであろう。改元に先立ち、延喜二十年二十一年は三合の厄歳で、兵革・疾疫・水旱等を慎むべきことが陰陽寮から上申されており、改元の表面上の理由である「水潦疾疫」は三合の厄を意識したものであったろう。はっきり三合の厄の改元を打出したのは、村上天皇天暦十一年（九五七）をもって天徳元年としたときであった。

朱雀朝は、即位改元による承平の元号のほかに、承平八年、厄運・地震・兵革の慎をもって改元された天慶がある。すでにこのとき、将門・純友の活動は朝廷に知られていた上、承平八年四月十五日、京都は地震のため禁中以下相当の被害を出し、年末になっても余震は止まず、陰陽寮は東西に兵乱ありと占い申した。地方のみならず京都でも治安は悪化の一途を辿り、道真の怨霊はいよいよ宮廷を物怪の恐怖へとかりたてた。関白藤原忠平は紫宸殿の御帳の後を通ったとき、何者かに太刀の石突を捉えられた。捉えた手を探るに毛がむくむくと生え、爪は長く刀の刃のようであったので鬼と知り、太刀をぬいて一喝すると鬼は驚いて艮《うしとら》の隅へ逃げて行った。またその子息師輔は夜更け、宮中より帰る途中、百鬼夜行に会い、車をしめ牛を放し、簾《すだれ》を下し、笏をもってうつぶし、尊勝陀羅尼を誦し事なきをえたと伝える。

これらは『大鏡』が載せた話であるが、『古今著聞集』には、承平元年六月二十八日未の刻に一丈程もある衣冠姿の鬼が弘徽殿の東の欄の辺にあらわれ、天慶八年（九四五）八月五日夜、宣陽・建秋両門の間に馬二万ばかりの音し、同十日の朝紫宸殿の前の桜の下より永安門まで鬼の足跡、馬の足跡など多数見つかった。忠平の逃した鬼が艮《うしとら》へ逃げたのは、東北が鬼門に当り、この方向を忌む信仰がすでにあったことを物語る。

鬼門とは東北隅にすむ鬼が出入する門のことで、陰陽道が禁忌とする方角を指す。前漢武帝のころ（紀元前二世紀ころ）の文人東方朔が著したと称する『神異経』に、「東北方に鬼星の石室あり、一門に題して鬼門という」とあり、また東周のころ（紀元前六世紀）に成立した『山海経』に、「東海度朔山に大桃樹あり、蟠屈三千里、其の卑枝、東北に向く、鬼門と曰い万鬼出入する也」と説くあたりが典拠とされる。貞観六年には陰陽師弓削是雄が夢占を求めた人に鬼門の鬼を射殺せば厄をまぬがれると教えた話（次章詳述）があるが、平安京建設についても鬼門の祟りを避けるため、その東北方の比叡山に延暦寺が創められたとする考えが何時しか発生した。

十三世紀ころの成立と思われる『延暦寺護国縁起』に、『旧事本紀』を引用し、延暦五年、藤原小黒麻呂が勅命を奉じ遷都の地を相した上奏文に、「この所は四神相応の地なり、然れども四神相応の霊地を得ると雖も百僚御畏の難なきにあらず、遷都の儀式よろしく天を祭るべし」とあることを述べている。『旧事本紀』は、推古朝までの記事しかないから、この引用は何か他の書物の間違いであろう。また『叡岳要記』には、平安遷都のとき嵐が丑寅の方から吹いて害を与えるので、伝教大師がここに寺を開き、桓武天皇は叡山の護持を恃みとしたと説べている。ともに十三世紀の著作とはいえ、本書は様々の古伝や文献を引用しており、恐らく鬼門の説は平安朝後半に発生したものにちがいない。有名な天台座主慈円も

わが山ははなの都の丑寅に鬼いる門をふさぐとぞきく　（拾玉集）

と詠じ、鎌倉初期すでにこの説は有名となっていたのである。百鬼夜行は、室町期の『暦林問答集』に、「子時を忌む、是れ子は陰陽の始終、故に此時出行すべからず」とあって時刻の禁忌から来ており、恐らくこれも平安後期からいい出された俗信である。師輔は陀羅尼の呪を誦し、ある修験者は不動の呪をとなえてその危害をまぬがれたように（『宇治拾遺物語』）いくらか密教思想の影響があるかもしれない。

陰陽道は鬼の妖怪に止らず、何事にも妖（凶兆）を考え、禁忌を立てるもので、すでに詩妖・草妖・鼓妖などの例をみてきたが、服妖もその一つである。つまり衣服が示す凶兆であって天慶五年五月十六日には有司に命じ、六月一日よりは一切紅染深色の衣服を禁じた。これはすでに延喜十八年三月、延長四年十月、承平七年九月とたびたび禁制が発せられているに拘らず、守られなかったからである。服妖も古くから知られてはいたが、延喜十七年十二月二十五日、三善清行は深紅衣服の禁を奏言した。『政事要略』にのせた上奏文によれば、天安（八五七―八）以前は、世人貴賤となく梔子《くちなし》（朱黄色）を以て衣服を染めたが、貞観（八五九―七六）以来深紅に改めるようになり、これを火色または焦色と号した。自分がこれを考えるのに焦火の名は語妖であり、この色の衣服は服妖に近い。この流行があって宮中や京師には頻りに火災が起ったと。

さらに仁和年間（八八五―八八八）禁制は出たが、右大臣源多は深紅襖子を着し検非違使の注意に拘らず放置せられた。近くは延喜十四年一、二両条に大火あり、十七年東大寺講堂・僧房百余間焼失し左右京にも火しきりである。こ

れみな火色妖言のあらわれである。その上染料である紅花の価額は高くなって一斤銭一貫文を要し、絹一疋を染めるのに二十斤つまり二十貫文に達する。よって服色は浅紅軽黄の程度に止めたいというのである。『日本紀略』には右の京都大火直後、延喜十四年六月一日に禁制が出た記事をのせており、度々の禁令に拘らず容易に守られなかった実情が推測され、承平七年（九三七）および天慶五年（九四二）の禁制によれば、近年紅色を一層濃くするようになったとのべており、流行は容易に規制出来なかったのである。

村上朝は、天暦の即位改元以外では、三合厄および水旱・疾疫によって天徳、皇居の火災および辛酉革命によって応和、甲子革令によって康保と改元されている。『日本紀略』天暦十一年（九五七）十月二十七日条には水旱災によって改元とあるが、同書同年六月三日には今年三合年に当り水旱・疾疫の災絶えないから、十四社の験所において仁王経読誦があった旨を記し、三合年が改元の理由となったことは明らかである。

また、平安遷都以来の皇居が、天徳四年（九六〇）九月二十三日炎上したことは、朝廷に非常な衝撃を与え、伊勢以下諸社に奉幣、天智・桓武・醍醐三陵に報告され、翌年十月十三日には内裏で火災祭があった。これは火事を伏せるため陰陽師が行なうまつりで、これまでに所見はない。またこの火災で仁寿殿にあった太一式盤も烏有に帰したのみならず、温明殿の四十四柄、清涼殿の四柄、計四十八柄の大刀が焼損の形で発見された（『日本記略』天徳四、十、三条）。これらの中に百済より献上の霊劔（節刀）が二つ含まれていて一つは三公戦闘の劔、将軍の劔または破敵の劔といわれ、一つは護身の劔と称する。前者の劔は左に三皇五帝の形、南斗の六星、青竜の形、西王母の兵刃符を、右に北極五星、北斗七星、白虎の形、老子破敵の符を描き、かつ「歳在庚申正月、百済所造三七錬刀、南斗七斗、左青竜右白虎、前朱雀、後玄武、避除不祥、百福会就、年齢延長、万歳無極」の銘あり、後者の劔は左に日形、南斗六星、朱雀形、青竜の形を、右に月形、北斗七星、玄武形、白虎の形を描いたものであった（以上『塵袋』第八）。

当時天文得業生であった安倍晴明が勅により刀の再造を命ぜられた際、奉った勘文によると、これらの文様や銘文は焼損してみえなくなっていた由である。この銘にある「歳在庚申」は偶然の干支でなく、由来道教で刀剣製作に七月庚申日、八月辛酉日が最吉とせられているところからくるもので、道教における尸解《しかい》の神仙術（身体を残して魂のぬけ去る術）に用いられる宝劔は、これらの吉日につくられると伝えられる（『酉陽雑俎』巻二）。村上朝の改元は名義的にはすべてが天行の災異に相当し、この意味から以後の改元を周期的慣例的なものにする傾向を一段と強めることになった。

ところで、この時代は何といっても疱瘡の大流行が注目されるので、天暦元年（九四七）六月より流行期に入り童謡行なわれ、閏七月に入っては天変物怪しきりで世間妖言が流布した。仁王経など密教祈禱の類は数限りなく建礼門前では十四日鬼気祭があった。十五日には紫宸殿・建礼門・朱雀門三カ所で大祓あり、天皇・上皇も罹病されていた。天徳三年（九五九）には、民間に頸の腫れる疫疾流行し、福来病と呼ばれた。疱瘡についで旱魃・水害も甚しく、祈雨については天徳四年七月二十五日、陰陽寮が神泉苑に雩祭を行ない、応和元年（九六一）六月二十八日には、祈雨読経に験がないので五竜祭を奉仕しているが、止雨についての陰陽道儀礼は記されていない。禁中の綱紀も乱れ、天暦二年十二月ころ、盗賊しきりに横行し、天徳二年四月十日夜には強盗が右獄を破って囚人を奪い取り逃亡せしめた。

天暦二年の新嘗祭には、公卿たち触穢・病気・物忌にことよせて欠席する者多く、掃部寮は莚道の進供、大膳職は忌火提供ともにおくれて過状を召されている。天皇自身物忌の記録も目立ちはじめ、天徳二年閏七月の除目は左大臣実頼が物忌のため諸卿も集まらず、康保三年（九六六）二月十一日列見の儀は弁官の物忌で二日延期された。けだし禁忌の増加は宮廷の頽廃に拍車をかけた感があったのである。

道真失脚後、藤原氏は、時平の弟忠平が摂政関白として全権を握ったが、忠平は寛厚の長者であっても時弊を救い政治の刷新をはかる器量は到底なく、摂関家の保持に汲々とし、その子実頼・師輔らは後述するように一層徹底した宿命的現状維持論者で、そのため陰陽道の禁忌に精進し、自らこれを励行するとともに、宮廷社会固定化のため夥しい禁忌を有職的知識へ組込むことに努力した。天皇の行動もこの有職的慣習にはめこまれたのは当然で、物忌のマンネリズム化はもっともその端的なあらわれであった。村上朝は、まさに律令的陰陽道がその主体性を失い、摂関政治への奉仕の体制を整えたときであったといえるであろう。これを一層はっきりさせるため、つぎに数々の陰陽道や斯道に造詣深い識者の活動を歴史的に追ってみたいと思う。

五　陰陽家および陰陽道的識者の輩出

二〇　平安初頭の陰陽家と式盤

第三章の終りに説いたように、外来系の陰陽家が活躍した奈良朝も末期になると次第に人材は乏しく、陰陽頭はたんに官僚の一地位として利用され、菅嗣・刷雄など藤原氏の中でも余りめぐまれぬ環境にある人々が就任した。しかし律令制の崩壊がすすみ、北家藤原氏が権力を確立してゆく過程で陰陽道の官僚的活動も漸次その性格を変じ、天皇や公家の私的生活に奉公し、禁忌と物怪を強調し、卜占の乱発によって職域を拡大し、神祇界など他の分野にも進出し、陰陽道を宮廷人の教養的有職的知識へと発展せしめた。

この形勢は、まさに藤氏専制化に伴う社会的停滞、宮廷の因習化・形式化に相応ずるものであったから、かえって陰陽道界は活況を呈し、すぐれた専門家や識者を生み出し、彼等によって、陰陽道の日本化がすすめられた。未だ特定の家筋による陰陽道界の支配が行なわれる時代ではなかったから、人々は互いにその伎を競い論説を展開し、次々に新説や新例がつくり出されて行った。その意味から平安朝前期は、わが陰陽道史上、もっとも注目すべきときであったといえよう。

延暦十五年（七九六）武蔵守大学頭阿倍人上が頭になったあと、同十八年ころには、藤原継彦、大同元年（八〇六）ころには藤原縄主、弘仁五年（八一四）ころには藤原永貞、天長十年（八三三）ころには藤原竝藤、承和七年（八四〇）ころには藤原三藤、貞観八年（八六六）には藤原三直と相つぎ、藤原氏の進出が目立ってくる。このうち継彦と竝藤は京家の出身、縄主は式家蔵下麻呂の子、永貞と三直は北家で、前者は真楯の孫、後者は楓麻呂の曽孫、三藤は南家出身で四家とも藤原氏は頭を出しているが、陰陽師や陰陽博士になった者はない。『尊卑分脈』には北家の内麻呂が頭になったとしているが、何時ころのことか明らかでなく、『日本後紀』の伝記にもそのことは述べていないから疑問である。

要するに、おおむね官僚として存在したのであって、このうち竝藤が陰陽推歩の学を善くし、天文風星に通暁したと称せられたが、筑後・和泉・加賀の守を歴任し、天文博士をも兼ねた。継彦は星暦に精通したと伝えられたに止まる。継彦の父、参議浜成は頗る術数を習ったといわれ、卜占に長じ、『略渉群書』『天書』十巻を著すと伝えられる。継彦・並藤が斯道に通じたのは浜成の影響があったのであろうか。藤原氏以外では延暦十六年ころ、助であった大津海成が雩を占い、験あったとて絁五疋・布十端を賜っているが、あるいは大津連大浦の子孫であろうか。

同じころ陰陽博士兼天文博士であった中臣志斐連国守は弘仁二年（八一一）二月、陰陽道に勝れているとて従五位下を授けられ、因幡権掾・石見権掾等を歴任した。『日本国見在書籍目録』にみえる『枢機経』の撰者陰陽師従八位下曆志斐連猪養は国守の縁者かもしれない。また大同三年（八〇八）ころ、頭であった安倍真勝は甲斐・伊予の守を歴任したのみならず、神祇伯にもなり、老荘を学び究めた特異の存在であった。このように神祇官から転じた人があったり、志斐連国守が中臣氏出身であることを考えると、まだ陰陽道に対する神祇官の優位は保たれていたようである。

和気清麻呂の長子広世は大学頭になった人だが、諸儒を会し、大学で『陰陽書』・『新選薬経』・『大素』等を講論した。家に数千巻の書籍を有し、ここに私学をおき、弘文院と称した程で、恐らく陰陽書の類も備っていたと思われる。天長のはじめ（八二四）頭であった善道真貞は伊与部連の出身で、天長五年（八二八）に善道朝臣を賜った。山城少目・播磨少目・越前大掾・相模権介・阿波守など地方官を兼ねつつ大学助より陰陽頭になり、七十歳で東宮学士に移り、承和の変で備後権守に左遷された。儒者ではあるが、漢音を学ばず、四声を弁じなかった。ただ『公羊伝』の

み は読める者真貞以外になかったといわれ、かなり我流の片寄った智識をもつ人物であったらしい。むろん陰陽道に精通したわけではなかった。かような次第で淳和朝ころまでの陰陽道には見るべき活動はない。

延暦十六年（七九七）七月、陰陽少属菅原世道・陰陽博士志斐連国守が大和国平群《へぐり》山・河内国高安山へ遣され、霖雨による水害を鎮祭せしめられ、同十九年七月、大伴宿祢是成は陰陽師を率い、淡路国崇道天皇陵へ鎮謝のため赴き、大同五年（八一〇）七月、聖体不予により安倍朝臣真勝が桓武皇后高畠陵に向って祭りをなし、天長八年（八三一）二月、内裏に物怪ありとて陰陽寮や卜徒（神祇官の卜部を指すか）が占いを行なっているくらいが知られるにすぎない。

しかるに承和のころ（八三四―八四七）、陰陽師春苑玉成が出て承和六年（八三九）八月二十五日、遣唐大使藤原常嗣に従い、遣唐陰陽師兼陰陽請益として入唐し、『難儀』一巻その他の書を携え帰朝し、新しい大陸の陰陽道を伝え、朝廷はこの書を諸生をして伝学せしめた。ただしこの書はすでに『日本国見在書籍目録』にもみえず、早く亡佚したのであろう。玉成は伯耆国八橋郡の人で、もと宍人首といい、孝元天皇第一皇子大彦命の裔と称し、承和三年（八三六）三月三十日、春苑宿祢の姓を賜い、陰陽博士正六位下に至り、その母の家である曽祢連家主女姉妹男子等一烟は右京三条一坊に貫せられた。

承和の前半、頭であった大春日公守は大春日としては始めてこの地位についた人で、大春日氏は天武朝、朝臣の姓を賜った古代の名族であった。淳和朝、暦博士刀伎直浄浜（延暦十八年十一月八日、頭となった石川朝臣浄浜とは別人であろう）が死ぬと、これを継ぐ者がなく、天長十年（八三三）遠江介正六位上春日良棟を起用して明年の暦を造らしめ、功によって良棟は従五位下に叙せられた。

これよりさき宝亀十一年（七八〇）に、唐より輸入された五紀暦は、既述のごとく斉衡三年（八五六）、大春日真野麻呂の申請により天安二年（八五八）から実施されることになった。ところが貞観元年（八五九）、渤海国大使烏孝慎が新たに唐の長慶年間（八二一—八二四）つくられた宣明暦をもたらし、大唐で新採用の暦なることを伝えたので、朝廷は真野麻呂に調べさせたところ、よりすぐれたものとわかったので、貞観三年以降この新暦に従うこととなった。ただし宣明暦はもと大衍暦から出たものであったので、これをも併行して暦得業生に学ばしめたことは『朝野群載』（巻十五）に収める得業生補任申請状によってしられる。これからして日食の推歩がさらに正確さを増したといわれる。

『文徳実録』によれば真野麻呂は暦術古今独歩と称せられ、よく祖業の道を相伝し、今に至って五世となるとあるから、奈良朝より大春日氏は暦道に関係していたのであるが、真野麻呂の出現によって、同氏の暦道の家としての地位はさらに明確なものになった。貞観二年（八六〇）十一月、真野麻呂は藤原三藤のあと陰陽頭に就き大春日としては二人目の頭となった。藤原氏出身の頭としては三藤のあと、貞観のはじめ（八五九）に三直が出たのを最後とするので、いよいよ頭の職はたんなる貴族官僚から陰陽専門家へと移って行ったのである。

まず陰陽博士には春苑玉成についで刀伎直川人があらわれ、陰陽助を兼ね、笠名高がこれについだ。仁明朝からの災異件数の急増はこれらの人々の活動にも関係があろう。刀伎直は上述のごとく、淳和朝浄浜が著われたが、斉衡元年（八五四）川人のとき滋岳朝臣の姓を賜った。『今昔物語集』巻二十四にその名人振りを伝えた話がある。

文徳天皇崩じて陵墓地の相定をなすため、大納言安倍安仁は川人をつれて出かけ、用務了って帰り、深草の北あたりを通っていると、川人が大納言に、地神が追ってくるので隠れましょうとすすめ、馬を下り、二人は田に苅上げた稲をかぶってその中に隠れた。しばらくすると大勢の声がして探しているようであったが、見つからぬらしく、今年十二月晦の夜半には天下くまなく探して是非とも見つけ出せ、その夜また皆集まれとの声がして地神は去った。やがて大晦日なり、川人は大納言をつれて嵯峨寺へゆき、堂の天井裏に上って川人は呪を誦し、大納言は三密を唱えておったところ、異香ただよい、地が振るようであったが、無事夜が明け二人は事なきをえたと。

この話の中で地神が「川人は古の陰陽師に劣らぬ奴」と語り、川人も大納言に、自分がおればこそ、地神の害からまぬがれえたのだと豪語し、『今昔物語集』の編者も「道に付て古にも耻ぢず、世に並びなき者なり」と述べているとおり、非凡な陰陽師として後世一段と潤色せられたようである。『世要動静経』三巻、『指掌宿曜経』一巻、『滋川新術遁甲書』二巻、『金匱新注』三巻、『六甲六帖』、『宅肝経』一巻など多数の著作を遺しており、『六甲六帖』は貞観十三年、勅により撰進したもの、六壬式と称する式占《ちょく》の一つについて記したもの、遁甲書もまた式占に属するが、密教の宿曜経まで造詣があったことは興味深い。「滋川新術」とか「新注」といった言葉を書名に冠しているのをみても、彼独特の日本的陰陽道が形成されていたことを感ぜしめる。

ただし、さきの『難儀』書同様、殆んど後世伝わらないので川人の陰陽道を具体的にしりえないのは遺憾であるが、『今昔物語集』の挿話は、彼の得意な遁甲隠形の術を示したものであろう。貞観元年八月三日、備後権介藤原山陰とともに川人は大和国吉野郡の高山で害虫を攘う祭りを修した。董仲舒祭法なるものによれば、螟螣《おおねむし》が五穀を食害するとき、その州県内の清浄処で解除を行なうことが記されており、この法が用いられたのである。実はこの前年に、洛北船岡山でも同様の修法があった。ついでまた貞観五年二月一日、川人は勅を奉じ、陰陽大属日下部利貞以下、陰陽師を率い、大和国吉野郡高山に赴き、同様の祓いを修している。彼は長らく権助の地位にあり、頭に転じて間もなく没したものらしい。

その式占に用いたものは陰陽各一枚の太一式盤で、源経頼は関白頼通邸でこの盤を見たと『左経記』(長元元、四、五)に記している。それによると、先年陰陽頭秦文高がこの式盤は故道光宿祢に伝領され、つねに家中に安置していた霊験物で、なお某法師の許にあるとのことだが、所在は知らないと語ったので、頼通の命で探索に乗り出した。そのうち二条猪熊辺の小宅にあること判明し所有主を尋ねてみると、道光の孫で内舎人の明任が預っていた。早速明任に命じて進上せしめたのが経頼の実見した式盤で、やんごとなき霊物のため文高が宅に預ることとなった。その後、この式盤がどうなったか、遂に行方不明となった模様である。

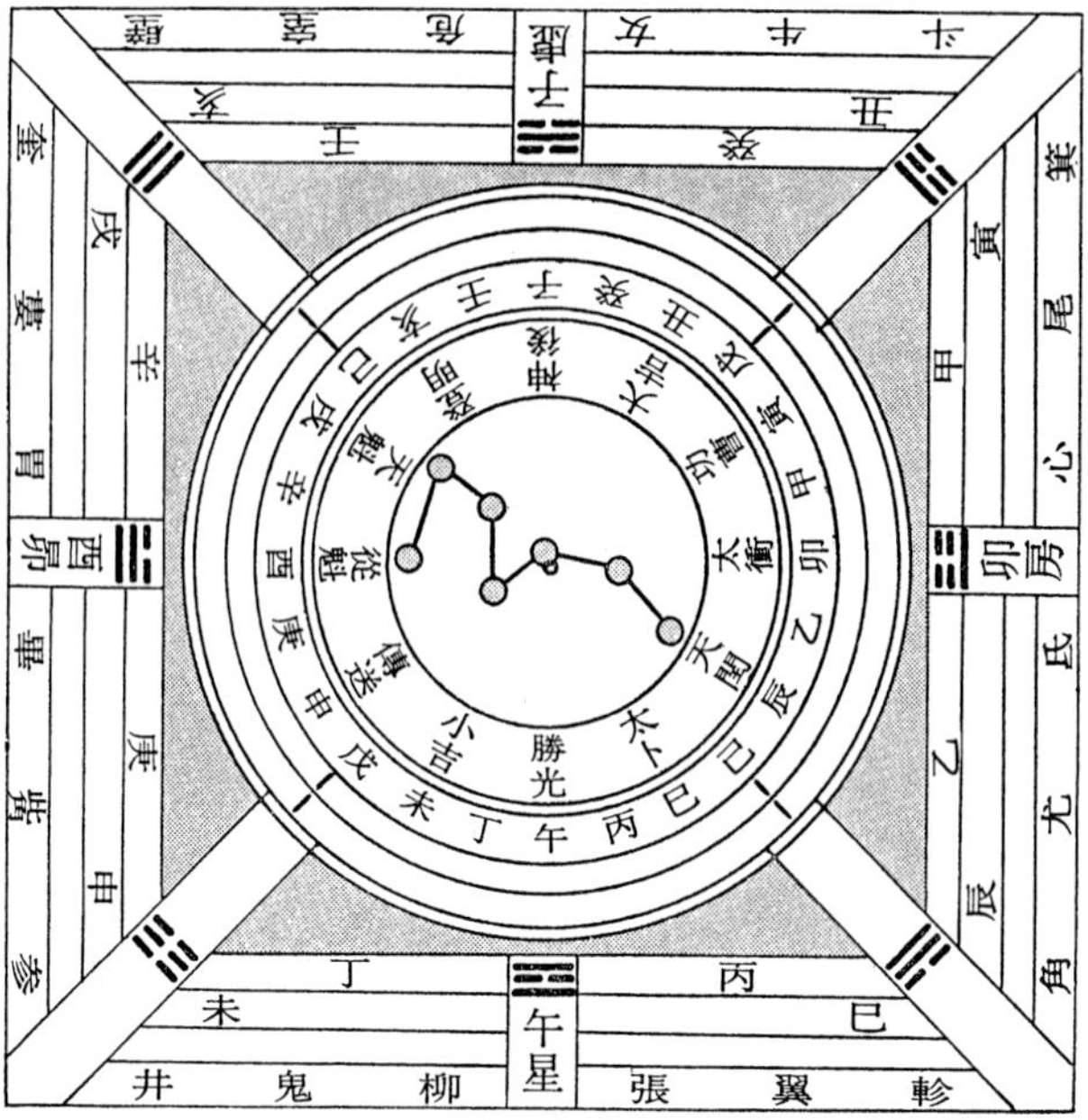

挿図１　楽浪遺蹟出土式盤復元図
（東京大学文学部編『楽浪』による）

　式盤については、すでに第二章で触れておいたが、いまここで改めて、より具体的な説明を加えておきたい。わが国には現在その実物の伝わるものはないが、大正十四年（一九二五）、北朝鮮平壌府の近郊にある漢代楽浪郡治の遺蹟石巌里二〇一号墳の槨室と同所王肝墓北室から発見されたものがしられている。前者は半分欠けた円盤で、径九・四センチ、木心黒漆塗で中央に回転軸を挿込む孔があけられ、四重の同心円で表面を四区に分け、中心の区域に七孔をもうけ、これを刻線で結んで北斗七星とし、他の三区には十二月神と干支二十八宿が刻字で記されている。後者は方一三・七センチの方形と経九センチの円形小薄板で、ほぼ形が整い、二枚とも表面は黄粉で塗られ、輪廓は朱で円盤には十二月神名、十干・十二支を、方盤には八卦・十干・十二支・二十八宿を墨書したものである。方盤は円盤と同じ広さの面積が残され、円盤の中心は孔があるところから、使用に際しては方盤の上に円盤を重ね、その円盤を回転させて卜占を行なったものと推定される。

以上によって、右の遺蹟発掘調査書である東京大学文学部原田淑人博士編の『楽浪』は式盤の復原図を作成発表した。その復元模型図を爰に転載させて頂く（挿図1）が、円盤二つの輪帯と方盤の一方廓・四斜廓には、もとあった文字が磨滅して判読不能のため欠字とされている。これに対し、『唐六典』（巻十四、太卜署令）は式盤上の記載事項として、十二支（十二辰）十二将（天一・螣蛇・朱雀・六合・勾陣・青竜・天后・太陰・玄武・太常・白獣・天空）および十二月神（登明・天魁・従魁・伝送・小吉・勝先・太卜・天罡・太衝・功曹・大吉・神后）をあげているから、模型図にない十二将はその空欄のどこか（多分円盤の輪帯）に記されていたにちがいないと滝川博士（「遁甲と式盤」）は説明を加えられた。

なお、この復元図の円盤中、十干・十二支を交互に入れまぜて配列した輪帯をみると、方盤の対角線上にあたる場所に戊と己、つまり土の五行が配置され、艮と坤の方角には戊、巽と乾の方角には己が見られる。また六月の月神勝光は午に、十二月の月神神後は子に、三月の月神従魁は酉に、九月の月神太衝は卯に合せて配置される。方盤の一番内側の方廓に書かれた十干は戊と己（土の五行）が除かれ、甲乙（木の五行）は東方に、丙丁（火の五行）は南方に、庚辛（金の五行）は西方に、癸壬（水の五行）は北方に記される。

以上、十干・十二支は時計の針と同様、右廻りの順であるのに対し、月神が正月から以下左廻りの順で示されているのも興味をひく。

二一　陰陽家人材の輩出と播磨の陰陽師

さて川人が権助であった当時、正官の助としてこれと雁行した笠名高は、その先、孝霊帝に出ると称する旧族である。貞観二年閏十月二十三日、大春日真野麻呂と笠名高に勅して云われるには、菅原是善ら有識者に僉議せしめたところ、十一月一日に冬至をおけとの意見になった、暦家はなおこれでは早すぎ、もう二日をおくべきだというが、一日は吉日ということで冬至を一日にすれば後々錯誤が起りはしないだろうかと。結局二人は群臣の議とあらば仕方なしとて一日の冬至を受諾した。暦でも朝廷が数理によらず吉凶を重んじた実情がしられるとともに、名高は暦道にも造詣のあったことをしる。

このころ天文博士には志斐春継あり、既述天文博士の志斐連国守と何等か関係があるのであろう。降って仁和元年（八八五）ころにも天文博士に志斐連広守が出ており、当時中臣志斐連は天文博士の家としての地位を築いていたのである。貞観六年（八六四）八月八日、多数の下級官僚が新たに姓を与えられ、あるいは本貫を改めてその地位を高められたが、その中で右京人陰陽允阿刀物部貞範は良階宿祢《よししな》を賜わり、前記陰陽大属日下部利貞、その父蔵直らは連を賜って摂津国島上郡に貫せられ、陰陽師弓削連是雄、その父安人らは本居を改め河内国大県郡に貫せられている。阿刀物部氏は、饒速日命の後裔と称する古代の名族、日下部利貞は播磨国飾磨郡の人で、垂仁朝叛乱を起した狭穂彦命の子孫、神護景雲元年（七六七）陰陽員外允であった日下部連虫麻呂はその一族であろうが、虫麻呂はすでに連姓をもつ家柄であった。利貞は元慶ころ（八七七―八八四）には助に昇進した。

弓削是雄も播磨国飾磨郡出身、弓削氏は高御魂乃命の孫、天毗和志可気流夜命の後で河内国を本貫とし、天武天皇十三年十二月、連から宿祢に姓を昇進せしめられた。是雄は蓋し弓削氏の一支流に属し、何らかの理由（多分道鏡の失脚に関連して）で播磨国に移っていたのが、このとき本家の根拠地である河内国大県郡にもどされたのであろう。貞観十五年に至り、日下部連利貞は右京二条三坊に、弓削是雄は右京三条二坊に再び本貫を改められ、彼等は次第にその地位を高めてきた。貞観七年清和天皇が内裏内での移動にはじめて方違をされ、同五年陰陽寮が天行の災を強調するなど、既述清和朝の陰陽道的風潮の高まりは、大春日真野麻呂・日下部利貞・笠名高・弓削是雄など、すぐれた専門家の輩出と大いに関係のあるところである。

ここで私は、陰陽師と播磨国が古来深い因縁をもっていた点について注意しておきたい。大同のころ（八〇六―八一〇）陰陽頭であった賀陽豊年は播磨守であり、滋岳川人も播磨権介をつとめ、日下部利貞・弓削是雄同じく飾磨郡を本貫地とし、是雄は播磨少目をつとめ、後に出た安部晴明も播磨守であった。『今昔物語集』（巻二十四）には播磨国の海岸近く（多分飾磨郡）長年住んだ智徳なる陰陽法師の達人の話をのせている。

あるとき京都への荷物の運上船が明石沖で海賊に奪われ、船員多数殺された中に船主と船員一人が助かって岸へ泳ぎつき、折から杖をついて歩いていた智徳に会い、事の次第を話した。智徳は海賊が襲った時日をきいた上、船主に案内させ、小舟にのって沖へ出で、海上に物を書くようにし呪文を読んだのち、陸に戻り待つこと七日、どこからともなく漂流船があらわれた。人々が武器を用意してこの船をみると、酔ったような有様の人々が沢山乗っていた。これがさきの海賊どもで、掠め取った品物もそのまま積まれていた。これを奪われた船主に返えしてやり、海賊は殺すべきところをよくさとし、播磨国にはこんな老法師がいるのを覚えておけといって追払った。これは智徳が陰陽の術により海賊を謀《たばか》り寄せたのである。これ程の腕をもった智徳も晴明に会って識神を隠されたことがある。しかしそれは智徳がその法を知らなかったからで止むをえぬことである。安倍晴明と同時代人の陰陽師法師であるから貞観ころはまだいなかったわけであるが、海上に物を書いて呪文をとなえる変った手法で人を呪縛した地方の呪術家で密教的呪法も加味していたのかもしれない。

播磨国の法師陰陽師については『宇治拾遺物語』(巻十二)にも見える。内記上人寂心なる僧、堂をつくる材木を求めて播磨国に下ったとき、法師陰陽師が紙冠をつけて祓するのをみて、何のため紙冠をつけるのかと問うと、祓戸の神は仏法を忌むから法師姿のものは祓の間これをつけるのだと答え、寂心は怒って紙冠を引破り、僧侶として仏法を忌むことの不都合をなじると、これも渡世の業なれば仕方がないとあやまり、寂心は勧進した品物を全部その法師にやってしまった。この話から法師陰陽師の作法の一端がうかがわれよう。

『古今著聞集』(巻七)には、鎌倉時代に、左大臣藤原公継が幼少のころ母につれられて播磨の相人と呼ばれる名誉の者に運勢を占ってもらった話がある。公継は身分を隠し様をやつして占ってもらったが、極位にまで出世すると予言しそのとおりになり、公継自身やがて易相をならって自分の寿命も鏡に顔をうつして予知されたとある。これも民間の法師陰陽師のたぐいであったろうが、貴顕の人でも出かける程名のしれた播磨出身の相人だったのである。

室町初期に著わされた『峰相記』には、唐朝で陰陽の極意をえて帰った吉備真備が帰朝の途、広峯山の麓に一泊して牛頭《ごず》天王の夢をみ、ここに勧請してまつった。これがわが国祇園社のはじめであると伝え、また一条天皇のとき、晴明と道満の二人のすぐれた陰陽師あり、道満は藤原伊周の命で道長を呪詛し、蠱《こ》物を彼の通る道へ埋めた。晴明はこれを勘え出し、掘り起したところ、蠱物は白鷺となって飛び去った。この罪により道満は出身地の播磨国佐用の奥に流されて死んだ。そののち、子孫は英賀《あが》・三宅のあたりに拡がり住んで陰陽師の業を継いだとある。中世の文献とはいえ、『峰相記』の伝承は、播磨国の海岸地帯に陰陽師を業とするものが多いこと、広峰における牛頭天王の祭祀に陰陽師が関係のあるらしいことなどを示唆している。広峰社の京都祇園社への発展には、播磨国から都への陰陽師の進出がからんでいよう。

さて、弓削是雄も川人に劣らぬ占験の名人で挿話をのこした。その一つが『政事要略』(巻九五)にのせた「善家異記」の一節である。

貞観六年、内竪伴宿祢世継が穀倉院交易使として帰京の途、近江国介藤原有蔭の館に泊った。ときに有蔭に招かれ属星祭を営むために来た弓削是雄と同宿したが、世継は夜、悪夢をみたので是雄に夢の吉凶を占わせた。是雄は式《ちょく》を転じて大いに駭き、あなたは家に帰ると鬼のため殺されるだろう。慎んで家に入るな、そうすれば殃をまぬがれようと答えた。世継は家を出てから二年間旅にあって妻子を思い、帰郷の念切なるものがあったが、これをきいて慨歎し、どうしても家に帰りたいが殃を防ぐ法はないかと相談した。是雄は再び式を転じて乞うには、あなたの家の寝室艮の隅(つまり鬼門の方)に鬼がいるから刀劔を帯し弓矢を持って真直に寝室に入り、弓を引き矢をつがえて目を怒らし、艮の方に向って鬼よ出てこい、さもないとお前を殺すぞと一喝しなさい。さすれば厄をまぬがれるであろうと教えた。世継は家へつくや是雄に教わったとおりすると一人の法師が匕首をもってあらわれ、すでに世継の妻に通じていて、世継を寝室に殺害する計画のあったことを自白したため、妻を逐い法師を獄に投じた。

以上の挿話に続いて、いま一つの効験譚は、寛平四年(八九二)八月勅により諸宗派の経に通ずる沙弥を試験し及第するものに僧位を授ける事となり三善清行が勅使として八省院で挙行された。僧綱や諸宗の名僧、五、六人が試験に立会い、するどい試問が出された。ときに是雄は陰陽頭であったが、一人の沙弥を紹介して清行に書を送り、この者は学は乏しいが、つねに北山に住み昼夜念仏し自分と師檀の契を結んでいる。いま齢六十におよびまだ僧位を有しない。何とかあなたの手でこの試問に及第させてほしいと頼んだ。清行は是雄と親しいので、まずこの僧の実力をためそうと法華経一品を読ましめたが、読み方も義理も解しなかったので、とても試問を受ける実力のないことを是雄に報じた。それより数日をへて是雄はまた清行に書を呈し、及第しなくてもよいから、是非試問に出させてほしいと歎願に及んだので、清行は止むなくこれを承諾し、件の沙弥を試問に呼んだ。いよいよ沙弥が読経に入ろうとしたとき、天子からお召しのしらせがあり、光孝天皇国忌の斎飯を給うとのことで立合いの僧侶はすべて席を立ち内裏に赴き、沙弥試問は清行一人にまかされる形になった。ここにおいて善行は是雄の神験に感じ、沙弥を及第させたのである。

是雄は恐らくこの沙弥の運勢を占い未来を洞察していたのであろうが、前者の話に式を転じて占ったとあるとおり弓削は式占の名人であり、式盤を回転させて卜判をしたらしく、地方からの求めに応じ属星祭などの修法に出かけるときも式盤を携行した事情が知られる。また後者の話の北山にすむ念仏沙弥なるものはいわゆる民間の念仏聖の類であったろうが、是雄が懇意にしていたところからみて民間仏教と陰陽道の呪術的習合をも想像させるであろう。

二三　暦道と陰陽道的識者の活動

貞観の後半期からは暦博士陰陽助家原郷好の活躍がしられ、天慶（九三八—九四七）に入って頭に昇進した。元慶元年（八七七）四月一日夜丑一刻に日蝕があるとて政治や祭事は一切中止せられたが、これより先、中務省は陰陽寮が四月一日日蝕を奏したのに基づき、明経・紀伝・明法等の博士に命じ廃務如何を諮問した。諸博士これを論じ合って結局廃務と定った。

ただし、そもそも夜の日蝕は暦博士が予め上奏すべきものかどうかが問題になったのに対し、家原郷好・弓削是雄等は天長八年（八三一）四月一日夜の蝕は奏せられていなかった、その理由として刀伎直浄浜は陰陽寮壁書に夜蝕は奏しないと書かれてあったためだと主張し、これに対し参議南淵弘貞は陰陽寮にそんな壁書は典拠がない。今後は必ず奏言せよとのべ、爾来上奏する例になっていますと答えた。けだし夜の日食なるものは淳和朝ころまでは問題にされなかったので、それは事実上観測できず、日本以外に起るとしても数理的な算出をすることがむつかしかったであろう。

しかし上記諸博士達は『鄭君釈』を引き、夜中に食あれば日出以後も太陽に虧損の痕迹をのこすので、むかしはこの現象によってのみあとから推定するにすぎなかったが、いまは「術を以て理を推し」予め食否をしりうるため、かような国家の大忌が予知できる以上、当然廃務さるべきだと論じている。

およそ日食のわが国での所見は第二章に述べたとおり推古三十六年（六二八）を始めとするが、以後の記録は甚だ気まぐれで、持統・文武・元明三代二十九年間にあらわれた日食の記事二十六回についてみても、日本で本当に観測されたと思われるもの六回に止まり、記録の大半は疎漏な推算をのせたにすぎない。佐藤政次氏（『日本暦学史』七〇ページ）は推古三十六年より慶長五年（一六〇〇）までの九七三年間、つまりシナ暦時代の五七六回の日食記録について、事実起ったと思われる蝕は二八六回と算出しており、当る確率は半分である。夜間蝕は結局外国での蝕と考えざるをえないが、それも殆んど的中しなかったのである。

さてその他の人材を見渡すと、元慶元年には、漏刻頭宮道朝臣弥益が弓削是雄とともに外従五位下に叙せられているが（『三代実録』）、漏刻頭は漏刻博士の誤りかもしれない。神祇官では、宮主占部宿祢雄貞は兄弟ともに亀筮の術にすぐれ、丹波権掾伊伎宿祢是雄は本姓卜部であって亀卜の道を究め、古今独法と称せられるなど、陰陽道に対抗して大いに活躍した。専門家以外の識者としては紀夏井があげられる。彼は清廉潔白の良吏をもってしられ、書道・囲碁にすぐれたのみならず、射覆・蔵鉤をよくした。これは隠した物を当てる遊戯だが、そのため著《めどき》を揲り卦を布くところから易占の知識を必要とし、陰陽の大家賀茂忠行・保憲・安倍晴明らも皆これに妙技を発揮した。文徳天皇は夏井の巧みなわざをみて大いによろこばれたのであった。

さきに藤原良房に迎合して大いに物怪の祟りを強調し、卜筮の必要をといた春澄善縄は陰陽家以上の禁忌信奉者であった。本姓猪名部造、伊勢国員弁《いなべ》郡の人、祖父財麻呂は員弁少領、父豊雄は周防大目で地方豪族の階層に属した。天長五年春澄宿祢の姓を賜わり、のち朝臣と改められた。同十年東宮学士となり皇太子恒貞親王廃せられるにおよび一時周防権守に左遷せられたが、承和十年文章博士にすすみ、大学において『後漢書』を講じ、貞観六年『続日本後紀』を撰進している。彼は学者各々門戸を張り互いに弟子を集め党を組んで対立するのにかんがみ、自分は弟子をとらず、ために誰からも謗難をうけることはなかった。陰陽を信じ生活に禁忌するところ多く、物怪あるごとに門を杜じ斎禁し人を入れず、一ヵ月のうち門を閉じること十日におよんだ。その家宅も修築せず、口に死を言うこと稀で弔問することを止めてしまった。男女四人の子があったが、彼のごとき変った家風を継ぐ者はなかった。

弓削是雄没後、十世紀の初頭は陰陽官僚にすぐれた人材なく、やや沈滞気味であったが、暦道では暦博士に葛木宗公、ついで茂経あり、葛木氏は古代の名族で陽成朝侍医兼針博士であった長門権介葛木宿祢高宗も一族であろう。和気広虫は葛木宿祢戸主に嫁したのち、京中の孤児を集めて養い、成長後、天平勝宝八年（七五六）葛木連の姓を賜った。延喜十七年（九一七）十二月、来年正月一日の日蝕有無をめぐって大春日弘範・葛木宗公両博士の間に争論あり、結局蝕ありとする宗公の説が採用せられた。『日本紀略』は正月一日条に、日蝕で朝賀宴会を止むと記している。ついで承平六年（九三六）にも権暦博士葛木茂経が暦博士大春日弘範の造った暦本が誤っていると非難したため、茂経のつくった暦が採用された。もって大春日氏に対する葛木氏のはげしい対抗意識が窺われるのであるが、それにも拘らず大春日氏は次第に暦博士としての伝統的地位を固めて行ったのである。

一方、専門官僚として以外には既述の三善清行・浄蔵・高階忠岑などが活躍した。清行は百済人の系統を祖先とし、はじめ錦部首《にしごりおびと》と呼ばれ、平安初期伊予守克興《おき》のとき三善宿祢に改められた。父氏吉は、仁明天皇太子恒貞親王の東宮坊の下級官吏をつとめ、承和の変で三年間配流され、のちゆるされて帰京、外従五位下淡路守に至った人である。ゆえに家柄としては貴族の仲間にはまだ入れぬ地方官僚に止ったのである。それだけ中央における出世には異常な努力を傾け、若いころより蘊蓄をつんだ陰陽道の知識を、自在に活用して、革命勘文や深紅衣服の禁を乞う上奏文を起草し注目された。『二中歴』は彼が易筮を日蔵や文江に伝えたとのべており、文江は長男、日蔵は『冥途記』を著わした沙門で、清行の弟とも子息ともいわれるが、この二人が易筮にどの程度通じたかは明らかでない。むしろ清行の次男文明の子、道統《むね》は祖父の伝統を受けつついで活動した。

応和四年(九六四)甲子革令にあたり、村上天皇が改元のことを諮問されたとき、道統は清行が伝えた王肇の『開元暦紀経』には今年革令に当るとしてはいないが、易説・詩説もあることだし、改元は結構でございましょうと返答している。また清行の八男浄蔵は大峯・熊野に修練を重ねた天台の密教行者であるが、加持祈禱のみならず易筮にも抜群といわれた。彼は時平が菅公の霊に悩まされたとき、これを封じたによってしられ、平将門の乱にはその誅滅を予言し、八坂塔の傾いたのを祈念して直すなど幾多の呪術的奇蹟を演じた。さらに朱雀上皇の御病を占い、中宮安子を加持して蘇生しめ、天徳四年(九六〇)の内裏火災を予言し、成道寺・東光寺・長谷寺の災厄をもいいあて、寛修法師をその後姿から死期を推断適中せしめた。けだし彼においては卜筮と加持祈禱は不可分の呪術作法であって、密教・陰陽道を包括した貴族の御用宗教形成に大きな役割を演じたのである。

天暦元年(九四七)三月八日の大仁王会行事始が、陰陽寮で行なわれたことは、密教陰陽道の習合化を語る一史料である。高階忠岑については詳細不明、仁和二年(八八六)従五位下行内蔵権助高階真人忠岑が讃岐権介に任ぜられた記録があるのみ、摂関家の家司であったことも考えられる。承平五年十二月二十九日、荷前《のざき》事により藤原師輔は宮中からお召しをうけたが、固き物忌中であったので参内しなかった。彼は父忠平の言葉として、故高階忠岑の教えに、物忌の日は神社山陵に参ってはならぬ。古人のいい伝えだからというのがあった。忠岑はよく陰陽の道を習っているからかようなことも承知しているのだと仰せられたことを挙げ、父のいましめに従って参内しないのだとその日記『九暦』に書いている。少なくとも摂関家では忠岑は信用せられた人物であったらしい。一つには忠平自身忠実な禁忌信奉者であったことも見逃せない。

忠平の日記『貞信公記』は、現在断片的にしか伝わらないが、それでも本命祭は八ヵ所、物忌は十一ヵ所に見え、物忌には固き物忌、軽き物忌、連日物忌などの種類があり、河臨祭延命供を営んだ次第も知られ禁忌への積極的な態度が伺われる。その子実頼・師輔も父の方針を忠実に継ぎ、とくに師輔は、『九条殿遺誡』や『九条年中行事』を著し、詳細に禁忌を記録し、陰陽道を宮廷貴族の常識としてこれを有職化した。『九条殿遺誡』では、起床すれば先に属星の名号を七遍となえ、鏡で自分の顔をみ、暦で日の吉凶を知り、楊枝をとり西に向って手を洗う。つぎに仏名を誦し尊重する神社を念じ、昨日の出来事を記録する。粥を食って頭を梳る（これは三日に一度すべきこと）。手足の爪を切り（丑の日は手の爪、寅の日は足の爪である）。日を択んで五日に一度沐浴するが、『黄帝伝』に毎月一日沐浴すれば短命、八日に沐浴すれば長命、十一日は目がはっきりし、十八日は盗賊に逢い、午日は愛敬を失い、亥の日は耻をみ、その他寅辰午戌下食の日は悪日で、すべてこれらの日は沐浴を避けねばならぬ。年中行事は暦に注記し、よく日の吉凶を予めみておかねばならない。

以上全く日常生活は吉凶意識により貫かれている感がある。『九条年中行事』の方では、京中賑給に寅日・九坎日をさけることが、文武兼・平野茂樹等陰陽師の奏言で始まったことをのべ、廃朝の理由として二十箇条の禁忌が並べられており、これによっても廃朝の機会が如何に多いか驚かされる。天皇・中宮・東宮の本命日および朔日・復日・重日には凶事の上奏は控えられることになっている。以上の禁忌中には、神祇・陰陽道のいずれともはっきりしない宮廷の自然発生的慣例もあったと思われ、一々それらをわきまえての禁忌ではなかったであろう。

二三　陰陽道宗家の成立

既述のごとく、天徳四年九月の内裏炎上で、仁寿殿にあった太一式盤が焼けたが、けだし天皇の側近において卜占の行なわれたことが想像される。当時の陰陽頭は秦具胆であったが、彼は天慶のころには漏刻博士であって、同じころ陰陽師に秦連茂・同貞連、漏刻大允に秦春材あり、陰陽寮における秦氏の進出が目立っている。三善氏が百済人系であることも合せ考えると帰化人の勢力が再び抬頭した感があった。

しかし間もなく陰陽師賀茂忠行が頭角をあらわし、その子保憲が天文博士となって辛酉改元に参劃し、応和二年(九六二)、保憲は陰陽頭にすすんだ。応和四年六月、直講時原長列は「暦運雑事二箇条」を勘申し、賀茂保憲も勘文を上って『易経』と『詩経』の説により甲子革令による改元を唱導し、遂に康保の改元が行なわれた。このとき三善清行の孫道統は前記のごとく消極論であって、この際は賀茂氏が主導権を握った。忠行は、奈良朝にしられた賀茂役君小角と同族といわれるが、忠行の系図については『続群書類従』に二つの賀茂氏系図をのせ、一つは忠峯の子を峯雄、峯雄の子を忠行とし、他の一つは人麻呂の子を江人、江人の子を忠行とする。峯雄は清和天皇を中心とする前後の時代に、江人は仁明天皇を中心とする時期に活動した人で、江人の方が年長かと推定される(従五位下になったのが峯雄は貞観四年、江人は承和十三年であることを一つの理由とする)が、同時に宮仕えしていた時もあったろう。また祖父

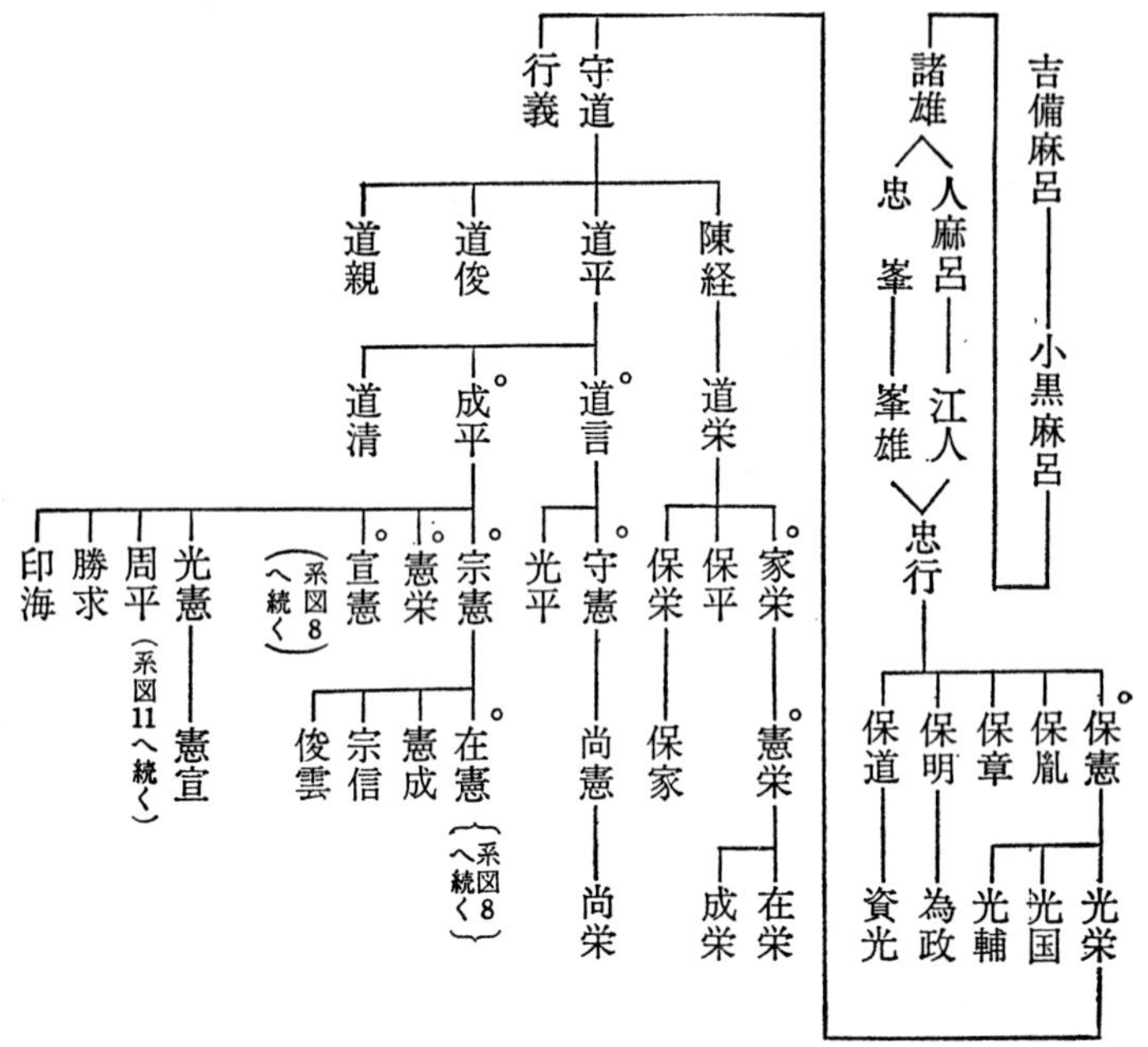

系図1　賀茂氏系図（その1）
（○印は陰陽頭になった人）

の人麻呂は奈良朝末延暦のころ活動した人であるが、忠峯なる人物は正史に見えない。直峯なる人はあるがこれは陽成朝ころの人で別人かもしれない。

さらに忠峯より先は明らかでないが、人麻呂の方は孝霊天皇の裔たる吉備麻呂より二代の人物（小黒麻呂・諸雄）が明らかである（因にこの吉備麻呂を吉備真備としているのは誤りである。系図1）。『系図纂要』によれば、忠行は江人の子として生まれ、のち峯雄の養子となったとしている。要するに、位は代々従五位下くらいの下層貴族であって、地方官としては介の官に居る場合が多く、忠行も丹波介であった。彼について知られているところは『朝野群載』（巻十五）に天徳三年（九五九）二月、村上天皇が彼の式徴を試みられようとして水晶の念珠を筐《かたみ》（竹かご）に入れて出されたところ、鮮かにこれをいいあてたのみならず、朱糸をもって貫き八角の匣に入れてあることまで明言した話がのせられていることがある。これはさきに紀夏井が得意とした射覆と称するものであったろう。

いま一つ『今昔物語集』（巻二十九）には、下京辺のある裕福な僧が怪《さと》しあって忠行に吉凶を問い、某月某日盗人に命を失う兆であるから、物忌をせよといわれ、果してその日盗に入られたが、同宿させた知己の武士平貞盛のために救われた話がある。忠行は自ら達人であったのみならずその子保憲は彼以上の名人となり、弟子安倍晴明またこれに劣らぬ非凡の才を有した。おのずからこれを物語る挿話も遺され、『今昔物語集』（巻二十四）にのせられている。保憲は幼時父が人にたのまれ祓をしにいったとき、ついて行って祓所に多数の鬼神をみて父にしらせ、晴明も若いころ忠行の伴をして街にゆき、鬼神をみつけて車中でいねむりをしていた忠行に告げ事なきをえた。保憲は父より昇進早く、暦博士従五位下になったとき、父の地位を抜いていたので、とくに奏して父にも従五位下を賜った程であったが、さらに従四位上にすすみ、賀茂氏としての政治的地位を一段と高めたのである。晴明もこれと並び従四位下に至り、陰陽家は益々重視せられるところとなった。保憲の子光栄《よし》また祖父の名を辱しめない大家であったため、保憲は従来伝えてきた暦・天文両職を分ち、光栄には暦道を、晴明には天文道を伝えて以後、賀茂・安倍両家が対立する基をつくったが、同時に両家による暦・天文両道支配体制はここに確立した。

保憲は、陰陽頭・天文博士・主計頭・穀倉院別当を歴任し、その子光栄は、暦博士・陰陽博士・大炊助・右京権大夫を経て従四位上にすすんだ。光栄の占験については、藤原行成の日記『権記』（寛弘八、五、九条）につぎの例がのせられている。

一条天皇皇子敦康親王の第で寛弘八年（一〇一一）五月七日夜半、天井に多数瓦礫の音があり、奇怪なりとて光栄に占いを依頼すると、これより三十日の間および六月十日節中、並びに丙丁日は天皇に御慎み、攘災法が行なわれないと危害がおよぶゆえ、早く奏せられたいと返答した。時の陰陽頭秦（惟宗）文高はこれをきいて、それは天皇を驚かすにすぎないと反対し、陰陽助・主計頭安倍吉平は卦に咎なしと弁護したけれども、間もなくその月の二十三日、天皇発病し翌月二十二日崩御になった。光栄の占、掌を指すがごとくであった。

彼が著した『暦林』十巻は後世陰陽家の指標とされ、この説に従うか否かが屢々問題になっている。一例として長元五年（一〇三二）五月三日、来月六、七日ころ、祈年穀奉幣使を立てられることになったにつき、主計頭頼隆がこれらの日は五貧日にあたり、保憲の『暦林』には祭神不利とあるから変更した方がよいととなえ、安倍時親・孝秀等は五貧日に祭事を避けるのは俗人の説だと反対したが、清原頼隆は五貧日のタブーは陰陽道の権威者たる保憲の『暦林』以来守られてきたもので、これを誤りとするのは許されないと主張し、改めて日取りは考え直されることにきまった。

二四　安倍晴明の事蹟と伝承

これに対して、安倍晴明は、その子孫が賀茂氏を圧倒して繁栄した関係上、超能力者として神秘視されること甚しく、各種の伝承や遺蹟の類が遺されている。左大臣安倍倉橋麻呂を祖とし、奈良朝のはじめには右大臣御主人が出たと伝えるが詳かでない。平安初期、参議左中将兄雄のあたりからかなりはっきりしていて、兄雄の子春材は淡路守、その子益材は大膳大夫、すなわち晴明の父である（系図2）。東京大学史料編纂所所蔵三条西家重書古文書の医陰系図に収められた安倍系図には、倉橋麻呂について、

或記曰、仲麻呂者熒惑分身也、降和国輔主道到異国能天文陰陽、異朝人怖悪之令禁闇而遂殺之、仍為霊鬼伏人、

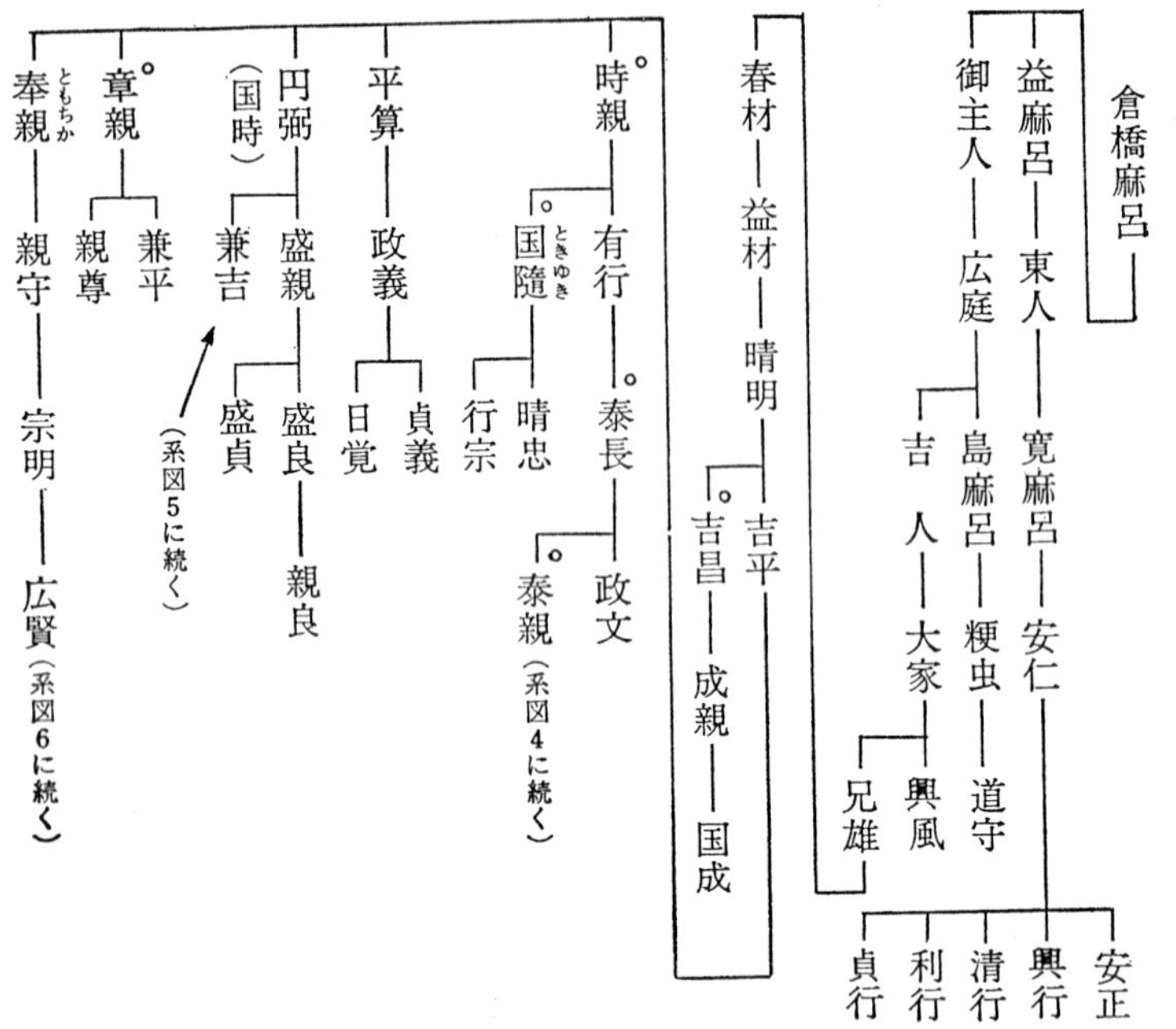

系図2　安倍氏系図（その1）
（○印は陰陽頭になった人）

吉備麻呂渡唐之時見異形、教授天文暦術算計儒書令来朝云々、仍仲丸孫葉等猶達天文伝其業云々、依之吉備来朝天文術伝当流乎、

と注し、また「成異朝大鬼王」と傍記して超人的な取扱いをしている。

中世の『続古事談』に晴明が大舎人であったころ、茲《し》光なる相人が彼をみて一道の達者になる人物だと占った話がみえるが、あるいは、晴明ははじめ宮仕えしていて、誰かにその才のすぐれたのを見出されたのがきっかけで、陰陽道に入るようになったのかもしれない。祖父が淡路守、父が大膳大夫程度の下層官僚の家に生れた彼が、身分の固定してきた当時の世相をみて宮仕えをあきらめ、この特殊な方伎の世界で身を立てようとしたのかもしれない。幸い主家の栄達のお蔭で彼も才能を存分に生かすことができ、天文博士・大膳大夫・左京大夫・穀倉院別当・播磨守を歴任し従四位下に至った。彼の卜占の優秀さを示す有名な話は、花山天皇譲位を天文の変より察した『大鏡』の記事である。

藤原兼家は、その娘詮子が円融天皇女御となって生んだ懐仁親王が花山天皇の皇太子になると、一日も早く懐仁の即位を望み、たまたま天皇が寵愛の弘徽殿女御の死に遭って悲嘆にくれたのをみ、息子の道兼に天皇の譲位ならびに出家をすすめさせた。道兼は言葉巧みに十九歳の天皇を、夜半に乗じて内裏より連れ出し、元慶寺へ案内して剃髪させ、自分もお供をして出家するといつわって逃げ出してしまった。ときに寛和二年（九八六）六月二十三日早朝の出来事であった。兼家・道兼の謀略で花山天皇の在位は僅か二年にすぎなかったが、忽卒の間に行なわれた懐仁親王（一条天皇）への譲位は、兼家・道兼らわずかの関係者しか知らなかった筈であるのに、晴明らは忽ちこれを察知したのである。

花山天皇が内裏を出て上東門の外より東へ土御門通りを元慶寺へ急がれる途中、あたかも土御門通りに面し、西洞院通りより東にあった晴明の家の前を通られたところ、晴明は手を何度も打ちながら御譲位の行なわれるとみえる天変があったが、もうそれが実現したらしい。参内して上奏しよう。早く車の仕度をしろといっているのが聞えた。家を出るとき、式神一人ついてこいと命ずると、目に見えぬ者が戸を押しあけて出てきて、丁度いま天皇がここを過ぎてゆかれるようだと答えた。

天体の異常現象をみて人事界の出来事を占うのが陰陽師の重要な仕事だが、晴明はこのときどんな天変をみたのか。天皇譲位程の重大な事件を示す天変なら余程目立つものであったと思われるが、現在の文献による限りどこにも寛和二年（九八六）の天変は記録がない。ただし前年の寛和元年八、九月には辰星（北極星）と客星が接近し、客星は鬼火のごとくみえる天変が観測され、神祇官と陰陽寮が度々密奏したにかかわらず天皇の御慎しみはなかったので、これをもって譲位の前提とみなしうるかどうか疑問である。

要するに、『大鏡』がのせた上掲の一件は、そのままずべてが事実として受け取り難いふしがあり、月明かりの早暁丑刻（午前二時過）、ただならぬ貴人の門前通過があたりの静けさを破り、これを機敏に晴明が感知して、すわ大事と禁中に馳せ参じたのかもしれない。

播磨国の老練な一人の法師陰陽師が晴明の名声をきき、腕くらべをしようと思い、二人の式神をつれて上京し、偽って晴明に弟子入りを乞うた。晴明は相手の意図を見抜き、その式神を隠形の術を使って隠してしまい、結局法師陰陽師が降参したとの『今昔物語集』の逸話はさきにも掲げたが、陰陽家相互の術くらべはやはりこの道の世界における激しいせり合いを物語るものではあるまいか。

『宇治拾遺物語』（巻二）には、むかし晴明が内裏の陣所へ祗候の折、ある若く美しい蔵人の少将なる殿上人が車を下りて参内してくるのに会った。丁度烏が飛んできて、この少将の上から汚物をかけたのを見た晴明は、烏が式神に相違ないと思うにつけ、少将を気毒に感じ、近寄って、あなたの命は今夜までしかもたないらしく自分には見えます。何とか致しますからついていらっしゃいと少将の邸までゆき、ここで一晩中、少将の加持身固めをした。明方になって戸をたたく者があるので入れてやるとこれは相聟の五位の蔵人であった。彼は懺悔述懐して、自分はこの同じ家に住んでいながら舅が少将より劣った人間として取扱うので嫉み、陰陽師にたのんで式神をやとい、少将を殺させるつもりであったが、すぐれた陰陽師（晴明をさす）の呪力に妨害され、この式神を伏せられ、かえって依頼した陰陽師がこの式神のために殺されてしまったとのべた。かくて五位の蔵人は舅から追い出されてしまった。この話もやはり陰陽師の験くらべ譚の一種である。

式神は使いようではかえって自滅の危険がある恐しい妖物である。谷川士清《ことすが》の『倭訓栞』に、式神は人形の蠱《こ》物であるとし、恐らく陰陽道で式占を掌る神としてまつったものであろう。二神は式盤が天地両盤あるのに対応したものではあるまいか。『源平盛衰記』には、晴明が式神として十二神将を召使ったが、妻が式神の貌を恐れたので、つねには十二神将は京都一条堀川の戻橋の下に呪縛し置き、用事の際のみ召出して使ったとある。しかし晴明の宅で人もいないのに蔀が上げ下げされたり、独りでに門が開閉されたりするのは式神にやらせていたためだと『今昔物語集』は述べている。

この十二神将は、仏教における薬師如来の眷属である十二神将のようにもとれる（中世はこの十二神将が陰陽道の十二支と習合した）が別物で、式占の中でも六壬占と称する古法に用いられる右の天地両盤中、地盤上に配せられる十二神将からくるもので、晴明の妻がその顔付を恐れたとあるとおり、鬼神に類した相貌の人形だったのであろう。なお天徳四年内裏火災で焼損した霊劒中に十二神を刻したものがあったことは既述したが、その十二神も同様の性格のものである。

上述した二つのライバルにまつわる話は、いずれも民間的あるいは家族内の私的なケースであるが、『宇治拾遺物語』（巻十四）および『古事談』（巻六）に収めたつぎの話は、権力者の闘争に陰陽師が駆使された事情を示す一例である。

藤原道長は、法成寺建立のため工事現場へ毎日出かけていたころ、白い愛犬を飼っていた。あるとき寺の門を入ろうとするとお供の犬が前に廻ってしきりに吠え、それにもかまわず入ってゆくと、犬は直衣の端をくわえて離さず、何かわけがありそうだとて晴明を召し調べさせられた。晴明は沈思黙考の末、これは道長を呪詛する者が蠱物を通路に埋め、これをまたげさせんとたくらんだものです、それを犬はかぎつけたらしいと答え、その箇所を掘らせてみると、土器を二つに合わせ、黄色紙を捻って十文字に縛り、土器の底には朱砂で一文字を書いたものが出てきた。晴明云く、この呪法は極秘のもので、当世殆んど知る人がない筈だが、ことによれば道摩法師の所為かもしれぬ、その者を探し出しましょうとて懐紙をとり出し、鳥形に切って頌唱え投げると、白鷺になって南へ飛び去った。この鳥の落ち止るところが呪詛者の住所ですと申したので下部があとをつけてみると、六条坊門万里小路の川原院古屋の戸の内に落ち、そこに踏込み捜索すると一人の僧がいた。からめ取って訊問の結果、道摩で、左大臣顕光に呪詛をたのまれたと白状し、本国である播磨へ追放された。

さきに引用した『峰相記』の道満が道長を呪詛した記事はこれと符号し、道摩は道満に他ならず、法師陰陽師として名のしられたものであったのである。顕光は平素道長から馬鹿にされた怨みを含み、死後怨霊となって道長に祟ったとか。晴明がかつて広沢の寛朝僧正とて有名な真言密教の名僧の御房に参上し御用を承るとき、若僧たちから識神を使い人を殺す術をみせてくれと頼まれ、庭先の蝦蟇五、六匹を試みに呪文を用いて殺し、見る者を畏怖せしめた。この話は『今昔物語集』(巻二十四)にのせられ、密教と陰陽道の接触を示す一つの史料である。

同様な性質の史料として、鴨長明作と伝える『発心集』(巻六)には、「證空師の命《いのち》に替る事」と題した一篇がある。三井寺智興内供が重病を受け、晴明がこれを判じて病は定業なれば致し方なし、ただし弟子の中で身代りになろうとする者があれば、それと命のとりかえを泰山府君をまつって頼んでみましょうと申した。そのとき末の弟子であった若き證空が身代りを申し出た。よって晴明はこの弟子の名を記し身代りとしてこの弟子の命を召されたいと泰山府君に祈った。祭りが始まり、弟子は死を覚悟し、後生菩提を、一心に守り本尊である不動明王の画像に向って願った。これに感動した不動は眼より血の涙を流し、汝の身代りになろうと声を出し、結局證空は我身を全うし、師から一等の弟子として重んぜられ、不動の絵像は泣不動とて常住院に保存せられた。

のち、『泣不動縁起絵巻』として発展した不動明王霊験譚であるが、晴明を登場させることによってこの説話を一段と信心深きものとした。事実の詮索より、晴明――泰山府君神――不動明王の宗教的関連が興味のあるところで、恐らく不動明王を念持仏とする密教修験者あたりが、陰陽道的呪術を用いるにあたって造作した構想ではなかったか。『古事談』（巻六）に晴明は那智で千日間滝に打たれた行者で、前生もやんごとなき大峯の行人であったとのべ、花山天皇の前生をもいい当てたとしている。すなわち天皇は頭風をわずらわれ、雨気のある時はことにこれに悩まれ、種々の医療も効かなかったのは前生行者で大峯某宿で入滅ののち、その髑髏が岩の間に落ちはさまり、雨の日は岩が膨脹し、髑髏を圧迫するので、天皇に生れ代られても痛まれるのである。療治されても愈らない。その髑髏をとり出して広い所へ置けば痛みもなくなるとて髑髏のある谷を教えとり出させたので、その後頭風も平愈したと。

こうした伝承も陰陽道と修験者が深く結びついた平安末ころよりの造作であろうが、浄土教興隆の時代に生きた晴明にとって、来世幽界への関心や呪法は決して架空のものではなかったと思う。泰山府君祭については次章にのべるとして、この祭りは中世安倍家がもっとも重視した祭りの一つとなっており、晴明に関連させた伝えがあっても不思議ではない。彼は寛弘二年（一〇〇五）八十五歳で死んだが、その墓は京都市の東福寺門前遣迎院の竹林中にあると伝える。はじめ賀茂川毎年の洪水のため、晴明は呪法により水を涸れさせ、呪法を修した五条橋の北に法城寺と称する寺を建てた。寺号は「法」すなわち水を去り「城」すなわち土に成るの意で、真言僧が住職となった。晴明死後ここに葬ったが、後世また梅雨の水害で晴明の墓を三条橋の東へ移し、さらに東福寺の門前へ改葬したものであると江戸期の地誌『雍州府志』に説明されている。『京羽二重織留』なる地誌には、伏見街道一の橋の東南にも晴明の屋敷と称するところがあり、方二町余の土地で課役が免除され、ここにいまも陰陽師が住んでいるとある。

後世各地に陰陽師が広がり住み、晴明ゆかりの遺蹟地がふえたが、なかんづく有名なのは京都一条堀川の戻橋であった。上述晴明が戻橋の下に隠した十二神将の人形は近世京都の地誌『出来斎京土産』に、性念がついて官女に通い子を生ませ、その子孫がやがて川原者と中世呼ばれた賤民になったとあるのは、蠱物による巫術を業とした下層陰陽師達が、晴明とのつながりを強調して、職業の権威づけをはかった結果から来たのであろう。戻橋は橋のたもとに多数の川原者が住んで通行者を相手に卜占の業をいとなみ、知識人の手で記録に上ったため、とくに知られたものであろう。戻るとは占を求めて低徊するの意であったらしい。

陰陽道の書物も晴明仮託のものが多い中で、『占事略决』のみは確かな著作である。鎌倉期に安倍泰統の写したものが最古の写本とされ、今日前田尊経閣文庫に所蔵されている。小冊子で六壬占と称する式占の法が三十六種書いてあり、なかんづく病気の祟りの原因や病気が愈るかどうかの占い法、出産の時期、出産児の性別判定法、待ち人や失せ物を占う法、天候を占う法など日常生活に結びついた項目が目につく。長さ九四二・五センチ、天地二八・八センチの巻子本で丹色表紙、雲母引横線に黒色小形文様あり、見返しは淡茶色、後年の修補が認められる。ただし終りの奥書にある貞応六年は同三年、元仁と改元されているので六年は元年の誤写か、または貞応は正応（正応ならば六年まである）の誤りかまだ明らかでない。

つぎにその全文を掲載するが、体裁などなるべく原文どおりとし、返り点、送り仮名・振仮名に妥当でないもの、あるいは当然付けるべくして落ちているものもそのままとした。ただし傅は傳に、曺は曹に改めてある。なお欄外には後の追筆と思われるメモ風の記入があるが、必ずしも本文の内容と直接結びついていないものもあるので削除した。

占事略決

（包紙）「甲第七古筆上　占事略決　土御門《阿部泰統筆》兵部少輔泰福奥書壱巻」

（本文）
占事略決

四課三伝法第一　課用九法第二　天一治法第三
十二将所主法第四　十二月将所主法第五　十干昰柔法第六
十二支陰陽法第七　課支干法第八　五行王相等法第九
所勝法第十　五行相生相尅法第十一　五行相刑法第十二
五行相破法第十三　日徳法第十四　日財法第十五
日鬼法第十六　干支数法第十七　五行数法第十八
五行干支色法第十九　十二客法第廿　十二籌法第廿一

一人問五事法第廿二　知男女行年法第廿三　空亡法第廿四
知吉凶期法第廿五　卅六卦所主大例法第廿六　占病祟法第廿七
占病死生法第廿八　占産期法第廿九　占産男女法第卅
占待人法第卅一　占盗失物得否法第卅二　占六畜逃亡法第卅三
占聞事信否法第卅四　占有雨否法第卅五　占晴法第卅六

四課三伝法第一

常以㆓月将《ヲ》㆒加㆓占時㆒視㆓日辰陰陽㆒以立㆓四課《ヲ》㆒日上神《ヲ》為㆓日《シ》之《ノ》陽㆒《ト》是謂一課日上神本位所得之神為日之陰是謂二課辰上神為㆓辰之陰《(異筆)「陽」》㆒《ト》是謂三課辰上神本位所得之神為㆓辰之陰㆒《ト》是謂四課甲《日》乙《月》丙《天》丁《地》戊《人》己《民》庚《金》辛《石》壬《江》癸《河》是為㆓日㆒子丑寅卯辰巳午未申酉……（紙継目）……戌亥是為㆓辰㆒也、四課《ノ》之中察《ニス》㆓其五行《キヤウ》㆒取㆓相尅《スル》㆒者《ヲ》㆒以為《ス》㆓用《ト》㆒発《ホツ》用《ノ》神《ヲ》為㆓一伝《ト》㆒用神之本位《ニ》所㆓得《タル》㆒

神為《シ》㆓一伝《ト》㆒々々之神《ノ》本位所㆓得《タル》㆒神為《スルナリ》三伝也

課用九法第二

第一若四課中有《ハ》下剋上者《ハ》当《ヘシ》㆓以為角《ト》㆒若無《ハ》
下剋上者以《ニハ》上尅下為《ス》用所以然者下剋上《ヲ》為《シ》
逆《ト》為深《シト》臣《ハ》殺《シ》君《ヲ》子殺父婦殺夫婢殺《ス》主《ノ》故《カ》為《ス》
深《ト》上尅下者《ヲハ》為《シ》順《ト》為《ス》浅《ト》君怒《テ》臣父賊《シ》子夫殺
妻主殺《ス》奴《ヌヲ》故為浅也
第二若有二三四下尅上亦二三四上尅下者以与
今日比者《ヲ》為㆒用罡日比日神后功曹天罡勝先
伝送河魁柔日比辰大吉大衝太一小吉従
魁徴明也
第三若四課倶比倶不比以渉客深《ヲ》者為用加孟
為深加中為半加季為浅
寅申巳亥為孟子午卯酉為仲《ト》丑未辰戌為季

第四若有渉客倶等《ヒトシキモノ》者取《テ》先挙者為用所
謂先挙《ト》者《イツハ》日《ヲ》為先《ト》辰為後《ト》陽為先陰為後也
第五若四課陰陽皆不相尅者《ハ》以遥相尅者為用
所謂今日神遥尅《シ》四課神四課神遥尅今日……(紙継目)……
神《ノ》也、若今日《ノ》神尅四課神四課神尅今日神者
以神尅日為《セヨ》用《ト》若日尅両神々々尅日者取比者《ヲ》
為《ス》用《ト》若倶比倶不比者以渉客深《ヲ》為用《ト》
第六若四課之中無上下相尅《モ》亦無遥相尅者以
昴星為用昴星者従魁是也罡日仰《テ》視《テ》酉《カ》上所得神為
用柔日以従魁所臨之下神為用其三伝《ノ》法異《コトナリ》
常《モ》也、罡日伝辰上終日上柔日伝日上終辰上
第七天地伏吟時謂天神地各居其位若有相尅者当以為用
謂乙癸日若無相尅者罡日以日上神為用柔日以辰
上神為用其三伝用神為一伝其刑神為二伝

其衝神為《スル》三伝也、刑衝法在左《ヲク》也

第八天地反吟時 謂天地神反其位 仮令子神戌午上也　若有相尅者当以

為用无相尅者罡日以日之衝為用柔日以辰

之衝為用 丁丑丁未己丑己未辛丑辛未是也、丁未己未辛未日太一臨亥用丁丑己丑辛丑日徴明臨己用

其三伝法伝辰上終日上神 反吟時三伝有異端省《テ》而不載

第九五柔日作用《ナスコト》不同《カ》 謂五柔者八専日別称也、甲寅庚申己未丁未癸丑是也、

若有相尅者当以為用 其三伝如常 若无相尅者罡日《ニハ》

従日上神順《ニ》数《テ》及三《ニ》神《ヲ》為用《ト》柔日《ニ》従辰上神本

位《ニ》所《ノ》得神逆《ニ》数及三神《ヲ》為用《ト》罡柔倶《トモニ》元三伝終

日辰上而已若用起《ニ》《ロコテ》日辰上者《ハ》唯《タ、》有一伝耳

……（紙継目）……

天一治法第三

欲知《ト》諸将前後以天一《ヲ》為首《ト》天一在亥上以子為

前以戌為後天一在戌上以酉為前以亥為後天

一在辰上以己為前以卯為後天一在己上以辰為

前以午為後常背天門向地戸（所向為前 所背為後）
甲戌庚旦治大吉暮治小吉乙己旦治神后
暮治伝送丙丁旦治徴明暮治従魁
六辛旦治勝光暮治功曹壬癸旦治太一
暮治大衝旦暮治遥従寅主酉為旦従戌至
丑為暮

十二将所主法第四

前一騰蛇《トウシヤ》火神家在巳主二驚《ケイ》恐怖《フ》畏《井》ニ一凶将
前二朱雀火神家在午主二口《ク》舌《セツ》懸官ニ一凶将
前三六ロ木神家在卯主二陰私和合吉将
前四勾陣土神家在辰主戦闘諍訟《セントウシヤウシ》凶将
前五青竜木神家在寅主二銭財慶賀《ケイカ》ニ一吉将
天一貴人上神家在丑主二福徳之神一吉将（大无成）
後一天后水神家在亥主二後宮婦《フ》女一吉将

後二大陰金神家在酉主弊匿隠蔵吉将
後三玄武水神家在子主亡遺盗賊凶将
……(紙継目)……
後四大裳土神家在未主冠帯衣服吉将
後五白虎金神家在申主疾病喪凶将
後六天空土神家在戌主欺殆不信凶将
前尽於五後終六天一立中央為十二将定吉凶而
断《コトハリ》事《ヲモノ》者也、

十二月将所主法第五

正月徴明水陰神凶治在亥為河神主《ヲ》穿獄闘訟事
二月河魁土陽神凶治在戌為土神主口舌婦人事
三月徴魁金陰神凶治在酉為竈神主移徙《イン》揺動事
四月伝送金陽神吉治在申為道路神主遠行商売事
五月小吉陰神吉治在未為天井主酒食厨膳事
六月勝先火陽神吉治在午為外竈神主五穀口舌事

七月太一火陰神凶治在巳為内竈神主船車相連事
八月天罡土陽神凶治在辰為土神主疾病死喪事
九月大衝木陰神凶治在卯為社樹主林木船車事
十月功曹木陽神吉治在寅為大樹主徵召長史事
十一月大吉土陰神吉治在丑為山神主六畜宮土事
十二月神后水陽神吉治在子為北辰主婦女陰私事

十干罡柔法第六

甲丙戊庚壬為罡干亦為陽干
乙丁己辛癸為柔干亦為陰干

……（紙継目）……

十二支陰陽法第七

子寅辰午申戌為陽支亦為罡支
丑卯巳未酉亥為陰支亦為柔支

課支干法第八

甲課《シ》寅乙課辰丙課己丁課未戊課巳

己課未庚課申辛課戌壬課亥癸課丑

五行王相死囚《トラハレ人》　老法第九

春三月木王青火相黄土死黒金囚赤水老白

夏三月火王赤土相白金死青水囚黄木老黒

季夏土王黄金相黒水死赤木囚白火老青

秋三月金王白水相青木死黄火囚黒土老赤

冬三月水王黒木相赤火死白土囚青金老黄

所勝法第十

王気《ケ》所勝　法《ハ》憂《ウ》　懸《ケン》官、相気所勝法憂銭財

死気所勝法《ハウ》憂死亡、囚《シユ》気所勝法憂繋《ケ》囚

老気所勝法憂疾病

五行相生相尅法第十一

木生火　火生土　土生金　金生水　水生木

木尅土　土尅水　水尅火　火尅金　金尅木

五行相刑法第十二　……（紙継目）……

子刑卯　卯刑子　寅刑巳　巳刑申　申刑寅
丑刑戌　戌刑未　未刑丑　辰午酉亥各自刑神

五行相破法第十三

子酉相破　寅亥相破　辰丑相破　午卯相破
申巳相破　戌未相破

日徳法第十四

甲徳自処　乙徳在庚　丙徳自処　丁徳在壬
戊徳自処　己徳在甲　庚徳自処　辛徳在丙
壬徳自処　癸徳在戌

日財法第十五

木財土　火財金　土財水　金財木　水財火

日鬼法第十六

木鬼金　火鬼水　土鬼木　金鬼火　水鬼土

干支数法第十七

甲己《カウコノ》数《トス》　九《ツ》　乙庚《ヲツカウノ》　数八　丙辛《ヘイシン》数七　丁壬《テイニン》数六
戊《ム》癸《ク井》数五　子午《子ムマ》数九　丑未数八　寅申数七
卯酉数六　辰戌数五　巳亥数四

五行ノ数法第十八

水生《セイ》数《ス》一成《ナル》員六　火生数二成員七　木生《セイ》数三成員八　金生《セイ》数四……（紙継目）……
成員九　土生数五成員十

五行十干十二支色法第十九

寅卯甲乙木色青在東　巳午丙丁火色赤在南
丑未辰戌戊己土色黄在中　申酉庚辛金色白在西
亥子壬癸水色悉在北

十二客法第廿

子酉寅亥辰丑午卯申巳戌未
陰将臨時前五後三　陽将臨時後三前五

仮令正月徴明陰将也、即徴明為一客天罡為二
客大吉為三客等是也、二月河魁陽将也、即河魁
為一客小吉為二客神后為三客等是也、又有范蠡《ハンレイ》
十三人法省不載、
十二籌法第廿一
未戌巳申卯午丑辰亥寅酉子
陰神発用前三後五　陽神発用後三前五
仮令徴明発用、即徴明為一籌、功曹為二籌、従魁
為三籌等是也、河魁発用、即河魁為一籌、小吉為
二籌、神后為三籌等是也、
一人問五事法第廿二
第一月将加時　第二大歳加時　第三月建加時
第四行年加時　第五本命加時
知男女行年法第廿三
……(紙継目)……

男以本命加大歳功曹下為行年

女以大歳加本命伝送下為行年

空亡法第廿四 子午属庚丑未為辛寅申属戊卯酉属巳辰戌為丙己亥属丁

甲子旬戌亥為空亡《クウマウ》　甲寅旬子丑《癸亥》為空亡

甲辰旬寅卯《癸丑》為空亡　甲午旬辰巳《癸卯》為空亡

甲申旬午《癸己》未為空亡　甲戌旬申酉《癸未》為空亡

知吉凶期法第廿五

常以河魁之所加《ムル》為法仮令河魁加子午河魁戌数五子午数九相乗《スルニ》之五九四十五即以卅五日内為期加丑未者相乗之五八卌即以卌日内為期他效《ナラヘ》此月期者以用神所主月謂之仮令功曹起用以正月十月為期也、正月者月建所主十月者将所主也、日期以今日所愛《アイスル》為嘉《ノ》期仮令今日甲乙日者《ナラハ》以壬癸丙丁日為善期以今日所悪《ニクム》為憂《ノ》期《ト》仮令今日甲

乙日以庚辛日為憂期

三十六卦大例所主法第廿六

気類物卦第一

謂所《ノ》生《スル》為気《ト》所死《シスル》為物同位《ロルヲ》為類《ト》木生《ハウマレテ》於亥《ニ》咸《シテ》於

卯死葬《サウス》於未 或疏、仮令甲乙日占事 徴明起《ハ》用為気《シト》功曹 大衝起《ヘ》用《ニ》為類《ト》小吉起用為《スル》物《ト》他《モ》効此 火生

於寅盛於午死葬於戌土《ハ》生於火位《ニ》王《ニ》六月死葬於

辰 仮令戊己日占事勝先起《ハ》用為《シ》気《ノ》大吉小吉河魁起用為類《ヨリ》 天罡起用為物《ト》也 金生

……(紙継目)……

於巳盛於酉死葬於丑水生申盛於子死葬於辰是

故亥卯未為木位寅午戌為火位巳酉丑為金位

申子辰為水位土《ハ》無《シテ》方位寄治於丙丁気《ハ》憂父

母類憂兄弟及己《カ》身《ノ》物憂妻子及下人

新故卦第二 故占病旧病更発也、角遊云地六丁亥馬乗五神凶三伝是也、訴百事皆新物也、故娶婦皆是再嫁或故交通今数取之田宅器物皆背本物也、発明神后為用吉凶今日アリ

謂罡日用在《アルヲ》陽為《シ》新在陰為《スト》故有気《ケナルヲ》為新無気

為故 言心《イフハ》日辰上神《ヲ》為陽本位上神為《ス》陰也、 柔日所《ノ》生《スル》加《ハル》之《ニ》為新所死《スル》

加之為故仮令乙日河魁臨日《ニ》為新《ト》大吉臨乙為故也

元首卦第三

謂以一上尅下為用是也、占事皆以神将論其憂《ウ》喜《キ》仮令正月甲子日寅時占是也

重審卦第四

謂四課中有上尅下々尅上以下尅上為用是也、以此占人出《シ》軍行《イクサヤルニ》師《イクサヲ》不利《ス》為《ニ》主《ノ》人仮令二月乙巳日干時占星也、

傍茹《ショノ》卦第五又名見機卦《ノ》、又名綴瑕、占盗賊有隣

謂四課中有二三四相尅二三四倶比者以渉客深者為用是也、此時所作稽留憂《ウ》患《クワン》難解《トケ》妊娠《ニンシン》傷《ヤフル》胎《タイ》仮令四月辛酉日卯時占是也

蒿矢卦第六為創物報物遠物往来始令終木為不吉

謂四課陰陽《ノ》中《ノ》有《アルニ》与今日遥相尅《スル》者《ノヲ》為用《ト》是也……（紙継目）……

此《死》時《ニ》占事神来尅《スレハ》日禍従《ヨリ》外来《ル》日往《テ》尅《ハ》神《ミ》身行《テ》

報仇《ムクユアタヲ》以神将論《ロンス》其吉凶 仮令正月甲戌日寅時占是也
寅視卦第七 病者ハ大カナレトモ不死占産男子也
課四課陰陽中元相尅亦无《ハ》遥相尅以昇日生為用
是也、以此占事罡日遠行《ニ》主渉《ワタル》開梁《ヲ》男子恐《ハヲソル》死《シテ》於
外柔日《ニハ》伏蔵不欲見人行者稽留居者有憂《ウレヘ》女
子《ハ》婬泆《インシツ》深《テ》憂不解《トケ》 仮令六月伏寅日寅時占星也
伏吟卦第八 罡日欲行中止柔日伏蔵不起凡凶力皆近
謂天地伏吟時也以此《コレヲ》占人聞《トモ》憂《ヲ》不《ス》憂《ナラ》聞喜不悦占
生子暗唖《ヲムア》若盲聾《ハマウレウノ》占病者不言《モノイハスアフ》合者《ハ》将《ハ》離居《ト》
者将移《ウ》関梁杜塞《ソクシテ》諸神各帰《ル》家《ニ》 仮令十月甲子日寅時占是也
反吟卦第九 甲庚日功曹婦季背夫罡日男子不正不忠同婦人姧邪反乱柔日女子不貞不潔間私通男子為乱
謂天地反吟時也占事必見《ル》死人《ヲ》父《ニハ》有不孝《ケフ》之子
君《ニハ》有不順之臣父《ニハ》无所親君无所曰《ムツラル》以謀《ハカリコトヲ》客人殃《アウ》
及《フ》其身 仮令今日庚寅反吟占星也

無婬《イム》卦第十

謂陽不与陰合陰不与陽親三言相得《テ》往比《テヒスル》焉

是《コレ》也、以此《ノ》占人法式《ホウシキ》不正《タヽシ》夫婦各《ヲノヽ》有邪心仮令十月甲子日干時占星也

狡童逃女卦第十一又名夫友天后疿医封亦名天后厭医

謂用起天后終六合玄武是也、占事家无逃《ハテウ》女必有《アリ》

……（紙継目）……

亡婦親族検葬医使不得見《マミユル》┐六月戊戌日辰時正月庚午日卯時占也

惟《ユイ》薄《ハク》不脩《ス》卦第十二

謂一神二神陰陽共《ナル》焉八専日《井》謂也、占事有内乱《ラム》

乱《ラム》ニ婬《イムツ》妷之事也

三交卦第十三カラ□タルモノハユル占病霊気有重存霊無気死霊

謂以大衝従魁加今日日辰為用将《シヤウニエ》得六合大陰

又以日辰在四仲神又用起四仲伝終亦四仲《ナル》是也、占

事家匿《カクサル》罪人《ヲ》之象也、仮令正月乙未卯時正月十一日寅時占是也

乱首卦第十四

謂罰《ハツ》日也、一者往臨辰用起ル其上正月辛巳未時占也二者以辰
尅其日用起ル日上正月甲申日卯時占是也占事臣ハ殺君ヲ奴婢《ヌヒ》ハ害ス主ヲ
当二此時一ニ不レ可二挙兵一
龍ツ戦《タン》卦第十五水辺物也、別ノ大力モノ也、貴将欲遷小吏退占氏人不安其所
謂二八門与用倶《トモニ》起ル卯酉日用起卯酉上是也
欲ストモ行ト不得行コトヲ欲止ト不得止占事其人動揺不安将ス
分テ財ヲ離居也、
贅聟《セイセイク》寓居《キヨノ》卦第十六今日辰来加今日曰為用是也、
謂今日之辰来テ加ハリ日日往賊《テソクス》辰ヲ辰来テ受ル賊也、此女《コノ》ナ
提子而行嫁《テカニ》復ニ以テ其身ヲ託寄《ツキヨテ》他人不得自《ミ》専《ホシイマ、ナル》之
也、以此占人皆ナ有二違《井》逆《キヤウ》姧婚《カムイム》内乱之事一吉凶各以二 ……（紙継目）……
神将一論之仮令十月甲戌日午時占是也
陰陽無親卦第十七
謂陽ハ无二所依一ル陰无シ所親一ム禍生テ二内外一ニ将二及ハムト其身一ニ以此《コレヲ》

謀《ハカルニ》事《ヲ》必見《ル》二死人《ヲ》一又有《リ》二不孝之子一君《ハ》有二不順之臣一

父二无《ク》二所親《ム》一君《ニハ》天二所曰《ムツフル》一天地反者《ハムセルモノ》也、一者時運反吟

陰尅二其陽一二者時遇二反吟一四課皆尅《ス》 正月吉辛日巳時占 三者

日辰上神皆為《ニ》二其陰一所《カ》賊《セラル》 仮令正月庚子日巳時占也

跗跎《タウタ》卦第十八 励徳也、

謂天一之神立《ツ》二二八門《ニ》一是也、 正月辛亥日寅時占 若占遇之有徳《イウトク》

君子《ハ》則進《スヽミ》上《リ》奸虚《カンキヤウ》小人《ハ》即退《シリソキタル》下卑《ヒ》官《ハ》失禄《ヲ》高官《ハ》

遷《ル》職此皆《コレミナ》陰陽易《カヘテ》レ位《ヲ》天一在レ門《モンニ》揺動不《ヨウトウフ》安《アン》之象也、

玄胎《ケンタイ》四牝《ヒノ》卦第十九

謂用起《ヲコシテ》二四孟神《ヲ》一伝《ニ》終《ニ》在二四孟《ニ》一是也、若占遇《ハ》二此卦一者

其人始《テ》含《テ》二経計《ケイヲ》一欲《ス》レ有二建立《コンリユウスル┐》一 占レ事《ヲ》是親二善悪一以

将云《イフ》之若无二計謀《クハケイホウ》一即妻妾将《マサニ》レ有二子也、

聯茹《レンショノ》卦第廿 又名知一陰日陰神為月陽日陽神為用也 従魁所在吉凶日陽神為用也、

謂用起神与今日比《ヒスル》是也、 五月辛亥日卯時占也 亦雖用神不《セスト》比《ヒ》

以㆓日辰上神㆒及伝終与日比《ヒスル》是也、若将射《イムト》彼《ノ》物《ヲ》或人
人欲㆑知《ヲモハヽ》㆓何《ナニヲカモトムルヿヲ》求㆒皆以㆓此卦《ヲ》㆒決《ヨ》㆑之、

曲直《キヨクチヨク》卦第廿一

謂亥卯未、木之位《ナリ》若用伝終皆遇《アフ》㆑之是若占遇
㆑此《ニ》者其人欲㆑有《スアランコト》㆓伐《キリ》㆑木剋《キサム》㆑木之事㆒五月丁卯日卯時占也

……（紙継目）……

炎《エム》上卦第廿二 離別

謂寅午戌火之位若用伝終皆得《ル》㆓此神《ヲ》㆒是若占
遇此者其人欲㆑有㆓炭灰《タンクワイ》鑪冶《ロヤ》之事㆒経《ニ》曰《ク》若見《アヘテ》㆓三《ノ》
火㆒将《シヤウニ》ス得《タラハ》㆓白虎《ヲ》皆《ナ》方《ニ》為㆓焼死《セウシノ》事㆒《トス》正月甲戌日未時占也

稼穡《カシヨクノ》卦第廿三

謂戊己《ムコ》日《ニチニ》用《テ》起《テ》㆓大吉小吉㆒終《ニ》㆓太一勝先《ルニ》或用伝終得《タル》㆓
四季《ノ》土《ト》㆓及《ヒ》㆓太一勝先《ヲ》㆒是也、若占遇之者其人欲《ス》有《アラント》㆓耕《カウ》
農《ノウト》土功《コウ》之事㆒十一月癸丑日辰時占也

従革《シウカウノ》卦第廿四

謂巳酉丑ハ金ノ之位若用伝終皆遇ニ其ノ神ニ是也、若占
遇之者其人将ニ有ニ兵革金鐵《ヒヤウカクキムテツ》ノ之事一 七月辛酉日酉時占也、
潤下《ユンカ》ノ卦第廿五
謂申子辰ハ水之位ノ若用伝終皆遇ニ其神一是也、若
占遇レ之者其人欲レ有ニ溝渠舟檝釣細《コウキヨシウセツテウ》之事一
八月庚辰日申時占也
九醜卦第廿六 戊子午壬子午乙己辛卯酉日大吉子午卯酉是也、
謂天地之道《ミチ》帰キス二殊ヲ九醜ニ乙戊己辛壬《シン》ニハ之日《ヒ》子午卯酉《イウ》之
辰時加ハリテ四仲大吉臨ム日辰ニ是当ラハ此時ニ不可挙兵嫁娶《キヨヒヤウカシウ》
遷《セン》移築《チク》室起土ト遠行為スコト禍ヲ不出テ三年也 四月辛酉日辰時占也

……（紙継目）……

天細卦第廿七 天納時甲乙申酉丙丁亥午庚辛巳午戊己寅卯壬癸丑未辰戌用是也
謂時剋シ其日ヲ用又助タスクル之是也、二月庚子日巳時占也 若占遇之者
所治スル事上下有リ憂ヲ天納四張万物尽コト〳〵傷クヤフル以此占人
身死家ケ亡也、

無禄卦第廿八　男无妻女无夫六畜死三従者離別

謂四上尅下ハ法ニ日无禄也、若占遇之者室空《ム》シテ无シ人

老テ必孤《コ》独《トク》群《クン》臣受テ殊妻子被《カフル》殃ヲ以此占人上尅下《カミカワ》ニ

当此時客ハ勝《カテ》主人ニ為利アリト　正月己巳日辰時占也

絶紀卦第廿九

謂四下尅上法曰ク絶紀《セツキ》也、若占遇之者臣軽《カロシ》其君㆓子

慢《アナトル》其父ヲ妻害ス其夫ヲ好婢賊ス主生《ウマル》㆑男ヲ妨ケ㆑父生ハ㆑女ヲ妨

母ヲ亡《ウシナフ》㆓其先人㆒以此占人皆无㆓父母シ㆒臣ハ事《ツカマツリ》君子ハ事㆑父テニ

為㆓継《スル》命ト㆒今下ヲ滅《シモ》ス上ヲ故為ス絶紀㆒故曰孤独ト当㆓此時㆒利

以居家《ヲルヲ》ニ不宜為客　正月庚辰日辰時占也

五憒四殺卦第卅

謂用伝皆得四季神是也、若用伝与殺并合文

遇ハ凶将ニ者其人不㆓殺害損残《ソンサン》人ヲ㆒即将身ミ自ヲ受之ヲ

不ハ与殺并合《カウ》者将有ス兵墓ト《ムノ》之事　六日乙未日卯時占也

三光三陽卦第卅一

謂日辰王相《ノ》為一吉用神主相為二吉又得吉将為 ……(紙継目)……
三吉《ト》三吉並《ヒ》具《スルヲ》三光《ト》主《ル》有《ニ》喜《ノ》事《ノ》用神在《ヲ》王相之
中為一陽《ト》日辰在《ヲ》天一前《ニ》為二陽天一順《ニ》治之而行《ヲ》為
三陽三光既立《テ》三陽又存《ス》終必有喜重《テ》受其慶《ヲ》六月戊辰日
寅時六月戊寅日寅時等占是也、以此占人病者不死挙《アケン》レ尸《ヲ》入《レトモ》棺猶復生
繫《ケ》囙《シテ》在獄天徙刑臨《トモ》刀在レ頸《ニ》未レ足《タラ》驚《ニ》一所求者得
所訴《ウツ》者聴沽《ウルニ》市ニ大《ナル》利《リナリ》所種者生欲ニ挙《ヲモフアケント》百事ニ无《ナシ》不成也、

高蓋駟馬第卅二勝光三日用是也、

謂用起天馬伝見車乗《テ》終《ル》ニ於華蓋《ニ》是也、又将
得《ラハ》ニ天后青龍天一太裳《ヲ》一皆有《アリ》ニ公卿《ニ》之象天馬一者《イツハ》
正月在午二月在中三月在戌四月在子五月在寅六月在辰訖《テ》又始ニ神后一為ニ華蓋一大衝
為ニ車乗仮令正月癸而日寅時占星也

斲《タク》輪織綬《スノ》卦第卅三大衝三申用但吉将得時也

課用起車乗伝見印綬《サン》将《ス》得《ウル》婦女是也、践公卿之位《ヲ》象《ナリ》仮令二月庚戌日卯時大衝ノ加庚為用大衝主車乗也、卯者而遇金是劉輪之象也、伝《ニ》見《ユ》河魁主印綬《イン》来《ス》臨《ハ》卯是綬在木之象也、将始《ナリ》大陰中《カニ》見《ユ》六合皆婦人所組《ショ》織之象也、

鋳《シュ》印乗軒卦第卅四太一亦子用但得吉将時也

謂用起太一伝見河魁終大衝是其卦也初見《テ》二天子終《ニ》以《ユル》恩私《ヲ》也正月癸未日午時占是也

斬《セン》関卦第卅五魁罡用梁封天罡河魁日辰功曹在三伝中是也

謂日辰踰《テ》魁罡而《モ》反功曹二三並《ナラヒタテ》立門戸《ニ》関梁是

……（紙継目）……

或以魁罡加辰卦発《ル》功曹正日乙巳日午時占是或以二魁罡加辰卦発《テ》二河魁終功曹一《ニ》正月庚寅日卯時是也或以二魁罡加日辰三天倶《ト》動《ウコク》今日庚寅日占或以魁加《リ》辰《シン》及《ヒ》罡《ウ》加日《ニチニ》今日甲午魁加申今日庚午罡加庚是也以此占人其人即不逊亡当越関梁一之象也、

天獄卦第卅六

謂用在二囚《シュ》死斗繋其日本占事在家憂繋《ケ》囚重遇戮辱《リクショクニ》雖レ遇吉将不能為《ナスヿ》救《ヲ》正月庚寅日二月乙酉日申時占巳時占是也、

右三十六卦及九用次第家々之説各不同又有卅五卦六十四卦法或一卦之下管《スヘテ》載数《ヲ》名《テ》或《ハ》一卦之内挙《アケタリ》多説《ヲ》然而事繁多《シテ》煩省而不載具存二本経以智可覧《ミル》之

占病祟法第廿七 妙云病者死期以月将若大歳上神為白虎不生歳中也、月運上神為白虎不出月中也、日上神為白虎不日中也、不出只此時死也、終得白虎与魁罡并者必死也、

謂占祟之大躰《ヲ》以二日辰陰陽《ノ》中凶将《ヲ》言之神吉《シテ》将凶《ハ》為有祟神神凶将吉《ナラハ》為有祟鬼一各以神将分別《セヨ》吉凶《ヲ》又有気、《ナラハ》為《シ》神《ノ》所《トコロナス》作无気為《ス》鬼《ノ》所作用将倶木主三社神一用将倶火主竈神一用将倶土主三土公及大歳神一上下倶金主道路神一上下倶水主水神功曹大衝《ヲ》主氏神又風病太一勝先主三竈神伝送従魁一主儛《マイカミ》神或以馬祠神徴明神后大衝天罡主北辰天罡主水辺

土公小吉主門背土公及厨膳河魁主竈土及兵墓
……（紙継目）……
土公大吉主山神大歳土公文小沢土公従魁太一神后
主呪咀太一主毒薬及仏法伝送主形像騰蛇主
竈神害死鬼朱雀主竈神及呪咀悪鬼六合主伝《ハラ》
死鬼求食鬼勾陣主土公廃竈神青龍主社神
及風病宿《ヒ》食物誤《アヤマリニ》　天后主母鬼及水上神大陰主厠
鬼玄武主溺《テキ》死鬼乳《シユ》死鬼大裳主文人白虎主
兵死鬼道路鬼天空主无後鬼餘《ニハ》　以余神将所主
決之

占病死生法第廿八

大概云、伝用人死虚実正日時日上神有気伝不是白虎者不死日上神
无気見白虎者必死有実也、又云、日辰陰陽有白虎宜用秘為死気所勝亦死也、
辰上神尅日上神皆信日上神刻辰上神為虚之辰上神与日上神相可信明与日上神
相生為和合神可信也、若刻罡三日辰及年其言不可信也、又云、正日上時勝日

上神為信時勝従上刻不可信之、大陰天主之日辰所言无任也、物類昆者不信也。
謂日為身辰為病君病尅身重身《シ》尅病軽白虎
尅日重日尅白虎軽文云常以月将加時若大吉小吉
天魁従《ヒ》魁徴明与白虎并《テ》加病者行年及日辰皆死
又以大吉加《ハヘテ》初《メテエタル》得病日《ニ》視《ヨ》行年上《ヲ》得天罡天魁十死
一生也、曰死之神各螣蛇白虎魁罡加得病之日
是為三死加病者行年又死也、

占産期法第廿九　男以功曹有下為胎月以本命為生月　女以伝送下為胎月本命下為生月

謂以㆓月将《ヲ》㆒加《テ》㆑時《ニ》視《ヨ》勝先若加帰人《ノ》年命即日産
随《テ》勝先所在為産時《ト》又云欲知生《ニ》時視《ヨ》魁罡《カ》所
加《ハル》為生月生月《ノ》所《ノ》加辰《ヲ》即生日《シヨウニチ》也、

……（紙継目）……

占産生男女法第卅

謂用在上尅下為男在下尅上為女一云、天一加孟
為男加仲季為女一云、用得青龍大裳為男

得《ハ》天后大陰騰虵為女《ト》又《ノ》法《ニ》伝送加《テ》本命行年
上見陽神生男見陰神生女又云、年上有功曹、
生男有伝送生女

占待人法第卅一 集ニ天罡加子午以庚日主加丑未以辛主加寅申以戊日主加卯酉以巳日主加辰戌以丙至加己以十日至之也、

謂遊神加《ハ》孟為始《テ》発加仲半道加季為既至《ト》一 神枢云以土時加大歳魁罡為至日也、
云東南《ハ》行人《ハ》以子上神為至期西北行人以午上神
為至期遊神春太一夏神后秋従魁冬天罡又云用
神在《ヲ》天一前為疾《トシハ》在天一後為遅来期《ハ》魁罡《カ》下《ヲ》為
至期《ト》之常視日辰上神得徴明巳時至以所見神衝為逐至期之也、

占盗失物得否法第卅二 集霊云天罡加孟内人男子未出可得之天罡加仲男女共取得也、天罡加季外女取也、出不可得也、

謂以月将加《テ》時天一及日辰制《ハ》所失物類得制玄武《ヲ》
又得日往尅《コクセハ》辰之陽神所失物不可得《ヲ》辰之陰神
来尅日之陽神者所失物得也、

占六畜逃亡法第卅三

謂日辰上神制《セハ》騰蛇玄武及物類《ノ》神者即得《テ》不制
者不得日辰上神、但《タヽシ》制《シテ》騰蛇玄武《ヲ》而不制物類神《ヲ》
者不得又制物類神而不制騰蛇玄武者又不得
一云、魁罡加《ハ》孟得加仲半得加《ハ》季不得欲知得期其
物類《ニ》神所在之郷日辰為《ヲ》期欲知其方以其物類
神所在之郷及其衝《ヲ》為所在方仮令馬責勝先下午責大吉下鷹責従魁小吉下是也他效此、

……（紙継目）……

占聞事信否法卅四 直陰

謂常以月将加時大神加孟不《ラス》可信加仲半可二信加
季二可信之大神春大吉夏神后秋一徴明冬河魁

占有《ヤ》雨否《イナヤ》卅五 直陰而雨従竜風従白虎占時青竜白虎所乗神有気則有風雨青竜白虎与雷電並者大雨也、卯為雷子為霊也、

謂常以月将加《テ》時日辰上《ト》見《ハ》神后徴明大衝有雨一云、
日辰上《ハ》見《ミヘハ》亥子有《アリ》雨見寅卯有多《シテ》風小《コト》雨見《ユル》巳午无
雨見《ハ》申酉連《レン》陰《シテ》雨少、

占晴法卅六

謂以月将加テ時ニ視神后徴明勝先太一所臨在天一後ニ
倶陰在ハ後四己除ハル伝送在ハ天一前二四者為二大風已除又云切
曹為青龍伝送為白虎者晴又云上ノ丙丁所臨下為晴
日河魁臨孟不晴臨仲為雨止《ヤミヌト》臨季為立止又以月
将加月建天上ノ丙丁ノ所臨為ス晴ノ日
夫古事之趣応窮精徴失之毫毛実差千里
晴明楓葉枝疎雖レ挙二核実於老後吉凶道異
難シ逐聖跡ヲ於将来唯挙《アケテ》二一端之詞一粗抽《ヲホ、ヌキ》二六壬之
意一而已《マクノミ》

……（紙継目）……

貞応六年五月七日　　書写之畢

凡六甲占七百廿也　　水一火二木三金四土五

右之一巻安倍泰統直翰無疑
雖為歴代之家蔵今依所望之
子細呈之為後来贅禿筆
於其終矣
延宝八庚申六月廿八日

安倍

六　宮廷陰陽道の様相

二五　摂関全盛期の災異思想

前二章で平安朝前期、八世紀末より十世紀中葉ころまでの約百八十年間における陰陽道のめまぐるしい推移、換言すれば律令的陰陽道の変質に伴う宮廷陰陽道形成の実情を概観してきた。北家藤原氏進出の過程で陰陽道界には幾多の逸材があらわれて覇を競い、最後に賀茂氏が二、三代続いて名手を出すにおよび斯界を圧倒し、恰も摂関権力の安定期に歩調を合せる如く、その指導的地位を不動のものとした。形は律令的官僚であっても、事実上は摂関家一家や後宮の御用に奉仕することによって陰陽道の宗家としての存在が保持せられた。

摂関家は一見、陰陽家により拘束されたかに思われながら、むしろ陰陽道の宗家を頤使する地位に立つことにより完全な陰陽道界の支配を可能にしたのであった。いまや学問・技能を競う自由な空気は全く抑止せられ、賀茂・安倍両氏を中心とした権威主義がこれに代り、枝葉末節的呪術的論議を益々助長させる始末となった。陰陽道界の双璧賀茂光栄《よし》と安倍晴明はともに長命し、前者は七十七歳、後者は既述のごとく八十五歳まで寿を保ち、宗家としての地位を一段と高からしめたが、没年は晴明が光栄より十年ばかり早く、道長得意の時代が漸く始まろうとする折でもあって、光栄が摂関全盛期にまず重きをなし、晴明の子吉平はしばらくその下風に立ち、道長晩年になって漸く吉平主導の時代に入ったのである。

まず祥瑞災異思想を中心として、宮廷とその時代の動向をさぐってゆこう。冷泉期は僅か三年足らずで円融朝に移るが、安和・天禄とも即位改元によるもの、円融朝約十六年間に五回も改元され、一代での改元頻度に新例を開いた。摂関家は師輔の子兼通・兼家の間で政権争いに終始し、関白頼忠は外戚の関係になくして実権を有せず、ただ謹直な人物として宮仕えしたにすぎないから、時局を指導するだけの力なく、吉凶卜占の風潮は止るところを知らぬ有様であった。天皇の物忌は頻繁を極め、天禄二年（九七一）四月と翌三年四月はともに忌月で南殿に出御なく、節会・除目はじめ年中行事でも御物忌で延引あるいは略儀を余儀なくされる場合少なからず、かかる天皇の政治的隔離は以後の先例となった。

天禄三年閏二月十五日、結政屋上に人の足音がしたのに探しても人の姿なく、同十四日、三月四日にも鳴る音がし、同十九日禁中羽蟻あらわれ、同二十九日侍従所南庭桜樹風なくして折れるなどの類はすべて物怪として占いにかけられた。天元四年（九八一）九月四日、蔵人式部丞藤原貞孝が内裏で鬼に殺された事件はかえって官紀の頽廃を暴露するものではなかったか。

虹が立つとて占い騒ぐことはこのころとくに目立ち、天禄二年五月二日および天元三年五月七日、弁官東庁に虹立ち、後者の場合、清涼殿で御読経五日間にわたり、同五月十八日、春興・宣陽両殿はじめ左大臣小野家ほか十六カ所に虹の立つ不思議あり、このころ謡（妖）言行なわれ、一般世間も貴賤となく物忌に服し、道路は車馬の通行途絶える有様であった。虹については天武天皇十年八月五日の記事をはじめ、これまで十数回所見があり、白虹が多く、大体において災異の凶兆と考えられているが、他の災異と重ならぬ限りそれ程騒がれることはない。ただこの場合集中的にあらわれたところに、一層不穏な世相をかきたてる要因となった点が注目される。

当時世の不安を端的に象徴したものは、三度にわたる内裏炎上である。第一回は天延四年（九七六）五月十一日で、子刻仁寿殿より出火、第二回は天元三年（九八〇）十一月二十二日、賀茂臨時祭で宣命を奏せられる際、主殿寮人等候所より出火し臨時祭は中止せられた。第三回は二年たった同五年十一月十七日夜寅刻、宣耀殿北廂より出火、この際も臨時祭は延期されている。なお永観元年（九八三）九月三日にも禁中屋上に放火する者あり、幸い大事に至らず消火された。火災は内裏に限らず、天禄三年（九七二）四月二十四日、安和の変の火つけ役であった源満仲の宅が強盗に襲われ放火され、余炎三百余家におよぶ大火となった。

これに加えて、貞元元年六月十八日申刻、大地震京都を襲い、宮城諸司破壊するもの多く、京中民家も夥しい被害を生じ、八省院・豊楽院・東寺・西寺・極楽寺・円覚寺等の仏舎倒壊し、多数の圧死者を出した。余震は容易に止まず、同十九日十四度、二十日十一度、二十一日十三度、二十二日十二度、二十三日十度、二十六日八度、二十九日五度、三十日八度、七月十一日六度、同十二日四度、同十四日二度、十八日また大きな揺れあり、同二十一日三度、二十三日は地震絶えずと『日本紀略』は記している。余程の大規模な地震であったに相違ない。

一方天延三年（九七五）七月一日は皆既日蝕が観測され、卯辰の刻空は墨色に変じ群鳥乱舞し多数の星が見えた。かく天災人災物怪に満ちた時代には、五回の改元も不思議でなく、天延改元は天変と地震（京都の大火は理由に数えられていない）、貞元改元は大地震、天元改元は明年陽五之御慎、永観改元は炎旱と度重なる皇居炎上が理由とされている。いわゆる天行の災に属するのは、天延三年（九七五）・永観二年（九八四）の三合厄、天元元年の明年陽五之御慎と呼ばれるもので、前者は大赦・御祈のみで改元なく、後者はこれまで改元にとり上げられた例がない。陽厄五陰厄四合して九厄なるものが『魏志』『漢書』に出ているが、易のオーソドックスな説ではない。

つぎの花山朝は二年に満たなかったのに対し、一条朝は約二十五年間で改元も円融朝をしのいで六度に上った。永延は即位、永祚は六月一日東西に彗星出現、七月中旬も連夜出現、下鴨社大木倒壊し、中より星が飛び出した怪異等が理由だが、改元後五日目、暴風のため宮城門舎はじめ京中民家倒れ、賀茂川堤防決潰、海岸の高潮洪水など広範に被害を出し、年越えて八月二十九日また大風洪水に見舞われ正暦と改元を余儀なくされた。

ところが正暦四年（九九三）に入り、五、六月ころより民間に咳逆疫が広まり疱瘡が流行し、同五年には七月までに京都で死者過半、五位以上六十七人が死に、六年に入って遂に長徳と改元したが容易に収まらず、四、五月ごろに中納言以上の死者八人、七月までに納言以上二人、四位七人、五位五十四人、六位以下僧侶の疫死する者無数、ただし下層民には及ばなかった。以後漸く疫禍は終熄したらしく見えたが、長徳四年（九九八）にまたぶり返えし、この疱瘡を稲目瘡とか赤疱瘡と人は呼んだ。京師の男女死者多数に上り、ことに四位以上の官人の妻女がもっとも多く、赤斑瘡ともよび、老人や子供の罹病は少なかった。そこで年が改まると早速長保と改元された。それにも拘らず翌二年十二月にも多数の疫死者を出し、その後も疫病は駆逐されぬまま長保二年より三年にかけ、またもや大流行を来し、道路の死骸何万とも数え切れず、葬儀どころではなかった。ここまでくると朝廷も全く打つ手がなかったのか、あきらめたのか、一向に改元の様子なく、ほおかむりで通したもののごとくである。

話を戻して長保元年は六月十四日修理職が火元で内裏炎上、同三年十一月十八日また夜亥刻焼失、寛弘二年十一月十五日子刻、同六年十月五日寅刻とまた繰返えされ、これよりさき、正暦五年二月十七日には夜、弘徽殿・飛香舎に両度放火したものがあったが大事に至らなかった。道長の独裁と疫病に対する無策などに対する根強い反宮廷の動きがあって、最早それらのため一々改元することは摂関家の面目にもかかわるところで、これも頬被りで通したらしい。朝廷の祓や読経にあきたらず、民家では紫野今宮祭のごとき疫神祭が盛大を極めた。つぎの寛弘の改元は災変を理由としたものの取立てていう程の事件なく、鹿禁中に入り、犬、弓場殿・清涼殿をうろつくなど馬鹿げた物怪にすぎなかった。

これに対して寛弘七年閏二月九日には、明年三合厄に当り、御慎あるべしと神祇官・陰陽寮から上奏したに拘らず、諸社奉幣だけで改元はされず見送っており、全く摂関家の御都合主義に左右された事情が察せられる。寛弘六年正月三十日、中宮彰子・第二皇子敦成親王・左大臣道長・陰陽師法師源念らを呪詛する厭物が発見され、佐伯公行の妻高階光子および民部大輔源方理と妻源氏ならびにその父為文、僧円能が処罰された。いずれ円能なるものも陰陽師法師で同輩の源念との軋轢によるものではあるまいか。呪詛には女性の嫉妬がからみ易く、その意味から当時の後宮における陰陽師の暗躍は看過できないであろう。

三条朝は五年にすぎなかった間に寛弘八年（一〇一一）十一月四日、七百余家類焼の京都大火、長和三年（一〇一四）二月九日亥刻の一条院内裏炎上、同四年十一月十七日戌刻、同じく内裏炎上、長和三年三月十二日は大宿人家全焼、内蔵掃部寮に延焼したが、大事に至らずといった具合で、火難続き、始めの内裏火災は三日間廃朝したが、後の場合は大祓でお茶をにごし、長和四年三月の天下咳病疫癘に悩んで死者多かった際は仁王会の連発に終始した。長和三年十二月になって、明年三月に焼失した内裏が新造成る見込みで天皇が入御される予定にしたところ、賀茂光栄が三月は五星月で移徙《いし》によくないとし、安倍吉平は反対して憚なし、桓武天皇遷都ならびに一条天皇の遷御は五星月の先例ありと主張し、光栄は反論して五星月でも熒惑星の直月であったから支障はなかったのであると。結局移徙は九月に延期された。

五星月とは木火土金水五神が居る月で、犯土造作は凶、歳により変るが長和四年は乙卯で三月が火星所在の月にあたり、火災常に起ると称する。九月二十日新内裏遷幸の日は天火日で御竈神を渡されているが、本来天火日は火気盛んなる日で竈造りは凶とされていたものであるから何か特別の考えがあったのかもしれない。しかも二ヵ月おいてまたこの新御殿が灰燼に帰したのである。長和三年五月五日、貴賤群集して広隆寺に参ることがあり、恰もこの日が寅年庚寅日に相当し、薬師如来が安置されたからであった。庚寅日が三宝上吉の日で寅は薬師が本地だとする信仰が広まっていたのである。疫病の頻発した時代相を反映しているのであろう。『広隆寺由来記』にこの日仏像が光明を出したのは延暦十六年同月同日と同様の奇蹟であるとしているが、多分はこのときとなえ出したものではあるまいか。

長和五年十二月三日、眼病に悩まれる三条上皇も参詣、九日間参籠されている。

後一条朝は四度の改元中、治安は辛酉革命、万寿が甲子革令で、寛仁と長元は疫疾流行が理由となっている。このほか寛仁四年（一〇二〇）と長元二年（一〇二九）は三合の厄歳とされながら改元はなかった。治安元年七月一日、賀茂守道は日蝕を予言して適中し禄を給わったが、中宮威子御出産に際し道長から男女いずれか占うよう求められ、男子と判じたのに実際は皇女だったので失敗した。ついで長元元年三月一日の日蝕は十五分之八の蝕であったのに、暦道も上奏なく廃務も行なわれなかった。疫病流行は慢性化し、寛仁元年六月二十三日には大極殿で寿命経転読があり、以後仁王経とならんで供養が盛んになり、大極殿は一条朝以来祈禱の大道場たる観を呈した。同年七月六日、関白および春宮、頼宗の家で虹が立ち、世俗の説にもとづき交易が行なわれ、以後この慣習は貴族がまねるところとなった。虹が立てば市が立つとは民間で発生した迷信であったらしい。

後朱雀朝は長暦三年（一〇三九）六月二十七日および長久四年（一〇四三）十二月八日の二度内裏罹災し、同四年十二月一日、一条内裏焼けてからわずか十年前後の在位中に天皇は居所を転々としており、長久の改元はこの火災による。つぎの寛徳改元は疫病流行、死骸道路に満つる猖獗さのためである。長暦三年（一〇三九）五月二十三日には新たに新羅国からもたらされた唐暦が暦博士賀茂道平のつくった暦と近似し、一方宿曜師證昭作成の暦は異なっていて互いに論争あり、結局道平の暦が採用され、證昭のは無益なりとして面目を失っている。

後冷泉朝に入ると、皇居はじめ貴人の第宅放火はいよいよはげしく、永承三年（一〇四八）十一月二日、天喜二年（一〇五四）十二月八日、康平元年（一〇五八）二月二十六日、同二年正月八日とつづき、これらは大内裏に限らず、京極院・一条院などを皇居としたものも含まれ、ことに康平元年の火事は大極殿まで失われた。康平改元は火災のため、天喜改元は天変怪異となっているが、事実上は疫病熾烈、治暦改元は旱魃と三合厄を理由とされた。永承三年五月二日、大宰府が進上した新羅暦は長暦三年（一〇三九）輸入の暦と同じであったろうが、わが国のものと大差なく、ただ十二月の大小がちがっていたのみであった。同年十一月には閏《うるう》を置くか否かで算博士賀茂通平と宿曜師證昭や増命、算博士為長らの間で論争が行なわれ、十一月を閏とする大宋暦が提出されたが、朝儀は道平の説を採用した。後三条天皇は即位の歳の末、皇居二条第を焼かれ、翌延久元年（一〇六九）は梁年に相当し、内裏新造を忌むと延期せられ、漸く新造殿舎に入ることができたのは同三年八月二十八日のことで、翌四年末には早や譲位せられたのであった。

こうして、冷泉朝以来後三条朝までの世相を眺めてみると、疫病流行、内裏官衙の炎上は常態化し、旱魃・洪水も年中行事さながらに繰返えされ、放火・強盗・殺人は珍しからず、天皇はじめ公家の物忌は日常化した中で、災異改元の意味は著しく低下し、摂関家の御都合主義で周期的行事のごとく取扱われたにすぎない。天禄より延久まで二十五の年号中、八年ないし十年続いたものは四件のみで、他は六年ないしそれ以内、三年で改元したものがもっとも多い。改元の理由もバラエティをもたせるため、天変・物怪や辛酉・甲子・三合等の天行説を交えたのである。白雉・白鹿等祥瑞は極く稀にあるが、これを政治的に利用することは全くなくなった。

ここで陰陽官僚に眼を転じると、陰陽頭は長元のはじめ（一〇二八）ころまで惟宗（秦）文高が在任（八十余歳まで存命）、あと巨勢孝秀つぎ、天喜五年（一〇五七）、安倍家より晴明の子章親がはじめて就任し、治暦四年（一〇六八）、賀茂氏より光栄の曽孫道言がはじめてこれに任じた。光栄の子守道は主計頭・暦博士・従四位下、その子道平は主計頭・暦博士・陰陽博士・正四位下、その子道言は主計頭・暦博士・正四位下と、大体において保憲が主計頭であった伝統をつぎ、四位の地位にあった。安倍氏は晴明の子吉平が陰陽助・主計頭・陰陽博士・従四位上、吉昌が陰陽助・天文博士・正五位下、吉平の子三人のうち、時親が陰陽権助・陰陽博士・主税頭・従四位上、章親が陰陽頭・天文博士・

法橋・宿曜師・正五位下、奉親《とも》は陰陽助・権天文博士・正五位下とおおむね代々陰陽助に任じ、安倍氏がやや優勢にみられる。章親が法橋宿曜師であるのは興味深く、ただ『尊卑分脈』ではその記載がない。そのほかこの期の陰陽師としては県奉平・笠若任・中原恒盛、陰陽博士に出雲清明・県奉平、暦博士に大春日栄種・中臣義昌らがおり、大春日笠など専門家としての伝統を保持していた。これらの人々の活動については、つぎに公家貴族の生活を具体的にみてゆく中で知ることができよう。

二六　道長の陰陽道信仰

まず道長は、その有名な日記『御堂関白記』が具注暦に記入されたもので、現存自筆本につき暦作成者の明らかな年をあげると、長徳四年（九九八）、長保元年（九九九）、同二年は大春日栄種と賀茂光栄、寛弘四年（一〇〇七）、同五年、同六年は中臣義昌と賀茂守道、寛仁三年（一〇一九）、同四年は賀茂守道一人によって夫々作成されている。いまこの日記を基に禁忌の生活をのぞいてみよう。

長和五年（一〇一六）三月二十一日、二条新第造営成って移るに際し、方違の予定がしてあったが、道長は暦をみると遠行を忌むとあるので安倍吉平にきくと、それは桓武天皇遷都の日だからと答え、道長は遷都から三百年もたってなおこの日を忌むのは納得できないとこぼしつつ、それでも明後日もう一度移る日を考え直すよう吉平に命じた。寛弘七年（一〇一〇）八月二十四日、道長は去る九日の多武峯の物怪を占わしめた。吉平は慎しむべし、光栄はその要なしと断じ、これに対して光栄を理あり、吉平不当と評している。何が根拠になったのであろうか。

長和四年（一〇一五）九月二十六日、中宮研子が参内するにつき、日の吉凶を道長自身暦をみると、晦日より天一神西にあり、避ける必要を感じたので吉平に尋ねた。これに対し吉平は何も答えられず、改めて十一月二十八日をよしと占った。天一神の方忌はこれよりさき長和三年三月六日、藤原実資が光栄に、寝殿檜皮葺の日時を占わしめ、天一天上の日は差支なしとてその日葺かしめていることがある。天一神遊行の方角に対しては禁忌があるが、遊行せず天上に上るとき、すなわち天一天上は何事にも吉とされる。天一神は源順の『倭名類聚抄』からもしられ、その方忌は『醍醐天皇御記』によれば貞観以来のことである。

『源氏物語』手習の巻には、僧都が初瀬寺参詣の帰り病んだ母尼を小野の家へつれもどすべきを、天一神の方塞りとして宇治院に移した話をのせており、「帚木」では、源氏が内裏から中神の方塞りになる左大臣邸へわざときて女房達に方違せよとすすめられ、供人のはからいで伊予守の家へ移った次第がのべられている。これでみると源氏は中神の方忌をさほど気にしている様子なく、道長に聞かれた吉平が閉口したのも、中神についてさほど深く研究していなかったからであろう。要するにこの方忌の普及はなおしばらく後のことであろう。

天一神についでは大将軍がある。寛弘五年七月九日、中宮が内裏より退出されようとしたとき、大将軍遊行方にあたり、如何にすべきか陰陽師に問われたがはっきりせず、とにかく退出は中止された。また寛弘八年六月八日、一条天皇の譲位が十三日ときまったとき、東宮（新帝）は内裏に入られる前に、十三日に東三条殿へ、ついで来月十日、朱雀院へ、そして十一日に入内されるよう陰陽師は勘申した。それは大将軍・王相の方忌があったからである。

長和二年四月二日、道長は明日法興院の堂を建てるにつき見分にゆく場合、土御門本邸からは大将軍遊行方になるとて四条の雅通の宅に一宿した。大将軍は太白の精で金星をさし、裁断を司ると信ぜられた。王相は月塞りの禁忌で、五行の様相の組合せ如何で方忌を定めるが、これまたさほどやかましくいわれなかった禁忌らしい。むしろ上層公家より陰陽家に新しい禁忌を示唆する傾向があって、これが権力者たちの権威誇示にもつながっていたのである。

大将軍は後白河法皇の編である『梁塵秘抄』に、
　神のめでたく現ずるは、金剛蔵王はくわう大菩薩、西の宮、祇園天神、大将軍、日吉山王、賀茂上下、
とあって、十二世紀にはすでに大将軍社がまつられ、江戸期の地誌『山城名勝志』には、北は大徳寺門前、南は藤森社内、東は元南禅寺の前、西は紙屋川の東と宮城の四方にまつられていたことを記している。中世は、祇園の祭神牛頭天王の子として、祇園信仰の発展とともに各地にまつられるに至った。

ところで、道長は予てより金峯《きんぷ》山参詣を思い立ち、長徳四年（九九八）書写の法華経を金峯山へ納める筈のところ、病悩のため延引し、寛弘四年（一〇〇七）八月漸く本意を遂げ、同八年正月、再度計画しながら触穢と王相の方忌に会って中止した。長徳四年は彼の三十三歳、寛弘四年は四十二歳、ともに厄歳で、そのための除厄攘災の利益《りやく》を求めるのが登山の大きな目的であった。

厄年の思想は大陸にもあったようだが、その陰陽道的起源は明らかでない。原則的には十二年の周期を基準に人間の精神的肉体的変化を考えたもので、わが国の場合は独特のきめ方をしており、上記のほか、十三、十九、二十五、三十七、四十九、六十一、八十五、九十九なども挙げられ、多少男女による別もあり、とくに男は四十二、女は三十三を大厄とする。

白河法皇は康和三年（一一〇一）、四十九の厄年に北斗七星を祭られ、その御修法祭文が『朝野群載』（巻三）に収められているし、堀河天皇は康和五年、二十五歳の厄年に尊星王供を営み、その祭文も同書にみえる。後冷泉天皇は永承五年（一〇五〇）、二十六歳で泰山府君を祭り人間の凶厄を攘われた例がある。『源氏物語』でも藤壺中宮は三十七歳で没し、夕顔は十九歳で頓死している。

さて、金峯山参詣にあたっては長い精進潔斎が必要で、道長は祓いを賀茂河原や七瀬の霊所・船若寺滝等で念入り

ておりに修した。これらの祓は陰陽師が行なうもので、なかんづく七瀬祓はさきにのべた毎月晦日の御贖や羅城御贖に似ており、応和三年（九六三）七月二十一日には、天文博士賀茂保憲が河臨祓のため難波の海岸と七瀬に赴いている（『村上天皇御記』）。

この七瀬とは、はじめ川合・一条・土御門・近衛・中御門・大炊御門・二条末の七ヵ所で、毎月晦日、天皇が息を吹きかけた人形を陰陽師・公家たちがこれら七瀬に出て水に流す祓がある。それが後冷泉天皇のとき、隔月に耳敏《みみと》川・河合・東滝・松崎・石影《いわ》・西滝・大井川と七瀬の祓の範囲が洛外にのびた（『公事根源』）。さらに七瀬の祓は臨時の大規模な行事として河臨祓へ発展し、その場所は、難波・農太・河俣（以上摂津）・大島・橘小島（以上山城）・佐久那谷・辛崎（以上近江）の七ヵ所になった。応和三年の場合は、難波の七瀬まで出たのかもしれないが、道長の祓は、もっとも狭い洛中の七瀬を利用したのだろう。『山槐記』（治承二、十一、八）は七瀬の祓には泰山府君をまつることがのべられており、この泰山府君については改めて後述する。

いずれにしてもこのころすでに毎月の御贖や羅城御贖はなく、祓は七瀬祓・河臨祓が代表するものになっていた。道長の方違・物忌は『御堂関白記』から拾えるもの、前者は三十数回、後者は三百数十回に達し、年によっては五十回を超え、月によっては十数回に上ることがある。禁忌の理由としては上記のほか、大和多武峯御神体の鳴動破裂、興福寺塔に烏が造巣、邸宅の屋根に鷺群集など、些細なことにわたり、三、四回連続の物忌は珍しからず、半月以上にわたる場合もあり、長期の際は訪問客に会ったり法会に出たりすることもあり、長和四年内裏火事の場合そんなことに構わずかけつけた。物忌で引籠るときは、読経・写経・詩賦・詠歌・管絃などに時を過した。

二七　実資・経頼の陰陽道信仰

道長と再従兄弟にあたり、右大臣にまで昇った藤原実資も日記『小右記』を遺していて、その日常生活に興味ある事実を多く見出しうる。彼は祖父実頼の養子となって小野宮家の所領財産を譲られた。実頼が既述のように有職を重んじ朝儀に詳しく、日記『水心記』（今日伝わらぬ）を著し、それが実資に伝ったところから、当然彼も儀式典礼に詳しく、『小野宮年中行事』をつくり、いわゆる小野宮流作法の樹立を目ざした。疾疫流行が続いた時代だけに、彼は個人的にも鬼気祭を修し、毎月毘沙門を供養し、本命祭や泰山府君祭をしきりに営んだ。

鬼気祭の早い所見はすでに述べたとおりであるが、このころになって盛大に赴き、院政期に入り、長治二年（一一〇五）二月二十二日には宮城四角巽方で陰陽寮がこれを修しており、四角四堺祭と同様の行事である。実資は季節ごとにやったようで、天元五年（九八二）四月には県奉平にたのみ、治安三年（一〇二三）七月には秦文高に西門、同十二月は北門で修せしめ、長久元年（一〇二八）十二月にも文高にやらせ、夕方中原恒盛に河原で内供良円のためまた営んだ。良円は彼の子息で天台僧、権少僧都法興院権別当をした人である。

泰山府君祭は寛弘二年（一〇〇五）二月、県奉平、万寿元年（一〇二四）二月、賀茂守道、長和二年二月二十五日、安倍吉平が実資邸の庭で催したものである。この祭りはすでにいくつかみてきたところだが、泰山は中国山東省の千メートルぐらいの岩山で、古来、漢民族により天に対する地霊の神を象徴するものと考えられ、東嶽泰山、南嶽衡山、中嶽嵩山、西嶽華山、北嶽恒山の五つの霊嶽に入り、その中でもとくに歴代帝王の崇敬厚かった。夙く仏教の閻魔大王と習合し、泰（太）山府君は人間の寿命と福禄を支配する神とあがめられた。側近に司命・司禄を従え、前者は冥府の戸籍を管理し、戸籍の記載した年齢に達した者を冥府に召喚する。しかも泰山府君は戸籍の記載する年齢を変更する権能を有するとせられたから、天帝よりも恐しい神として、分けても天子は熱心にこれを祭った。

閻魔王は焔魔天から来たもので、鬼世界の始祖と称せられ、もとヴェーダー時代の夜摩(Yama)神で、衆生のため始めて冥界への道を発見したと伝える。ゆえに仏教本来のものに非ず、土俗臭の強い信仰をもつところから、中国でも土俗神と習合し易い性格を有したのである。やがて中国の道教の影響をうけ、『預修十王生七経』などの偽経がつくられ、冥官の十王すなわち秦広・初江・宋帝・五官・閻魔・変成・泰山・平等・都市・五道・転輪の諸王が亡者を冥土において裁断すると説くに至った。これがわが国に入るとさらに地蔵信仰と習合するのである。後述する天曹地府祭も泰山府君を祭るもので、後世、安倍家のもっとも重要な祭りになった。泰山府君祭には都状を奉って息災延命を祈願する。最古の都状として『朝野群載』には三例を掲げている。第一例は有名な後冷泉天皇のものである。

都状

南閻浮洲大日本国天子親仁御筆年二十六

謹上　泰山府君都状

献上　冥道諸神一十二座

銀銭　二百四十貫文

白絹　一百二十四

鞍馬　十二匹

勇奴　三十六人

右親仁(御筆)、泰山府君、冥道諸神等ニ謹ンデ啓ス、御践祚之後、未ダ幾年ヲ経ズ、而シテ頃日、蒼天変ヲ為シ、黄地妖ヲ致ス、物怪数々、夢想紛々タリ、司天・陰陽、勘奏軽カラズ、其徴尤モ重シ、若シ冥道之恩助ヲ蒙ルニ非ズンバ、何ゾ人間ノ凶厄ヲ攘ハン哉、仍テ禍胎ヲ未萠ニ攘ヒ、宝祚ヲ将来ニ保タンガ為、敬ンデ礼奠ヲ設ケ、謹ンデ諸神ニ献ズ、昔崔夷希ノ東岳ニ祈ツテ九十之算ヲ延ベ、趙頑子ノ中林ヲ奠メテ八百之祚ヲ授ク、古今異ナルト雖モ精誠惟レ同ジ、伏シテ願クハ彼ノ玄鑒ヲ垂レ、此ノ丹祈ニ答ヘ、災厄ヲ払除シ、将ニ宝祚ヲ保チ、死籍ヲ北宮ヨリ刪《ケヅ》リ、生名ヲ南簡ニ録シ延年増算、長生久視センコトヲ、親仁《(御筆)》謹シンデ啓ス（以上本文の漢文を仮名交りに改む）

永承五年十月十八日　天子親仁（御筆）謹状

冥道諸十二座とは、十王と司命・司禄を指すのであろう。第二と第三の例は藤原為隆の永久二年（一一一四）十一月二十三日のもの、文は第一例より簡単、第二例には年四十五、本命庚戌、行年庚戌と記し、第三例は閻羅天子に上るとし、終りに自余五道大神・泰山府君・天官地官水官・司命司禄・本命同路将軍・土地霊祇・永視大人へ奉る十二道の同様の都状があることを記している。『本朝続文粋』にのせる保延四年（一一三八）三月の藤原実行都状では、延命のみならず内大臣への昇任まで祈願している。このほか後世の都状や信仰については第十三章を参照されたい。『小右記』には実資自身ではないが、万寿二年（一〇二五）八月七日条に、後朱雀皇后嬉子が薨じて父の道長が悲歎に暮れ、陰陽師恒盛・右衛門尉三善惟孝をして殿上に嬉子の魂を呼ぶ行法を営ませた記事をのせ、これは「近代聞かざる事なり」と評している。同書同四年十一月三十日条にも魂飛来し、賀茂守道をして招魂祭を修せしめた旨を記しており、これも嬉子の霊に関することであろう。いずれにしてもこれは神祇の作法と異なり、招魂続魂祭と称する陰陽道の行法で死者を弔い自己の息災を祈るものである。

万寿二年二月五日、実資が東寺で二十日間、計都・熒惑等の星厄を攘うため、盛算阿闍梨らをして金剛般若経を転読、星の形像を安置し、宿曜経をも読ませており、宿曜行法を修していたことがしられる（計都・羅睺両星の祭は、鎌倉時代に入って盛んとなるので第九章を参照されたい)。長和三年五月五日が貴賤こぞって広隆寺へ参詣した日であることは前述したが、実資もこれに出掛けている。彼はこの日、庚寅歳五月五日庚寅日に薬師仏が開眼されたゆかりで人々が参るとのことだが、平安遷都以後今日までそんな日はなかった。堂預徳円にきくと、延暦十七年五月五日が開眼の日だとしているが、梵暦ではそうなっていないので一向に解せぬといぶかり、それでも御明《あかし》二万燈、子供のため一万燈と、別に御明文・諷誦・信濃布五端を奉納した。

物忌については『小右記』に多数の記録があり、たとえば寛和元年(九八五)は二十二回、長和四年(一〇一五)二十回、同五年二十二回、治安三年(一〇二三)三十回などが数えられる。寛和元年六月は六日間連続の物忌を二度繰返えしたが連日にわたると色々支障も生ずるので、六日間でも軽い物忌では子供の病気に医師を呼んだり、色々指図をして邸内を動きまわり、参内したり、公家を訪問したり、本当に固い物忌は二日程度である。軽い物忌では邸の門を開き、固い物忌には閉じる。寛弘二年十一月九日の夢想の物忌では西門だけを閉じ、治安三年十二月二十九日の物忌では東門だけを開いたがそれは細目であった。かく門の開閉も中々デリケートである反面、長和四年十二月二十八日の物忌には門をしめ忘れ、ただ歳末ゆえ必ずしも閉めるに及ばぬと勝手ないいわけをしている。

禁忌の理由としては道長と同様、大将軍・王相・天一神の方忌のほか、衰日・坎《かん》日・往亡日・天殺日や多武峯・興福寺の物怪あり、夢物忌・口舌物忌・烏物忌など多岐にわたる。物忌中は諷経・読経が多く、清水寺・広隆寺・祇園社・北野社・六角堂・賀茂社等の霊場にも諷誦を依頼した。

しかし寛仁元年十月五日、物忌と称し不参、連日の勤老骨堪え難しとあるごとく、方便に利用することもあった。同年十月十二日、道長の桂山荘遊山に供をしたときは「希有の命」によって物忌を破り、同年正月十日は除目のため、万寿元年六月二十六日は道長の法成寺薬師堂供養があって、ともに参会しないわけにゆかず物忌を破っている。

このほか天皇のお相手で宮中に籠ることがあった。『小右記』には天元五年（九八二）正月・二月・三月・六月の僅か四カ月で三十回に上る天皇の物忌を記録しており、実資もよくこれに召された。宮廷の物忌は殆んど娯楽行事で管絃に堪能な輩が忌籠りに徴発されている（天元五、二、十二条）。

永延二年（九八八）閏五月二十七日、璽御筥の上に鼠が屎を遺す怪によって代厄祭・防解火災祭の日時を勘問せしめられており、両者の祭の早い所見として注意される。『公事根源』には月ごとに行なって火災を防止し、息災を祈るもので董仲舒の祭書にのせるところとあり、寛弘八年九月二十一日、大嘗会に先立ち、天地災変祭で十月一日に行なわれるため用途四十石下賜の宣旨が出されることになったが、この陰陽祭も早い所見としてみるべきであろう。寛弘二年（一〇〇五）正月二十四日、実資は天台座主覚慶より今年あなたは四十九歳で重厄にあたるから毎日尊勝陀羅尼五十遍よめば息災でしょう。ついては来月二日は吉日ですからこの日より始めなさいと教えられた。二月四日になって奉誦を始めたが、五十遍とは多すぎるので三十遍にしている。

さらに若干禁忌について『小右記』にのせられたものを拾うと、長和四年四月十三日、左大臣藤原教通邸が焼けたが、これは三月八日に新築移転したところで、その日は滅門日に相当し『暦訣』には移転は大凶としているものであった。寛仁三年（一〇一九）十二月十六日、道長の土御門第への移転について土用中は忌むべきか否か仁統や秦文高らの間で意見が一致しなかった。長元四年九月二十五日、女院が石清水八幡宮へ参詣、仏事を修せられるにつき、当日は庚午、坎の日は辛未で、ともに大禍日と称し、むかしは問題にしなかったことだが、このころ世を挙げて忌避するに至ったとある。

移転に関連してもう一つ、寛仁三年十二月二十一日、実資は新造の寝殿へ移転するにつき安倍吉平から七十二星鎮を送らせて梁の上に置かしめた。移転に際しては西中門より入り、先ず五穀を散じ、吉平が読咒反閇《ばい》をし、つぎに黄牛を引いて南階下にすすみ、また呪が読まれる。ついで実資の五菓（生栗・搗栗・柏・干棗・橘）を嘗める儀があった。ただし水火童等の法は省略された。黄牛はむろん土公の祟りを防ぐ呪術から出たものである。

七十二星鎮は宅鎮の呪符であり、陰陽道では七十二星祭なるものである。その正体ははっきりしないが、『抱朴子』に出典あり、一ヵ年七十二候より来たとも、伏羲先天の八卦と文王後天の六十四卦を合したものともいって呪文的霊符をまつるのである。鎌倉幕府がこの祭による鎮宅を行ない、あわせて西嶽真人符の祭なども営んだことは後述する。これは泰山府君が東嶽大帝であるのに対し、西嶽の華山神で、やはり地霊としてあがめられたもの、すでに平安朝でも祭られたと考えてよいであろう。

最後に、万寿四年七月の相撲の節に、陰陽師孝秀が念人（勝負する人の世話役）に任ぜられたが、相撲人は予め反閇に籠るべきところ、これに従わぬものは尽く負け、彼等は右近衛府に禁固されている。また、陰陽頭秦文高は相撲人の宿の方位・時刻を勘進しており、相撲行事に陰陽師が深く関与していたことを知る。院政時代には、歌合のごとき勝負事にも、反閇を踏むなど陰陽道的作法がとりいれられた。

道長・実資については源経頼の『左経記』にあらわれた陰陽道史料を一覧してみよう。彼は宇多天皇皇子敦実親王の曽孫で、祖父は左大臣雅信、父は参議扶義である。参議・中宮権大夫・左大弁の職についたが、いわば三流公家で生活豊かならず、関白頼通に頤使され、不満のうちに生涯を終った。ゆえに一流公家とはちがい陰陽道的記事に自己中心のものは少なく、物忌のごときも極めて稀である。それに反して天皇の物忌や庚申待は頻繁にあらわれ、大外記清原頼隆の活躍がしられるのも興味のあるところである。明経博士で主計頭・主税権頭・大炊頭・河内守・筑前守などを歴任し、天喜元年（一〇五三）七十五歳まで存命した。『続古事談』（五）に明道・紀伝・算・陰陽・暦道など諸道を極めたる才人で、百家九流をくぐれるものとある。長元元年（一〇二八）三月十日頼隆が経頼に語ったところによると、日月蝕後三日または七日のうち、雨が降ればその災厄は消滅すると宿曜師證昭が申立てたので、その典拠をしらべることを命ぜられたが、そんなことを書いたものはない。もっとも日月変光・星宿成変の時雨降れば災なしとの文はあるので、そのことをさすのであろうかと。

長元四年五月十九日、祈年穀奉幣がきまったとき、頼隆はこの日は天下滅亡日、かつ百神上天日であってよろしからずと主張し、十五日に変更された。翌五年三月十一日、美作・讃岐・三河・丹波・備後諸国司が一せいに任国へ下ることになった。これは二月の除目のあとだからであろう。頼隆はこれに対し、この日は五貧日でもし出行すれば王法を犯し罪を蒙り財を受けざるの難あり、近い例として伊賀守光清は一年たたず王法を犯した事実があると警告した。多分この日は見合わせられたのであろう。

同年四月十二日、頼隆来遊の節語った話に、卯酉日は子午に妻屋を立てぬこと、鎮星（土星）が日に亙るとき犯土造作は不可であるとてこの禁忌に反した近例を三つあげている。同五年五月六、七日両日、祈念穀奉幣が陰陽師によりきめられた際も頼隆は五貧日に当るとして反対し、賀茂保憲の『暦林』を根拠としてあげ、結局この両日はとりやめになった。五貧日禁忌に関する論争はさきに少しく触れたとおりである。

同七年七月十九日、東宮妃禎子内親王よりお召しがあったが、坎日のため明日に延期したと頼隆は語ったが、これは九坎日とも称し外出に凶の日、もと九星の精から出で、毎月特定の十二支にあたる日をそれとする。平安末、この禁忌は盛んとなった。

同八年五月一日、后町の井を掘るにつき頼隆は鎮星直日により犯土すべからずとして『月令正義』や川人・保憲らの撰文を根拠に主張し、これに対して、陰陽助安倍時親・巨勢孝秀らは口伝としてこの禁忌は舎屋を建てる場合適用するので、井は差支えなしと論じ、朝廷は頼隆の説に従うこととなった。同七年十月、伊勢祭主輔親が伊勢宮に参ったとき、青玉を拾ったのについて、頼隆は吉相と占ったが、彼は『孝経援神契』『異苑』『毛詩』『広志蔡雍』など多数中国の典籍をあげてその根拠を示した。頼隆の記事はこのほかにも散見するが、要するに当時の陰陽師より勉強していたらしく、この方面の主導権を握っていた感がある。なお四不出日の禁忌なるものも当時注目された。

長元元年の九月十八日、秦文高の語るところによると、二十七日、中宮威子が御産のため内裏を出られる予定につき、同日は四不出日で行啓は凶とされた。これを安倍吉平は吉とし、御産平安と判じ、外出を凶とするのは三日以上の長距離である。四不出日に行幸・行啓の例は多いととなえた。とにかく二十七日行啓に先立ち、二十二日には行啓先の左衛門督兼隆邸で賀茂守道が土公祭・月曜祭を行なうことになった。月曜は中宮本命の曜宿であったのだろう。

以上を通観して、宮廷陰陽道の本質をふりかえるとき、賀茂・安倍両氏の進出にもとづく陰陽道界体制の固定化とともに、摂関家の陰陽家支配強化と、政治の私物化を合法化するための陰陽道利用がその主要な背景となっていることを知る。陰陽道は権力者の権威を示し、政治の無能を糊塗し、社会の固定化をはかるため信条化されたもので、これが有職故実の形をとり、先例を重んずるとはいい条、権力者の都合勝手によって様々に変形され、あるいは新説が創案され、いわゆる陰陽道の国風化となった。陰陽官僚の行事作法の種類はふえ、神祇的分野にも著しく活動範囲を拡大し、神祇信仰の陰陽道化的傾向がすすめられた。のみならず、それは他の文化的諸領域にも拡大していったので、その一、二につきここに概観しておこうと思う。

二八　医心方と作庭記

平安朝医学は大陸伝来の唐医方が風靡し、陰陽五行思想を基礎理念としていた。五臓すなわち心臓・肺臓・腎臓・

肝臓・脾臓をそれぞれ火金水木土の精にあて、胃・大腸・小腸・胆・膀胱・三焦を六腑と称し、臓が陰に対し腑は陽の関係にあるものと説く。奈良朝以来、すでに数十種に上る隋唐医書が伝えられていたが、丹波康頼は隋の巣元方の『病源候論』を基に中国諸家の説を総合し、永観二年（九八四）十一月二十八日、大著『医心方』を奏進した。

丹波氏は後漢霊帝に発祥し、四代の孫阿智王が応神天皇二十年来朝して大和国に住み、その子高貴王は阿多信、都賀使主とも号し、丹波国阿多倍に移った。その子志拏直、丹波国において坂上姓を賜わり、その六代孫が康頼である。本貫は丹波国矢田郡で始めて丹波宿祢の姓を賜い針博士・医博士従五位上左衛門佐に任じ、医術神霊に通じ、褒誉天下に溢ると評せられ、八十四歳の寿を保ち、長徳元年（九九五）四月十九日没した。

『医心方』は三十巻より成り、中国における隋唐医学およそ八十種にも上る文献を駈使し、疾病の種類・療法・薬種・衛生等にわたり詳細な記述があるが、陰陽道思想は随所に散見し、中国に発達した易医学の全貌をよく伝えるものである。

いまそのおもなるものについてのべると、第二巻は、服薬・針灸に関する部分でそのための時日吉凶が示される。服薬の吉日について『大清経』を引き、神仙薬を用いる場合、天清く風無く王相日・上下相生日をみて行なうこと、一般に服薬吉日としては『蝦蟇経』に基づき、甲辰・乙巳・丙辰・丁巳とし、時刻は甲乙日は鶏鳴・日入、丙丁日は晡時・日入・人定夜半、戊巳日は人定夜半、庚辛は晡時・日入、壬癸は鶏鳴とし、服薬忌日は正月亥、二月寅、三月巳、四月亥（一日の申）、五月亥、六月寅、七月巳、八月申、九月亥、十月寅、十一月巳（一日の申）、十二月申で、別の文献には各月六絶日（六斎日）を服薬治病すべからずとしているが、総じて寅や亥の日を避ける傾向がある。

そのほか服薬禁忌日には様々のものがあり、なかんづく夏至冬至は前後七日間、服薬・炙治を禁じ、ある本では春分秋分をも含めている。針炙の吉日として『蝦蟇経』を引き、男子は陽日（甲丙戊庚壬）、女子は陰日（乙丁己辛癸）とする。炙治の場所の禁忌について同経は、人体を神宮部（臍下四寸）・大敦部（頸結喉下五寸）・巨部（肩隅上両骨陥中）・領部（領下結喉上）・承部（肩下交脈中）・天部（額上下）・闕庭部（伏羲上）・脛部（膝下三里）・地部（大衝）の九部に分ち、各部に年神の宿る年齢がある。

たとえば、神宮部は一、十、十九、二十八、三十七、四十六、五十五、六十四、七十三、八十二、九十一、百の各年齢である。その年齢にあたる人はその部分を炙治してはいけないことになっている。

また、一カ月三十日の各日には蝦蟇がそれぞれ宿る場所があって、その場所の炙治は禁忌である。さらに六十日間あるいは十二日間の週期で神がめぐる禁忌の場所もある。一日十二時では鶏明は頭（丑）、平旦は目（寅）、日出は耳（卯）、食時は口（辰）、禺中は肩（巳）、日中は脇（午）、日昳《てつ》は五臓（未）、晡時は小腸（申）、日入は背（酉）、黄昏は陰（戌）、人定は蹲《こむら》（亥）に、夜半は足（子）にといった具合である。

第三巻では中風について、人性は五行を稟け、風気により生長する一方、風気により傷《そこな》われる。恰も水が船を浮べると同時に覆すのと似ている。中風はこれを分って肝中風・心中風・脾中風・腎中風・肺中風とし、これらは各々春東方の清風、夏南方の湯風、仲夏南方の陽風、秋西方の涼風、冬北方の寒風にいためられ発病すると考える。

第二十三巻は産婦人科の部分に属するが、産婦は天一八神の方に向ってお産をするのは大凶、これを避けないと生れた子は終りを全うせず、あるいは多病だったり罪を犯したりする。お産する吉方は毎月変り、たとえば一月は南面し、左膝を丙の地につけよとある。お産の際、用意される水に対しては『子母秘録』につぎの呪をとなえるべしと教えている。曰く、

南無三宝水、々在井中為井水、水在河中為河水、水在盞中為盞水、水入腹中為仏水、自知非真水莫当真水、以浄持濁以正邪、日遊月殺五十一将軍、青竜白虎朱雀玄武、招揺天狗軒轅女妖、天呑地呑懸戸閇曜、六甲、六甲禁諱

十二神、王土府伏竜各安、所在不得動静不得妄干、若有動静若有妄干、頭破作七分身完不具、阿々法々尼々阿毗羅莫多梨婆地利沙呵、

と。四神・宿星神などの名が列挙され、密教呪の影響が看取される。難産時の呪文は、

祝日上天蒼々、下地欝々、為帝王臣何故不出、速々出々、天帝在戸、為汝著名速出々々

ととなえ、あるいは〓の字を朱書して呑ませるか、〓の字を書いて灰にし服用すべしと述べている。後述（第九章）する鎌倉時代疫癘流行の際に記す護符の文字もこれと同類のもので、中国の易医学に淵源するところであろう。胞衣を蔵《おさ》める時日、場所についても詳しく吉凶を示し、母親の歳で胎児の男女を知る法は十二支を組合せて示してあるが、子年卯年のものに男児なく、寅年亥年申年に女児はない（既掲『占事略決』所収「占産男女法第卅」にのせるものとは大分相違する）。生れ年の干支によって寿命を知る法は六十とおりにわたって説かれ、最長寿は丁亥歳の百歳、最短命は丙子歳の六十三歳である。

そのほか、生年の干支あるいは誕生日の十二支・二十八宿・七星等をもってする貴賤・婚姻・病気・寿命等の判定法は、宿曜師・禄命師の運勢判断に近いものがある。

巻二十六には、三尸の虫を去る法として庚申の日、夜寝ずにその名を呼べば虫は絶滅しうると説いており、守庚申は長寿の法として医者のみならず知識人にも知られていた。『医心方』は『阿図紀命符』なる緯書や『大清経』（『太清神丹経』『太清金液神丹経』などの略か）など道教関係の典籍でもってこれを解説しているが、この信仰が普及し、民間でも盛んに庚申待が営まれるのは、室町期に入ってからであるので、後章（第十二章）に改めてとりあげることとしたい。ただし三尸の虫除去に苦酒をつくって飲むことが詳しくのべられているのは果して後世まで伝ったものかどうか疑問である。あと「避寒熱方」「避雨湿方」「避水火方」「避耶魅方」「避虎狼方」「避虫蛇方」などについて道教関

係の書物を引用解説しており、そこでも陰陽道思想との習合が至るところ試みられている。かくして『医心方』を通じ、当代医術と方伎の密接な関係をしるが、そこには密教に基づく呪術医学も混入しており、その複雑な組合せがいわゆる宮廷医学として権威をもち、近世に至るまで公家社会に重んぜられ、芸能など他の分野にも影響を与えた。

さていま一つ興味あるのは造園であって、橘俊綱がまとめたと思われる『作庭記』(『前栽秘抄』)は、藤原頼通が権力を握っていた十一世紀前半ころの造園に関し、信ぜられていた数々の陰陽道的禁忌作法を伝え、まことに注目に価するものがある。

まず遣水《やり》の流し方を経に云う(この経を田村剛氏は黄帝撰する『宅経』なるものと推定する)として、東より南に向い、それより西へ流すのが順流である。西より東へは逆流とする。東より流し舎屋の下をくぐって未申(南西)へ出すのが最吉、これは東方の神青竜の水で諸種の悪気を西方白虎の神の方へ洗い出すからである。その家の主は無病息災延命長寿になろう。

すでに、第二章で知ったように東の青竜、西の白虎、南の朱雀、北の玄武は陰陽道において方位を正し、吉凶禍福を支配すると信ぜられた神で、都城の制も正しく東西南北に実施されぬと災を招くとせられたが、いわゆる四神相応の地はこれを小にすれば個人の宅地構成にも必要とされた。陰陽書に水は東より南へ流れ西北の高いのが大吉であるとされ、歴代の都城制建設につねにこれが配慮されており、当然それが庭づくりにも適用されたのである。そうして、

経云、遣水のたわめる内を竜の腹とす、居住をそのはらにあつる、吉也、背にあつる、凶也、又北よりいだして南へむかふる説あり、北方は水也、南方は火也、これ陰をもちて陽にむかふる和合の儀歟、かるがゆへに北より

南へむかへてながす説、そのり（理）なかるべきにあらず、と論じ、北より南へ流すのもよいとしている。ただし水を東へ流すことも例があるとして四天王寺亀井の水をあげ、『太子伝』に青竜常に守る水、東へ流るとあって逆流の水も吉となるらしいとし、弘法大師が高野山を開くに際し丹生大明神がここは昼紫雲棚引き夜は霊光を放つ五葉松あり、諸水東へ流れ国や城をもうける場所としてそなわっていることを告げたといわれ、仏法東漸の相をあらわしているが、これは住宅には吉例とならぬであろうかといぶかっている。庭石を立てるには多くの禁忌がある。高さ四、五尺の石は丑寅（東北いわゆる鬼門）に立つべからず、あるいは霊石となり悪魔侵入のきっかけとなる。もっとも未申（南西）に三尊仏の石を立て向い合せればその心配はない。家の縁のあたりに大石を北枕または西枕に伏せれば、家の主の命は一季以内に絶える。家の未申方の柱近く石を立てぬよう、これを犯せば家中に病事絶えず、未申方に山をつくるのも避けるべく、道を通せば差支なし。それは白虎の道を防がぬためである。臥石は戌亥方に向けるべからず、犯せば財物倉に止らず、奴畜集まらず、戌亥方には水路を通さぬよう、福徳を逃さぬためである。東方に白の大石を立てれば主人は人に害される。その他の方角でもその方と相剋の色の大石は忌まれる。

つぎには樹の配置であるが、人の住居は四方に木を植えて四神相応の条件を充足すべきである。東に流水あるを青竜とすることは上述したが、もし流水なければ代りに柳九本を植えよ。西に大道があるのを白虎とするが、楸（きささげ）七本をもって代用するも可、南前に池があるのを朱雀とし、桂九本をもって代用するも差支なし。北に丘あるを玄武とし、檜三本を植えてその代りにするもよし。さらに植える樹の種類や方角についての禁忌はないが、東方には花の木を西方にはもみじがよいと古来いいならわされている。ただし門の中心に樹を植えると閑になり、真四角な土地の中心に樹や家屋を置けば困や囚の字になるゆえ、いずれも憚るべし、このあたりの理屈はたんなる文字の連想にすぎず、陰陽道とかかわりはない。

『作庭記』の陰陽道的禁忌は、ざっと以上のごときものであるが、とくに石を立てるについて、

延円阿闍梨は石をたつること相伝をえたる人なり、予又その文書をつたへえたり、如此あひいとなみて大旨をこゝろえたりといへども、風情つくることなくして心をよばざることおほし、但近来此事委しくしれる人なし、たゞ生得の山水なんどをみたるばかりにて禁忌をもわきまへず、をしてする事にこそ侍めれ、

と俊綱はのべて、石の禁忌が延円相伝のものであるとしており、近頃はそれを知っている人が少ないと自負している点からその成立の古いことを想像しえよう。延円は花山天皇母懐子の兄である義懐の子、寺門派の総師として知られた人である。また、「弘高云、石□荒涼に立べからず、石ヲ立にハ禁忌事等侍也」とものべ、弘高は花山・一条両朝のすぐれた絵師（内裏絵所長者）であったから、彼からも俊綱は何等かの秘伝を受けていたのであろう。

要するにそうした造庭における陰陽五行説は、少なくも平安前期以来の古い伝統を有していたので、その淵源するところ上古の都城建設をめぐる王者の政治思想に求められるであろう。やがて中世に入ってもこれらの禁忌が伝承され、造園の盛んとなった室町期にもよく守られていた次第は、当代第一の庭師河原者又四郎が植樹排石吉凶選日月の書を所持し、その豊富な経験を相国寺の景徐周麟に語った事実（『鹿苑日録』延徳元、六、五条）からも充分察知できるのである。

七　陰陽道と密教の交渉

二九　空海と陰陽道

飛鳥より奈良朝にかけての陰陽道の発展が、仏教との密接な関係において行なわれた事情はすでに説いたとおりだが、ことに雑密全盛下の奈良朝は宿曜道の隆昌をうながし、僧侶による陰陽道界主導の色彩が濃くなりつつあった。しかし藤原氏の反撃、道鏡の失脚をもってこの形勢は一変し、陰陽道界自体もしばらく低調の時期が続いた。

一方、新たに天台・真言の平安仏教が興り、台密・東密の両密教が発足し、仏徒の陰陽道的活動は再び活発化し、宿曜道は新たな典籍を大陸から伝えて面目を改め、やがて陰陽家と拮抗するに至ったのである。

その先陣をつとめた空海は、延暦二十三年（八〇四）、三十一歳で入唐し、大部の密教経典とともに新訳の宿曜経典はじめ、これに関連して道教の影響あるものや陀羅尼経類等呪術性の強いものを将来した。つぎにその経名を掲げる。

㈠　大孔雀明経　三巻（五十紙）
㈡　大雲輪請雨経　一巻（二十四紙）
㈢　雨宝陀羅尼経　一巻（五枚）
㈣　文殊師利菩薩及諸仙所説吉凶時日善悪宿曜経　二巻（四十紙）
㈤　大吉祥天女経　一巻（七紙）
㈥　吉祥天女十二名号経　一巻（二紙）
㈦　能浄一切眼疾病陀羅尼経　一巻（二紙）

(八)　施焰口餓鬼陀羅尼経　一巻（四紙）
(九)　仏説一髻尊陀羅尼経　一巻（十四紙）
　　以上不空訳
(一〇)　諸仏心陀羅尼経　一巻
(一一)　能滅衆罪千転陀羅尼経　一巻
　　以上玄奘訳
(一二)　大威力烏枢瑟摩明王経　二巻（三十五紙）
(一三)　穢迹金剛説神通大満陀羅尼法術霊要門　一巻（五紙）
　　以上無能勝訳
(一四)　摩訶吱室囉末那野提婆喝羅闍陀羅尼儀軌　一巻
　　以上般若輪訳

右のうち、第四番目のものが後世宿曜経としてしられるもので、聖賢の著『高野大師御広伝』（下）および『弘法大師御伝』（下）には、大師は陰陽工巧画図をよくせられ、この経を将来されるまでは暦家は密日を知らず、ゆえに日辰吉凶雑乱して人は之を犯すことが多かったのであるとのべている。

ではこの密日とは何であるか。これは唐代の摩尼教徒の間に行なわれていた暦の一部が漢民族にもとり入れられ、日（太陽）または日曜日を意味するソグド語 mir の音訳として密が宛てられたといわれる。唐の中期以降、摩尼教の七曜全部のソグド語が漢民族の信者にも知られるに至ったが、なかんづく日曜を重要な宗教儀礼を営む聖日としたため、暦の上でもこの日だけ密の字を注記したらしい。すでに奈良朝にもたらされた義浄訳の『大孔雀呪王経』の中にも梵音を写した七曜名が書かれ、日曜を阿姪底（アーディチャ）としているが、これを吉凶に利用することはなく、道長の『御堂関白記』に至って密の注記があらわれた。空海以後、天台の円仁・円珍も宿曜経を伝えたが、多少文の異なるところがあった。

宿曜は暦日を定める暦法と、これに基づき人の吉凶を占う占法と、星宿を加持し攘災招福の儀軌の三分野にわたるが、この宿曜経は占法と暦法を取扱い、とくに前者に本旨がある。長い題目から案せられるとおり、『文殊説宿曜経』と『諸仙説宿曜経』の二つのものを不空が合編したのではあるまいかと思われる。

上巻は、定宿宮図品第一、月宿所主品第二、三九秘宿品第三、七曜直品第四、秘密雑要品第五、白月黒月品第六、算曜直章第七の七品から成り、第一・第二は十二宮二十八宿の星座の解説が中心で、第三は牛宿以外の二十七宿と人生の利害関係をとき、第四は七曜と人生の関係を明かし、第五は甘露・金剛峯・羅刹日や太白の方忌、六害宿、冥知命宿法などが取扱われ、第六は一ヵ月の吉凶日を示し、第七は宿曜経に修注を加えた揚景風が七曜暦作成の方法について語ったものである。

下巻は、㈠白黒月所宜吉凶暦　㈡二十七宿十二宮図　㈢二十七宿所為吉凶暦　㈣行動禁閉法　㈤裁縫衣裳服着用宿法　㈥二十七宿三九秘要法　㈦七曜直日暦　㈧七曜直日与二十七宿合吉凶暦　㈨択太白所在八方天上地下吉凶法の九章とするが、上巻と内容的に重複するものが少なくない。すなわち㈠は上巻第六品、㈡は第一品、㈢は第二品にあたり、㈨は第五品、㈤は第五、第二の両品に含まれ、㈥は第三品、㈦は第四品、㈧は第五品の一部などにほぼ同じである。

従って、両巻共通でないものは、上巻では第五品中の六害宿と冥知命宿法、第七品の両者、下巻では第四、第七の一部にすぎない。かかる現象はあるいは根源的には文殊説と諸仙説の双方に分かれていたところからくるのかもしれない。

以上のうち七曜による吉凶卜占は上巻の第四品や下巻の第八に詳しく、いま要点をのべると月が二十八宿と合う場合について太陽直《ち》日に軫と、太陰直日に畢と、火曜直日に尾と、水曜直日に柳と、木曜直日に鬼と、金曜直日に房と、土曜直日に与と合う日は甘露と名づけ大吉とし、仏事一切によいとする。また太陽直日に尾と、太陰直日に心と、火曜直日に壁と、水曜直日に昴と、木曜直日に井と、金曜直日に張と、土曜直日に亢と合う日は金剛峯日と称し、一切の降伏法を修するによし、太陽直日に冒と、太陰直日に鬼と、火陽直日に翼と、水曜直日に参と、木曜直日に底と、金曜直日に奎と、土曜直日に柳と合う日は羅刹日で、すべての事をなすに必ず禍ある凶日であるとする。

七曜各日の吉凶卜占の基準についても詳しい指示があり、個人の生誕日については日曜に生まれた人は智瑞正・身貌長大、功徳を好み父母に孝順にして短命、月曜の人は多智美貌、福田を楽しみ、布施孝順を好む。火曜の人は醜く弓馬をよくし言語勇決、養い難い。水曜の人は病多く不孝にして財物を妨げ、長じて財をなし、長命、言語よく人を畏敬せしむ。木曜の人は長命にして智あり、財を積む、金曜の人は短命にして善を好み孝順にして人より欽慕される。土曜の人は善を楽しみ孝順にして朋友に信望ありとし、公的には五月五日、各曜日と合う場合の吉凶について、日曜ならばその歳万事豊熟、月曜ならば病疾多く秋冷害、寒さきびし、木曜ならば万物豊作、四時順調、金曜ならば人畜驚失して狂賊の乱れあり、土曜ならば土木の功ありと説く。

さらに日月の蝕、および地震と各曜日の関係については大むね凶となっている。なぜ五月五日を出したのかは明らかではなく、あるいは五行から来たのかもしれない。『穢跡金剛説神通大満陀羅尼法術霊要門』は『穢跡金剛禁百変法経』と同様のもので、穢跡金剛による現世利益のための呪法をといた中国道家の造作とみられており、『摩訶吠室囉末那野提婆喝羅闍陀羅尼儀軌』は毘沙門天の功徳をといたもの、中に司命、五官、太山などの使者があげられていて、道教・陰陽道の要素が混入しており、中国製の儀軌とみられる。『大威力烏枢瑟摩明王経』は「烏枢瑟摩法」を説いたもので、『陀羅尼集経』の呪が集められている。上述穢跡金剛はこの明王の別号と称せられる。

かくして、空海将来品中にはたんに新訳経ばかりでなく、中国固有の信仰を混入したもの、中国的に変形された経典もあって興味深く、これらがわが密教の呪術活動に一層の新味を加え、従来の陰陽道・宿曜道に与えた影響も少なからざるものがあった。同時に空海が密教の理相面のみならず、事相面にも相当の関心を払っていたことを知るであろう。

『高野大師御広伝』によれば、空海にはいくつかの呪術的奇蹟が報告されている。それらは空海を神秘化するため中国の名僧・験者の伝記（すでに第一章で若干具体的な例をあげた）から思いついた造作、または事実の誇大化を伴うことが多いが、一面では何等かの意味で真実を伝えるところがないでもない。つぎにそれらの伝承を列挙してみよう。

(1) 阿波大滝嶽にて修行中、大釼が飛来し、土佐室戸崎の方へ飛び去った。あとを追って同地へ赴いたところ、明星が空海の口へ落下した。これは求聞持法のため山岳抖擻中のことであった。

(2) 伊豆国桂谷山寺で大般若魔事品を書いたところ、その文字が空中にあらわれた。

(3) 大陸留学中、唐の天子の命で宮中の壁に揮毫するのに口と左右の手足にそれぞれ筆を執り一時に五文字を書き、末の一字は墨を壁面にぶつけると自ら樹の字になり、天子より五筆和尚の勅号を賜った。

(4) 唐でみすぼらしいなりをした童が空海と道で会い、五筆和尚であることをしると、水流に字を書いてほしいと注文し、空海は水上に詩文を書くと流れ去った。つぎに童子は自分も書いてみるとて水上に龍字を書いた。ただし右の小点を落したところ、文字は水に漂うて流れず、つぎに小点を加えるや文字は光を発し、龍王の姿となって昇天した。この童子は文殊であった。

(5) 応天門の額を揮毫して懸けてから小点を書き忘れたのに気付き、筆を抛げると、筆が飛んで点字を補った。
(6) 炎旱のため神泉苑に請雨経法を修するとき、守敏大徳の呪をもってする妨害を看破し、天竺より善如竜王を勧請した結果、竜王は金色の虵となって神泉苑池に入り、大いに雨沢の験があり、少僧都に任ぜられた。
(7) 天長四年祈雨のため仏舎利を内裏に請じ礼拝灌浴するに、大いに雨が降った。
(8) 和泉国の一寡婦が男子を生み狼に噉われたのを救い、蘇生呪をもって生きかえらせた。
(9) 四天王寺西門で日想観を修すると、首の上に宝冠があらわれた。
(10) 摂津住吉浦で一匹の犢によびかけられた空海は犢に対して進退は汝の意に在り、専ら吾が力に非ずと教えてやった。
(11) 行基菩薩の弟子である某女に空海が請ぜられて赴き、天地合の三字をその家屋の柱に書きつけられた。その墨が深くしみこんで柱を削れども失せず、柱を洗った水を飲む者は疫癘必ず愈えた。
(12) 空海が帰朝後、その禅居に勅使が出向くと、空海は西に向って三度灑水を行なった。勅使がその理由をきくと唐の青竜寺に失火があったのでこれを防ごうとしたのであると答えた。のち唐より青竜寺経蔵が火事になったが、東方より雨がきてこれを消したと伝えてきた。
(13) 土佐国に朽木でつくられた梯があって空海はこれに呪を誦し授け、そのお蔭でいまに梯は折損せず遺っている。
(14) 天皇が御膳にお嫌いなものがあって召されなかったので、空海は呪力をもってかち栗を茹て差上げてみると、その味は殊に美なるものであった。
(15) 禅僧に油を乞われたので古い巌に加持し油を涌出せしめた。汲んで他所へ持って行ったら淡水に変っていた。

⒃不妊の女から子宝を求められたので唾に呪を加えると、子を生むことができた。

⒄水輪想を凝せば、室内碧潭となり、覧字観に入れば堂上満炎の有様であった。

⒅唐においては竜を飛ばし鬼を使い鳥を留め菓を落すなど不思議なことが多かった。

⒆高雄山寺で法華経書写中、やってきた猿にお前のためにも書いてやると話しかけると、よろこんで薯蕷を掘ってもってきた。その後、猿は坑に落ちて死に、空海は猿の供養に同寺で法華会を修しいまに絶えない。

⒇和泉国槇尾山寺で神呪加持し平地から清泉を涌出せしめた。いまに残って智恵水と呼ぶ。また木葉をもって手に按じ（柴手水）他の木に投げかけると根を結び枝を生じ現在に至って繁茂している。


以上は、おおむね伝承的なものであるが、⑵⑶⑷⑸⑾は能書に関連したもの、⑴⑹⑺⑻⑼⑿⒀⒁⒂⒃⒄⒇は、呪法に関係していて空海の験者的一面を象徴している。有名な祈雨の効験譚は⑹⑺の二者であるが、『参天台五台山記』によれば、守敏が修円となっており、善如竜王が神泉苑池に入るところを空海はじめ実恵・真済・真雅・真然ら十人の弟子もみたが、他の人々には見えなかった。これ以後、真言宗でこの秘法を修するときは必ず雨降るが、空海の門徒以外には請雨経法を学ばせず、この法を伝えるものわずか三人で深く口伝を秘しているとある。

空海と他の僧との祈雨呪法くらべは、『江談抄』『本朝神仙伝』『今昔物語集』等諸書にみられるが、正史に記載なく『日本紀略』には内裏で祈雨の行法がみえるにすぎない。ゆえに空海の神泉苑における祈雨の事実は公的なものとしてでなかったかもしれないが、真言宗の秘伝としての祈雨作法の道場に早くから神泉苑が選ばれていたことを示すものであろう。また同時にすぐれた祈雨法験には、陰陽道の天文気象観候に関する知識の裏付けが必要となるので、真言宗請雨法の秘伝性とは、宿曜道との密接な関係にあるものと判断せざるをえないのである。

空海以後、平安朝にここで秘伝的祈雨修法を行なった人々には、貞観十七年（八七五）六月十五日の真雅僧正、延喜年中（九〇一―九二二）の観賢僧正、延長二年（九二四）六月二十八日の観宿僧都、天暦二年（九四八）六月十四日の寛空僧都、応和三年（九六三）七月九日の救世律師、寛和元年（九八五）七月五日の元杲僧都、永延元年（九八七）および正暦二年（九九一）の元真僧都、寛仁（一〇一七―二〇）より寛徳（一〇四四―四五）にかけての仁海僧正、治暦元年（一〇六五）六月十五日の成尊僧都、永保二年（一〇八二）七月十六日の範俊僧正、寛治元年（一〇八七）八月十日の義範僧都、永久五年（一一一七）八月十四日の勝覚僧正等が数えられる。

なかんづく仁海は勅をうけた九度の修法にその都度降雨著しく、世に雨僧正と呼ばれており、宿曜に関する深い造詣がその裏付けをなしていたのである。『小野僧正抄』は、北斗法・星宿法など宿曜道についての彼の蘊蓄の一端を伺いしる秘伝的資料に他ならぬ。いま『覚禅鈔』を基に、空海以来真言宗で祈雨に用いたおもな経典をあげてみると、つぎのようなものである。

大雲輪請雨経（那連提耶舎訳）　二巻
大方等大雲請雨経（闍那耶舎訳）　一巻
＊大雲請雨経（不空訳）　一巻
大方等大雲経（曇無讖訳）　六巻
大雲経祈雨壇法（不空訳）　一巻
陀羅尼集経祈雨壇法　一巻
＊大孔雀明王画像壇場儀軌儀　一巻
宝楼閣経（上巻）（不空訳）
尊勝儀軌（下巻）（善無畏訳）

不空羂索経（第二十九）（菩提流志訳）
＊守護国界経（第九）（般若三蔵訳）
＊梵字大宝楼閣経真言　一巻

＊印は空海の将来品である。『覚禅鈔』によれば祈雨にあたっては、宿曜にも心掛けるべきであるとして畢宿は雨を好み、月がこの宿に入るときは雨降るとの大日経の文をあげており、陰陽道との関連を示唆している。真言密教側からの要請で祈雨法が始められるとき、これと併行して陰陽師の五竜祭が神泉苑で行なわれる。真言宗ではこれは空海のとき始まったとしており、『日本紀略』では延喜二年（九〇二）六月最初に記録に上る。真言の御修法が始って第五日目に陰陽寮に仰せて祭らしめられるのである。陰陽道の口伝では茅をもって五竜の形を作り、その中に阿闍梨が竜の梵字を書く。

この五竜王とは大灌頂経所収の五竜王で、東方青竜神王、南方赤竜神王、西方白竜神王、北方黒竜神王、中央黄竜神王を指し、明らかに陰陽五行の思想が纒緬している。茅をもって竜の形を作ることは密教の方でも秘伝として行なわれる。すなわち神泉苑では九尺ばかりの竜形をつくって中島の石の上におき、紙で蔽い薄墨をもって綵色して眼をいれ、その上にまた茅で長さ八寸ばかりの蛇形をつくっておき、これは金箔で綵られた紙をまとい眼を描き梵字を頭に籠め、中島の石の穴に極秘に埋める。祭壇に用いる道具類についても五行に結びつけて意義づけることが平安中期ころより発生した。仁海の小野流では方六尺の青色の天蓋をつるし、長さ六尺で各々白赤黄青黒の幡五流をこれにつける。これ以外壇所に多数の幡を立てるが、壇所の屋上に不動慈救呪を書した一流を、屋内に梵字を書した十二流を立てる。ただし小野流は屋上に一字金輪種子の一流を、道場内に諸竜の梵号ある二十八流を、母屋四方の四角柱に十四本の幡を添え懸ける、これらの幡はすべて青色とする（挿図6）。

壇の四方には四つの花瓶を安置し、また金銀・瑠璃・真珠・水精の五宝、安息・薫陸・白檀・蘇合・竜脳の五香、人参・伏苓・天門冬・甘草・白芥子の五薬を用意する。器物はすべて青瓷としてこれなき場合は白瓷とし、金銅製の器は使用しない。しかし『陀羅尼集経』には壇の四角に青銅の水罐をおき、中に一升の浄水を満たし、その口に柳栢の枝を挿したりするとあり、『大日経疏』は五部五行相配のとき、金剛部をもって水に配す、金には水の精ありと説明している。供物の飲食、菓子は皆青色に染め、香を焼くとき青色の花を散らす、要するに水を乞う作法であるから、全くあらゆる祭具が青づくめであった。

さて空海自身ももとより五行に深く造詣があり、『十住心論』㈡にも五戒の説明に関連して、

五常と曰うは天に在つては五緯と為り、地に在つては五嶽と為り、処に在つては五方と為り、人に在つては五蔵と為り、物に在つては五行と為り、之を持しては五戒と為る（漢文を仮名交りに直す、次も同様）。

とのべ、さらに、

五常に仁義礼智信を謂う也、五行に就きて謂はば、則ち木は仁と為り、火は礼と為り、金は義と為り、水は信と為り、土は智となる（中略）、『尚書』『洪範』に云う、五行一に曰く水、二に曰く火、三に曰く木、四に曰く金、五に曰く土、水は潤下と曰い、火は炎上と曰い、木は曲直と曰い、金は刕革と曰い、土は稼穡と爰《な》す、

云々と説明していることからも察せられ、原理的に重視していたのである。彼の将来した『大毘盧遮那経疏』（一行撰）にも七曜九執を説き、人と星の不可分の関係をのべ、同じく将来の『如意輪念誦法』『観自在菩薩如意輪瑜伽』『如意輪観門義注秘訣』『訶梨帝母経』等の経典が、北辰北斗信仰との関連を想像せしめる点からもそれは裏付けられる。ことに如意輪の呪法は長寿延命ならしめ、悪星悪賊、水火の難を除き、祈雨止雨にも利益あり、非常に効用の広いもので、「七星如意輪法」に至っては七星精霊とこれを守る訶梨帝母をまつって行なう秘法である。祈雨行法につ

いては一先ずこれでおくが、上掲空海にまつわる諸伝承には他に水に関係するものが幾つかある。たとえば、(4)は能筆の神秘化であると同時に水上に字を書く呪法をも示している。第五章で播磨の陰陽師法師智徳が、海上に文字を書く呪法をもって海賊を懲らしめた話を掲げたが、それに一脈通ずるものがあるであろう。(12)の唐の青竜寺の火災を灑水で消した話は、既述後漢の樊英がすぐれた卜占家で、はるか西方の成都の大火を呪術を用いて消した話と同類のもの、(11)は、能書の神秘譚よりむしろ家屋の柱に護符呪文をつけて火災その他の災難を攘う宅鎮の作法に近いものを感ぜしめる。(8)の蘇生呪はたとえば既述泣不動の話に、安倍晴明が泰山府君をまつり、死すべき僧侶を助けた例にもあるごとく、陰陽道では人間の生殺に関する呪術はかえって得意としていたのであった。要するに空海の新しく将来した経典にもとづき、真言密教の呪的活動は一層組織的効果的なものとなり、これが陰陽家名手の輩出を刺激するに至ったのである。

三〇　小野流宿曜道の星宿信仰

空海のあと、陰陽・宿曜関係の典籍を将来した入唐僧は常暁と恵運である。

前者は承和五年(八三六)六月、菅原善主の遣唐使第四船にのって渡唐し、淮南城栖霊寺の文璨(不空の弟子)につき太元帥秘法をうけ、多数、同法の経典や彫像・図像をもたらし帰り、その中には三光天子像一体、二十八宿像一体なども あった。これらの形像は未だわが国に知られなかったもので唐でも余り多くはなかったらしく、従来陰陽師は経典から推測して像を造っていたにすぎないが、常暁の将来したものは儀軌に合った正式の作と伝える。

後者は承和九年八月入唐、会昌の排仏に遭い、二百余巻の経軌をたずさえ帰ったが、その中に『玄韻宿曜経』一巻、『七曜星辰別行法』一巻があった。常暁は法琳寺、恵運は安祥寺を本拠とし、のち真言宗小野流が形成されるにおよんで、これらの寺院はその支配下に層したから、以上渡来の彫像・典籍類は小野流における陰陽道的要素の発展に少なからず寄与したものと思われる。仁海の撰にかかる『小野僧正抄』や『小野宿曜抄』さらには『恵什抄』『證師記』『常喜院抄』など数々の秘伝的書物がつくられたのはそのあらわれである。

『覚禅鈔』にのせる「北辰別行法」が恵運将来の「七曜星辰別行法」と同じものかどうか明らかでないが、これらの行法には当然作法の対象となる尊星曼荼羅を伴っていたにちがいなく、いま曼荼羅の構成の大要を『覚禅鈔』に従って示すと、中央大月輪中に左手蓮華を持し、右手説法印をとり、五色雲に結跏趺坐する菩薩形の尊星王（北辰）をおきその上に北斗七星の形をあらわす。この大月輪の周囲に七個の小月輪を配し、その中には夜叉形の北斗七星を入れる。すなわち貪狼星は左手に日を持し、巨文星は右手に月を指し、禄存星は左手に火珠を持し、文曲星は左手掌から流水出で、廉貞星は右手玉を持し、武曲星は左手柳枝を持し、破軍星は右手に刀を執る。以上を内院衆とする。

さらにその外側に外院衆として東方寅位に虎頭人身、右手に棒を持つ甲寅将軍、卯位に兎頭人身、左手に棒を持つ丁卯従神、辰位に竜頭人身で鉄鎚を持つ甲辰将軍、巳位に蛇頭人身、戟を持つ丁巳従神、午位に馬頭人身、戟を持つ甲午将軍、未位に羊頭人身、槌を持つ丁未従神、申位に猴頭人身、刀を持つ甲申将軍、酉位に鶏頭人身、刀を持つ丁酉従神、戌位に狗頭人身、槌を持つ甲戌将軍、亥位に猪頭人身、鉄鉤を持つ丁亥従神、子位に鼠頭人身、鉤を持つ甲子将軍、丑位に牛頭人身、槌を持つ丁丑従神を置き、これら諸神は天衣瓔珞にて盤石上に坐する姿である。

将軍は六甲の説から来たものであるが、六甲は既述滋岳山人の『六甲六帖』『新術遁甲書』『指掌宿曜経』などにのべられた説の影響もあると思われる。

これにつづいて北斗七星の曼荼羅もつくられた。これには長和三年（一〇一四）より寛仁三年（一〇一九）まで天台座主をつとめた慶円の造った円曼荼羅（頂輪王を中心に九曜二十八宿を三重の円でとりまく）と、仁和寺の寛空が村上天皇のため宮中で北斗法を修した際、はじめて図絵したと称する方曼荼羅（外院の星宿は長方形の区劃の中にあらわされる）がある。現在の遺品としてしられるものには大阪府久米田寺の方曼荼羅と奈良県法隆寺の円曼荼羅があり、いずれも平安朝の作で重要美術品に指定されている（挿図2）。

挿図2　星曼荼羅図（上図　法隆寺蔵，下図　久米田寺蔵）

これに対して曼荼羅供の祭文とも名づくべき表白文が成立した。つぎに掲げるのは勧修寺法務寛信の表白である（仮名交りに書下した）。

夫れ以れば、禍を転じて福と為すの計、専ら秘密の威力に依る、延齢益算の術、偏に星宿の護持に任す、北斗大曼荼羅は一字金輪の尊主と為り、厭魅を五百由旬に却く、七曜晨辰の誓願を起し、利益を四天下界に施す、上は天神を耀し、群星の悉地を嚢括《のうかつ》し、下は人間を直し、忽ち百年の生籍を付け、就中君王の御願を満たし、実に効験第一也、故に儀軌に説て云う、若し諸国王自ら宮中に於て曼荼羅を作り、如法に護摩すれば久しく勝位に居り、恒に安穏を受けん、上下和穆、人民熾盛なり云々、之に依つて天竺には迦瀧大王壇場を建て定業を転ず、唐朝は中興皇帝行法を修し感応を得、爰を以て太上天皇更に毘首の工巧を課し、曼陀諸尊を造立す、殊に遮那の教法を仰いで護摩の行儀を勤修す、如説如法深信し、深く擁護を仰ぎ疑を起さず、遥に万歳の宝算を全うす、御願皆円満、四海の泰平を久しくせん。

終りに天承元年（一一三一）院御祈表白なりとあって鳥羽上皇の御祈願表白と思われる。

これに対して小野流の星供祭文をつぎに示す。特定の個人のものでないが、平安中期には成立していたと考えられ、前段中段後段の三段から成る（仮名交りに書下す）。

初　段

維当年歳次月次某月某日求法沙門某申、此の清浄地に於て宝座を荘厳し、謹しんで礼奠を設け、謹で北斗大神本命某星属曜某曜並びに七九曜執等を請じ、本願を還念し、宝座に降臨し、所献の供具哀愍納受して弟子（称姓名）不祥を消除して善願満足せん、

中　段

謹しんで座上の北斗大神・本命某星・属曜某曜等に啓す、天姓・天道を仰ぎ敬しんで神の冥威を恃み、之に加うるに出家入道の本意、興法利生の為、今年属し奉る某曜、是れ不祥を消除し、悪事を消除し、福寿を増長し、善

願を円満にし弁を成さん云々、是に於て万事心に諧わず、所願思いに叶わず、况んや復、物怪数々現ず、悪夢時々示す、朝々暮々心神安からず、玆に因て本命の日を待ち得しむ。煎茶・仙菓・名香・紙・銀銭の礼奠を献じ奉り、過を謝し罪を恥づ。思う所を祈り申し唯願くは北斗大神・本命属星・諸曜執等、殊に慈愍を垂れ、所献の供具必ず納受を垂れ、若し非常に災難の病口舌の障難、失火盗賊一切不祥あるべくば未然に消除し、安穏快楽助願を守り給い、福寿を増長し善願を円満にし、仏法を興隆し、群生を利益するの願意の如く遂げしめん。

後段は文意に大差がないので省略する。つぎに同じく小野流の本命供祭文を掲げる。

謹しんで請す、北斗貪狼星、謹しんで請ず、生日直の本命某宿、謹しんで請ず、当年所属の某星、維れ謹しんで仙菓・香茶・燭燈・銀銭・麤羞之奠を以て敬つて本命元神・北斗某星・本命某宿及び以て当年所属・某神星を祭る、一拝して茶を改め供す、伏して惟れば人の本命主、元神命の窮通を以て星宿に属す、天道の福喜、神の霊誠に感ず、故に盍んぞ潔祭して以て薄奠を致さんや、伏して願くは元神以て我を加護し、伏て願くは命宿必ず福寿を増し、粛敬日に深し、伏して惟れば生饗し玉へ、仰ぎ願くは護念を垂れて災夭を攘災し、仰き願くは護念を垂れ、福寿を増長し、粛敬自ら深し、伏して惟れば尚生饗し玉へ。

(『阿娑縛抄』所載)

右に出る本命元神は『阿娑縛抄』に真言密教で北斗を意味し、陰陽師は十二神中の生日神を指すとある。

また同書は禄命師の説を以下のごとく引用している。

人は誰でも本命星と本命元神星がある。たとえば子

挿図3　深沙大将図像（『覚禅鈔』所載）

の歳に生れた人は貪狼星を以て本命星とし、武曲星を以て元神星とする。十二支のうち陽は子に起って午に訖り、陰は午に起って子に訖る。かくて子午は相対し、陰陽の気の起る基である。つまり十二支は陰陽の二つに大別され、男女各々生年の支をもって陰陽何れかに属せしめられる。子歳の男ならば陽男、丑歳の男ならば陰男、午歳の女ならば陰女、未歳の女ならば陽女、と支は交互に陰陽が宛てられている。そこで本命元神をきめる方法は陽男陰女の場合、その生れ年の支の一つ前の支（前一衝）を元神とする。ゆえに、子歳の男は丑が元神で丑の所属する武曲星を元神星とする。これに対し陰男陽女は後一衝について元神を求めるのである。つまり生れ年の支の一つ後の支を元神とするわけである。かくて禄命師は属星信仰に陰陽相対の理屈をとりいれて一層これを複雑化した。

さらに小野流では焔魔天は北斗の母で配下の泰山府君に同じく司命司禄とともにすべては星の変ずるところとした。焔魔天供にあたっては、北辰・当年星・生月宮・本命宿・焔魔王を中心に、三尸・七魂童子・三魄童子・左肩童子・心神・福神・五道大神・泰山府君・左竜君・六甲神君・注福部童子・福禄童子・智神君・四季神・玄武将軍・炎魔后・白虎福人・天丁力士・年直使者・日直使者・時直使者・注死判官・四仲神官・四孟神官・朱雀神君等多数の童子・従官をまつる。五道大神は冥府の五道転輪王、三尸は庚申の夜司命に人間の行状を告ぐる虫であって、道教・陰陽道・宿曜道様々の神、眷属・使者等を混入せしめている（庚申については第一一章第五六節参照）。醍醐寺の勝覚権僧正も焔魔天は泰山府君と同一であることを陰陽師安倍泰親に語っており、がんらい陰陽家の知らなかったところである。

これらとは別に密教家の間では泰山府君は深沙大将であるとの説があった。深沙とは浮丘つまり沙漠の地を意味し、唐の『三蔵記』に、玄奘三蔵が西方無人の沙漠中、甘露のごとき水をたたえた新池（オアシス）を見、異香を放つのを怪しみ、何人の所為か祈念するに、空中声あり、三蔵を護る天神であるとのべ、よってこれを深沙神と名づけた。

また蜀川浮丘山寺に華厳の持経僧あり、志堅固にしてこの神を感得せんと祈願読経するに、行者と化してあらわれ、持経僧の給仕をつとめた。祈願が満願となるや、行者は姿を消したので、僧は行者を呼ぶと彼は北方深沙領の夜叉なりと名のって出現し、陀羅尼真言を授けた。僧は工人に命じてこの夜叉の姿を造り寺に安置供養したが、甚だ霊験あり、西蜀の人々の信仰をあつめた。

中国の四川地方では西方チベットの広漠たる砂丘地帯に泰山府君の住む冥府を考えたものであろう。この神、紅蓮を踏み、頭髪は朱で赤螺の鬟を有し、青狼の爪を生やし蛟蜃が臂に巻きつき、膝からは象頭が出で、髑髏を瓔珞とし獣皮をまとい、口に血河を流し、外に忿怒の相を現じ、内に慈悲の意を秘めた姿のものとされる。円仁は入唐前、この神像を祈念したと伝え、下醍醐には早く深沙堂にこの像がまつられ、賀茂上社の東山南面にもこの像があり、瘧に悩む病人がこの像を祈れば平愈したと伝える。その他では若狭明通寺・美濃横蔵寺の木彫像が知られる（挿図3）。

三一　六字河臨法と地鎮作法

空海以後真言密教の呪的活動は低調化したのに比し、天台では円仁・円珍入唐して続々新典籍の舶載を試み、大いに活気を呈し、これが逆に東密へも影響し、陰陽道的ムードを盛り上がらせた。六字河臨法のごときはその一例である。仁和寺の凞樵内供が皇慶阿闍梨からの伝授の結果、真言密教にも拡がり、広沢・小野両流にも伝った。六字とは六観音または所変の六字明王であるが、ひとつには平安朝宮廷社会の権力争奪を反映し、呪詛怨家調伏の利益《やく》をもって公家の間に盛んに利用せられた。

これに関連して六字経曼荼羅なるものがつくられている。醍醐寺の明仙僧都の曼荼羅がその代表作で、釈迦金輪仏頂を中心に、六観音をめぐらし、その前に鏡をおき、呪詛神の像をあらわす。この呪詛神は、貴布祢・須比賀津良・山尾・河尾・奥深等の神々である。行法にあたっては輪印と称する手印を結ぶが、これは摧破の義で、六字天の結印に等しく、陰陽家はこれを反閇《へんばい》の際に用いるのである。陰陽道でも呪詛祭を行なうが、これらは相並んで公家の間に流行した結果、互いにその作法に似た形をとりいれるようになったと思われる。六字河臨法に至っては、七瀬祓（第六章第二六節所説）など神道に類似の陰陽道行事と通ずる点多く、六字経法結願の夜に修するものである。

まず六字経法の大壇を船に移し、阿闍梨・承仕・檀越・雑役人等も同乗し、本尊は下流に向ってすえ、流れが南より北に向う場合はもっとも都合がよい。怨家呪詛調伏の法であるから、その河は必ず檀越の家の下の所を用いる。木津川は北流するので調伏法には都合がよいが、王城の方に向うので適当でない。行法は初夜に必ず下より上へ向って

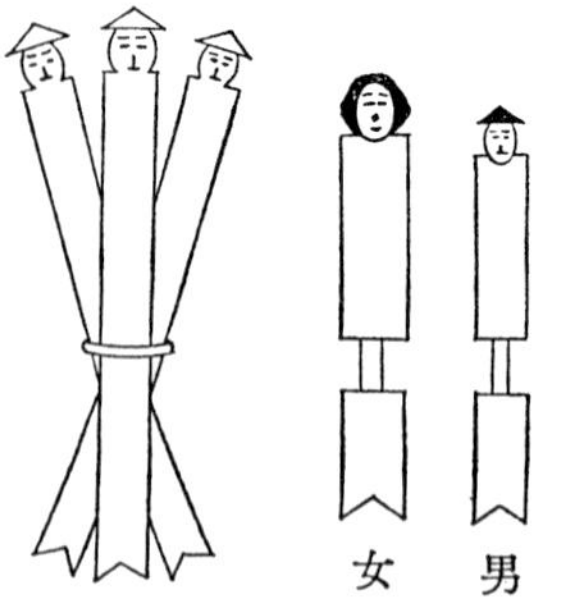

挿図４　六字河臨法人形
（『行林抄』による）

修し、七瀬を指して上る。決して流れを下ってはいけない。船は壇所のための大船一艘・厨船一または二艘で、鉄および藁の人形各々四十九枚（各の瀬各七色、長さ約三、四寸）、解縄約七束、菅抜七枚を用意するが、これらは陰陽家が七瀬祓の際用いるものと同じである。

船上での護摩のあと、中臣の祓を読むが、これには陰陽師を請ずることもある。この間、伴僧四人は呪を誦し、錫杖を振り、四人は螺を吹く、一人は磬を連打し呪を誦し、二人は太鼓を打つ。阿闍梨は目を嗔らし怒号して読誦念誦、また内には慈悲を起し吽発を唱する。檀家はこれに対し藁人形をとって、身にすり合わせ息を吹きかけ、他の一人が檀家に茅をひっかけ下方へ引張りぬき、人形に散米をかけ祓いをし、人形（挿図４）を河水に投ずる。

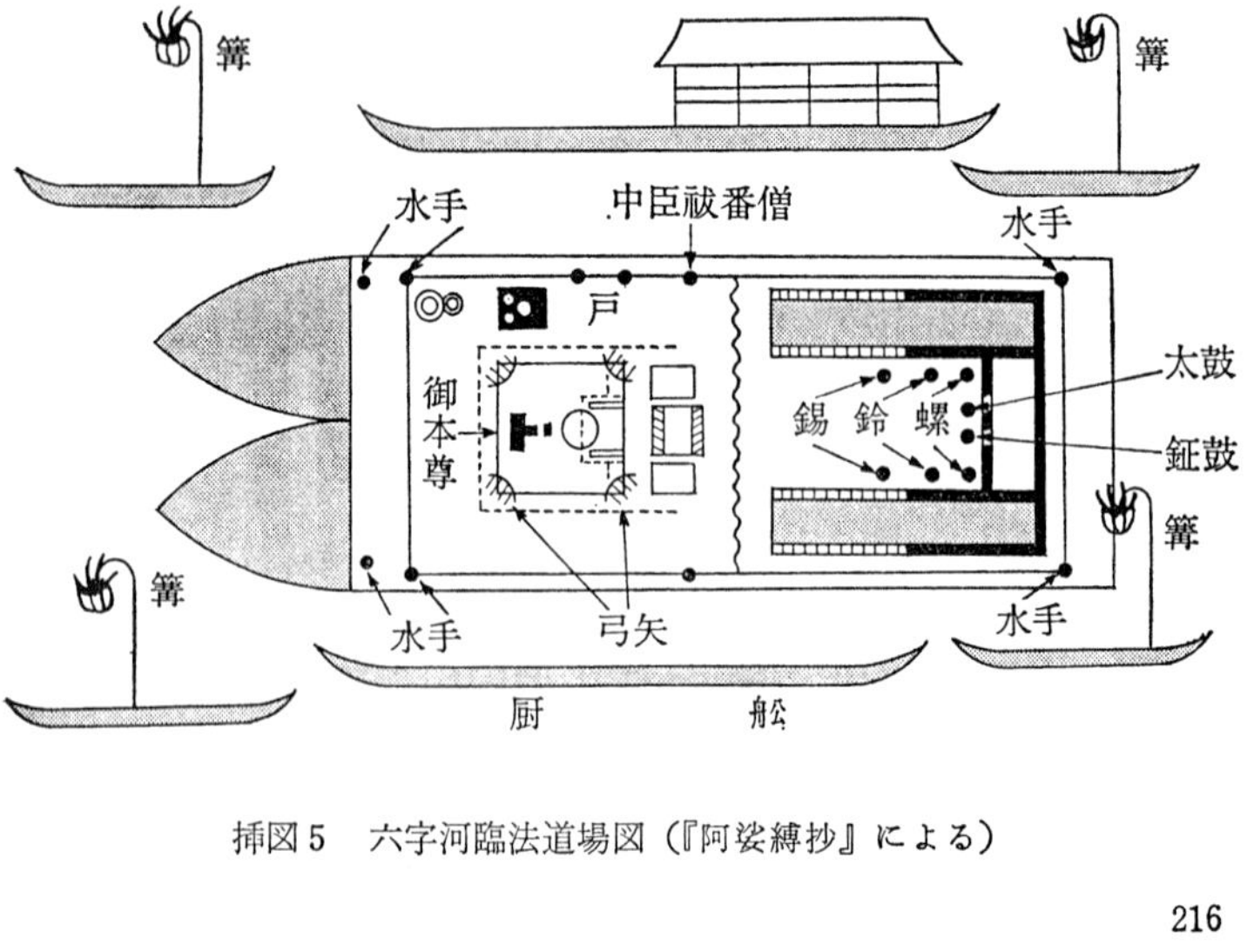

挿図５　六字河臨法道場図（『阿娑縛抄』による）

まことに喧噪とすごい迫力を伴う一瞬である（挿図5）。

この中臣祓の内容は、唐から伝わった董仲舒祭文にあり、これを吉備真備が日本風に書改めたとの俗説が平安末に行なわれていた。『阿娑縛抄』によれば、陰陽頭安倍国随《ときゆき》の説として中臣祓を読む間、紙で作った大奴佐を振る、これには呪的作法があり、その呪は、

南斗北斗三台玉女左青竜右白虎前朱雀後玄武前後翼輔急々如律令

ととなえるとある。また同書は、この修法について、円仁が唐から伝えたものが、中頃一たん絶えたが、十一世紀中葉、阿弥陀房静真が東寺の喜勝内供を尋ね求めてその伝受を得、伊与守知章のためにこれを修し、ついで康平七年（一〇六四）三月六日富家殿にて長宴僧都も勤修した。これがこの法の濫觴かと述べ、山門においてのみ修するもので、東密及び寺門の徒は知らない。また所依の経典なく、ただ師々口伝し来たったものだとしている。

以上の説明から考えると、平安後期に流行した法であっても、果して円仁将来のものかどうか疑わしく、山門の秘密とはいい条、喜勝内供は東寺の僧であり、真言宗の『覚禅鈔』にも具体的に行法を記している位であるから、山門以外に修せられなかったとは思われない。

平安朝は公家貴族の仏寺第宅造営が活況を呈しただけ、地鎮の作法も盛んであった。小野流では鎮壇を築く前に地鎮を修するが、この際五色玉を広沢流では五色石に代えて埋めるのである。ただし土用はこの作法を避けるので、一説には地天供、つまり陰陽道の土公祭にあたるものを行なえば支障なしとする。

『覚禅鈔』に、保元のころ（一一五六―八）、勧修寺法印雅宝が眼病を陰陽家に占わせてこれが土公の祟と知れ、地天供を修したことがある。その際の都状なるものが載せられており、泰山府君に対する陰陽家の祭文と同工異曲の趣向を思わせる。善無畏の『堅牢地天儀軌』に、有福人の宅の竈の額の上の土を採り、十二月八日に持来って自宅に安置

せよ。土を採るとき地神の名号二十一返をとなえる云々とあり、地天供に陰陽道的要素のあることを示唆している。地鎮のあと、鎮壇の儀あり、壇の中心に穴を掘るが、艮より掘り始めることになっている。穴が掘られると底に輪を敷き上に壺を安置、四角に橛をたて五色の糸を引くが、これも艮よりはじめる。糸の先を五寸ばかり地上に出しその上に石一顆をおく。紙または板に八卦を書いて八方に安置する。これらは寺門も小野流も作法に大差なく、陰陽道色は濃厚なるものがある。

つぎに、これも王朝宮廷で盛んとなった愛染明王の信仰は、空海将来の『金剛峰楼閣一切瑜伽瑜祇経』を所依の経典とし、この尊をまつって檀越の名を記した紙を師子冠の師子口におき、三九秘要法を修すれば曜宿の祟りを避けうるとの信仰が平安後期に流行する。九は九曜、三は命業胎三宿で、三宿は宿曜経に照して個人的に相当の曜宿をきめ、これを供養するもので、十二宮の内の師子宮である愛染明王に九曜宿るときは、一切の障難も解消すると説く。広沢流でとくに重んぜられた行法である。

三二　仁海・法蔵・浄蔵・円仁らの事蹟

以上、陰陽道に関係があるとみられる真言密教の修法をあらまし見終って、さらに小野流の中心人物である仁海はじめ二、三の名僧につき敷衍しておきたい。

仁海は、その修法験なるゆえか弘法大師の再来との説が行なわれた。『弘鑁口説』に弟子成典僧正が高野山奥の院で七日間参籠し、生身の大師を拝したいと祈念すると、満願の夜夢にわれを見んと思わば小野の仁海を見よ、その験に仁海の足の裏に黒子あり、これをもってわが後身なりと知れと告げあり、帰って仁海に請い足の裏を拝するに果して告のごとし。成典感涙を催したとある。『古事談』にも同様の話をのせているが、足の裏の黒子の話はない。同じく同書には、仁海がある女房に密通して生れたのが成尊僧都であるとか、雀を火にあぶり粥漬とともに食ったとか、破戒のことをあげているが、これもむしろ仁海を聖人化した結果出た話か、それとも真に俗にも徹したことを意味するのか、いずれにせよそのすぐれた易占は世俗にも通暁した反面を示すのであろう。

『仁海僧正伝受集』は勧修寺の寛信が秘伝的作法を記録したもので、『小野僧正仁海記』（『高野山奥院興廃記』）もまたこれに類したものであったろう。長元五年（一〇三二）六月六日、仁海が源経頼に語って曰く、弘法大師の請雨経法を伝授されて実際に修した人は、真雅・聖宝・寛空・杲元・元真と仁海の六人である。しかし降雨の効果については、真雅・聖宝は記録なし、寛空・元杲と仁海の三人は確かに効めがあったので、今回の仁海二七日間祈禱にもとづく降雨三度、はじめの七日間は神泉苑修法終って帰るとき、中島に白雲立上る異相あり、つぎの七日間結願のあと赤斑蛇壇より出現し池に入ったから験があらわれるだろうと。

果して七日・八日に降雨実現し、仁海が易筮をもって占ってみると此ころは竜が地底に臥しているゆえ雨が降らないので、自分が祈禱の結果、漸く竜は天に上ったから雨が降ったのであると。仁海の易筮と祈雨法が密接に関連していたことを物語っている。ここで鎌倉初期の記録『真俗交談記』がのせる以下の話を紹介しよう。

仁海は、神泉苑で修法を行なったとき、ひそかにそこに植えてあっ

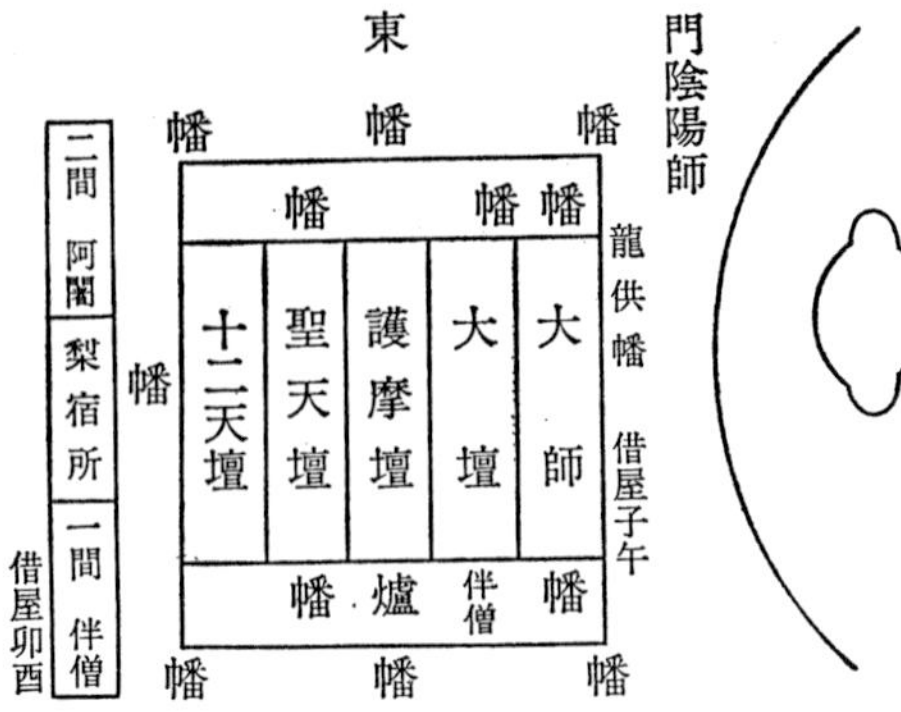

挿図6　神泉苑祈雨祭壇指図
（『伝受集』による）

た柳の枝をとって散杖とした。神泉苑池にはむかしから十町内に町別七株の柳の木が水辺に植えてあった。唐の『錦繍記』に青竜種を下し化して柳と為したとあるが、青竜は木を掌り、神泉苑の竜王は水竜である。五行相生の理で、水は木を生ずる。天下百姓に必要な五穀は木徳であり、これを守るために空海は嵯峨天皇の命で水竜をこの苑池に移し、柳が池の岸に植えられたので仁海もよくこれをわきまえていたのであろうと。

上述の『伝受集』には、神泉苑で空海が修した祈雨祭壇の図が示されている（挿図6）。仁海は神泉苑の中島で祈禱したが、出水時は中島は水没し、池が減水するとあらわれるとある。この祭壇は仮屋五間三面で青幕をもって四方屋上を蔽う。立てられる幡はすべて青幡である。雨に関する行法のみならず、仁海は三条天皇が目をわずらわれた原因を易筮でもって占い、これは物の祟のためでなく、御薬を用いられると必ず愈るものであると判じたが、これをきいた道長は甚だ機嫌がわるかった（『小右記』長和四、閏六、二及三条）。

けだし道長は三条天皇が眼病の容易に回復しないのを幸い、天皇に譲位を迫っていたので、薬で直るといわれて天皇が譲位の決意を思い止まりはしないかと恐れたのであろう。残念ながら仁海の卜占ははずれたが、藤原実資も甥の子資房が病気に罹ったので仁海に占わせると、樹鬼の祟で祈禱はききめがなく、住居を移せば吉だと答えている（同治安三、七、十四条）。

仁海の出自は泉州宮道氏で、七歳にして高野山に登り、雅真に師事したのち、石山の元杲に従い伝法灌頂を受け、密学を極め、醍醐小野に曼荼羅寺を開き、小野流の根本道場とした。長和三年（一〇一四）、東寺長者に任じ、長久四年（一〇四三）五月の祈雨には大いに効験あって輦車を聴され封七十五烟を賜った。永承元年（一〇四六）、九十二歳（一説に九十四歳）まで存命し、長期にわたり易と深く結びついた密教呪法はその奥儀に達し、独自の秘法を遺したが、宿曜道についてどれ程の造詣を有したか詳細は明らかでない。

仁海よりやや早く東大寺には法蔵なる宿曜師があらわれた。空海直系ではないが、醍醐寺座主定助より灌頂の大法を受けた人なので便宜ここに掲げる。藤原氏の出身で左京の人、寛救僧都より法相唯識の奥儀を授かり延俶《ちん》に三論を学び、定助に灌頂伝法大法を授ったことから和州壺坂流の祖となったと伝えるが、『歴代皇記』に宿曜の精なりと称せられる程斯道の達者となったのは誰に師事したからかはっきりしない。『阿娑縛抄』は浄蔵の真弟との説を出しており、もし然らば天台系から宿曜道を学んだわけである。弟子には華厳宗の仁也、法相宗の湛昭・平能、真言宗には仁賀などが多かったが、宿曜道は仁祚に伝えたらしい。東大寺実相院に住し、夏中、最勝王経を講ずる間、竜神来って聴聞すと伝え、天下大旱の砌、竜に命じて雨を降らせた伝説があって、祈雨法に長じた一面を示す。それより有名なのは閻魔王に請ぜられ、冥府に至り、亡き母が地獄に苦しむのを見、蘇生したのち母より求められた法華経書写を行ない、母を忉利天に生れ代らせた話で、冥府冥官への関心も宿曜道にかかわるところがあったのかもしれない。

宿曜道の事蹟としては、応和元年（九六一）閏三月、実相院に計都星形像供法を修したこと、同年十月、賀茂保憲と論争したことの二つである。後者は村上天皇の本命宿・本命日について保憲は生年の日の干支と生日の宿を用うべしと主張し、法蔵は生月の干支と生日の星宿によるべしととなえ、結局法蔵の典拠は不明としてしりぞけられた。

法蔵以降に輩出した宿曜師については、新しく伝った符天暦の説明のあとで述べることにし、初期天台の宿曜について見ると、最澄は空海から『文殊師利及諸仙所説吉凶時日善悪宿曜経』を借りた位であったが、円仁は『宝星経略述二十八宿佉盧瑟陀仙人経』一巻を、円珍は『七曜暦』一巻、『三元九官』をそれぞれ持帰っており、また天台宗元慶寺の安然が延喜二年編集した『諸阿闍梨真言密教部類総録』には、宿曜関係典籍として『新撰宿曜経』七巻、『宝星陀羅尼経』十巻、『大集日蔵経』十巻、いまひとつ別の『大集月蔵経』一巻、『阿難問事仏吉凶経』などがあげられ、一段と専門知識はすすんだのみならず、円珍みずからも『宿曜疑義』『宿曜経問答』をあらわしたのである。

これより少しおくれて出た浄蔵も、すぐれた陰陽家であったことは、第五章に説いたとおりで、上記法蔵が直弟との説もあるところからみて、宿曜道を通じ両者に密接な関係があったのであろう。早く宇多法皇の知遇をうけ叡山にて受戒し玄昭に密教を、大慧に悉曇学を学んだ。延喜九年、藤原時平が道真の霊にせめられ悩んでいたころ、護持祈念するに、白昼二つの青い竜が時平の左右の耳から頭を出し、時平の護持を止めるよう求め、彼がそれに応ずると、直ちに時平は死んでしまった。事実とは思えないが、彼の呪法の効験を説話化したのであろう。『古今著聞集』に葛城金剛山で修行中、独鈷をもつ屍を見つけ、この人の名を知りたく祈念するに、汝前世の姿であると告げられたと記し、横川以外にもこうした山林抖擻で法力を蓄えた験者であったのである。

その効験を若干例示すれば、沙門長秀が胸病に苦しむのを薬師呪を誦して平愈せしめ、天慶三年（九四〇）叡山横川に大威徳法を修して平将門を調伏し、八坂寺に入った盗賊数十人を呪縛した。そのほか皇族を火界呪を用いていったん蘇生せしめ、腰痛を持誦して愈し、六波羅密寺の大般若経供養会に参集の乞食中から文殊の化身を見出した。朱雀上皇の病を筮を立てて占い、明年宮中に災禍あるを予言して適中せしめており、易筮にも通暁していたのである。康保元年（九六四）十一月二十一日、雲居寺《うんご》に七十四歳で寂した。

浄蔵の兄弟とも叔父ともいわれる日蔵は、既述のごとく易の造詣については不明ながら、吉野の山中を道場とした験者で密教中心の雑信仰をもち、さきにのべた法蔵と保憲の論争につき、本命宿は法蔵、本命日は保憲の説を正しいとし、これを三巻の書に認め著わしたと『阿娑縛抄』にある。日蔵はそれ程の達人でなかったとしても、浄蔵と同様なタイプの呪法者とみられよう。

三三　宿曜師の輩出とその活動

これら密教的呪法行者が活躍していたころ、延暦寺僧日延は天暦七年（九五三）、天台座主延昌が唐の天台徳韶和尚からの書面での要請にこたえ、経典を書写して送るその使として渡唐（当時実際は唐亡び五代となっていた）するにあたり、賀茂保憲が序でをもって彼の地の新修暦経を手に入れて来てくれるように朝廷を通じて依頼したのを引受けた。保憲は、宣明暦がわが国で貞観三年（八六一）に採用されて以来、九十余年を経、唐ではむろん、それ以上の年数がたっていて、天文学上の歳差の累積に基づく改暦は当然なされているにちがいなく、それを手にいれたいと考えたのであった。

日延は、呉につくと新修の暦術を尋習せんことを請うて許され、所持金八十両を以て司天台に入り、『新修符天暦経』並びに立成等を学び、兼ねてまだ日本に将来されてない内外書千余巻を受け、天徳元年（九五七）帰朝した。持ち帰った新修の暦経類は保憲に預けられ、法門関係は天台に納められたが、その他の『春秋要覧』『周易会釈記』など外典は大江家に留め置かれた。以上日延の動静は竹内理三博士が発見された大宰府神社文書によって明らかにされたものである。なお日延は仁観律師の子で暦術に心得があったところからこの任務を引受けたことも知られている。日延が暦術に知識があったのは仁観から学んだためらしく、桃裕行氏は仁観が安倍氏出身とする「僧綱補任」の説を紹介され、星宿法を伝えた人かもしれないと述べられた（同氏「日延の符天暦齎来」竹内博士還暦記念会編『律令国家と貴族社会』所収）。

日延のもたらした符天暦は、唐末に曹士蔿がつくるところ、『新唐書』に『七曜符天暦』一巻、『七曜符天人元暦』

三巻とあるもので、わが国でも『日本国見在書目録』に「唐七曜符天暦一」と記され、日延以前に輸入されていたが、日延はその立成を舶載し、実際の技術を伝えたことになるのである。

それでは符天暦とはどんな暦であったか。桃裕行氏が中国における事情を詳しく考証されたのに従えば、唐の昭宗の景福二年（八九三）に、宣明暦に代って採用された崇玄暦は、唐が亡びても後梁・後唐・後晋に引き継がれ、一方、符天暦は建中ころ（七八〇―三）から民間に広まり、呉・越国にも採用され、次第に官暦的なものとなりつつあったのである。わが国に伝えられた符天暦はその後宿曜師の間で利用されたが、桃氏はこの暦を用いて行なわれた運命勘録を平安・鎌倉期の実例六つをあげてその証拠とされている。

また同氏は右の実例を含めて十五の宿曜道運命勘録をあつめ、これらは内容的に㈠生年月日時刻の九曜の位置からその人の運命を占うもの、㈡毎年の九曜の運行をみてその年の運命を占うもの、㈢日蝕によって占うもの、㈣月蝕によって占うものの四種に分けられ、そのいずれも何等かの形で符天暦と関係があることを推定された。

また運命勘録の実例から宣明暦とは別の「符天暦経日纒差立成」なる数表を用いて暦の推算をすることや、「十二宮位天地図」ホロスコープ（Horoscope）をもって符天暦の算出を示していることが明らかにされている。Horoscopeは人の生れたときの星辰の位置を図示した西洋の占星術表で、平信範の日記『兵範記』（仁安二、四、一条）に、日蝕のため「御降誕天象図」をみたところ、天皇御慎であることがわかり、日蝕攘災法を修すべきことがきめられたとあるこの天象図も同様のものである。

長和四年（一〇一五）七月八日、暦博士賀茂守道は仁統法師と協力して造暦したいと申請した際、守道の父光栄と仁宗法師がかつて相共に暦を作進した先例を提示した。仁宗・仁統は宿曜師であったから、共同の造暦は暦博士の宣明暦と宿曜師の符天暦の両方でもって推算されたものである。個人的にも仁宗は求めに応じて藤原実資や同行成などに宿曜勘文を送っており（『小右記』天元五、五、十六条、『権記』長保元、十、十六条）、宿曜師が十二月になると翌年の宿曜勘文を公家に届けにきたことは桃氏が明らかにされている。

つぎに『二中歴』が挙げた宿曜関係僧侶を示すと左のごとくなる。カッコ内は同書の注記である。

宿曜師

法蔵（僧都）　利源（闍梨）　仁宗（五師）　仁祚（法蔵弟子）　仁統（五師）　扶宣（禄命）　忠允（仁祚弟子）　良湛（扶宣子禄命）　増命（仁統姪子）　證昭（仁統弟子）　彦祚（仁統弟子）　能算（仁統弟子）　清昭（法橋成忠子）　恒舜（僧都）　国空（同）　尊源（法眼増命弟子）　賢暹（法印）　慶増（大僧都）　良祐（闍梨、覧暹弟子）　明算（能算子）　深算（能算弟子）　日覚（良祐弟子）

禄命師

日延（上人）　扶仙　良湛　能算　忠清　慶増

これらの中で師弟（＝で示す）親子（―で示す）の関係を拾うと次の系図になる。

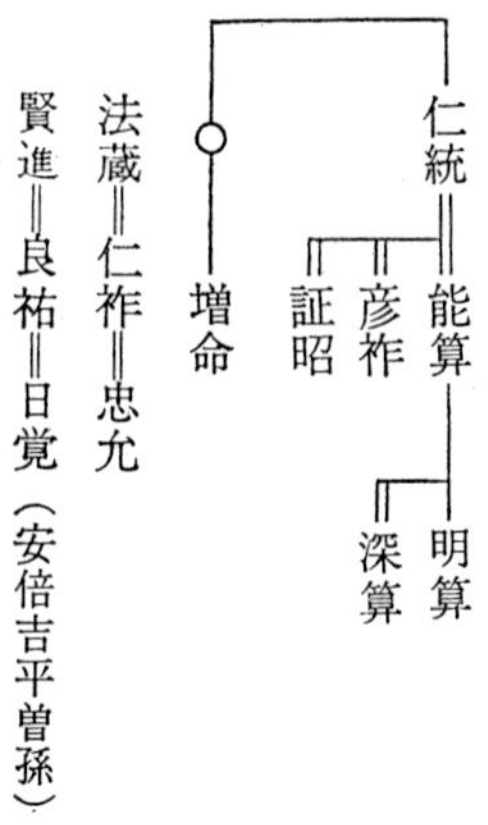

系図３　宿曜師系図

仁統一派は南都＝寺門系、賢暹は山門系、法蔵は南都系とみられるが、寺門密教が真言密教に密接な関係があることを考えると、南都＝寺門の系統が宿曜道界の主流であったものと推測される。禄命師の方は六人のうち、四人まで宿曜師と重なって、禄命師だけのものは日延と忠清の二人にすぎない。禄命家は『阿娑縛抄』に、現世の息災延命に関することのみで後世の沙汰はしないと規定し、また宿曜家は子、禄命家は丑、陰陽師は寅を始めとして説を立てるとある。要するに宿曜道や密教呪法に付属したものであったろうが、詳細は桃氏の研究に譲る。

平安末期から鎌倉期にかけ、これら諸系統の宿曜師は活躍したが、このうち明算は良門流藤原氏出身の園城寺の僧で関白忠実のため、その息子や息女の宿曜につき相談にあずかっている（『殿暦』康和五、二、九及同、十二、二十五条）。また深算は嘉承元年（一一〇六）十二月一日、日蝕ありとした暦道の勘申に反対し、事実無蝕で暦道は敗れた。むろん『二中歴』にのせた以外にも活躍した宿曜師は多く、大治四年（一一二九）七月が大か小かをめぐって宿曜師源算は暦博士と争い、三善為康・宿曜師珍也らは源算を支持したが、結局は源算の主張通りに七月は大となった（『長秋記』大治四、六、二条）。

珍也の子には珍賀法橋があり、清水寺辺に北斗降臨院なる寺を営んだ（『玉葉』承安四、十、二十五条）。珍賀の子珍善は九条兼実のため虚空蔵・尊星王等の像を造立しており、その子珍誉は後述のごとく鎌倉で活躍したが、珍也の一族は桓武平氏出身、南都系の僧侶であった。さらに珍善とともに活躍した性一・兼一・慶算らがあり、慶算は醍醐源氏出身の寺門僧で、『山槐記』（治承二、十、二十九条）に東方祭なる祭法を能算より永算をへて相承した旨が記されている。後述する藤原頼長には大威儀師寛救や弟子源救らがあった。著作物としては、『宿曜祀火法』（青蓮院吉水蔵）、『宿曜護摩法』（宝菩提院蔵）、『灌頂曜宿事』（慈恩院栄然大僧都著、宝菩提院蔵）などが出たが、これらは現在その内容の研究されたもののあるを知らない。

三四　天台の陰陽道的諸法

宿曜師については断片的ながらこれで擱き、天台の各種修法にみる陰陽道的影響に眼を転じてゆきたい。

山門では皇慶阿闍梨が出て天台教学谷流の祖となったが、彼は慈覚大師の瑜伽秘法七代目の伝授者と称せられ、また鎮西にて真言密教の景雲阿闍梨につき東密の秘伝を受けた。谷流の秘伝を記録したものとしては、大原の長宴僧都が皇慶からの聞書を集めた『四十帖決』、皇慶の弟子頼昭の説を行厳が書留めた『口秘聞』三帖、その行厳の説を聖昭の書き記した『穴太決』二十帖があり、寺門でも秘書を伝えて内容の一部は『阿娑縛抄』などに引用され、断片的にうかがいうる。

〔熾盛光法〕　最初に山門の秘決として比較的古くから行なわれた熾盛光法をとりあげてみよう。これは諸天曜宿を折伏する功徳のある法で、㈠熾盛光仏頂威徳光明真言儀軌、㈡大妙金剛大甘露軍怒礼焔慢熾盛仏頂経、㈢熾盛光念誦儀軌、㈣熾盛光経等を所依の経典とし、㈠は円仁、㈡は恵運が将来し、㈣は不空訳で延喜七年（九〇七）、唐より商人が持帰って時平に提出したとの伝えがある。

この作法に用いる熾盛光曼荼羅は、叡山惣持院にあるものが基本とされ、これを根本曼荼羅と称するが、それによると中心に仏の毛孔より無数の光を放つ金輪仏頂尊を安置し、前に仏眼、右に文殊、左に金剛手、文殊の右に不思議童子、左に救護恵、金剛手の左に毗倶胝、右に観自在、四隅に四明王、東南に不動、西南に降三世、西北に無能勝、東北に烏瑟沙摩を配する。その外周には、上に熾盛光・仏眼母・文殊・金剛手の真言を出し、その外側に、日天・月天・五星・羅睺星・彗星・大梵天王・浄居天・那羅延天・都史多天・帝釈天・摩醯首羅天・大自在天の十二尊を配する。さらにその外を囲んで十二宮および二十八宿をめぐらす。

十二宮は、中心仏の前面より右側に向って、師子宮・女宮・秤宮・蝎宮・弓宮・摩竭宮の六宮を、左の方に向って、宝瓶宮・魚宮・羊宮・牛宮・男女宮・蟹《がい》宮の六宮を位置せしめ、中心仏の背後に安虚宿を、前面に七星宿をおく。

これら十二宮二十八宿配置の順は右廻りになっているが、陰陽道・宿曜道では左廻りに数えるので反対になっている。なお曜宿があるのに北斗七星を加えないのは別にこれを本尊とするものがあるからである。要するに七十七尊の多数を含む曼荼羅であるので、修法に際しては七十余本の蠟燭を燃して供える。ただし平安末ころ以降、北斗七星と山王行疫神の分も加えて八十五本を供えるに至ったので、事実上、宿星の曼荼羅供の性格をもっていることがしられる。

はじめてこの法を勤めたのは円仁で、唐では青竜寺に勅して天子本命の灌頂道場をおき、代々天子のため修するのにならい、帰朝後、叡山に惣持院を建て、当時は文徳天皇御本命の道場として勤修をはじめたものである。それ以降に修せられた例を『熾盛光法日記』から拾うとつぎのとおりである。

時日	場所	導師	理由
延喜五年夏	惣持院		
延喜十一年秋	豊楽院		驚怪
天慶七年七月十六日	惣持院	明達	
天慶八年十二月四日	惣持院	義海	天変
天暦三年七月二十九日	大日院	延昌	天変
天徳四年九月二十二日	仁寿殿		天変
天徳四年九月二十四日	左近衛府大将曹司		
承暦四年七月十二日	定林房	長宴	御悩
寛治六年十月二十四日	賀陽院	仁覚	
康和四年十月十九日	仁寿殿	賢暹	天変

康和五年正月十日	仁寿殿	賢暹	
長治二年三月五日	新大炊殿	教王房	天変
嘉承二年十一月一日	禁中	仁源	御慎
嘉承四年四月二十七日	禁中	仁源	御慎
天治二年八月五日	土御門内裏	仁実	天変
天承二年三月二十日	三条東殿西対	忠尋	待賢門院息災延寿
長承元年九月十三日	仁寿殿	忠尋	索星及地震
久安二年十二月六日	禁中	行玄	天変
仁平二年二月十六日	青蓮院御房壇所	行玄	公家御祈
長寛元年九月二十一日	押小路東洞院新内裏	重愉	
建久五年七月二十三日	閑院殿	慈円	天変及祈雨
建仁二年十一月八日	春日殿	慈円	
元久元年二月八日	平等院本堂	慈円	上皇御祈
元久二年二月	法勝寺	慈円	
建永元年七月十五日	熾盛光堂	慈円	
建永二年三月二十二日	熾盛光堂	慈円	（これより毎年の例事となる）
承元二年三月二十五日	熾盛光堂	慈円	
承元三年五月八日	熾盛光堂	慈円	

承元四年七月八日	熾盛光堂	慈円	
承元四年十月四日	熾盛光堂	慈円	彗星
建暦元年九月二日	熾盛光堂	慈円	
建暦二年正月十日	熾盛光堂	慈円	
建暦二年七月四日	熾盛光堂	慈円	
建暦二年十一月十六日	熾盛光堂	慈円	
建暦三年七月十二日	熾盛光堂	慈円	
建保二年	熾盛光堂	慈円	
建保三年十一月六日	熾盛光堂	慈円	
建保四年十一月三日	熾盛光堂	慈円	
建保五年八月五日	熾盛光堂	慈円	
承久元年閏二月十六日	水無瀬離宮	慈円	
承久元年九月十二日	熾盛光堂	慈円	上皇御悩
貞永元年閏九月	今出川殿	良快	彗星
延応元年二月	熾盛光堂	良快	公家御祈
延応元年六月	熾盛光堂	慈源	公家御祈
延応元年十二月	熾盛光堂	慈源	天変
仁治三年正月	熾盛光堂	慈源	公家御祈

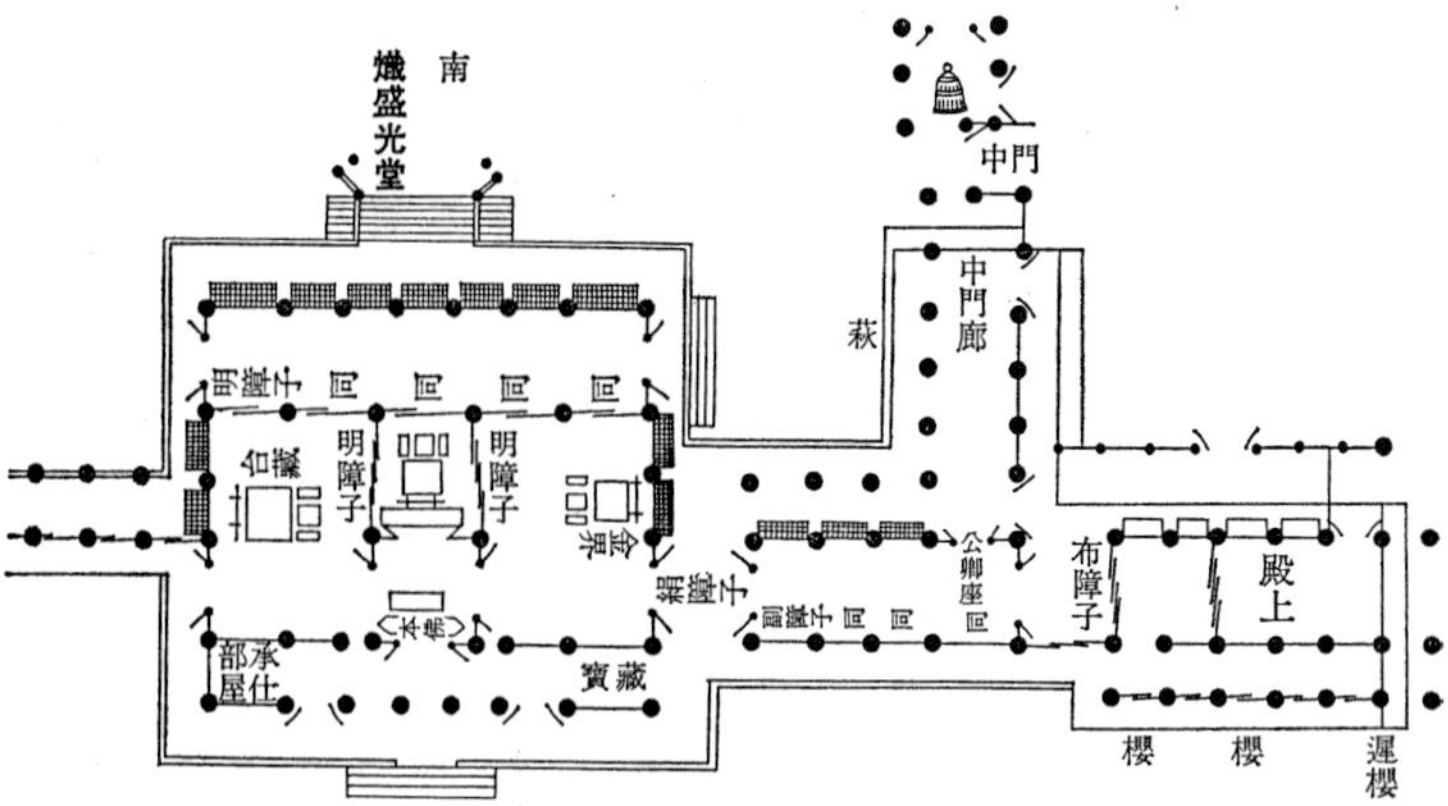

挿図７　最勝四天王院（三条白河房）熾盛光堂指図
（『門葉記』による）

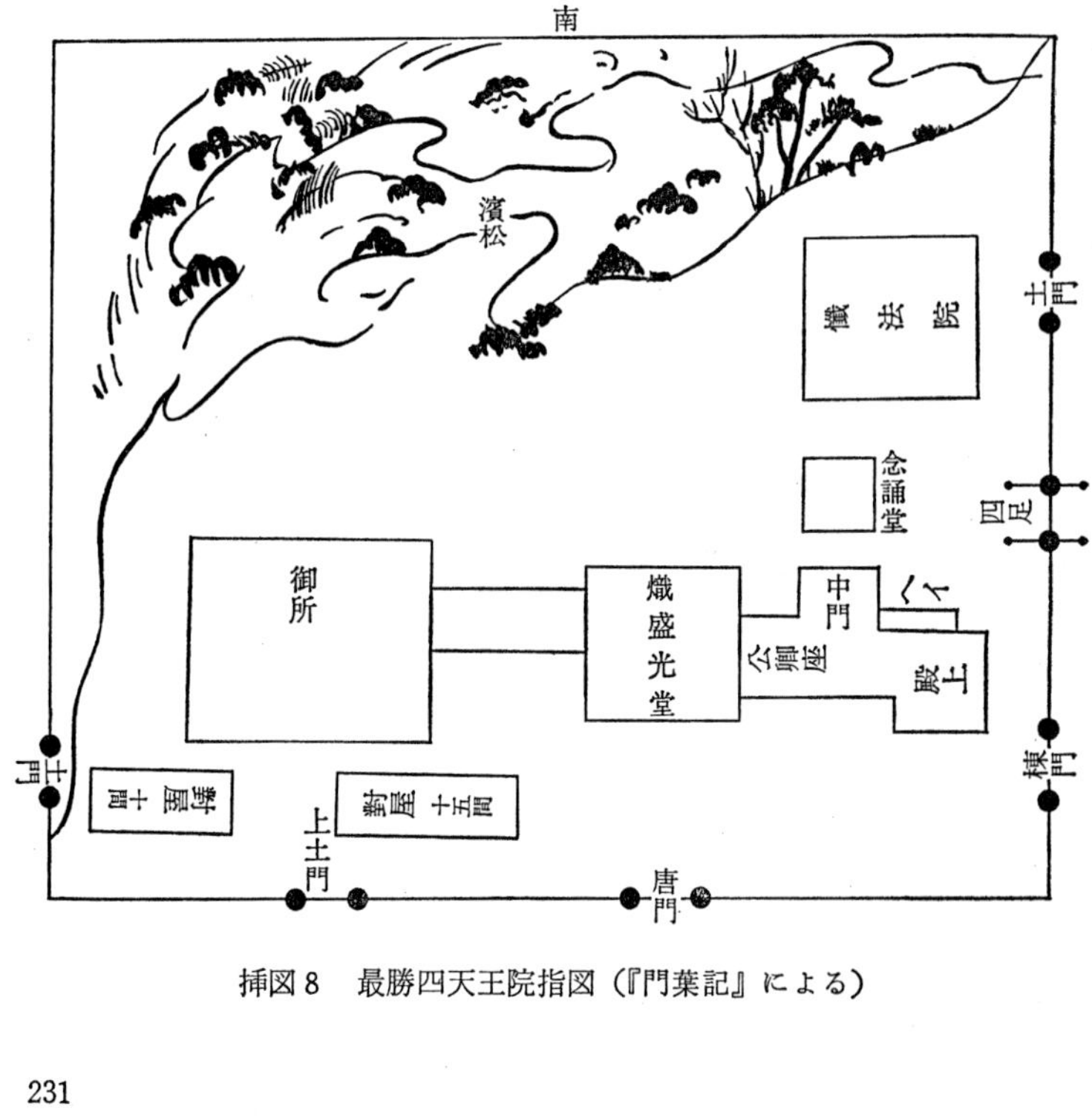

挿図８　最勝四天王院指図（『門葉記』による）

寛元元年閏九月二十七日　隆親亭　慈源　公家御祈
寛元三年三日七日　閑院　慈源　天変

以上初度を除いて四十八例だが、建永元年（一二〇六）より承久元年（一二一九）までは慈円一代の間に行なわれ、大法十二度常法九度、計二十一度に上る頻繁さであった（右の表には十七度しか上っていない）。道場となった熾盛光堂は元久二年（一二〇五）四月二十三日、後鳥羽上皇が慈円の三条白河房を召上げ、翌々承元元年十一月二十九日、ここに建てられた最勝四天王院の境内にあったもので、同院が倒幕の祈禱を目的に営まれた関係上、この行法もこれに関連したものであったことは疑いない（挿図7）。

やがて承久二年十月四日、この寺院は破壊せられ、熾盛光堂もなくなったが、承久乱後、慈源（月輪僧正）がこの白川房を伝領し、嘉禎三年（一二三七）西園寺実氏の助力をえて再建した。『門葉記』にのせられたこの堂の指図は最勝四天王院のものと覚しく、御所（上皇）と廊下つづきに建てられている（挿図8）。後鳥羽院政期は異常だったが、一般的にこの修法は天変のため修せられることが多く、元来陰陽道と密接な関係にあったことを示唆している。

嘉承二年（一一〇七）十一月一日には日蝕があるとの占いで、鳥羽天皇当時五歳になられ日曜が御当年星のため御慎軽からず冬至にも相当するとの陰陽道の勘申に基づきこの法が修せられた。しかし実際には日蝕は起らなかったらしい。また天治二年（一一二五）八月五日、土御門内裏において修せられたときは、泰山府君・五道大神なども勧請されており、一層陰陽道的色彩が加わっていた。何分山門四大秘法の一と称せられるだけに、座主あるいは高僧の勤修になるもの多く、多数の壇を立て、多数の祈禱僧を必要とするので、とくに貴族性の強い修法である。何でも数を増すところに功徳が積まれるとする時代の信仰をもよく反映している。

しかし以上の表で行なわれた頻度を考えてみると、十世紀前半に多数の例があるあとは摂関全盛期が全く空白であり、白河天皇以後、院政期に入って急に盛大に赴き、白河・鳥羽両院政期各々六件、後白河院政期二件、後鳥羽院政期二十件に達する。実際は右の表以外にも行なわれたらしいから、これらの件数は実際より少ない数とみてよい。白河・鳥羽両院政期は武家との対立のない時代ではあるが、やはり院庁政権に対する各方面の風当りを感じた上皇が、自己の専政体制擁護の意味もあって（擁立したロボット的天皇のためにも）しきりに行なったと考えられる。かようにみればこの修法には院政期に入ってから急速に政治的色彩の加わったことが感ぜられよう。そしてその背後には政治社会的不安に便乗する陰陽師の活動が想像されてくるのである。

〔安鎮法〕　これも山門四大秘法の一つ、安鎮法は息災の法ではあるが、建築施設物に関係の深いだけに、その吉凶が宿曜方位にかかわること多く、従って陰陽道とも密接に結びついている。谷流では日曜を正鎮日とし、第五日木曜直日に終るをよしとする。修法に用いる曼荼羅は二臂の不動を中心に、八方に青色四臂の不動を配置し、その外側に帝釈天・火天・焔魔天・羅刹天・水天・風天・毘沙門天・伊舎那天の八天をめぐらすものであるが、行法終ればこの曼荼羅を天井、梁の上にのせ、釘で打ちつけることがある。この風習は古くはなかったことで、経典にも見えず、何時しか師々口伝のうちに行なわれてきたので、あたかも陰陽道で宅鎮にあたり七十二星・西嶽真人の護符を天井に収める風があるのに影響されたのではあるまいか。いま修法の例を『安鎮法日記集』から表にして示す。

時　日	場　所	導師
応和元年十月二十四日	承香殿	喜慶
天禄三年六月二十四日	桃園殿	遍斅
長保二年九月二十一日	内　裏	観修

長和四年五月二十五日	仁寿殿	慶円
寛仁二年三月九日	清涼殿	明救
長久二年十一月二十六日	内　裏	明尊
天喜四年二月十五日	一条院	明快
康平三年七月十六日	清涼殿	慶範
延久二年六月十二日		長宴
延久三年七月十九日	仁寿殿	勝範
承保三年十一月十二日	六条内裏	覚尋
承暦三年十一月二十六日	堀川院	寛慶
永保三年十二月二十五日	三条内裏	良真
嘉保二年六月九日	閑　院	仁覚
康和二年五月二十四日	仁寿殿	仁覚
長治元年三月二十九日	堀川殿	賢暹
長治元年十二月三日	大炊殿	賢暹
保安四年五月二十六日	二条殿	寛慶
天治三年正月五日	三条内裏	仁実
大治五年八月七日	待賢門院御所	仁実
保延六年十月二十三日	土御門内裏	行玄

康治二年三月十六日	白河皇后新御所	行玄
保元二年九月二十三日	仁寿殿	最雲
応保二年三月四日	烏丸新内裏	重愉
文治四年十二月九日	六条殿	全玄
建久二年十二月八日	白河御所	顕真
建久九年四月十二日	二条内裏	弁雅
建仁二年十一月十一日	春日京極新御所	慈円
元久元年七月二十九日	五辻新御所	真性
元久二年十一月二十二日	賀陽院	慈円
承久三年七月二十七日	押小路烏丸御所	真性
建暦三年二月十二日	新造閑院殿	公円
建保二年十二月四日	大炊殿	承円
建保四年十二月二十九日	水無瀬殿	承円
建長三年六月十三日	閑院内裏	尊覚

以上三十五例をみるに、初例は十世紀中葉であるが、その後やや時期をおいて十一世紀摂関全盛期に入ってからは屢々修せられ、院政期には益々盛大化した。けだし天徳の内裏炎上までは火事の経験少なく、一般にも重要な建物の災厄がさほどはげしくなかったので、安鎮法勤修のムードも起らなかったが、摂関時代になると摂関をはじめとする

堂舎造営が目まぐるしく、一方内裏を含む公家住宅の火事（放火が多かったが）に伴う再建しきりで、陰陽道の宅鎮呪法と併行して密教の安鎮法も需要が高まった。とくに院政期となればさらに造営事業は競争の有様で修法は頻繁を加えた。実際はむろんこの表以外に多かったにちがいない。建保四年（一二一六）より建長三年（一二五一）までの長い空白は記録の欠如を示すのであろう。

承保三年（一〇七六）の例では、陰陽師の宅鎮祭が安倍国随《ときゆき》の手でこれと同時に修せられ、灰鎮・五方鎮など密教側と似た作法がみられた。永保三年（一〇八三）のときのように、星宿水曜をもって始め、五日目は角宿日曜にあたる例外的ケースもあった。嘉保二年（一〇九五）の例では、鎮物を埋めるため穴を掘ると白瓷の小瓶が出た。これは以前に陰陽師が埋んだものとわかり、偶然の一致に居合わせたものが感心したのである。またこの穴を掘る場合、陰陽師が反閇を踏んだことは、大治元年（一一二六）の記事から知られる。

〔仏眼法・葉衣鎮法・大白衣観音法〕　つぎに仏眼法も本尊は七曜を使者とし、使用の曼荼羅は金剛吉祥仏母を中心に、右旋回して七曜を配置するので、やはり星宿の信仰につながるものである。『瑜祇経』には万法出生の陰陽五行神を諸仏能生心王仏母徳と称し、また、心宿・柳宿・昴宿・牛宿の何れかの直日をもって、修法をはじめるべきであるとしている。現当所求成就を求める法で、堀河天皇のとき東塔に仏眼院が建立された。七曜をまつるため熾盛光法同様に蠟燭供を行なう。七曜七坏、九執・二十八宿・十二宮・山王行疫神などに各一坏で計十二坏を供えることになっている。熾盛光法程大規模な壇を必要としないので、より容易にかつ屢々行なわれたものであろう。

安鎮と同性格の秘法に葉衣鎮法がある。しかし不空訳の『葉衣観自在菩薩経』によれば、除疫病法・長寿無病法・護持国法・除宿曜法・除人病法・除畜疫法・除頭病法・除鬼魅法・除虐病法・除嬰魅法・除却賊法・除苗稼虫法の十二種の法があるが、疫鬼追放の作法が中心らしく、治安二年（一〇二二）、治暦三年（一〇六七）、応徳三年（一〇八六）、康和三年（一一〇一）、保延五年（一一三九）、康治元年（一一四二）、久安四年（一一四八）などの例あり、一般公家貴族の間で修められたものである。中世に入っては例が減少する。

前者に似たものに大白衣観音法がある。「九曜息災大白衣観音陀羅尼」を誦ずれば天変兵革はじめ一切の災難、自然に消散するの効ありとする。将門の乱に陰陽師賀茂忠行がこの法を修すべき旨、右大臣藤原師輔に進言した。当時山門でもこの法を知らぬ者多く、寛静が勤仕して漸く一般に知られてきた。スケールは小さいが、五本（坏）の蠟燭を供え、熾盛光法に準じた行法である。白衣観音は曜宿を直し給う尊で、西天竺国婆羅門僧金倶吒撰の『七曜攘災決』にある真言の星句を唱うれば利益があるとされる。

〔冥道供〕　十一世紀後半より俄に注目されたものに冥道供がある。焰魔天供とほぼ同様のものであるが、冥道曼荼羅を本尊とする。これは北斗七星を中央上に、一字金輪を中央に、下方には仏眼、右には三十九執、左には二十八宿六禽を配する。また寛徳元年（一〇四四）より以降、大原勝林院では冥道無遮斎会が営まれてきた。これは諸神祇・宿曜・北斗七星・諸経中の鬼神・夜叉・善神・羅刹、陰陽道の神々など広範な尊位を、百ないし二百にわたって集め供養するもので、藤原頼通も平等院で治暦四年（一〇六八）三月二十日に行なった。

従って、蠟燭供も尊位に応じて夥しく、供菓には必ず干棗を用いる。干棗は尊星王位にも用い、また陰陽道の泰山府君祭にも供える。これは陰陽道の秘事となっており、式占に用いる式盤の天盤は棗の木、地盤は桂の木にて作るのと関係があるといわれる。行法の中に懺悔偈が入っていることからも察せられるとおり、あらゆる冥土幽界の尊者、精霊に対し、懺悔をなし、身を浄めて一切の災殃を払い、吉祥を受けんとするもので、当時における浄土信仰の高まりに影響されていることは否定出来ない。また夥しい蠟燭供に伴う点燈の美観は数をもって功徳が積まれるとする当代信仰の傾向にもっともよく合致し、同時に、空也上人が六波羅密寺でもうけた万燈会に通ずるものがある。左に修法の例を掲げる。

時日	場所	導師	理由
治暦四年三月二十日	平等院	長宴	
延久四年九月二十六日	閑院		天下疱瘡
承暦五年二月		長宴	
寛治七年	六条内裏	賢暹	
長治二年三月二十四日	内裏	賢暹	主上御薬
天承元年八月十四日	白河殿	相豪	
天承三年正月十一日			
長承元年正月十四日	蓮華蔵院	院昭	
長承二年	宝荘厳院御所	院昭	
永治元年七月二十三日	勝光明院	行玄	
永治元年八月二日	勝光明院	相実	
永治二年四月十四日			
建久十年正月六日	中将殿亭	仙雲	摂政腫物
貞応二年三月二十六日	岡崎御本房	円長	法皇御悩

の十四例がしられる。行法に伝教大師様と智証大師様があり、天承元年（一一三一）、永治元年（一一四一）八月二日

の例は後者によったものである。

はじめにものべた閻魔天供は、『盂蘭盆疏記』『薬師経疏』『閻魔王供行法次第』等の典籍に基づくので、保延元年（一一三五）六月三十日、二条富小路母后御所にて五宮本仁親王のため、保延四年七月三日、藤原頼通北政所病気のため東一条第で、翌年五月十四日、美福門院御産安穏のため御所にて修せられた例がしられる。本尊として用いる曼荼羅には様々のものがあるが、山門の代表としては金剛寿院本（もと前唐院にあり）が中央に閻魔天・閻魔后・七母女鬼を上下に並べ、左右には、荼吉尼天・黒暗后・七鬼・鷲・婆栖鳥（鵄に似る）等を配するのに対し、寺門では十九位曼荼羅と称し、中央に上から地蔵菩薩・閻魔天・泰山府君をあらわし、両側に司悪・司録・司善・司命・五道大神を配し、一層陰陽道的雰囲気を濃厚ならしめている。義浄の『帝釈天秘密記』では閻魔王とは大日如来に他ならぬとする。この法は中世、冥道供をもって屢々代行された。

要するに陰陽道の天曹地府祭（一名六道冥官祭）・泰山府君祭に対抗するものであって、中世浄土信仰が普及するにつれ、密教側の冥府冥官信仰も説経・絵解などを通じ民衆に親しまれてきた結果、この修法は次第に通俗化するに至った。

〔六字河臨法〕　これは真言密教のところであらまし説いたとおり、山門の秘法とはいい条、真言宗でも修した。所依の経典は『六字呪王経』『六字陀羅尼呪経』等で、康平七年（一〇六四）、延久三年（一〇七一）十一月十四日、承暦二年（一〇七八）八月九日、何れも富家殿で、承保元年（一〇七四）十二月十九日、岡野の摂津守宅で承暦四年閏八月二十六日但馬守俊綱の伏見別業で、康和五年（一一〇三）三月十四日および嘉承二年（一一〇七）九月二日、白河法皇のために鳥羽殿で営まれている程度であることからして、十一世紀末ないし十二世紀始めころ、つまり摂関全盛期を過ぎたあと、頽廃した宮廷社会にかなり流行した独特の不思議な修法であった。目的は呪詛のほか反逆・病気・産婦等もある。

〔尊星王法〕 寺門派の秘法と称せられ、妙見菩薩の法なる別名もある。その行儀は真言宗と異なり、陰陽道のそれに近いものである。たとえば、呪禁の五法である「禹歩」の作法などとりいれているのがその証拠である。大属星供のごとく行なうが、妙見は吉祥天に他ならず、吉祥天は十二名号を有するゆえ、蠟燭十二坏を供える。その図像は黄色二臂にして蓮葉に坐し、左手蓮葉を持ち、その上には七星をつくる。頭光の上に七星すなわち紫宮をあらわす。また円珍の創めた後唐院には亀上に鏡を立て、その表裏に各々黄色四臂、竜に乗る像と、白色二臂にして蓮華に坐する像をあらわすものがあり、藤原頼通の希望で平等院宝蔵に収められた。陰陽道でも崇敬するが、俗形束帯、あるいは童子形・童女形にあらわすこともある。また妙見曼荼羅はその構図、既述の尊星曼荼羅と同様である。

承暦四年（一〇八〇）、隆明は園城寺北院の地に羅惹院を復興、尊星王菩薩を安置して御願寺となし、寛治四年（一〇九〇）、供養を遂げており、平等院では鳥羽上皇が一堂を建てて尊星王をまつられ、後白河上皇のとき復興されるなど、寺門派がこの修法を専門的に勤める道場も院政期に整備された。同じころ、円珍勧請の新羅明神の本地は尊星王であるとの説が流布し、明神をまつれば疫気退散の利益ありと信ぜられるに至った。

むろん山門でも別に北斗七星の行法は盛んで、十六天・十二宮神・北斗七星・二十八宿、その他の諸尊を加えた七十天の大曼荼羅供がもっともスケール大きく、その大体は一行撰の『北斗七星護摩秘要儀軌』により、真言と宿曜の要素が重きをなしている。そのほか、『北斗七星延命経』『北斗念誦儀軌』『北辰菩薩経』『葛仙公礼北斗法』などが所依の経典であるが、上述のごとく、寺門派ではこれらからさらに様々の諸説が秘伝として発生した。山門でも最澄建立の妙見堂があり、八部院と称した。承和年中（八三四―八四七）、良房が修築し、新たに梵天・帝釈・四天王を別置の新堂も増築された。『北斗護』『北斗記』『北斗次第』『北斗私記』など、谷流皇慶阿闍梨系統の修法記が種々遺されている点からも盛んに行なわれた事情を推察しえよう。

本命星供も同様で、阿弥陀房静真の『本命供私記』や『星供私記』などがつくられた。『阿娑縛抄』には、長暦三年（一〇三九）正月十八日に行なわれた、某檀越の祭文が掲げられており、作法次第がのべられているが、正式な経軌があるわけでなく、ただ師弟相伝して行なわれているにすぎないとしている。従って、作法にかなり融通性があるものとみられ、簡易化すれば庶民階級でも受け入れられる訳で、中世、陰陽師とならび宿曜師の民間活動の一つの緒口となるのであった。

密教と陰陽道の交渉は、前者に秘伝的なものが多いため、なお不充分かつ不明瞭であることを免れないが、概して両者とも徒らに枝葉末節的理論や作法をつくり出し、新規の装いをもって対抗しつつも、実際には互いに部分的な習合的模倣を試み、ことに密教にあっては陰陽道的要素の拡大につれ、台密・東密両者の教義作法にかえって相類似の方向を示すようになった。かくて陰陽道の密教への滲透は一面平安仏教の世俗化を促し、革新仏教誕生の素地をなす密教批判の雰囲気をかもし出したが、他面密教的呪術信仰の根強い民間流布は陰陽道の普及に大いなるプラスともなったので、これが宮廷陰陽道の行きづまりを打破する結果にもつながった。それに先立ち、われわれは爛熟期の陰陽道を院政期を通じ一瞥し、陰陽道そのものの一層の世俗化と日本的変形を追求しておかねばならない。

八　院政期の陰陽道

三五　院政期の災異思想高揚

政権が摂関家より院庁へ移るにつれ、陰陽道界もこの新しい政治権力者へとその奉仕の目標を改めねばならなくなったが、院政の気まぐれ的性格と摂関家にまさる専制的権威づけのために、一層の煩雑化と迷信化を強いられる情勢となった。この実情をさぐるにあたってまず平安朝全体を通じ、各歴代天皇につき、一元号の継続年数が平均どれぐらいかをグラフで示すことにした（第6表）。

すなわち在位年数を改元の度数で割った数の表示である。これをみると平安前期（醍醐朝まで）は、平城・文徳・光孝以外の歴代はすべて一元号平均七年以上である。平城・光孝は在位短く、文徳は承和の変をうけて世の非難をそらすため藤原氏が帝徳礼讃の祥瑞改元を繁くした結果で、例外的とみてよい。ゆえに全般としては改元ムードは必ずしも強かったとは認められない。

しかるに平安中期（白河朝まで）に移ると藤原氏専制下、改元

第6表　平安朝歴代の一元号平均継続年数グラフ

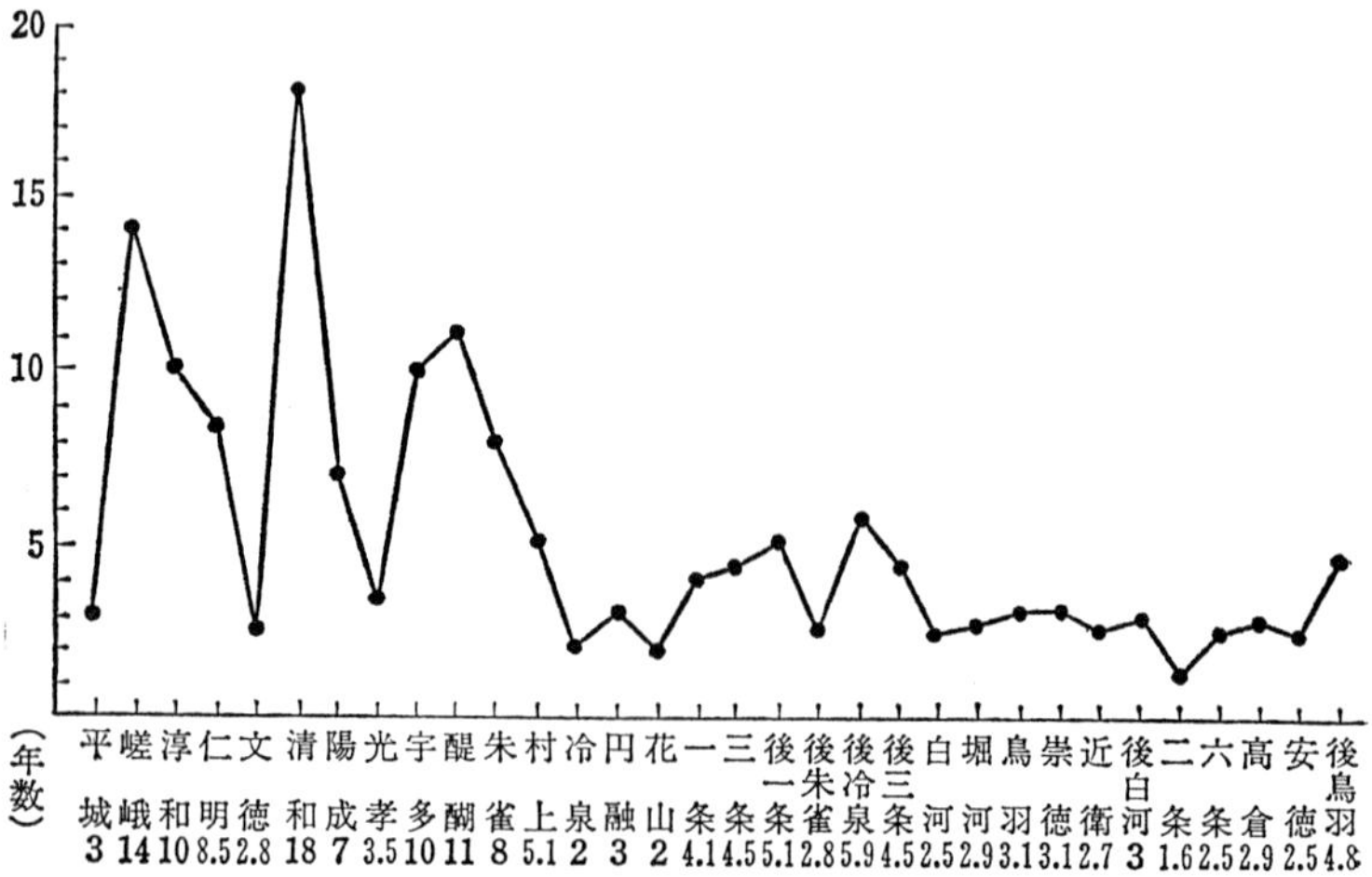

は周期的行事のごとく取扱われ、摂関家の御都合主義と災害思想の有職化日常化に左右せられて（第六章第二節所説）頻繁を極め、三年から五年あたりが普通となる。院庁政権はさらにこれに拍車をかけ、平均年数三年を超えるものは殆んどなくなった結果、堀河在位中改元すること七度に達し、一天皇在位中の改元度数として最高記録をつくり、二条朝も在位七年間に五度を重ねて最短命改元の時代を現出した。

仁平四年（一一五四）十月、久寿と改元する際、鳥羽法皇は新元号には「治」の字を用いるなと指示し（『台記』久寿元、十、二十八条）、藤原宗能は故白河法皇の命により「徳」の字を用いてはならないと発言していて、元号名撰定に上皇の意志が反映したことを知る。承安五年（一一七五）七月二十八日、安元元年と改められるにつき、九条兼実はその日記『玉葉』に、

此事未だ其意を得ず、疱瘡の時尤も改元あるべし、而して関白、申さるるに依つて之を停止す、今無為無事の時の改元、柳梂の喩か。（原文漢文）

と記した。関白基房の諫めで一たん思い止った改元を後白河はむしかえし、何も事がないのに改元するのは柳梂の類だと兼実は非難した。柳梂が「柳線垂金」の意ならば中国で珍重される菊花の品種で、結局、改元は道楽半分の仕事だと評したのではなかろうか。とにかく、「疱瘡ならびに天下閑かならざるにより」と称し改元は強行された。後白河の改元癖は、一年しか使用しない年号を、平治・永暦・永万・養和・元暦と五つもつくり出していることから充分想像がつく。

即位改元以外について改元理由をみると、院政期は㈠三合厄、辛酉革命等周期的災厄説（天行の災異）によるもの、㈡天文の異変、㈢疫病流行が主となっており、火事・地震・飢饉などは少ない。これは決して実際の災異の種類に対応していたのでなく、改元のための災異認定が三者のいずれかを慣例とするに至ったにすぎず、いわば理由は全く形

式化し、どのようにも理屈がつけられたことを意味する。

改元には関係なくとも災異の報告は盛んで、なかんづく伊勢外宮が急増したのをはじめ、賀茂社これにつぎ、日吉社・春日社・北野社・祇園社・稲荷社・大原野社・平野社・貴布祢社・石清水社・松尾社・住吉社・大隅八幡宮・香椎社・高良社・宇佐社など諸社におよび、神社関係が多いのに注目される。試みに久安年間（一一四五―一一五〇）だけをとってみても、伊勢神宮から左の報告が記録されている。

久安元、	十一、	二十四	外院御厩北の毛美木枯朽し倒る
同	十二、	十三	別宮滝宮瑞垣御門内南面葺萱残らず悉く垂れ落つ
久安二、	六、	八	御輿宿西楠の枝一丈折落つ
同	九、	二十二	豊受宮御井社内蝦二匹水底にあり云々
同	同	同	同宮正殿その他の建物の葺萱巻檜皮が群集の鳥に食い抜かる
久安三、	七、	九	豊受宮御器御倉鎰折る
同	八、	二	御厨子羽蟻あらわる
同	八、	二十六	豊受宮幣帛殿千木一枝折る
同	十二、	四	別宮荒祭宮覆帛御被湿損し御殿の棟差檜皮葺萱など破損す
同	十二、	十五	豊受宮当祭由貴御饌料御比奈志が獣類のため穢さる
久安四、	六、	三	豊受宮御所荒坂艮角外にある榎木の南方の枝折れ落つ
久安五、	七、	二十四	酒殿匙自ら折れ立つ
同	同	同	豊受宮御饌御飯上並に御座の下に蟻生ず

これらは建物や樹木の損傷、異常ならびに動物の行動に関するものが中心で、些細な怪異の濫造報告の裏には、朝廷の関心を高め、その経済的援助をねらった神社側の意図が働いている。院庁政権は造寺造塔に熱心でも、神社の修造にはそれ程積極的でなかったからである。

怪異の新しい傾向として鵼（鵺）の出現がある。「ぬえどり」の名は、『古事記』『万葉集』にも出ており、中国では雉に近い種類と解され、わが国では梟あるいは「とらつぐみ」を意味するが、がんらい鳥類は平安朝以前には、鳳鸞・比翼鳥・同心鳥・永楽鳥が大瑞、玄鶴・青烏・三足烏・赤燕・赤雀・鶏趣が上瑞、白鳩・白烏・蒼烏・白雉・翠鳥・黄鵠・朱鴈・五色鴈・白雀が中瑞、神雀・冠雀・黒鳩・白鵲が下瑞とされ、多種類に上る瑞鳥があった。

このうち大瑞は、すべて全くの仮空の動物、上、中、下端は烏・雀・雉・鶴・鳩・鴈・燕・鵠・鵲・鶏などの異常個体とみられるものだが、わが国ではおもに雉・雀・烏などに限られていた。平安朝に入ってもこれらの瑞鳥の報告は全くないではなかったが、それよりも鳥の鳴声・群集はじめ版位ぬきとり、脱糞など人間にとって不愉快ないし迷惑な行動、不可解な現象に災異凶兆的関心が集まり、鷺・烏のごときは内裏の内外に群棲していたもののごとく、鵂鶹が数万頭陰陽寮の枇杷樹に集まる（弘仁五、二、十六）珍しい風景もみられたらしい。

紫宸殿に常膳を供するとき、魚虎鳥（かわせみ）が多数飛来して殿上の梁の上に集まる（天長十、八、十三）椿事もあり、たまたま太政官庁に集まった鳥が逃げる様子もないので捕えてみると、白身黒頭、両翅とくに長大で、足は水鳥のごとく、名はわからなかった（弘仁五、五、四）が、多分は珍しい渡り鳥であったろう。

藤原忠実の日記『殿暦』に、嘉承二年（一一〇七）十月のころ、名も知らぬ鳥が南殿に飛び込み、占うと天皇は他へ移られる方がよいとの卦が出た。ついで天仁二年（一一〇九）六月夜御殿（大炊殿）の天井に声あり、みると鳶が住んでいたので怪異なりとして占わしめられたが、大した凶兆でないとはいえ他所に移られたがよかろうと陰陽師が申上げたので七月一日内裏に移られた、天永二年（一一一一）九月十日には、前夜土御門皇居に鵼の鳴く声をきき、忠実は白河上皇に他所への遷幸を進言した等々の記事がのっている。

かく鳥の侵入や鳴声のため天皇が住居を変えられることは行なわれたものの、さして重大な怪異とは解されていなかった。『拾芥抄』は永久三年（一一一五）七月、京都市中に鵼があらわれ住民に不安を与え、上皇はこれを占わしめられた旨を記し漸く社会的に問題とされつつあったらしい。もっとも、藤原頼長が朝早く鵼の声を聞き、安倍泰親に占わせると吉と出た（『台記』康治三、四、二十五条）珍しい場合もあった。その後また深更に聞いたときは口舌と火を慎しむべしとの占いが出、この年は他にも鵼の声を耳にした人が多く、頼長が泰親に占わせた日、泰親は七人の別人からその吉凶をたずねられた程である（同、康治三、六、十八条）。

都のみならず伊勢神宮でも鵼を見付けたと注進があった（『本朝世紀』仁平二、二、九条）。『徒然草』（二百十段）には、「ある真言書の中に喚子鳥なく時、招魂の法をばおこなふ次第あり」とし、喚子鳥はホトトギスあるいは鵼など諸説あるにしても、一種の霊鳥として陰陽師法師らが亡魂憑依の術にこの鳥の鳴声を利用したのではあるまいか。鵼の凶兆感は案外密教的陰陽師の俗説に発することを示唆しているかもしれない。

『平家物語』は堀河朝、源義家が鵼から玉体を守り、近衛・二条両天皇では源頼政が鵼退治の手柄を立てたとしているが、近衛天皇のとき射落した怪鳥は「頭は猿、軀《むくろ》は狸、尾は蛇、手足は虎の如く、鳴く声鵼に似た」別の妖怪であった。むろん『平家物語』の話は、頼政の武勇譚として造作されたもので、これに伴う陰陽師の行動は全然なく、陰陽道的災異としての意味はむしろ稀薄となっている。

かかる時代に祥瑞への関心はどうなっていたか注意すると、わずかに一茎二花の蓮の瑞が鳥羽離宮と法勝寺から報告されていることがある。しかし安倍泰親が九条兼実に語った話によると、二条天皇の時代、天文博士安倍広賢が慶雲立つ旨を上奏し勧賞を蒙った、泰親はこれに対し、慶雲は聖代の頃の話である、また孝行の天子に対していうべきことである、いまの天子は賢主であるが至孝の儀に欠くところがあり、慶雲の上奏はふさわしくないと評した、間もなく広賢は死んだと。けだし、二条天皇が父後白河上皇に盾ついた次第は近衛天皇皇后多子を再び二条皇后として迎えられた話から有名であるが、天皇を聖主とする考えは、摂関時代には理念として必要であっても、上皇が事実上天皇に代る地位に立たれた時代には最早必要ではなくなったのである。

それよりも政局の不安は、公家の危機感を高め、怪異についで天文異変の報告をいままでになく多様ならしめた。そこには安倍泰親の「古来天変を示し咎徴《きゅうちょう》を顕わす、その例多し」（『玉葉』安元三、五、七条）とする思想が前提になっていた。いま『百練抄』『本朝世紀』『玉葉』をひもとき、嘉承元年（一一〇六）より文治元年（一一八五）までをとってみると、彗星十七件、流星七件、熒惑星九件、歳星八件、太白星七件、鎮星四件はじめ日蝕・月蝕、日月と他の星の接近、ほか各種の天変は夥しい数に上り、治承元年（一一七七）七月には、「昨今両月天変五か度、皆是希代の変異なり」（『玉葉』）と驚かれ、同四年十一月にも昨今月の間、天変十余度（同）と報告されている。

これを事件との関係についてみると、熒惑星（火星）が太微（獅子座の西端付近の星座）（挿図9）に入った歳には、平治の乱や京都の大火が起り、熒惑星が歳星（木星）を犯した歳には、平清盛のクーデターがあり、太白星

挿図9　太微垣図（新法暦書）
（諸橋徹次氏『大漢和辞典』による）

（金星）が昴星（スバル）を犯した歳には義仲が木曽に起って越後の城助茂を破り、平氏に衝撃を与えたことなどがあげられる。

しかしこれらにもまして、当時脚光を浴びた天変は蚩尤旗《しゆう》の出現である。『玉葉』によると元暦二年（一一八四）正月五日巽方にこの星を観測したが同年平氏は壇浦に滅亡した。『平家物語』はこれを治承二年（一一七八）正月のこととし、そのあとに建礼門院御産の記事を掲げている。『玉葉』は治承元年二年と引続きこの天変があらわれたとのべているから『平家物語』の記事も事実と考えられるが、この書の性質上、天変の記事は必ずあとに何等かの歴史的事件を予想する意味を含ませるのが普通であって、たとえはっきり文章で示しはしていないものの、多分は建礼門院御産すなわち安徳天皇御誕生との関連を示唆しているものと解せられる。

同書は安徳天皇の御出産に際し、すでに天皇の運命に暗い影がさしていたことを予兆する現象として、后御産の際、御殿の棟より甑《こしき》を転がし落す慣例があり、皇子の場合は南へ、皇女の場合は北へ落す手筈になっていたのに、誤って北へ落し、あわてて南へ落し直した失敗談をのせ、「今度御産に笑止数多あり（中略）其外不思議ども有けるを其時は何とも覚えざりけれ共、後には思合する事共は多かりけり」と説明していることから、恐らく蚩尤気出現もその不思議の一つと考えられていたのであろう。

一体「蚩尤」とは、むかし中国で黄帝のとき兵乱を好む諸侯としてしられた人物で、転じて兵乱の前兆を示す悪星を蚩尤気（旗）と呼び、彗星に似て後が曲ると解せられている。元暦二年は正月の始めから東方に赤気が観測され、安倍泰親の子季弘・泰茂・業俊らは彗星であると上奏し、安倍時晴・晴光らは客気である。つまり主たる運気がなく一時的にあらわれる運気であると主張したが、これに対して安倍広基・同資元らは蚩尤気であって、その占いもっとも重く、「旧を除き新を布く象なり」と判断した。

すなわち、近く平氏は亡び源氏の天下になるとの予測的な時局観に天変を結びつけたので、事実当時はすでに多くの識者はそうした政局の見透しに立っていたのである。かくてこの三つの意見の対立は注目すべきものであった。九条兼実は泰茂を召して今回の天変は星の形をしたものがないのにどうして彗星と主張するのかと聞くと、以下の答えをした。

治承元、二年の彗星といわれたものも星の形をしていなかった。このとき泰親が彗星と考えたのに対し季弘は蚩尤気であると断じ父と争論した。そこで泰親は天に祈りを捧げて審判を求め、間違っていた方には天罰を下されんことを請うた。間もなく季弘は重病にかかり命が危くなったので泰親は祭文を書いて天を祭り、季弘の命乞いをして病気はかろうじて平愈した。これで泰親の彗星説の正しさが証明された。だから彗星は星の形をしているかどうかで判断するのではない。『宋書天文志』にも雲気をもって力星と称すとあって気を星と呼ぶには根拠があると。

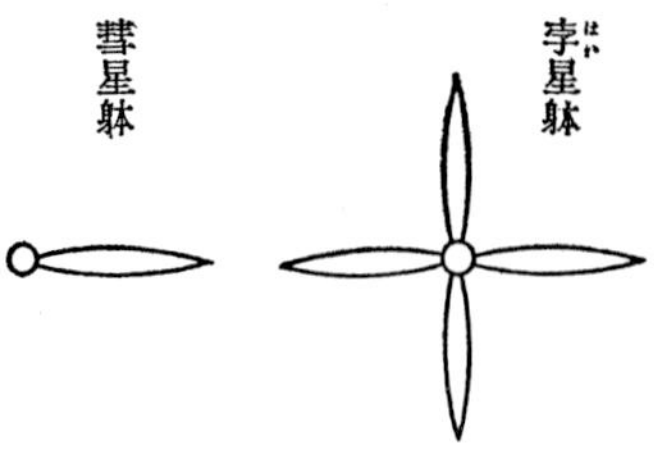

挿図10　諸道勘文彗星図
（『続群書類従』所載）

以上の泰茂の説明について、兼実はそうかもしれぬが、がんらい星の形をしているのが彗星で、星の形をしていないのが蚩尤気とされている。しかるに星の体をなさずとも彗星と呼ぶなら、蚩尤気との区別はどこにあるかと追求すると、両者は同体異名であると答えた。兼実はこれ以上泰茂と論争するのは避けたが、どうもよくわからない。ただしいま天下の情勢を案ずるに、彗星出現の天変でもまだ軽いと思われる程重大化している。時局緊迫化の折の天変であるから、やはり彗星と解すべきであろうか。むかし天喜四年（一〇五六）の天変に安倍章親と中原師平が論争し、前者は客気と称し、後者は彗星と唱えて決せず、その後大極殿以下火災が起った（だから後者の方が正しかった）。およそ司天のことはその道の人でも知り尽し難いのに、まして一般の者は分る筈があろうか。すべては今後の成行をみて是非をきめるべきであろうかと、日記『玉葉』に書いている。所詮上記の三説いずれが正しいかは今後に起る事件次第ではっきりするとの兼実の意見である。

三説中、天変としてもっとも重大なのは彗星であるから、今後、何か大事件が起れば彗星説に軍配が上る理屈である。事実この三月には遂に平氏は滅亡したから、彗星説は正しいとされたにちがいない。かくして政局動揺し社会不安のつづいた時代は天変叢出の温床となった感がある。

三六　院政期の新しい禁忌

以上、院政下、政治の遊戯化と内乱や政局の動揺が災異報告を激増せしめた実情を叙してきたが、これにつれて新しい陰陽道的禁忌も続々創案され、その可否をめぐっての論議が活発化した。その端的な代表者は金神の方忌であって、根拠となった書物は『百忌暦文』といわれるが、果してそれ以前の文献には出ていないのかどうか明らかでない（『本朝世紀』承安三、一、一三条）。

仁安三年（一一六八）六月二十二日、大内裏修理と中和院新造のため、六条天皇が金神七殺方を避けて方違されることになったとき、陰陽頭賀茂在憲、同助安倍泰親が申すには、金神の方忌は白河天皇在位中、清原定俊が『金神決暦』の指針に従って上奏し採用され、鳥羽天皇のときにも信俊が上申したが行なわれなかった。後白河天皇になって俊安・信盛両人が申出たが、陰陽道・紀伝道・明経道の諸博士の反対をうけてとりあげられなかった。つぎの二条天皇は俊安の上申をとりあげ禁忌を行なわれたので今回もこれに従いたいと、かようにのべている。

いままで反対してきた陰陽家がなぜ採用を提案したのか不思議であるが、後白河上皇は採用の上奏を許さず、紀伝・明経両道の博士達も金神忌はいわれなしと反対した。公家達も唐の『新撰陰陽書』にはそんなことはのせていないし、わが国でも『保憲暦林』はこれをとり上げなかった。白河朝、一時採用されたとはいえ、陰陽家は習伝していない、ゆえにそんなものをとりあげるべきでないととなえ、結局とり止めになった。

しかし上述のとおりこの場合陰陽家の方から金神忌を積極的に提案したことは注目に価するのであって、その後も機会あるごとにその可否が論議に上っていることは、可となる意見が根強く盛上りつつある背景を物語る。しかもオーソドックスな立場からこれを排撃してきた陰陽家が一転してこれを承認する態度に出たのは、いたずらに旧い伝統を固執して新しい禁忌の流行に立ちおくれるのが、現実的に不利と考えたからであろう。かくして金神忌不採用がとなえられながらも、世俗の勢いに押されて何時しか受入れられて行ったのであろう。南北朝ころ、安倍氏流祇園社務の手に成る『簠簋《ほき》内伝』(後述)は、金神忌について詳述しており、平安末期夙くもこの俗信は広まっていたのである。

白河上皇は金神忌のほかにも様々な禁忌を採用されている。たとえば二月四日の祈念祭には二日より僧を忌むこと、四月は灌仏の有無にかかわらず八日または九日以後僧尼を忌む、宇佐使が立てられている間、天皇は精進であるが、伊勢奉幣使が参向の間は魚食でもよい。そのほか些細な種々の禁忌を天皇や摂関に指示されたが、それらは忠実の日記『殿暦』や『中外抄』からよく推察されよう。既述のごとく院政期以前からあった四不出日(出行を忌む日)・八神朱雀日(移転を忌む日)は賀茂家で採用せず、反対に五貧日(神を祭るを忌む日)は安倍家で採用していなかったが、これらも次第に広くとり上げられる方向にあった。

これに対して四廃日および子日に卜占を忌むことは新しいもので、天文博士安倍晴道によれば、四廃日の先例は、康和四年（一一〇二）二月六日にある（『本朝世紀』久安三、三、八条）。安倍家が主としてとなえたものかもしれない。妊婦の家を造作しない禁忌について賀茂道言はこれは文献に載っておらずたんなる口伝としており、院政期に始まった（『長秋記』大治四、七、十一条）。

二月に門を造るのを忌むとの説も同様で（『中右記』長治元、四、十一条）、安倍家のとなえるものである。五月、屋根に菖蒲を葺くのは邪気攘攘の意、犁をとった家は三年間葺かず、新屋も三年間葺かないとの禁忌は「閭巷訛言」（『山槐記』仁安二、五、四条）で、人家の北西部すなわち乾の角が入りくんでいるのは忌むべきか九条兼実の問いにたいし、安倍泰親は俗説でよりどころなし、忌むべからずと答えた（『玉葉』安元三、五、七条）。また九月に屋を葺くべからずとの禁忌を賀茂済憲からきいた兼実がこれを賀茂在憲に糺すと、葺き始めは禁忌で後程はよいと教えられ、安倍泰親・時晴らは忌む要なしとの意見であった。要するに、確たる根拠のないもので陰陽家の考えは一定しなかったが、賀茂家はほぼこれを容認する方向に動いていた。これらの俗信は末法思想や政局不安を反映し、恐らく志をえない下層の貴族や僧侶、生活の豊かでない知識人がつくり出したものであるが、伝統になずみ沈滞し勝ちな賀茂・安倍両家にとって、時代の動きから取残されないためには、たとえ俗信と雖も、新しいものは積極的にとり入れてゆくことが得策と考えられたのである。

三七　賀茂・安倍両家の人材

ここで改めて両陰陽家の人物につき考察をすすめよう。

道長を中心とする摂関全盛期に両家とも逸材を出して大いに進出したが、陰陽頭は惟宗文高ら帰化人出身者や巨勢孝秀らの旧族出身者で占められ、漸く摂関全盛期の末ごろになって頭を出す時期を迎えた。天喜五年（一〇五七）の安倍章親、治暦四年（一〇六八）の賀茂道言あたりがその先駆とみられ、道言ののちはその弟成平、その子光平と、専ら賀茂氏にうけつがれ世襲化するに至った。成平は頭にあること十七年、五間三面板葺、および五間板屋一宇から成る陰陽寮の建築を行なった。陰陽助は摂関家全盛期以来すでに両家出身者が就任していたが、ときには大中臣為俊など他氏も交っていた。しかし院政期に入っては両家が独占し、多くの場合賀茂氏はやがて頭に昇進する慣例をつくった。

兼官として、賀茂氏には、主計頭（助）・大炊頭・図書頭・縫殿頭、安倍氏には、主税頭・大膳大夫・掃部頭・雅楽頭・大蔵大輔・内匠頭・大舎人頭などがみられ、地方官では殆んどが介掾の地位で、守は賀茂憲栄の備前権守・讃岐権守をあげうるにすぎず、これらからうける経済的恩恵は僅かなものにすぎなかったであろう。

陰陽博士は両家ほぼ対等に任じ、暦博士は賀茂氏独占、天文博士は殆んど安倍氏で長治のころ（一一〇四）、中原師遠、康治のころ（一一四二）、賀茂直憲が例外的にこれに任じた。漏刻博士は大中臣季清・賀茂周憲・同憲成・安倍経明・同晴綱・菅野季親・同季長など諸氏にわたっている。陰陽師としては両家のほか大中臣・中原・惟宗・伴・大江諸氏が少数交っている。陰陽道界の官僚体制はざっと以上の勢力分野で漸次固定した。

最初に賀茂氏として頭になった道言の父直平は暦博士で、たまたま彼のつくった暦が新羅からもたらされた新しい唐暦と比べて月の大小一分の相違なく、彼は大いに面目をほどこし、一方宿曜師証昭が造進した暦はこれと異なっていて無益なりとしりぞけられたこと既述のごとくであった。道言は寛治三年（一〇八九）十一月一日、日蝕あるべきを上奏して当らなかったが、やはり日蝕の祈禱は行なわれており、また嘉承元年（一一〇六）七月、関白忠実の上表日を道言が二十九日と選んだのに対し、大江匡房は関白の本命日であるからよくないと横槍を入れたが、予定どおり実施された点を考え合わせると道言は公家に絶大の信頼をうけていたらしくみえる。その後、子光平が頭になったが、嘉承二年十二月二十二日、道言は陰陽博士に任ぜられた。この人事は子の光平が父道言の上に立つもので感心しないと非難されており（『中右記』）、何等かの事情があったらしい。ついで頭になった家栄は保延二年（一一三六）八月十二日、七十一歳で没したが、斯道の達人と仰がれた（『中右記』）。『玉葉』（文治三、十一、一条）は家栄に関して以下の記事をのせている。

九条兼実が文治三年十一月一日、陰陽師を集めて興福寺棟上日次につき、先日賀茂在宣が同月二十九日をよしとして選んだのに対し意見を求めた。賀茂宣憲や安倍季弘らは丑日であるから憚りあり、それより二十三日は青竜脇日であっても吉例が多いからこの方がよいとのべた。在宣やその兄済憲は、丑日を忌むのは典拠はあるにしても余り採用しない慣例である。法勝寺阿弥陀堂をたてるとき道言は禁忌を申立てたが許されなかったと。兼実は宣憲らに対し、「末代の名士」であった家栄の撰述になる『雑書』は白河上皇に献上され、天下の人々が用いているが、この書には丑日の禁忌をのせていない。一方青竜脇日は重禁のうちに入っているがどうかと質問した。宣憲らは答えて家栄の『雑書』にのせていることは必ずしもすべて用いられているとは限らない。賀茂家の先祖である光栄の天元ころ（九七八）の勘文には丑日を忌むべきことがのせられている。両日とも禁忌である以上、実例を調べて吉例の多い方（すなわち青竜脇日）を選ぶべきである。在宣ら反論して光栄の勘文にあっても必ずしも後世踏襲するとは限らず、丑日のごときは中古以来禁忌になっていないので家栄もこれに従って載せなかったのであると。

かくて争論容易に決せず、結局吉例の多い日を選んだ結果、二十三日にきまったが、要するに散々議論の末、禁忌それ自体の問題は、骨抜きになってしまったのである。

それはともかく、家栄はすぐれた陰陽家として評価せられ、『雑書』なるものを編纂し白河上皇に献じて以来、この書は多くの人々に指針とされてきたことを知る。それだけに同じ賀茂氏の中にも家栄の権威に従う人と反撥する人があった。

賀茂氏は光栄の子守道に陳経・道平の二子あり、これより二系統に分れ、道平の系統は道言・成平、道言の子守憲・光平、成平の子宗憲、宗憲の子在憲および宣憲と相継いでみな頭に進んだのに対し、陳経の系統は孫家栄、さらにその子憲栄の二人出づるにおよんで漸く頭の地位を得たので、主流は道平の系統に帰したのである。なお『続群書類従』本、賀茂氏系図に、家栄の子と成平の孫とに憲栄が二人記されているが、肩書からみて同一人物と思われ、多分家栄の子とする方が正しいであろう（系図1）。

家栄のあと宗憲・守憲・憲栄・在憲と賀茂氏が頭を継承したのち、珍しく安倍氏から泰親が頭に任ぜられた。賀茂氏独占体制の中へ割込む程の人物であるから彼の逸材であることが察せられ、そうでなくてもその占験すぐれた次第は周知である。彼は晴明の嫡流で五代の孫、父は泰長で陰陽博士であった。若いころ安倍兼時と晴明の領地・祭庭を争って敗れたことがある（『長秋記』長承元、五、十五条）。康治二年（一一四三）のころ従五位上土佐介主計助、久安のころ雅楽頭に進んだが、それとともに次第に頭角をあらわし、藤原頼長は屢々彼を召して卜占を求めた。康治二年十一月十日、頼長はその息菖蒲丸の着袴の日を選ばしめ、泰親は二十八日をよしとし、憲栄これに反対して二十一、二十二日をよしと主張した。その根拠についての詳しいことはわからぬが、頼長両者を判じて泰親に理ありとした。憲栄閉口して泰親のため嘲笑せられた（『台記』）。

同年十二月三日、頼長は泰山府君を祭ろうとして七日に延引したが、当日は雪が降った。泰親が同行し川原で祈請するに雪止み天晴れたので頼長大いに喜び泰親に衣を与えた。さらに久安二年（一一四六）五月三日、泰親の符術のお蔭で長年会わなかった人に会えたとて彼に宝剣一腰と褒賞状を贈った。同じころ直講信憲が周礼疏摺本を所有すると聞き、これを所望して頼長は泰親に入手可能か否か占わしめその使者となる人をも占わせた。その結果、清原頼業を使者とすれば必ず手に入ると占い、それに基づき頼業をして信憲に請わしめ、摺本を手本および他の書物と交換して所有することができたので、頼長は大いに感服して泰親に手本一巻を与えた。

久安四年（一一四八）七月十九日、頼長は鳥羽法皇のお供をして法勝寺へ詣ったとき、法皇の御前での雑談に、泰親の占験すぐれた話が出た。同年三月二十九日、祇園感神院火災の際、頼長がひそかに泰親にこの吉凶を占わしむるに、六日壬癸日（この干支の支の方に誤りがあるらしい）、内裏に火災ありと判じたが、果して同月二十六日壬子に内裏は炎上した。陰陽書には占十のうち七あたれば神とするが、泰親の場合、七、八が適中し、まさに上古に恥じざる名手であると。かくて頼長は泰親に絶大な信頼を寄せ、娘の入内や内覧の宣下に気を揉む余り、その成否についても泰親の占いを屢々求めており、泰親としても苦しい立場にあったものと思われる。

『平家物語』も泰親についての挿話二、三を収めている。天台座主明雲を占って、これ程の名僧が上に日月を並べて下に雲ある法名をつけたのは解せぬと彼の暗い運命を予言した話、治承三年（一一七九）十一月七日夜の地震にあわてて参内し、涙を流して事変の火急を訴えた話はなかんづく有名で、後者はやがて起った清盛のクーデター、法皇鳥羽殿幽閉の予兆とみられ、

泰親は（中略）天文は淵源を窮め瑞兆掌を指すが如し、一事も違はざりければ指神子とぞ申ける、雷の落懸りたりしか共、雷火の為に狩衣の袖は焼ながら、其身は恙も無りけり、上代にも末代にも有がたかりし泰親なり。

と『平家物語』は激賞している。落雷のことは、『百練抄』承安四年（一一七四）六月二十二日条に、雷、泰親朝臣宅に落つとあって事実らしい。法皇鳥羽殿幽閉中、鼬《いたち》が多数走り騒ぐことあり、その有様を泰親に知らせて占わせるに、「今三日が中の御悦、並に御歎」との勘文を上った。三日が中の御悦とは間もなく清盛が法皇の幽閉を解いて都

へ還御申し上げることであり、御歎とは、ついで以仁王が挙兵された事件であった。政局や天災めまぐるしく交錯する時代にあたって、泰親の勘がするどく働いた事情を暗示するのであろう。

九条兼実も泰親を重用し、常に召して卜占を試みさせ、また種々の話を聞いた。あるときの昔語りにこんなのがあった。後三条天皇の時代、泰親の祖父有行と中原師平が秋に起った天変について論争をした。有行はこれを騎陣将軍の中に客星があらわれたと説明したのに、師平は客星でなく将軍の付属物であると主張したもので、天皇は師平の方を正しいと判断された（以上は『玉葉』の記事であるが、『覚禅鈔』のは少し異なっている。師平は鎮星の変と説き有行は辰星の変とし、天皇は「辰星早く没して夜初めて長し」の詩の句から秋に辰星の変はないとて師平の勝とされた。これについて有行は辰星に二種あって天皇の意味される方の辰星でないと弁じた）。

有行大いに怒り、いま三日のうち天下に大変があろうと申した。果していくばくもなく天皇は崩じた。これは師平の僻事を正説とされた祟りである。また二条天皇に師業が星のことをお教えした。泰親はこれを知って大いに驚き、師業は星の観測をした経験なしに敢てそんなことをすれば咎を受けるだろうと語ったが、その夜師業は死んでしまった。また一族の安倍広賢が二条天皇に慶雲を奏し泰親の反対に遭ったあと、忽ち命を失った次第は既述した。広賢の子信業は陳星（土星）が動かぬ星で月を侵すことはないと誤った考えを述べた結果咎を被って死んだ等々（『玉葉』嘉応元、四、十条）。泰親は陰陽道を深く究めない者が紊りに専門家同様振舞うと天道の罰を受けるものだと手きびしく批判した。

安元二年（一一七六）十月二十五日には兼実に対し去る八月、太白星が太微中の右執法星（挿図9）を犯して以来天変絶えず、また近頃火星が太微中に入って留ったままである。これは右大臣たる兼実の重き慎しみで攘災の法を修せらるべきであるとすすめた。翌年二月十日には熒惑星が太微に入る天変を報告し、平治の乱の時のほか、左様な天変はなかった。多分天下に火事が出来するであろうと予言した。その後も天変しきりで泰親はじめ陰陽家の兼実邸への注進しげく、修法行事もそれにつれてはげしくなった。

治承四年（一一八〇）福原遷都の際、同地に皇居造営ならびに遷都につき方忌の必要性が問題になり、泰親は禁忌すべし、ただし清盛が邸を造営し、のち他へ移ったあと、皇居に転用される形をとればよいと答え、その子季弘は桓武天皇が長岡京から平安京への遷幸は王相方を犯したわけであるのに禁忌はなかったから、今回もその必要なしと答え、泰親にきびしく叱責されて、それでは父の命に従いますとその主張を変えたので人々から非難された。これから推しても泰親は自信が強く、異説にはきびしい態度をとり、ことにそれが自分の息子であっては一層我慢がならなかったのである。

同年十一月二十四日、泰親は兼実の召により参上して申すには、今月中に天変は十度も発生した。恐らく清盛ら平氏にとって大事が起るであろう、また天下に大葬送があるであろう。このことは他人に口外なさるなと（『玉葉』治承四、十一、二十四条）。恰も以仁王の挙兵に続き、近江・美濃の源氏が蜂起し、東国の形勢不穏を告げ、福原の都も再び京へ還されることがきまり、天下の政局は大きく動こうとする際であった。十二月十四日、兼実は清盛の気力が衰えたとの風評を耳にしていた。泰親の卜占は翌年二月、清盛の逝去をもって的中した形となったが、前年十二月二十三日、外記大夫中原師景も兼実に対して天変から判断すれば大喪兵革ありと予言しており、形勢切迫は誰しも感ぜられるのであった。

養和元年（一一八一）八月十日、泰親また天変を示し、占文の指すところ、当時の天下滅亡いま両三日のうちにありと兼実に告げた。翌寿永元年四月二十六日、賀茂在憲のあとをうけて安倍氏として珍しく陰陽頭についたが、兼実は「是理運也」としているとおり、名人の誉高い彼の就任は極めて当然とされたのである。しかし当時彼はすでに高齢に達していたと思われ、寿永二年正月十六日、後白河上皇のお供をして日吉社参をした記事を最後として文献上から姿を消すのである。そうして同年十月九日には賀茂宣憲が頭になっているから、それまでに世を去ったのであろう。あれだけ信頼し平素泰親を近づけていた兼実の日記に、その死が記されていないのは何としても不思議であるが、しかしこのころは他の陰陽師のことも『玉葉』には殆んど出てこない。木曽義仲の入京、平氏の西走、範頼・義経の上洛と義仲の戦死などめまぐるしい政局の大変転で京都は混乱に陥り、兼実も卜占を求めるどころではなかったかもしれない。

泰親のあとを継いだ宣憲を、兼実は「名誉無しと雖も、重代の衰老に依り抽任せらるか」と評し（『玉葉』寿永二、十、九条）、彼はたんに年功で頭に上ったにすぎない。そればかりでなく、「宣憲もとより尾籠の人なり」とこき下し（『玉葉』文治三、六、十二条）、あるいは「素より不覚の人なり、言うに足らざるか」と嘲る程（同、文治三、十二、二十条）失策の多い人物であった。賀茂氏に人材の乏しかった事情を察せしめるに足る。

以上は頭に任じた陰陽家についての概観だが、それ以外にも相当な人材が出ており、泰親の子泰茂は、園城寺長吏公顕僧正の病悩を天曹地府や泰山府君祭を修して愈し、「末世の珍重、一道の名誉なり」と賞揚せられ、（『玉葉』元暦二、正、十二条）、兼実は屢々彼を召して泰山府君祭を営んだ。平氏壇浦に滅亡後、海底に沈んだ宝剣が容易に見つからず、朝廷では陰陽寮に発見の可能性の有無を占わしめた。泰茂は宝剣は竜宮に納ったか他州へ流れたかを占い、その何れにも非ず、沈んだ場所を中心に五町以内を探索すれば必ず発見できる。今日以後、三十五日以内もしくは来年二月節中までに可能と勘申した。残念ながらその期待は裏切られたが、第一、潮流激しく潜水術の発達しない時代に五町四方の探索自体が無理であったろう。泰茂は文治四年五月十三日死去したが、「稽古の者なり、道の陵夷歎ずべし、惜しむべし」（『玉葉』文治四、五、十四条）と賞揚されている。

同じく泰親の子季弘も「当時の名士」と評され、賀茂在憲の子在宣は、「当道に於て末代の名士なり、讃美すべし」（『玉葉』文治元、十二、十七条）とその造暦が高く評価された。

陰陽師官僚の生活程度については、具体的史料に乏しいが、『平家物語』（巻三）治承二年正月、安徳天皇御誕生の条に、新皇子が陰陽師達より千度祓をうけられた記事をのせている。掃部頭（長門本は前陰陽頭とする）安倍時晴はその際の一人で、召に応じて駈けつけた彼は、

所従なども乏少なりけるが、余りに人多く参りつどひ、たかんなをこみ、稲麻竹葦の如し、役人ぞ開られ候へとて、大勢の中を押分々参る程に、如何はしたりけん、右の沓を踏抜れて、そこにて些《ちと》立休《やすら》ふが、剰《あまつさ》へ冠をさへ突落されて、さばかりの砌に束帯正しき老者が髪放て練出たりければ、若き公卿殿上人は忍えずして一度に哄とぞ笑われける

と晴れの場で散々の体たらくになった。人ごみでもみくちゃにされ面目を失ったことはさておき、かなりの老齢に達し、当時活躍していた時晴が、所従もなく一人で人ごみかき分けてゆかねばならぬ右の叙述からして、陰陽師の生活が決して豊かでなかったことをよく想像しえよう。『尊卑分脈』に漏刻博士従四位上とあって、兼実にも屢々招かれ意見を具申し、決して身分は低くなかった。僅かな所領や職田からの一定の収入以外には公家の私的な求めに応じての祭儀や卜占奉仕を通じてえられる臨時の給付があったが、つねに頻繁にあるわけでなく、それも陰陽家の一部に限られたもので、大して生活の助けにはならなかったであろう。

若干その方面の史料を示すと、安倍泰親は藤原頼長に献じた符札が験ありとて宝剣一腰をもらい（既述）、泰山府君祭勤修の報酬には装束一具を与えられた（『台記』康治元、八、五条）。九条兼実の求めで泰山府君祭を営んだ時、亀甲地螺鈿鞍一懸（『玉葉』治承四、十一、二十八条）、同じ兼実のため天文博士安倍広基が天曹地府祭を三ヵ夜行なったと

きは一戸主の地を得ている(『玉葉』元暦元、八、二十一条)。

三八　安賀両家以外の有識者の陰陽道的活動

暦道・宿曜道以外にも陰陽道や易筮に詳しい人々が多数輩出し、種々な異説俗信をもちこむことによって、オーソドックスな陰陽道を益々多様化煩雑化せしめたが、これは院庁政権の無能をカバーするためにも好都合であった。院政期の前には清原頼隆が出て盛んに新しい禁忌をもち出し注目されたが、白河院政期にはその孫定俊が金神忌を強調したこと既述のとおりである。天養元年(一一四四)二月十四日、頼長の求めに応じ、今年甲子革令に当るや否や勘申した信俊は定俊の子、同年頼長の易の勉強相手をした定安は定俊の孫である。いずれも陰陽道の造詣が深かったのであろう。

九条兼実は屢々清原頼業を召しており、寿永元年(一一八二)二月十七日には火星が歳星を犯し、治承三年清盛クーデター事件の際と同様の天変であるとの報告をうけた(『玉葉』)。同年九月二十七日また頼業が訪れた際は、平宗盛の滅亡近きにありと予言している。高倉天皇の侍読をもつとめた学者であって、天文にも造詣のあったことがしられる。兼実も息子良通のため頼業をして『左伝』などを講ぜしめている(『玉葉』元暦二、四、二十九条)。中原氏も白河院政期に師遠あり、その子師安および師元、一族の基広らも学識をもって聞えたが、清原氏程、陰陽・天文に目立った異説をとなえなかった。碩学大江匡房は独自に易筮をたて勘文を上り(『水左記』承保四、二、十三条)、あるいは関白の上表に関して本命日ゆえよろしからずと、いままでにない禁忌を主張するなど(『中右記』嘉承元、七、二十五条)、陰陽道に一見識をそなえ、ことに関白師通の信頼をうけ、人の運命判断にすぐれた才があった。そのほか頼長の許に集まった藤原成佐・同友業・同通憲（信西）も学者として聞え、陰陽・天文に精通した。

なかんづく通憲の博学多識については、様々の挿話が伝えられている。あらわすところの『通憲入道蔵書目録』は多少疑義ありとはいえ、漢書を主とし、陰陽・天文にわたる多数の文献を含む、つぎの蔵書の構成は通憲の学識をよく特色づけるものである。

周易一部　十巻　同注疏経一部　十巻　同副象　二巻　同集注　二巻　同略例　二巻　同音義　一巻

五行志　七巻

抱朴志　一巻

天文要録　第一―第四帙

論衡　第一―第三帙

金神方忌勘文　一巻

易六日七分抄　一巻

類聚諸道勘文

天文抄　四巻

陰陽寮次第　一巻

九経要略　一巻

易通統卦験玄図　一巻

孝経援神契意隠

五兆占四帖

黄帝太一法　一巻
太一要抄　一巻
太一勘文　一巻
天文書抄　一結
天文勘草
易命期注私記
天地瑞祥志

すなわち、漢土の書籍に重点が置かれ、わが国人の著作は勘文類を除いてそれほどめぼしいものはなさそうである。通憲は早く自分の顔に剣難の相を発見し、これを遁れるため出家し、平治の乱起るに先立っては白虹日を貫ぬく天変をみて兵乱を予知し、自己の所領へ奔った話は周知である。しかも遂に最後を全う出来ず、不幸にも自己の占いが適中した。けだし清原・中原・大江はじめ藤原氏の支流など下層貴族は停滞した摂関体制に反撥し、院庁政権の恣意的で物好きな性格に乗じて公家的伝統をゆさぶり、摂関家をはじめとする宮廷人の注目を惹くことに新たな存在意義を見出そうとした。それには陰陽道的な分野への進出がもっとも容易かつ無難な方法であった。しかも通憲のごときはこの方法をもって自己の鬱憤をかなり発散させえたのみならず、かえって自己の才智に禍されて自滅した。

そうした時代に、一見あたかも下層貴族出身の学者と同様にみえる行き方をした変った上級貴族があった。いうまでもなく藤原頼長で、自己の才気にまかせ非常な熱意をもって漢籍経書の勉学にいそしみ、わけても陰陽道に深く没頭した。康治二年十月、頼長は明年甲子革令に相当し、廟堂で朝儀が催されるのでこれについて学びたいと成佐に相談すると、これは易から出た説であるから易を学ばねば理解できぬと教えられ、そこで頼長は易を学ぶ決意をした

(『台記』康治二、十、十二条)。よって清原信俊に『周易正義』の摺本を借り、能書の人に写させた。

ところが世間では『周易』を学ぶ者は凶あり、あるいは五十歳以後学ぶべしといい伝えられているので、既述のごとく陰陽師泰親にたのんで、川原で泰山府君を祭らしめ、易を学ぶは天地の理を極めんがための正道である云々と祈禱して天の加護を求めた。折から雪止み天晴れ月星が輝いたので天の感応と頼長は喜んだ(『台記』康治二、十二、七条)。いよいよ翌日より精進潔斎し家司藤原成佐について『周易』を読み始めた。

翌年二月一日、通憲を招いて易筮卦をなすの法の教授を懇請し、同月十一日の吉日をもって学習の初日と定めた。寝殿西北廊に座を設け、通憲は西面、頼長は東面し、むかし武王が丹書を太公に受けるの礼に擬した。通憲辞去するに際し、多言する勿れと念をおした(『台記』康治三、二、十一条)。けだし頼長のごとき政治権力者が易筮を用いるのは政治的な疑惑をうける基にもなり、安易なそれの乱用は正しい政治的判断を失わしめる結果にもなるからであった。況んや人生経験浅く直情径行の性格の主である頼長が周易を学ぶことの危険性を感じたのは独り通憲ばかりではなかったであろう。

ともあれ、頼長は、非常なファイトをもって『周易』や易筮をマスターし、同年五月九日通憲病にかかるや、これが癒るかどうかみずから卦をたてて必ず癒ゆべしと断じ(『台記』康治三、五、九条)、宿曜師寛救が瘡を病んで重体になると、これを占って難治の旨をのべている(『台記』同年、五、二十一条)。天養元年十月二十三日、頼長は『周易』の研究会を開き、定安・友業らを講師にしようとしたが、両名とも易に精しからずと固辞したので頼長みずから講じ、両名を問者としてその質疑に応じている。翌二年四月二日に書庫が出来たので頼長自身は『春秋緯』の櫃をもって陽の棚に置き、成佐には易詩等の緯および『河渠書』の櫃をもって陰の棚に置かしめた。泰親は文庫を造って最初に入れるのは『河洛書』であると聞いていると語ったのでそのとおりにした。

久安元年（一一四五）六月七日、占いに際して卜と筮の何れを先にすべきかについて頼長は通憲と論争し、これを打負かしたが、そのあと通憲は頼長に向い、「閣下の才は千古に耻ぢず、漢朝を訪うに又比類少し、既に我朝中古の先達に超え、その才、我国に過ぐ、深く危懼する所なり、今より後経典を学ぶこと莫れ」といさめ、頼長の易筮研究が将来危険となることを警告した（『台記』天養二、六、七条）。しかも頼長はこれを覚らず、かえって誇りとしたのである。同年十二月六日、鳥羽法皇の病を占ったが、未だ陰陽道を委しく学んでいないゆえ、つぶさには判断できぬといっており（『台記』天養二、十二、六条）、易筮乱用の危険性が萌しつつあったことをしる。兄忠通と養女の入内立后の競争、内覧就任についても焦慮の余り泰親にたびたび占わせ、さては一条堀川の橋占さえ取寄せるなど易筮の深い知識がかえって政局に対する冷静な判断を誤らせてしまったのである。

結局、陰陽道に溺れたこの変った上層貴族の悲劇は、公家がその家筋や職掌をも顧みず、紊りにこの道に深入りすべきでないこと、一般に易を学べば凶ありとの禁忌は守らねばならぬことを改めて教える結果となった。しかし頼長は何も時代から浮上った特殊な人物としてのみ解することはできない。院庁政権に対する摂関家の反撥意識はつねに底流にあり、たまたま頼長のごとき才気煥発型の人物においてかかる経過をたどったにすぎず、それには下層貴族出身の知識人の間にわだかまる反骨意識にみられると同様、易や天文の方伎的なものが現在および未来に対する一見正しい判断を与えるよりどころとして解され利用され、はてはその俘虜となるに至ったのである。

三九　陰陽家の勘文と著作物

以上で頼長の易は筮占だったことがしられるが、当時陰陽専門家の間ではなお式占が行なわれていた。その一例として保延六年（一一四〇）正月二十三日、石清水八幡宮の宝殿・廻廊・宝蔵・若宮以下全焼し、まつられていた御神像が焼けたことから、新造すべきか神宮寺である護国寺の尊像を移してまつるべきかにつき、陰陽寮をして何れがよいか占わしめたことがあり、天文博士安倍広賢・陰陽師賀茂在憲らは新造を吉、他からの移祀は凶と答申したが、当時主計助であった安倍泰親はこれに反対の意見を鳥羽法皇に具進した。この両意見を考証論述した在憲・広賢・泰親三人の勘文は今日遺っており（『群書類従』第二十六輯雑部）、滝川博士（「遁甲と式盤」）の詳細な解説がある。

由来、陰陽道の勘文には難解な個所が多いが、いま右に従って一応の説明をほどこしてみよう。まず泰親の勘文につぎのごとくある。

陰陽寮の占いによれば、占いの宣旨の下ったのが四月の甲戌日の酉時で、用は十二月神の神后、十二神将の天后、中は月神の徴明、神将の大陰、終は月神の河魁、神将の玄武が出で、卦は狭童、迭女、天吏に遇う。「之を推すに改造さるるは吉か、何を以て之を言うとなれば用伝並びに日辰上、皆吉将と見ゆ、是れ吉を主とするの故なり」（原文漢文）（これから推測すると神像新造は吉である。何となれば式盤にあらわれたところ、並びに日干支は皆吉将と出ている、これらは吉を司るからである）と。しかし以上の陰陽寮の卜占は誤っている。中の徴明・大陰は穢気、不浄を司るがゆえに凶、終の河魁・玄武は不浄・不信を司り凶、当時の主上（崇徳天皇）の御歳について占うも同様に凶、これには月神小吉、神将天空（ともに欺殆・不信を司る）の凶も加わり、四つの凶が重なっている。そもそも『金匱経』に、一凶二吉を吉、一吉二凶を凶とするとの本文あり、今回の卜占では一吉四凶と出ており、所詮は神像新造を凶とすべきである。

泰親主張の大体は以上であって、あと護国寺の神像移祀そのものについては、吉であることを長々と論じており、ここで彼の引用した文献には、上の『金匱経』のほか『五行大義』『神枢霊轄』『新撰陰陽書』等がある。これに対し安倍広賢は、『金匱経』第一編の文に基づき、最急等之奥義なる理念をもって吉凶の決を判断すべしと説き、用に起した月神神后は歳功畢定、酒醴蜡祭、以て百神に報じたがゆえに吉とするので、これに日や干支も吉神将を帯びて吉、天皇の歳に河魁・玄武・小吉・天空が見えて凶とするのは、不信・不浄を誡める意味があるにすぎず、神像新造に何の憚りがあろうと主張、賀茂在憲は泰親が徴明・大陰を穢気・不浄を司るものとしているのに反駁し、『金匱経』および『大橈経』には、徴明・天社を司る、これ吉の一、大陰は神道を請求し、銭財相通ぜしむ、吉の二、『太玄経』には北右は大陰にして陰は鬼神の府、亥性災と為り、災は鬼神に於て必ず敬斎を尽すものなれば吉の三、従って徴明・大陰は吉多く凶少し、河魁は有気にして神の喜ぶところ、吉の四、また守護を司るもので天皇の歳上に吉兆、玄武は水長、王体は木主、水より木を生ずれば玄武の水木主を生ずるの理由で、神像改作に吉の六、小吉・天空が欺殆・不信を司るのは吉神たるがゆえである等々。吉を十カ条数え挙げて陰陽寮の判断の正しさを主張した。

また在憲は、泰親が護国寺神像移祀を占って用の月将に功曹を、中の月将に太一をあげ、前者は氏神を司り、後者は仏法を司るゆえ吉としているのは誤りとし、そんなことは何の書物に出ているのだろうか。『当道文書目録』の中には出ていないことである。個人の鈔草に書いてあっても基準にはならぬと批評した。勘文の分はまことに合点のゆかぬところが多いので説明はこれ位に止めるが、以上の記述からしても式占の次第がおぼろげながらつかみうる。

すなわち滝川博士の推理されたとおりに以上の勘文から判断すると、まず式盤を廻す場合、基点が必要で、右の場合ト占の宣旨が下った月、日、時刻の干支が何等かの根拠となる。『唐六典』は、

時に日辰陰陽を視て四課を立つ、一に曰く日之陽、二に曰く日之陰、三に曰く辰之陽、四に曰く辰の陰、四課之中、その五行を察し、相剋し、着くるを取り三伝して用と為す

と述べていて、ここに四課の法を教えているが、第五章に紹介した晴明の『占事略决』の最初に、

常に月将を以て占特に加え日辰・陰陽を視、以て四課を立つ、日上神を日の陽と為し、是れ一課と謂う、日上神

本位に得たる所の神を日の陰と為す、是れ二課と謂う、辰上神を辰の陰と為し、是れ三課と謂う、辰上神本位に得たる所の神を辰の陰と為す、是れ課という（中略）四課の中、其五行を察し相剋する者を取り以て用と為す、発《はっ》用の神を一伝と為し、用神の本位に得たる所の神、二伝と為し、二伝の神の本位に得たる所の神、三伝と為すなり。

とある。これでも実際にどうするのか迷うが、とにかく十干より日の陰陽を、十二支より辰の陰陽を選び、これらの五行を調べて相剋するものを一つ選び出し、それから最初の神を探り出してくるのが一伝、その神を本にしてまたつぎの神を探り出すのが二伝、さらにそれよりつぎの神を探り出すのが三伝と称するもので、式盤を三回廻すことにより月神神将を三度探り出してくる。

上記勘文紹介のはじめのところに用は神后、天后、中は徴明・大陰、終は河魁・玄武としている用、中、終がその三回転を意味する。こうして「用伝」の操作が終れば出てきた日神神将についてつぎにその吉凶を「判断」しなければならない。その判断の史料となるものが上掲『金匱経』をはじめとする各種の陰陽書である。しかし上述からもしられるごとく、陰陽書の種類により、また同じ陰陽書でもその部分により、同じ書の同じ文でも解釈の仕様により反対の判断が出てくるのであるから、まことに主観的なものといわざるをえぬ。いわんや当道（陰陽道）のオーソドックスな文献にない書物は根拠にならぬと見られた。

オーソドックスな文献といえばまず中国伝来のものを指すのであろうが、後述するごとく、当時日本の陰陽家の手でも著述が行なわれ、権威があるとせられたものもあった。所詮、陰陽師は互いに秘術を尽くして理屈をこねまわしそれでもかなわぬときは相手の知らぬ文献を引っぱり出す。オーソドックスな文献でなければ根拠にならぬとの批判に対しては、相手の文献知識の盲点であることを強調して応酬し、次第々々に日本で製作のイカサマな書物までが持ち出される方向に進んでゆく。つぎに陰陽寮勘文の形式を短文の例（『類聚符宣抄』第三）について示しておこう。東大寺の塔に小虫が蝟集した怪異の卜占である。

占二東大寺御塔上小虫出集怪異吉凶一。見レ怪今月十日辰時。
今月十日己卯。時加辰。見レ怪日時。徴明臨レ酉為レ用。将騰蛇。中大吉、将天后、終大衡、将玄武。卦遇二蒿矢一。
推レ之非レ慎二御国家御薬事一。天下有二疾疫之憂一歟。期二怪日以後卅五日内及来八月十月節中甲乙日一也。何以言レ之。御年上并大歳上見二騰蛇白虎一。是主二御薬一。又用起二死気一。将得二騰蛇一。終日鬼玄武。皆是主二疾疫一之故也。早被二祈禱一。無二其咎一歟。
万寿四年六月廿九日
陰陽頭惟宗文高
主計頭賀茂守道

最初に怪異の見出しと月日辰が起され、つぎに用・中・終と月神・神将・卦が並び、いわゆる四課三伝を示す。そのつぎ、「推レ之」からが卜占の判断になり、「何以言レ之」以下がその理由である。

つぎにすすんで当時の陰陽家が用いた典籍をあげてみよう。まず正式の根拠に引かれたのは呂才撰の『新撰陰陽書』、いわゆる斯道の三経とよばれる『坤儀経』『宿曜経』『明道経』を始めとし、『天文要録』『天地瑞祥志』『宅撓経』などがあり、そのほか『漢書天文志』『宋書五行志』などの参考文献もともに中国の典籍として重んぜられ権威があり、その多くは藤原佐世の『日本国見在書目録』にもみえるところである。さらに中国渡来のものとして明らかなのは『霊棊《ぎ》経』なるもので、『長秋記』（大治四、五、二十条）には、白河院政期の末、主典代通量の兄通国が九州で唐人から譲り受け、鳥羽上皇に献上したものである。これは管をもって占う法が書かれ、漢の東方朔が撰するところであるが、広く行なわれるに至らなかった。

また土木工事を起す場合の方忌について、賀茂忠行が引用した『三公地基経』(『小右記』治安三、九、二条)や、伊勢神宮の造営禁忌について、安倍晴道が引用した『群忌隆集』(『本朝世紀』久安四、閏六、十五条)は、陰陽家に利用せられたものであったことがしられるが、日本人の手に成った文献かもしれない。

さらに清原氏が、頼隆以来利用した典籍で、金神七殺の説もここに含まれている『百忌暦文』『月令正義』や、頼隆の孫定俊が白河上皇に上奏して用いられた金神忌の出典である『金神決暦』などは、明らかに平安中期、宮廷知識人の手でつくられたものである。すでにのべられた賀茂保憲の『暦林』や安倍晴明の『占事略決』、滋岡川人の『撰文』、賀茂家栄の『雑書』などは専門家の著作として注目せられたが、それぞれ個人的に特色があり、本来中国の陰陽書にない説や禁忌も含まれていて、後世論議の種となるものが少なくなかったらしい。

『占事略決』は院政期、「世間流布の本」と称せられ、堀河天皇も宸筆で抄出されている(『長秋記』大治四、五、十八条)。藤原実資は滅門日に転宅してその家が焼けた例について、『暦訣』にはその禁忌が書いてあるのに、世間では三宝を避ける禁忌にしか用いないのは誤っていると記しており(『小右記』長和四、四、十三条)、この『暦訣』とは如何なる文献か詳かならず、院政期には記録にみえず、中世の『簠簋内伝』にも滅門日のことは記していない。また藤原頼長は、『混林雑占』なる書物の病部について、宿曜師源救に質疑を呈している(『台記』久寿二、五、十五条)が、あるいは宿曜師の典籍かと思われる。

以上、挙げ来った陰陽道関係文献はさきにのべた『通憲入道蔵書目録』には余りなく、ただ『天文要録』『天地瑞祥志』の二点しかみられないのは、やはり通憲の立場や学識が専門の陰陽家と違っていたことを示し、また専門の陰陽家が秘伝的に取扱った文献類は入手し難い事情もあったであろう。

書物のほか、陰陽家の間には口伝があった。安倍信業が九条兼実に語った中に、周易六十四卦は暦王六十に配し、残りの四卦は四季に配するが、これは口伝であって陰陽頭賀茂家栄も算博士の三善為康も知らなかったと自慢しており（『玉葉』嘉応元、四、十条）、天文博士安倍広基は兼実に、辰星は角宿《かく》にあたり、東方第一星であるが、口伝の秘事で安倍泰親はこれを知らず、誤って心大星だと思っていたと得意げであった（『玉葉』建久二、十二、四条）。

けだし書物を通じて一般に知られている説以外、人によって様々の異説をたてた場合、口伝を通じて子孫に教え、もってその家の職業的特権にしたのであって、賀茂・安倍両家とも一族がひろがり支流がふえると、一族中でもそれぞれの流で独自の解釈や流儀を立て、些細な違いもこれを秘伝化して相対抗する場合が多くなった。

四〇　陰陽寮の鐘

こうして陰陽家の増加は、斯道の普及とともに流儀や解釈の多様化と俗信化を強く押し進めて行ったが、一方、律令官制下、陰陽寮の機構は形骸化の傾向を高め、凋落の様相を濃くして行った。ことに大治二年（一一二七）二月十四日の陰陽寮焼失は痛手であった。当日昼下り醬司小屋から出火し、陰陽寮・勘解由使庁・宮内省・園韓神社・神祇官・八神殿・郁芳門などに類焼し、二時間ばかりのち鎮火した。渾天図、漏刻などは取出したけれども、むかしから伝来の器物は多数失われ、陰陽寮の鐘も火に罹った。この鐘楼は伝えでは桓武天皇平安遷都と同時に造られたもので、未だ火災に逢ったことがなく、今年まで三百三十七年たった。それが焼けたので天下の大歎だと藤原宗忠はのべている（『中右記』）。

三百三十七年前とは、延暦九年（七九〇）で、正式の遷都より四年早いことになるが、鐘楼とともに鐘もこのとき鋳造されたのであろう。『百練抄』には漏刻鐘焼損の簡単な記事があるに止る。

一体、陰陽寮の鐘が律令制のはじめからどんなものであったか記録なく知るに由ないが、既述のごとく撞木が本周り三尺、長さ一丈六尺あった点からして非常な大鐘であったと推定される。その目的は漏刻の司辰なり典事が時を知らせるために撞いたもので、陰陽寮ばかりでなく大内裏全体にひびく程に撞いたのであろう。かかる貴重な鐘が駄目になったのであるから、早く替りのものを造るべきだが、幸い大宰府に同様のものがあるので、召し寄せ懸けられては如何かと三月二十日殿上の会議で話が出て早速大宰府へ問合せることになった。丁度大宰府大貳藤原長実が在京しているから直ちに彼に尋ねてみるべきだとの意見が出た。その始末については記録に徴しえないが、神祇官庁などとともに陰陽寮の復旧は少なくも一年や二年の間に行なわれた形迹はない。結局において大宰府の鐘を懸けざるをえなかったであろうと思われるが、全体としてその復旧は遅々たるものだったらしい。

たとえば、保元二年（一一五七）十一月十三日になって、漸く永年絶えていた漏刻器を復活した有様で（『百練抄』）、律令制の頽廃はここにもよく反映していた。けだし漏刻器の復活は、藤原通憲の朝儀復興・朝権回復の事業の一環として行なわれたもので、彼の献策たる大極殿復興すら平安初期の状態に戻すことは出来なかったのである。

その後約五十年を経て、中山忠親の日記である『山槐記』に至って珍しくも陰陽寮の鐘についての記事が登場した。それはほぼ以下の内容である。

治承三年（一一七九）六月十二日、園城寺の禅覚が忠親の許へ儀法を勤めにやってきた話の序に、尊星王法では十二神を立てることがあり、子神は北に、午神は南に立て、これを基にして十二神を配置する。また逆に、子神を南に午神を北に立てる場合もあって、それは陰陽寮の鐘にみられる。この鐘には十二神が鋳付けてあって子神は南に向けて釣ってある。ただしその理由は知らないと述べた。その後、権漏刻博士菅野季親が来たとき忠親はこのことを話した。季親も陰陽寮の鐘の方向についての由来は知らないが、子神と午神を正反対の側におくのは、水神と火神を相対させる意で厭術であると語った。

以上の内容からわれわれは漏刻鐘に十二神が鋳付けられていることを知ったが、具体的にはそれらの神はどんな形にあらわされていたか、記録の上では把握できない。そこで参考資料として思い出されるのが、奈良県宇陀郡榛原町戒場にある戒長寺の入口に現在懸っている梵鐘である。

同寺は現在真言宗であるが、修験的要素を帯びており、なぜそこに鎌倉期（正応四年三月十三日在銘）の特異な梵鐘が遺されたかはさておき、陰陽寮漏刻鐘の十二神とは戒長寺のかような十二神将像ではなかったかと考えるのである。そうすると十二神将を鋳付けた漏刻鐘は、少なくも『山槐記』からして治承三年にはあったわけであるが、その二年前の治承元年四月十八日の太郎焼亡とよぶ京都の大火では陰陽寮も焼失しているから、この鐘の存在はそれ以前に遡らせて考えることは出来ない。

つまり陰陽寮の火災は上述大治二年に続き治承元年と二度あったことが明らかである。大治の際は焼損したものと同様の品を大宰府から取寄せて懸けたであろうが、治承の際は他の適当な鐘を取り寄せたか、全く新しく鋳造したかそれについての記録は発見できない。ただ私の推定するところでは大治の例や保元に至って始めて漏刻器を復活した事情からみても、大内裏全体の炎上に伴う復興の必要に直面していた朝廷として、漏刻鐘新鋳を行なう程の余力があったかどうか頗る疑問で、恐らく大治の例にならい、他に適当な鐘を物色してそれで間に合せたものと思われる。

そうだとすれば、その間に合わせたものと焼損したものとは、同様な鐘であったかどうか。つまり焼け損じたものにも十二神将が鋳付けられてあったかどうかがつぎの問題にされなければならぬ。もし鋳付けられてあったとすれ

珊底羅大将　因達羅大将　波夷羅大将

迷企羅大将　安底羅大将　額你羅大将

十二神将像拓本（著者手拓及写真）

毘羯羅大将　　宮毘羅大将　　伐折羅大将

摩虎羅大将　　真達羅大将　　招杜羅大将

挿図11　戒長寺梵鐘

ば、それは大治二年に大宰府から取り寄せた鐘で、その際焼損の鐘と同様のものであった筈である。しかも上述のごとくその焼損鐘は平安遷都当初に造られて三百三十七年経ったとの『中右記』の所伝があるから、それを信ずれば平安遷都の際すでに十二神将鋳付けの漏刻鐘があった勘定である。ゆえに平安初頭奈良朝末には十二神将と十二支を結びつけた思想が早くも陰陽道に入っていた理屈になる。

　そもそも薬師如来の眷属である十二神将を十二支に配当することは薬師経に説いておらず、中国でも唐代以後に拡まった思想といわれ、わが国の十二神将像が美術的表現に

挿図12　陰陽寮漏刻鐘十二神配置想定図

おいて、頭上に十二支を戴くのは、中世に入ってからであることを思うと、延暦のはじめ造立の漏刻鐘にすでに十二神将像の鋳付けがあったとするのは無理である。従って私は治承元年のとり換えの際に、かかる変った梵鐘が持ち込まれたのではないかと推定する。つまり治承元年の漏刻鐘復活は注目すべき変化を伴ったのである。その変化による意義づけは、戒長寺の鐘を参考にすればつぎのごとく説明されるであろう（挿図11）。

　戒長寺鐘では、池の間四区に十二神将三体宛配置してあり、波夷羅・因達羅・珊底羅三大将が一区、額你羅・安底羅・迷企羅三大将が一区、伐折羅・宮毘羅・毘羯羅三大将が一区、招杜羅・真達羅・摩虎羅三大将が一区をなしているものと解され、この十二神将がはじめのものから順に辰巳午未申酉戌亥子丑寅卯の十二神に配置されるのである。それに『山槐記』で菅野季親がのべた五行思想を導入すると、辰巳午三神は土火火、未申酉三神は土金金、戌亥子三

神は土水水、丑寅卯三神は土木木となり、土神は陰陽道で戊（つちのえ）の本地大日如来、己（つちのと）の本地不動明王、いいかえれば密教（宿曜道）＝修験道の本尊であるから、各一区に一神宛置かれ、これに各々、火金水木の四神を配したわけである。これによって火神と水神、金神と木神を対象的に反対の池の間に置いた。そうして実際に釣った場合、普通とは逆に漏刻鐘は水神である子神を南に、火神である午神を北に向けたのである。そこには季親も云っているとおり、厭術の意がある。すなわち火難を防ぐところにあるので、南は陽（火）の指す方向、この方向に対して火に剋つ水神である子神を向けたのではあるまいか。

あたかも太郎焼亡・次郎焼亡という二度の大火が京都の街を襲った直後である。火難を恐れる気持が街に漲っているその風潮を反映し、漏刻鐘もとくに強く火難防除の呪術的意味を籠めて十二神将の鐘に代えられたのであろう。私が漏刻鐘の注目すべき変化といった意味はここにある。これはひいて陰陽寮の重大な変貌を象徴するものとしても意義づけられよう。というのは当時のめまぐるしい政局の推移と未曽有の大火は広汎に庶民層をもこれに巻込み、公家貴族を含めて都市やその周辺の住民達を深刻な恐怖に陥れた。

官僚的陰陽家も最早宮廷社会への奉仕を通して安逸を貪ることだけでは済まされず、広く一般社会の動きにも対応しなければならぬ時が来たのである。宮廷社会への奉仕は陰陽家の過去の栄光を象徴するにすぎず、新しい時代への活路は閉ざされた宮廷から出ることであった。

顧みれば、院政期の陰陽道は、本質的には宮廷陰陽道の亜流にすぎなかったとはいえ、すでに政治の実権が院庁に移り、上皇の恣意的で奔放な活動が禁忌と呪術を拡充せしめつつ、その中にかえって奢侈と自らの権威づけを求め来るとき、各種の迷信俗説の類をも包摂した、さらに煩瑣なものへと発展を予儀なくされたのみならず、激しい政局の変転が進み、宮廷社会に危機感が高まるにつれ、陰陽道に寄せられる期待は一段と繁く、ここに末法意識高揚期に即応した新しい解釈や考え方が生み出されていった。

占法においても式占に代って筮占その他のものの進出が著しく、いわばそこに日本陰陽道の第二次的形成があるといえようが、同時にそれは新たな庶民的拡大への前提ともなっていたのであった。その意味から私はここに『源平盛衰記』(巻四)が載せた盲卜《めくらうらない》の興味ある記事に注意したい。恰も上記太郎焼亡の際の話である。

大炊御門堀川に占いをする盲の法師がいた。占い云う言葉、時日を違えず、人々は皆指すの巫《みこ》と思った。出火の場所が樋口富小路ときいた盲法師は、変だぞ、この火事はどうやらこちらへ燃えてくるらしい。大変な火災になる。在地の人々も家を壊ち、持って逃げられるものを準備すべきだぞと告げたので、人々は樋口は遥かの下《しも》(南)、富小路は都の東端なのにどうしてそんなにあわてるのかと問うと、この占いは推条口占とて樋口は火口に通じ燃え広がろう、富小路の富は鳶に通じ、天狗の乗物を意味する、小路はその通路だ、天狗は愛宕山に住むからこの火事は天狗の仕業で東南の樋口より西北の愛宕を指して斜めに京都は焼けてゆくらしいと答え、妻子を連れ、家財を運び出して逃げた。人々は馬鹿らしいと思ったが、焼けて後に思い合された。

言葉を案じて吉凶を判断する推条口占は手軽な占法として当時民間にも知られており、これは庶民達も動揺する世相の中で自らの身近かな未来を知ろうとする、より広い社会的要求に応ずるものであった。この推条の先駆が何時ごろにあったかはさておき、『長門本平家物語』(巻五)に泰親が建礼門院御産に皇子が誕生すると占って適中させた話を載せたあと、これは推条によったものだとて、誇らしげに語り、そもそも推条は晴明の流の得意法だと主張した。

晴明推条の起源とは、ある時春雨が降って鬱陶しいころ、晴明は家の縁先に立って外をみていると一人の男が唐傘をさしてやってきた。傘をたたんで入ってくるのを、晴明は物問に来たらしいと直感、推条をさして追返えそうと、お前は何しに来たかと聞くと、「やはたよりさわく事候て尋ね参らせんとて参りて候」と申したので、晴明は即座に、お前の家の竈の前に茸が生えたのでできに来たのだろうと見ぬき、そのとおりですと相手が答えたのに対し、全く心配しないでよい、さっさと帰れと指示した。

以上の一件で、晴明は推条をもって名をあげたのだと泰親は述べている。このほか晴明は箱の中のものを占わせられたとき、烏が木の枝をくわえて西へ行くのをみて、くりと云い当て、あるいは桶の中のものを蛇に非ず竜に非ざる蜥蜴と見ぬいた話、同じく箱の中のものを当てるのに、丁度御壺の柑子の木の北へ指出た枝に実二つ下っているのを見て、柑子二つと答え的中せしめた話なども収めていて、安家流陰陽師が晴明に仮託して盛んに口占推条を行なった次第を知るが、なかんづく竈の推条のごときは後述、室町期に盛行する声聞師陰陽師が関与した疑いをもつものである。

九　鎌倉武家社会の陰陽道

四一　初期の武家陰陽道

鎌倉に成立した新しい武家政権は、その理念・運営・組織・機能などすべての面において、公家と対蹠的なものがあったように見えるが、必ずしもそうではなく、政治に経験の浅い武士にとり、むしろ公家の伝統をうけいれ、これを換骨奪胎することによって、独自の方式を編み出して行った。

陰陽道もその例外ではなく、ことに戦争など自己の存亡にかかわる重大な局面に際しては、神仏とならんで卜占・禁忌は重要な指標とされた。その意味で平安時代から既に陰陽道に関心を寄せる武士がないでもなかった。『将門記』に、天慶二年（九三九）平将門が新皇と称し、左右大臣以下百官を定めたとき、ただ狐疑するものは暦博士のみであったとあるのは、当時、東国でこの方面の人材が得難かったことを示唆したのであろうが、『陸奥話記』には、前九年役に源頼義が磐井郡小松柵を攻める際、日次がよくないから明日に延期しようかと一時ためらいつつも、敵の応戦のため遷延できぬとて、宋の武帝も往亡日を避けず功を立てた例を信じ、敢て出陣し敵を潰敗せしめた。この場合、陰陽道の禁忌に従うか破るかの問題より、武将としてこれに関心を寄せるその教養的態度に意味があったのであろう。

保元の乱に、後白河天皇方が機先を制して白河北殿の上皇方を攻めるにあたり、源義朝は二条通を東へ、賀茂河原に急いだのに対し、平清盛は明十一日は東塞《ふさがり》になるとて三条へ南下迂廻し、賀茂川を渡って東の堤を北上したと『保元物語』にあるのは、自己兵力の消耗を少なくするため、義朝の軍を先に戦わせようとする清盛の策略に出たものであるが、多少方違の気持があったかもしれない。福原の清盛邸に様々の怪異があらわれたとて陰陽頭安倍泰親に占わせ、源中納言雅頼の青侍が平家追討の夢を見たとてこれを気にし、清盛の娘徳子が高倉天皇皇子（後の安徳）、出産の際は祈禱僧とならんで陰陽師の修法怠りなく、治承四年（一一八〇）九月、平維盛が頼朝追討のため都を出発する際は日次の吉凶につき上総守忠清と争い、出発が延期されること一週間におよんだのである。

同じ武士である以上源氏も同様であった。幼少ながら頼朝も平治の乱に都落ちする、十四歳まで都に住んでいたのであるから、公家の風習に影響されるところはあったであろう。伊豆流罪ときまった彼が都を発つとき、命乞いをしてくれた池禅尼から、弓箭・太刀・刀・狩漁を一切絶ち、父母の菩提を弔う信仰の生活に専念せよとさとされたこともあり、配流の身となった若い頼朝には親兄弟一族の悲涙、わが身の心細い将来を思うとき、宗教的呪術的関心はいやが上にもかきたてられたのであった。また彼の配所伊豆地方は当時上方より下った人々の住する土地でもあった。最初に、彼が血祭にあげた平兼隆は、父和泉守信兼の訴えで伊豆国山木郷に配流された京都人であったが、平氏の権勢を傘にきて、次第に土豪的勢力を振うに至った。

兼隆襲撃には、彼の居所の地形を委しく偵察する必要があるため、頼朝は折から京都より下向した遊客大和判官藤原邦通にその見取図を作らせており、襲撃の折は、邦通や住吉小大夫昌長を召して、日次を卜筮できめさせたが、この昌長の兄昌助は佐伯氏でもと筑前国住吉社の神官、治承三年五月故あって伊豆に配流され、同社の祠官昌守もその前年に同じく配流にあっていた。

このころ、伊勢祠官の後裔と称する大中臣頼隆も、始めて頼朝に見参しており、当時伊豆は僻境とはいえ、こうして頼朝の周辺は、京都の公家社会の風を伝えるものや、卜筮祈禱の心得あるものが集まったから、彼の運命をかけた挙兵には、その精神的支えとなる陰陽道信仰がここに根を張るだけの社会的条件は成熟していた。

住吉小大夫昌長は八月十六日、兼隆討伐の成功を祈って天曹地府祭を修し、頼朝は自ら鏡を採って彼に授け、大中臣頼隆は一千度御祓を勤めた。鏡は撫物として用いられたのであろう。戦闘中も昌長は腹巻を着し軍兵の間で祈禱を続けた。ついで八月二十三日、頼朝は石橋山の戦では頼隆をして上箭に白幣をつけさせ後に従えていた。

上記天曹地府祭については、もと安倍(土御門)家の家司であった、若杉保定氏所蔵の文書ならびに同家の伝承によると、天官地符祭とも呼び、曹は正しくは曺《ちゅう》と書く。その理由は、宗仁親王が天曹とは皇位を嗣ぐ重要な内容のもので恐れ多いため、普通の字を避けて欠画にされたと伝え、泰山府君祭と相前後して十一世紀のころからあらわれ、その字義においては安家唯授一人口訣、不許相伝とされ、後世御即位大礼ごとに極秘裡に厳粛な式典が営まれてきたと称する。宗仁親王とは鳥羽天皇のことであるが、多分安倍氏に属する陰陽師が修法を一層秘伝化するため、中世に勿体をつけて造作したのではあるまいか。後世安倍氏が幕府の陰陽道を支配することとなって、得意とするこの祭法を頻繁にやり出したもので、将軍代替毎に修する故事も彼等の始めたものと思う。

弘治二年(一五五六)後奈良天皇のとき読まれた祭文(第一三章第六二節参照)をみると、この祭は、天曹・地府・水官・北帝大王・五道大王・泰山府君・司命・司禄・六曹判官・南斗好星・北斗七星・家親文人の十二神座を迎え天皇の長寿延命を祈り、銀銭・白絹・鞍馬等を奉る儀式で、天皇即位、将軍宣下などの場合行なわれる性格のもので、上記十二神座中の泰山府君に対してのみ行なわれる泰山府君祭を、一段と厳めしくした儀式と考えてよく、泰山府君祭の方は、平安時代にも公家のしきりに営んだ祭法であった。そこでは、洒水・加持がとりいれられ、磬が打たれ、名香が燻ぜられるなど密教の加持祈禱をまねた点が多分に目につく。要するに、かかる重大な祭儀を安倍家でもない地方の一神官が修したことは注目すべく、筑前住吉社の神官には陰陽道に通じたものがいたのである。

文治五年(一一八九)二月二十八日には、住吉神官昌泰が丑刻彗星出現を言上したため、頼朝はわざわざ寝所から庭へ出てこれを観察した。文治三年十二月、梶原景時は、その任国である美作国から背も腹も白色の鴨を献上し、吉瑞を祝したが、これは京都の公家的教養をもった景時が古代の祥瑞をまね、将軍の意を迎える一つの手段にしたにすぎなかった。景時はこれよりさき畠山重忠を讒言し排斥せんとして失敗しており、名誉回復の意味があったとみられる。

幼時京都の公家貴族の風になじみ、また清和源氏の正嫡たる名門意識に支えられた頼朝にとり、神仏崇敬は終生厚いものがあったが、陰陽道に関しては彼の政権安定後、積極的な信仰の様子は感ぜられず、治承四年十月二十七日には、衰日であるから控えるようすすめられたのを押し切って、彼は常陸の佐竹秀義討伐に出かけている。所詮、彼にとり、陰陽道は、日常生活の上ではさして必要を感じなかったので、一面貴族性をそなえながら、他面では公家的因習性に反撥する新しい権力者としての自負をもっていたのであろう。

四二　実朝と陰陽道

しかし三代実朝になると事情は大いに変化した。彼が京都から坊門信清の娘を妻に迎え、和歌・蹴鞠に没頭して公家的教養に熱中したことは周知であり、陰陽道にも自然関心は深められていった。承元元年（一二〇七）六月二十九日、陰陽師安倍維範が京都より御祈禱に呼び下されており、これは恐らく当時疫病流行のためと思われる。京都の安倍流陰陽師が招かれるのは、これをもって最初とするが、これより官僚陰陽師の鎌倉進出は始まった。

承久四年六月二十七日、京都において、実朝の依頼をうけ陰陽師資元（上述維範の父）が、如法泰山府君祭を行なった旨知らせており、同十月十六日には、天文異変御祈のため泰貞が属星祭を奉仕した。このころ陰陽師安倍泰貞は、すでに京都を去って、鎌倉に下り幕府のお抱えとなっていたが、属星祭は、鎌倉幕府が以後もっとも頻繁に行なった陰陽祭の一つで、すでに頼家の時代にも、毎月この祭りを京都の資元に依頼していたのであった。

建暦元年（一二一一）二月、泰貞の勤仕した熒惑星祭は火星を対象とするが、火の精であって、これが運行するところには、兵乱・疫疾・飢旱・災火が生ずるとて恐れられる星である。将軍のために営まれたので、歳星祭とたいして異なった主旨の祭ではない。同年十一月には、太白星が房上将軍を凌犯した異変で、泰山府君祭・歳星祭があり、年末には、来年将軍厄年に当るとて、天曹地府祭が修せられるに至っている。

泰山府君祭は、平安朝公家の間に流行したが、鎌倉幕府でももっとも屢々営まれた陰陽祭であって、がんらい漢民族が五岳の一つである泰山を神格化し、これを東嶽大帝としてまつったのに始まり、道教の信仰であったのが次第に仏説を混じ、閻魔王に侍し人の善悪行為を録し、死籍を司り、生命を左右すると信ぜられた（第六章第二七節参照）。

わが国では、十世紀安倍晴明が出て、泰山府君を陰陽道の主神とし、その修法は、社壇を構え天地陰陽五行の行事をなし、あるいは、千寿万歳を祈禱して祭文を唱え、秘符霊章鎮札を取扱う秘密の儀式といわれ、安倍氏が得意とする祭祀であった。少し後のことだが、嘉禎元年（一二三五）十二月の泰山府君祭で、将軍から賜った、甲冑・弓箭・双紙筥・鞍置馬（造作物）などを祭庭に並べ、これを焼くと『吾妻鏡』にあって、これらは鎌倉の武家にみる新しい作法ではなかったかと思われる。

建暦二年（一二一二）四月には、実朝が病気に罹り、また、小御所の東面柱根に花が咲いたとて、天地災変祭・鬼気祭が勤仕された。鬼気祭の方は、疫鬼をまつるもので、平安朝には泰山府君とならび盛んに修せられたのに対し、天地災変祭は平安朝には少なく、鎌倉幕府が漸く頻繁に取上げた作法で、自然の災禍除去と病気の平愈を兼ねた祈念行事として利用度が高かった。

建保元年（一二一三）に入り、鎌倉には不穏な空気が漂い始めた。信濃国泉親衡が頼家の遺子千手を将軍に擁して乱を企て、これに有力御家人である、和田義盛の子義直・義重や、甥の胤長はじめ張本百三十余人、伴類二百人が含まれていたこと発覚し、多数の御家人武士が逮捕された。義盛は、一族九十八人とともに、幕府に出頭して、一族張本人等の赦免を願ったが、胤長のみはとくに謀略の中心人物であったとして許されず、かえって一族の面前で打たれた上、陸奥国岩瀬郡に流される始末で、いたく義盛の憤激を買うに至った。

このころ、頼朝の墓所法花堂の後の山に、長さ一丈ばかりの光り物あらわれ、この異変のため、泰貞が天曹地府祭を将軍御所南庭で奉仕したが、政情不安によるものであることは疑いない。四月二十八日には北条義時、大江広元と相談の上、鶴岡に大般若経転読を催し、あわせて大威徳法・不動法・金剛童子法を勝長寿院別当らに命じ、陰陽師には親職に天地災変祭、泰貞に天曹地府祭、宣賢に属星祭を割当てるなど、物々しい祈禱行事が催され、これらは敵調伏、味方の息災安穏を目的としたもので明らかに義盛挙兵を予期しての行法であった。果して五月二日、義盛は幕府攻撃を実行した。これからして、天曹地府祭が幕府にとり重大な事態に際しての儀式であることを察せられよう。

兵乱に伴う将軍御所焼失の結果、新造が議せられ、陰陽師団の勘文に基づき、実朝は政子の第宅東殿へ方違えした。八月二十日、新築成り、陰陽師団奉仕して移徙の儀があり、七十二星西岳真人の符が寝殿天井の上に置かれた。その出典の『抱朴子』については第六章第二七節でも少しく触れておいたとおりであるが、ここで改めて考えてみたい。

近世土御門神道の霊場である福井県遠敷郡名田庄村の土御門家邸内には、泰山府君を主神とする鎮宅霊符の神がまつられており、熊本県八代市宮町の鎮宅霊符社は、『肥後国志』によれば、正平六年（一三五一）（一説に天平十二年、七四〇）、八代古閑の橋の辺で得られた霊符金版が、慶長のころ（一五九六―一六一四）、加藤清正の家臣加藤右馬允正方の手で模写して木版にせられ、慶安三年（一六五〇）、一乗坊梵行院秀安なる社僧がこれを八代妙見下宮の山上に堂を建て納め祭ったのに始まる。

また霊符とは、鎮宅の方術を示す七十二道を指し、国家安全の符法である。先天の八卦、後天の六十四卦を合せた七十二卦を基とし、これを信条するもの除災与楽を得るが、むかし漢の劉進平が天童より授かり、孝文帝に伝えたもの、わが国へは推古朝、百済国聖明王第三王子琳聖太子がはじめて伝えたとは、『肥後国志』の説であるが、妙見菩薩は密教の北辰信仰であり、近世密教系僧徒の付会にすぎないであろう。

従って、その源流を正確に知ることはむつかしいが、永保元年（一〇八一）十一月二十二日陰陽頭賀茂道言が、摂関家土御門第北対の天井に、七十二星西嶽真人の符をおいたことが、源俊房の『水左記』に見え、仁平三年（一一五三）十一月十九日、平信範が新築の寝殿へ移る際、陰陽頭賀茂憲永がやってきて、随身宅鎮物具等を母屋四角に打ちつけ、西嶽真人の鎮瓶や七十二星の鎮札槫等を母屋天井の上北面、ならびに塗籠内などにおいたことをその日記に記し、かつこれは故伯州が延久五年（一〇七三）七月、四条東洞院の家へ移った折の日記に認められた先例によるものと注記しているから、院政期以前、摂関全盛時代にすでにかかる鎮宅呪法が行なわれていたのである。

あるいは、賀茂光栄あたりが東嶽の神である泰山府君の冥府を司るのに対し、西嶽華山の神を現世の生活を司る宅神と見、堅牢大地神である土公は、四季七十二候にわたり変化するゆえ、七十二候を星神と解してこれをまつり、災禍なきよう祈ったのではあるまいか。いずれにせよ賀茂家で専ら行なうものであったのが、鎌倉期に入ると安倍家や宿曜師の間でもこの護符を取扱うに至った。

これよりさき治承四年十月、頼朝が鎌倉入りをした砌、応急の邸としたのが知家事兼道の山内宅であって、この家は、正暦年中（九九〇―四）建立以来焼けたことのない吉祥の家とされ、それは安倍晴明が鎮宅の符を押したからだという。安倍氏が、鎮宅呪法についても先祖の功業を宣伝し、賀茂氏に対抗せんとした意図を看取しえよう。

建保元年（一二一三）八月、実朝は、藤原定家より所望の和歌の典籍（万葉集など）を送られており、このころ和歌に熱中していた。定家の歌風をうけ月明りの夜更け、独り和歌数首を独吟し、心静かに歌境に浸っていると、突然一人の青女が前庭に出現し、ついで門外に光物あり、早速陰陽少允親職が召し出され、招魂祭が修せられている。一方、鶴岡八幡宮では、黄蝶群飛の怪ありとて百怪祭、御所南庭に狐が鳴くとて陰陽の祭、あるいは御所の上に鷺が集まったり地震が起ったりしたので百怪祭、ついで三万六千神祭・地震祭が引続き営まれており、天変の報告もしきりであった。三万六千神祭は『仏説大灌頂神呪経』に基づき、もろもろの鬼神をまつり、鎌倉期に入ってから多く記録に上るものである。

建保四年七月二十九日、忠快法印の手で相模河に六字河臨法が修せられ、実朝は一万騎に上る軍兵を大挙引きつれてこれに臨み壮観であった。なぜこのとき大規模な河臨法を催す必要があったか明らかでないが、もと平家の出身である忠快は、頼朝に許されて幕府のため祈禱の忠勤を励み、鶴岡の供僧としてこのころはかなり羽振りがきいたものらしい。

そもそもこの作法は、所依の経典なく、ただ師と口伝をもって平安朝から続けられ、山門の秘法と称せられていたことは既述のごとくである。はじめ六字河臨法施行の日次につき親職・泰貞両陰陽師に諮問され、二人は七月中、三カ日のみを吉日として上申したところ、忠快はこの日次選定は誤っているとして非難したため、二人は出仕を止められ勤慎させられた。多分は陰陽師と祈禱僧の間に確執があったものであるが、陰陽師の活動に対し、鶴岡宮寺の密教系僧侶の巻き返えしのごときものがあったのであろう。翌月には宮寺別当定暁が北斗堂を建て、忠快が導師となって供養を遂げ政子も臨席した。北斗信仰は陰陽道の各種星祭に対応するもので、以後宿曜師が陰陽師と拮抗して、星に関する祈禱行事に活躍する端緒となった。

承久元年（一二一九）正月二十七日、実朝の右大臣拝賀式当日における暗殺は、予め一部の人々には知られていた疑いがあった。北条義時は事件の直前心神違例と称し、式場をぬけ出しており、前年七月にはこの拝賀式に供奉するなとの薬師如来眷属の夢告をうけ、身の不安を感じて大倉郷に薬師堂を建立していた。またこの年の九月には実朝が明月の夜、和歌会を催している最中、鶴岡八幡で三浦義村の子の光村が宿直人と乱闘を演ずる騒ぎがあり、のち実朝を暗殺した公暁がまず連絡した先はこの義村であって、その子光村は公暁の門弟として親しい仲であった。さらに当日大江広元が実朝に謁し涙を流しつつ、むかし頼朝が東大寺参詣の際の例に従い、下に腹巻を着することをすすめると、文章博士仲章は、大臣大将に昇る人の儀式にそんな例がないと反対し、結局腹巻着用は見送られた。腹巻を着けていたら助かっていたかどうかは別問題として、これらの諸事実からみても、不穏な空気は要路の人々には感ぜられていたにちがいない。

右馬権頭源頼茂は拝賀式の三日前、鶴岡に参籠中、鳩が一羽前に落ち、小童がこの鳩を打ち殺す夢をみて、その翌日実際に境内で死鳩を目撃、怪しんでこれを言上し、泰貞・宣賢等がこれを占い不吉の旨を告げたものの、予防的な陰陽祭は全く行なわれなかった。これまで実朝の身辺には細心の注意が払われ、公家と変らぬ護身的呪法が密教・陰陽道双方から競って試みられてきたのに、この不穏な事態の中で、陰陽師の活動が甚だ低調化しているのは、むしろ彼等が自己保身上、傍観的態度に傾いたからではないかと疑われよう。

さて、京都では実朝の死去を知った後鳥羽上皇が二月六日、実朝のための御祈禱をつとめた陰陽師達に対し、すべて所職を停止する処置をとっているのは、果してどこにその真意があったのであろうか。

四三　摂家将軍と陰陽道

源氏将軍は断絶しても、実朝がとりいれた将軍家の公家的雰囲気は、第四代将軍として九条道家の四男三寅（頼経）

が迎えられるにおよび、一層高められることとなった。承久元年七月十九日、鎌倉に到着した二歳の幼将軍は、陰陽師に大学助安倍晴吉、護持僧に大進僧都寛喜を携行し、晴吉は早速将軍のため七瀬祓を奉仕するところがあった。

八月六日、北条義時の娘で藤原実雅の室となっているのが男子を生んだが、陰陽師親職らは百箇日泰山府君祭をはじめ、この日その九十六カ日目に当っていた。泰山府君祭がかく長期にわたることは平安朝に例がなく、多分は仏教における長日不断勤行をまねたのではあるまいか。幕府切っての実力者義時の娘のお産であるから、将軍ならずとも物々しい祈禱作法が求められたわけで、これも北条氏専制の方向を示唆するものであったが、たしかに、陰陽道行事の強化発展は、たんに京都公家子弟の将軍就任ばかりが原因でなく、北条氏自体もその立場を強化する手段に利用した観があった。そしてそれは、承久の乱勃発をもって明らかに示された。

承久三年は早々より幕府も情勢切迫を感じ取り、正月二十二日には雷鳴変と称して泰貞が天地災変祭、晴吉が三万六千神祭、親職が属星祭、宣賢が泰山府君祭、重宗が天曹地府祭をはじめ、鶴岡では供僧等が大般若経転読あり、三月二十二日には波多野朝定が政子の使として伊勢大神宮に進発した。これは彼女の暁の夢に、二丈ばかりの鏡が由比浦に浮び、その中より声があって、われは大神宮である。天下を見るに世大いに乱れ兵を起すことになろう。泰時を起用すれば太平になろうと告げ、このため神宮祠官の外孫にあたる朝定を使に立てたのである。多分は秘密裡に彼女は何等かの情報を得、これを確かめるため伊勢奉幣に藉口して上方の形勢をうかがわせたのではあるまいか。

果して、京都ではこのとき順徳より仲恭へと天皇譲位が行なわれ、幕府討伐計画は動き出していたのである。五月十九日、遂に義時追討の院宣が到着したため、陰陽師親職・泰貞・宣賢・晴吉等召集され、始めて京都守護伊賀光季の飛脚が到着した午《うま》時を基準として、卜筮を立て事態の帰趨を予見した結果、鎌倉方が勝利を得るとの占いを得、幕府当局は大いに希望を抱き、政子は御家人を召集、上皇の挙兵に対抗して、一同一致団結を呼びかけ巧みに士気を鼓舞し、御家人達は勇躍京都進撃を開始した。
この際の陰陽道卜筮はまことに時宜を得たもので、鎌倉武士の団結、士気高揚に資するところ大きかったのは疑いをいれない。翌日また三万六千神祭を執行しているのは、戦勝祈願のほかに鎌倉方将士息災のためであろう。泰時・時房以下十九万の大軍西上するや、五月二十六日鶴岡では、仁王百講（これは関東では最初の例）はじまり、これと併行して義時は若宮に属星祭を修して祈り、百日の天曹地府祭も催された。天曹地府祭が百日も続行されるのは既述百日泰山府君祭の上をゆくもので、幕府の乾坤一擲を賭した大陰陽祭で鎌倉の陰陽師が総動員されたことは想像に難くない。

幕軍の進撃は快調で、次第に京都に迫りつつあった六月八日、義時はその邸の釜殿に落雷し、下男一人死んだので大江広元をよび、その吉凶をきいたが、広元は、文治五年頼朝が藤原泰衡征伐の際、軍陣に落雷しており、関東では佳例と答え、念のため親職・泰貞・宣賢らに卜筮せしめ、最吉と占われた。卜筮が当時幕府当局の精神的支えとなったことはけだし想像以上のものがあった。八月十五日上記各種の祈禱行法は結願し幕府は京都を制圧した。かくて八月二十一日、今回の祈禱の賞として僧徒や陰陽師は多大の恩給をうけた。

危機をきりぬけた幕府は、益々陰陽道行事に力をいれた。既に先例の開けた百日行法としての泰山府君祭は、貞応元年（一二二二）八月十三日、十二日間にわたる連夜彗星出現のため、元仁元年（一二二四）三月十九日、義時病気平愈祈願のため、嘉禎元年（一二三五）六月十日、将軍頼嗣の御祈として、建長三年（一二五一）正月、執権時頼室安産のためなどにみられ、天曹地府祭の方は仁治二年（一二四一）正月十四日、頼経の祈として行なわれた例があるに止まる。このほか安貞二年（一二二八）六月二十三日には、将軍の百日招魂祭に用いる撫物が鼠に食われた記録があるなど、長期の例は珍しくなくなる。泰山府君祭は日常茶飯事のごとくなり、これは如法とか七座とかの名称が加えられて、一回の作法が物々しくなるのは仏教の影響であろう。

七座招魂祭、七座あるいは八座鬼気祭、五座あるいは七座百怪祭など一度に多人数の修法が盛んとなる。何種類かの陰陽祭を組合せて修するのも百日行法と同じく重大な事態の場合で、前記貞応元年八月の天変には、泰山府君祭のほか三万六千神・天地災変・天曹地府とこれに不動護摩が加わり、翌年愛染・尊星・薬師・北斗の護摩が同時に営まれた。

前記元仁元年六月、義時の病危急に際しては、災変・三万六千・属星・如法泰山府君等の祭が勤仕せられ、祭具物はすべて本格的にととのえた上、十二種の重宝と馬牛男女装束など五種の身代が出され、このほか御家人達からも数座の泰山府君祭・天曹地府祭が寄せられている。そもそも義時の死については後室伊賀氏による毒殺、伊賀氏の女婿一条実雅の将軍擁立、執権泰時打倒の陰謀が考えられているが、義時危篤に際しても陰陽師の有力者親職・泰貞らが病気は大事に至らないと占い、義時死後葬儀の世話を依頼されても、彼等がこれを辞退したり敬遠したのは裏に何等かの事情の伏在していることを思わせる。

同年十月の太白（金星）の天変も重大であったらしく、三万六千・天地災変・属星・太白星・熒惑星等諸祭のほか、七曜供や数種の護摩が併用された。ついで翌年六月、政子が病悩にかかるや、天地災変・呪詛・属星・鬼気・三万六千・熒惑星・大土公・太白星・泰山府君・天曹地府と主な陰陽祭の種類をあげて平愈が祈られた。二十一日、政子は重体の身で新しい東御所に移りたいといい出し、医師行蓮は今日は戌日で移徙に憚がありますと注意したのを、陰陽師団はそんな巷間の禁忌は話にならぬと一蹴し、改めて二十六日に行なわれた。この日も泰時は四不出日であるからと案じたが、陰陽師は外出でなく移転だから支障はないと主張してそのとおりにされた。陰陽師以外の人々の禁忌に対する心遣いの程が窺われよう。政子の葬儀は前陰陽助親職が指示にあたった。

計都星　　　　　　　　　羅睺星

挿図13　『梵天火羅九曜』所載蝕神図

十月になって泰時は、将軍御所の新造について、宇津宮辻子と若宮大路東頰のいずれがよいか、衆人の意見を求めた。地相人金浄法師(宿曜師であろうか)は、頼朝の法華堂のある場所が四神相応でその西側に敷地を広げるべきであると主張し、宿曜師珍誉は若宮大路の方が四神相応の勝地と説き、陰陽師達は後者を支持しそれに決定した。十二月に入り新御所完成し、十七日には、大歳、八神・土公・井霊・大将軍・王相・防解・火災の諸祭が、十八日には、宅鎮・石鎮・西嶽真人・七十二星厩鎮の諸祭が催され、二十日将軍移徙の儀があった。

当時の鎌倉は地震多く、これが陰陽祭を頻繁ならしめる一因でもあったが、嘉禄三年(一二二六)夏の地震頻発の際は、鎮星・三万六千神・属星・熒惑諸祭のほか、宿曜道の土曜星・木曜星等諸供はじめ一字金輪護摩・八字文殊法等が勤修された。このころよりかかる各種行法を含む祈禱行事はとくにはげしく、安貞元年十二月には将軍の護持僧が九人選ばれ、上中下旬ごと三人宛が奉仕し、陰陽師は一番泰貞、二番晴賢、三番重宗、四番晴職、五番文元、六番晴茂の順で結番勤仕することが定められた。

星祭で特異なのは、羅睺星・計都星である。嘉禎元年(一二三五）、大仏師康定に命じ一尺六寸の薬師像千躰、忿怒形で青牛に乗り、左右の手に日月を捧げる姿の羅睺星神像、忿怒形で竜に乗り左手に日、右手に月を捧げる姿の計都星神像、禄存星および本命星薬師像一体を造立せしめ、陰陽師文元が計都星祭を勤めた。けだし頼経の病気のため一連の祈禱行事につながるもので、羅睺・計都はいわゆる蝕神（日蝕・月蝕を起させる）といい、災厄の神として恐れられる（挿図13）。

平安時代の応和元年（九六一）閏三月に、宿曜師法蔵が実相寺に計都星形像供法を修した例があるが、彫像の例はさほど多くない。密教よりむしろ宿曜道でおもにまつられたものかもしれない。

建長三年（一二五一）三月、時頼は、室御産御祈のため羅睺・計都両星神像を造立供養せしめており、祭が営まれた。寛元三年（一二四五）十二月には、明年日蝕ありとて広資らが羅睺星祭を勤め、同四年五月十四日の天変日蝕御祈にも国継が羅睺星祭を司った。かく平安朝では、陰陽家の間で余り修法のなかった斯種の祭がしきりにとり上げられたのは、恐らく後述のごとく宿曜師の活動が影響していたのではあるまいか。

ところで、ここにまた一つ変った禁忌の問題があらわれた。それは仁治二年（一二四一）十一月、武蔵野開発が犯土を伴うため将軍の方違が必要だというもので、公家には前例のないことであった。むろん武蔵野はこれまでも開発されてきたが、そのため将軍の方違をするのは今回が最初である。これは同年十月二十二日、多摩川の水をもって武蔵野の水田に引くにつき、犯土の儀となすべきかどうか泰貞・晴賢両陰陽師を召して問われ、その結果将軍の方違が提唱されたものである。方違先は秋田城介義景の武蔵野鶴見別荘であって、その行列は、力者・供奉人、水干を着し、宿老・若輩、弓箭を帯し、各々行粧をこらし壮観を呈した。宿所では笠懸の興あり、犬追物も試みられ、公家にはみられぬ新規な方違の光景であった。

左様に関東特有の事情も見られた反面、京都を模した代表的例として、第六章に述べた七瀬祓がある。元仁元年

（一二二四）六月六日、炎旱旬にわたり、祈雨のため霊所七瀬祓が修せられ、由比浜は国道、金洗沢は知輔、固瀬河は親職、六連は忠業、独河は泰貞、杜戸は有道、江島竜穴は信賢が奉仕し、外に地震・日曜・七座泰山府君の諸祭も加わった。けだし関東の七瀬祓はこれが最初であった。このあと十三日に義時が卒去したため、十五日の恒例七瀬御祓は延期されたと『吾妻鏡』にあるから、この年以降恒例行事になったものと見える。しかしそれ以後同書にのせたこの祓は寛喜二年（一二三〇）十一月十三日、嘉禎元年（一二三五）十一月二十七日、建長四年（一二五二）五月七日、同六年九月四日、弘長元年（一二六一）二月二日、文永二年（一二六五）六月十三日などで、それらは祈雨止雨の行事として記されるが、もともと京都では六月十二月と大祓は年二度あったことから、恒例的な意味が考えられる場合もないではない。

また臨時のやや規模の大きなのは、河臨祓と称するが、嘉禎二年八月五日には新造の評定所において、評議始めに河臨祓が施行され、これは泰時独特の解釈によるものと思われる。

七瀬御祓については、四角四堺祭があげられねばならぬ。上方では、都の四隅に祭壇を立て、疫神の京内侵入を防ぐため四角祭を、山城国とその周辺諸国との国境で、朝廷からの使者が疫神の京師へ向ってくるのを防ぐため、四堺祭を行なっていたので、奈良朝からの古い行事であった。鎌倉では寛喜三年五月四日、ついで嘉禎元年十二月二十日、頼経が御所の四隅と小袋坂（山内）・小壺・六浦・固瀬河（稲村）で、四角四堺祭を営んだのが初見である。

けだし、これらの歳は飢饉と疫病流行が甚しかったので、寛元三年（一二四五）七月十三日、経時も自邸に営み鬼気祭と併修している。寛喜三年五月、ある僧侶が祇園の示現と称し、夢記をつくって洛中に触れまわり、その内容が父の関白道家から頼経に伝えられた。云く、人別銭五文か三文を出して心経読誦し、巽の方に向って鬼気祭を修せよ。五月以後六月十八日以前疫癘が起るであろうが、

譩医王源魔急々如律令
崇癸魔山柘急々如律令

の札を掛けておけば、人民安穏、天下泰平であると。本来法令をゆるがせにするなとの政府通達のきまり文句「急々如律令」が、国家権力の象徴として受取られ、道教に入ってこの文句が魔力的に呪符に用いられ、すでに奈良朝には陰陽家がわが国に伝え、平安末にはいつしか祇園系の疫神信仰と結びついた。古い記録では、村上源氏師時の日記である『長秋記』大治五年（一一三〇）五月五日条に、端午のまじないとして、赤い紙に左のごとく、

日日日日日日日
日日［日］［日］日日日　急々如律令
日日日日日日日

と書いて頭に懸けておけば息災である旨をのべた記事が知られている。これは全く祇園疫神信仰と同質のもので、建長五年（一二五三）五月四日にも、端午の神符が将軍宗尊親王に送られている。これは仙洞より出された三種神符御護で、黄帝秘術と称せられる。この神符につけられた勘文によると、五月五日が壬午に当る日、この護符を家に懸けておけば百歳の寿を保てる。

この神符は赤紙で作るが、三種とは一には辟兵符と呼び、鉾矢の難を逃れ、敵人を亡し我身に向うものはおのずと亡ぶ。二には破敵符と呼び、敵人敢て驕らず、たとい弓箭刀兵わが身に向うとも害をせず、皆くだけ折る。三には台護身符と称し、三災九厄の病難を除く。すなわち、盗賊・疫病・飢饉に遭うも皆消除し、九厄、すべての厄難を除去するのである。飢饉・疫病はじめ、天変地異の災害が多い時代はかかる護符が流行し易いもので、当時、上下都鄙の別なく広まっていた。宝治元年（一二四七）三月二十八日、将軍御祈のため不動尊と慈恵大師像一万体を摺写し、供養

しているのも同様な意味のものである。

慈恵大師とは、平安中期（十世紀後半）に天台座主となった良源のことで、比叡山三塔を整備し一山を中興し、山内衆徒にはきびしい方針をもって臨み、二十六カ条の遺告を作って永く弟子を戒めた。中世延暦寺の世俗化と堕落が甚しくなるにつれ、心ある僧徒は、良源の護法的威力を宣伝し、悪僧を懲らしめるため、慈恵大師像を降魔の象徴として護符に摺り、山内のみならず、在家にも配布するに至り、無病息災の利益ありとして、当時関東にも広く信ぜられてきたのである（拙稿「慈恵大師の信仰」拙著『古代仏教の中世的展開』所収）。

四四　幕府陰陽道官僚の威勢と祈禱僧の活動

公家将軍頼経の東下以来、幕府における陰陽道の盛行は、上述をもって、ほぼ理解されたであろうが、これは当然陰陽官僚の整備拡大を伴っていたのである。長日にわたる修法、同時に数座の祭、それに七瀬祓や四角四堺祭のごときも、一時に多数の陰陽師を必要とするものである。すでに実朝のころ、京都より安倍親職・同泰貞・同宣賢・同忠尚らが召しかかえられ、護持の陰陽師として奉仕していた。頼経が東下の際は、既述のごとく安倍晴吉が随行したが、さらに増員されて、重宗・国道・知輔・晴賢・晴茂・国継・晴継・晴幸・晴宗・広資・定賢・経昌・清貞や、天文博士維範・漏刻博士忠業・前漏刻博士宣友・権暦博士定昌らが加わった。これらは、殆んど安倍氏で賀茂氏は一人も含まれていない。

安倍氏は晴明の子吉平のあと、時親・円弼（俗名を国時といった）・奉親《とも》の三大系統に分れ、さらに多くの支流を生み出したが（系図２４５６）、のち土御門（安倍）氏の本家となる泰茂―泰忠（この人のみ関東へ下る）の流と、親長―家元の流と、この二家系を除き、他は競って鎌倉に下ったから、互いにその功を争い、禁忌・卜占にも意見の対立は珍しくなかった（本書に掲げた安倍氏系図の作成にあたっては、『正続群書類従』所収のものに、桃裕行氏の御援助をえて東大史料編纂所所蔵三条西家古文書所収の系図を参酌したが、これら諸本にはそれぞれ錯簡と見られる部分があり、正確な系図作成は今後の課題である）。

寛喜三年六月十五日、由比浦鳥居前で、泰貞が風伯祭を行なったのは、数日間南風が吹き荒れたためで、関東では始めての祭、京都でも鎌倉期に入って始められたものである。恐らくは泰貞が同輩より抽んでて特技を示そうとしたのではあるまいか。仁治元年七月二十六日にも旱魃と風難の祈りとして風伯祭を奉仕した。彼はまた同年六月二十五日、将軍が痢病に罹ったとて、前例なき痢病祭なるものを営み、その効験があったと称する。彼の死後はその子、天文博士為親が風伯祭を司ったが、康元元年（一二五六）七月、変異御祈にこの祭を営もうとしたところ、賀茂・安倍両家でもこんな祭は普通は用いないもので、凡人の勤仕した例はないと反対されている。

また陰陽師文元は惟宗氏であるが、文永二年（一二六五）閏四月二十三日、高柳弥次郎幹盛は文元と所領を争って幕府に訴えた。云く、文元は陰陽師であるのに、その子息らは太刀を佩き武士の如くであるから、早く本来の威儀に正さしめられたいと。その結果、その子息大蔵少輔文親、大炊助文幸は陰陽師で右筆を兼ねている上、文元は泰時・時頼二代にわたり幕府の官仕につき宿直を勤め、格子上下役となってきたので、いまさら改変ができぬが、子孫には左様なことは許されない。文親は兼任を許すが文幸は右筆のみとするとの裁決が出た。もって鎌倉陰陽師が武士の間で羽振りをきかしていた事情が察せられる。

文元の曽祖父文貞は、鳥羽上皇に仕え、祖父文光は後鳥羽上皇北面の武士であったから、文元も武士としての気風を示したのであろうが、がんらい惟宗氏は学者文人を多く出し教養もあり、文元は正四位下、その子文親は従四位下

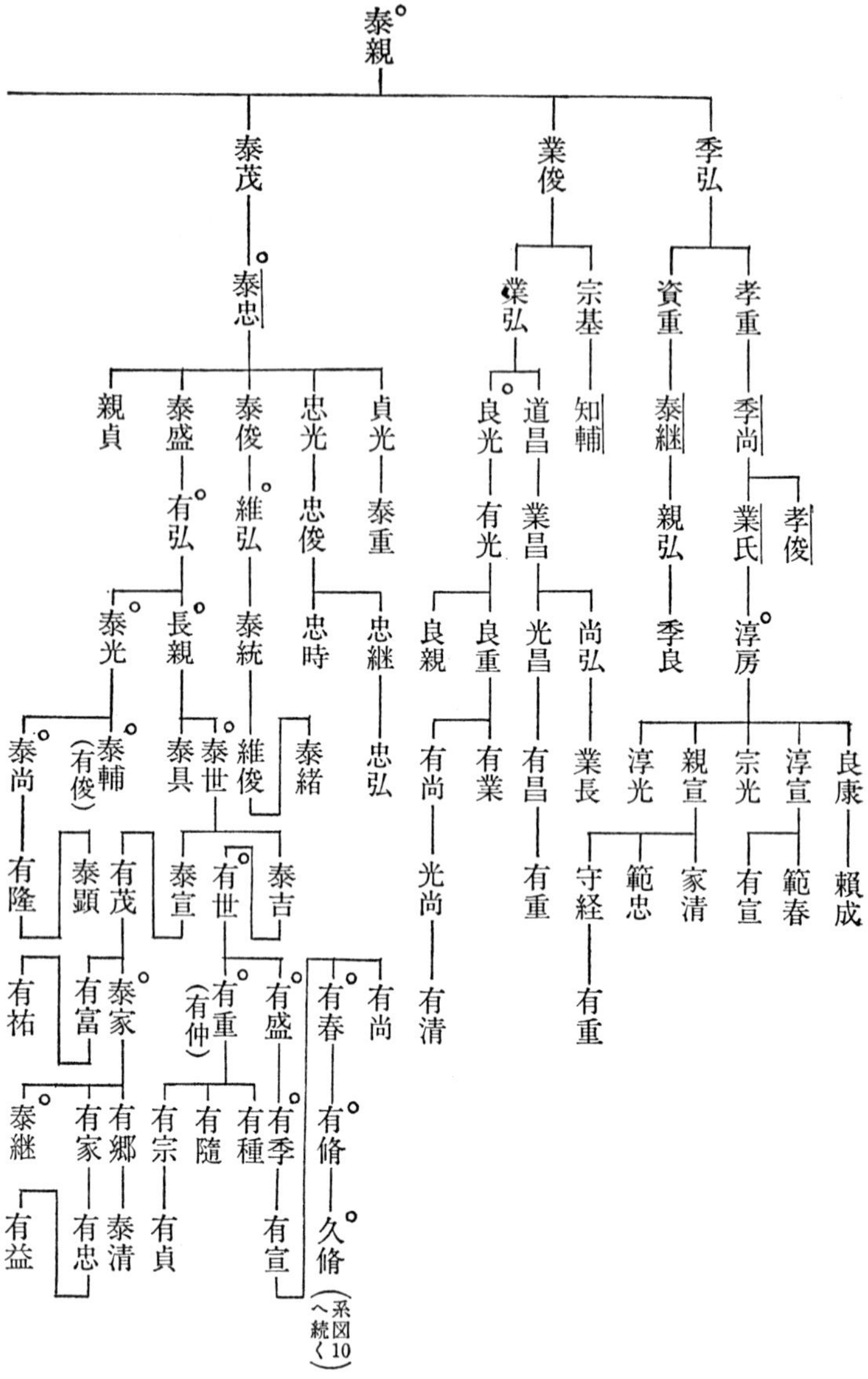

系図（その2）
線は鎌倉幕府に仕えた人）

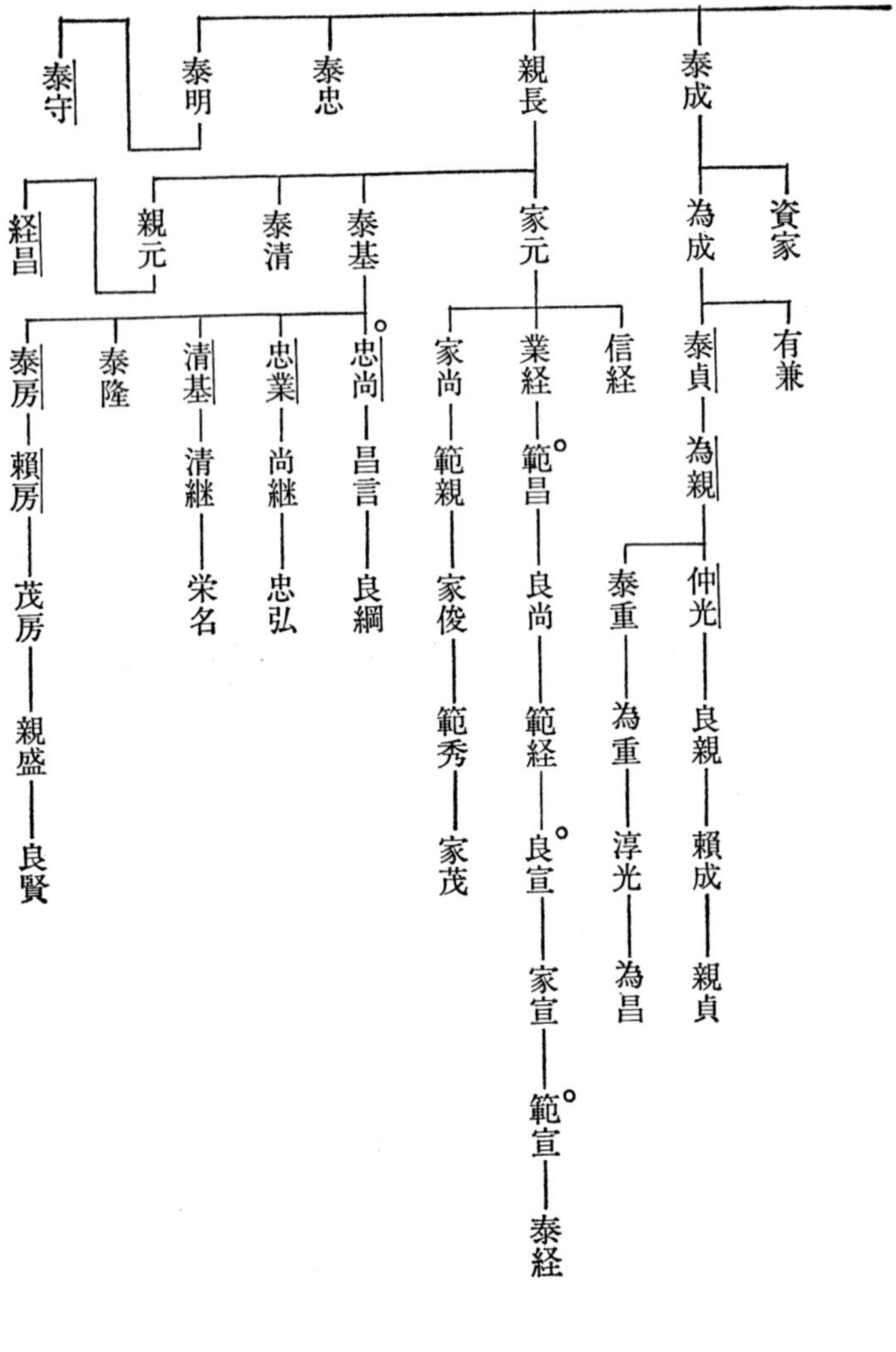

系図4　安倍氏
（○印は陰陽頭になった人，傍

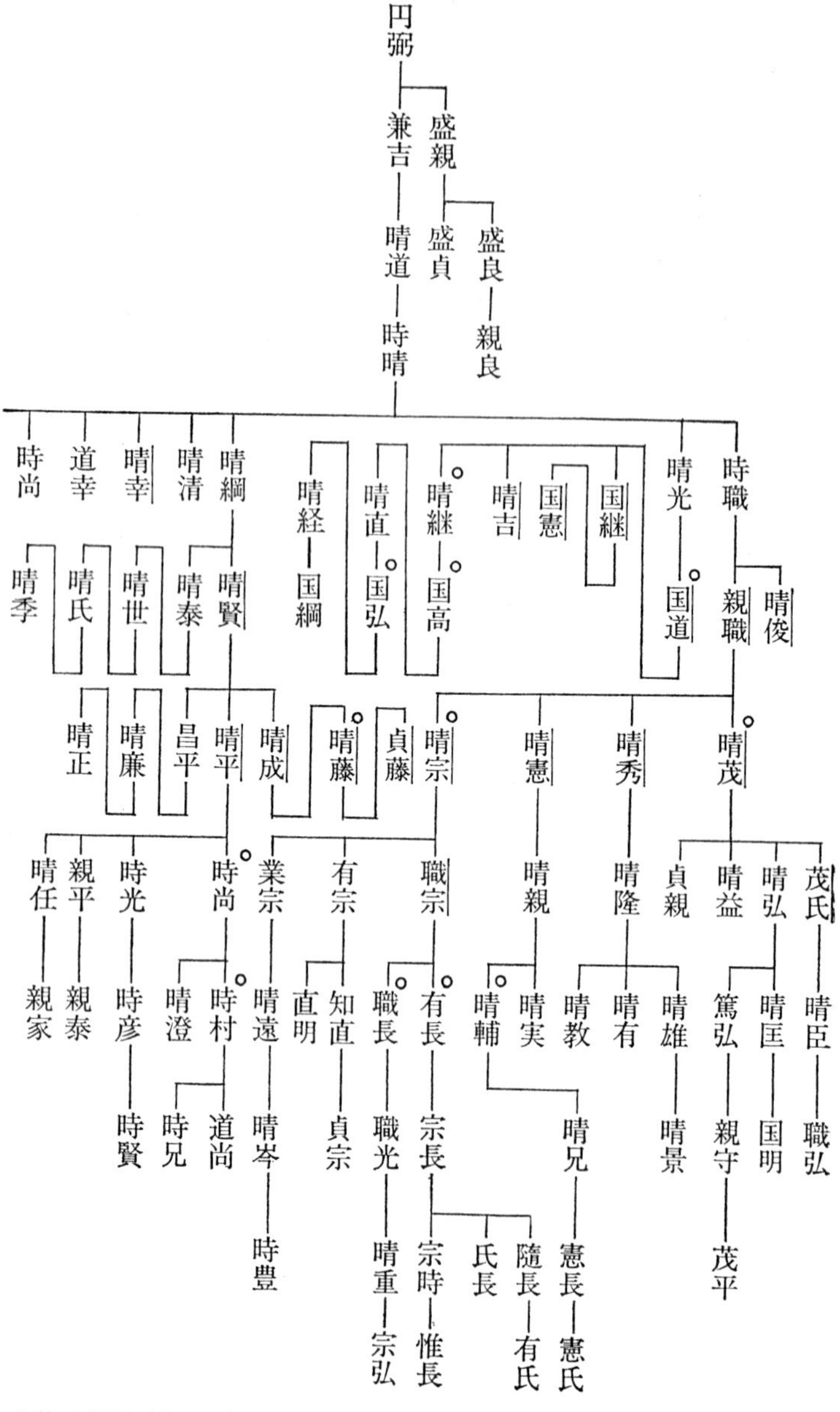

安倍氏系図（その3）
になった人，傍線は鎌倉幕府に仕えた人）

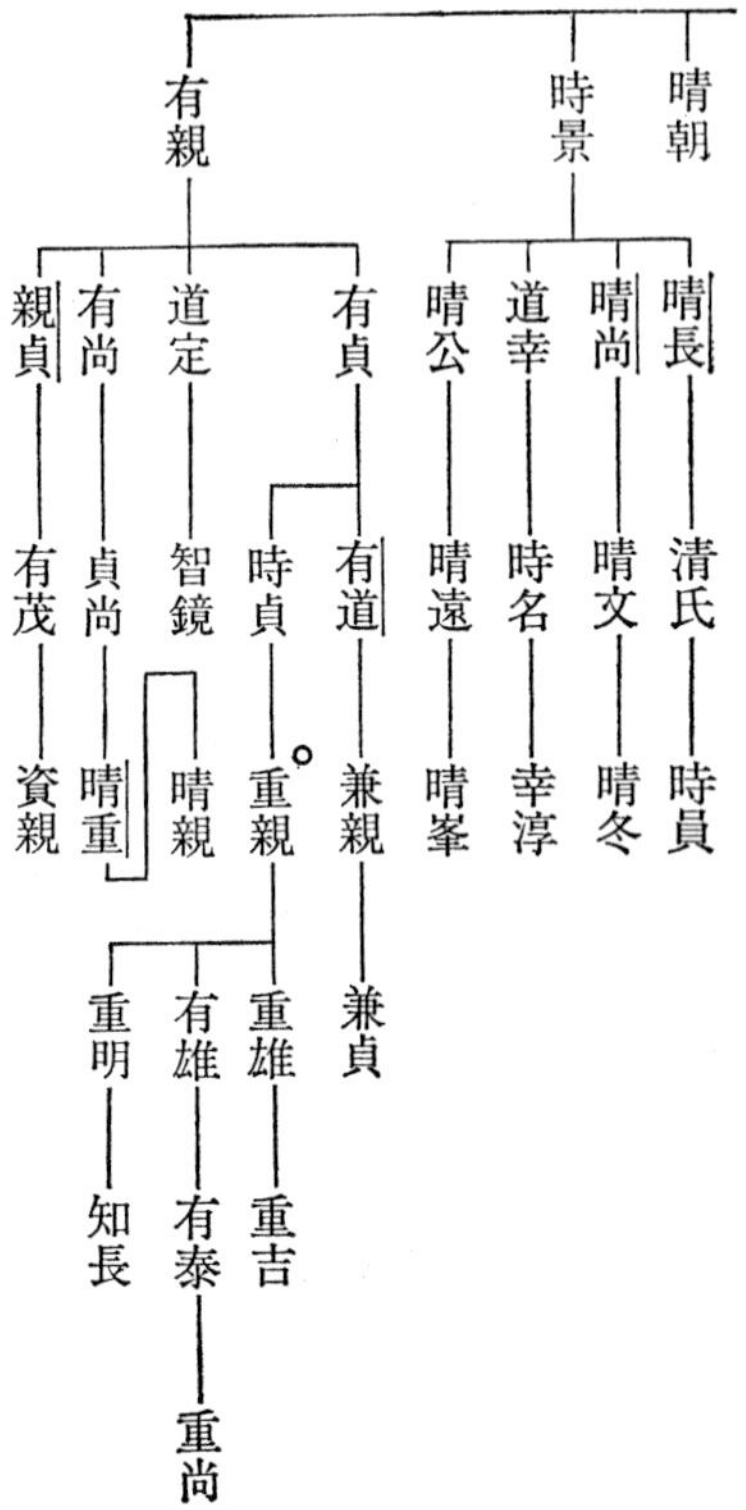

系図5
（○印は陰陽頭

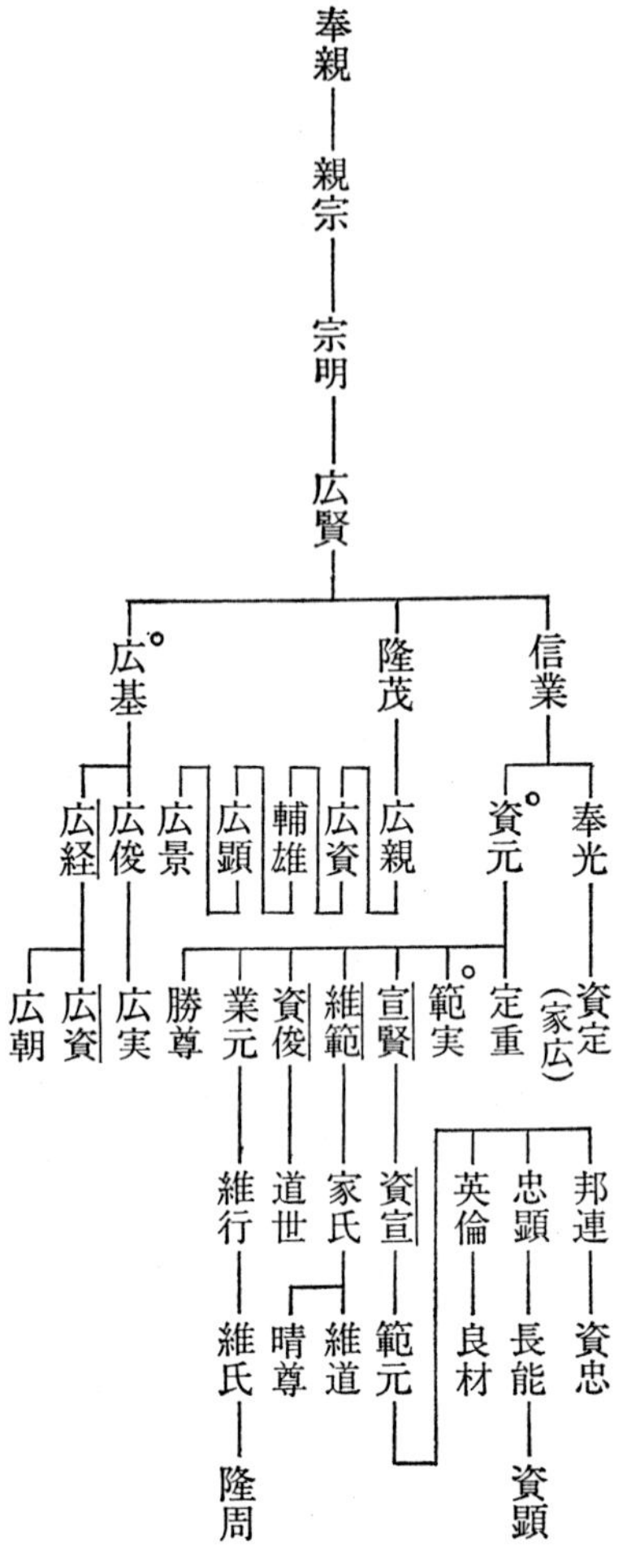

系図6　安倍氏系図（その4）
（○印は陰陽頭になった人，傍線は
鎌倉幕府に仕えた人）

であって、二代の執権職にとり入り出世したものである。惟宗氏は平安朝に紀氏が入って家督を継いでから紀氏を称していたのを、このときになって改めて惟宗氏を名のり、『尊卑分脈』にも関東に奉公し子孫ありと記し、一族、東国に繁延したことがしられるのである。

建長六年（一二五四）九月四日、止雨御祈のため、前浜で七瀬祓があり、宣賢・為親・広資・晴憲・晴定・泰房・文元の七人が奉仕し、各々南に向って列座したところ、文元はもっとも身分は高かったが、他の六人は先例に従って文元をもっとも下座に列せしむべしと訴え、文元は六人とは一町ばかり離れた西方に著座させられた。陰陽師が殆んど安倍氏で占められていた当時、文元の存在は同輩からやや異端視されるところがあったらしい。しかし威張っていたのは文元だけでなく、安倍氏も御家人として羽振りをきかしていたのである。

宝治二年（一二四八）八月十日の評定で、摂家将軍以来京都で召し使われていた医師・陰陽師が将軍のお伴をして鎌倉入りしたものは先祖から幕府に仕えたわけでなくとも、御家人と号することを従来通り認めるとの決議がなされており、陰陽師が御家人同様の取扱いをうけることが伝統化しつつあったのである。

寛元二年（一二四四）、すでに頼経は三十歳に近く、次第に北条氏の頤使に甘んぜず、名越光時・三浦光村・千葉秀胤・後藤基綱ら有力御家人に擁せられ、反執権勢力を形成しつつあった。この情勢にかんがみ、執権経時は五月、頼経に迫って将軍職をその子頼嗣に譲らしめたが、これは表面的には天変による将軍交代とされた。すなわち頼経今年の本命は月曜星であるが、正月十六日月蝕あり、また前年十二月二十九日、白虹日を貫ぬくことあり、これは叛乱の兆とされるもので、寛元二年は年頭より陰陽師や僧侶の祈禱が盛んであり、春より初夏にかけ咳病（俗に三日病）が流行していた。

経時はかかる天変災異の世相を好機として、断然将軍職の交迭を決行したのである。折悪しく六歳の頼嗣がこのころ健康すぐれぬこともあり、祈禱は相ついだ。正月十一日、鶴岡若宮で大般若経転読、伊豆箱根三島本地供（本地の仏尊供養）、同十二日、孔雀明王供を守海法印、仏眼護摩を隆弁法印が執行し、十六日、隆弁は明王院北斗堂に参籠した。二月二十四日、陰陽師泰貞が霊気祭、国継・文元が鬼気祭二座を受持ち、三月十四日、隆弁の不動呪、陰陽師の泰山府君・鬼気・呪詛の諸祭、十五日、隆弁の不動護摩、十七日、招魂祭・霊気祭等七座陰陽祭が続き、十八日も隆弁の不動法があった。

この隆弁法印は、四条大納言隆房の子、園城寺で出家し、三十歳のころには、すでに将軍の箱根御奉幣・御経供養に導師を勤め、以後幕府のため彗星出現の祈禱、北斗供・閻魔天供などの法会に参加し、次第に信任せられ、宝治元年には四十歳で鶴岡若宮別当に補せられ、園城寺長吏をも歴任した。

頼嗣は、将軍となって以来ずっと身体不調を訴え、これに執権経時の大病が重なり、祈禱はしきりなるものがあった。頼経は将軍職を譲っても依然勢力を保持し、経時死すると北条氏打倒の陰謀発覚して、新執権時頼は光時流罪、秀胤追放などの処置をとるとともに、七月十一日頼経を遂に京都へ送還したが、このとき陰陽師も少数同行帰洛したと伝えられる。

不穏の情勢は続き、三浦光村は時頼が頼経を京都へ送還したのを恨み、戦備を整える一方、鎌倉の鬼門の方角に五大明王堂を建て、有験の祈禱僧や陰陽師を招き調伏の法会を行なった。これに対し、時頼は隆弁法印をして宝治元年五月九日、尊星王護摩、六月三日殿中に如意輪秘法を修せしめ、陰陽道など他の祈禱は敢てしなかった。これはすでに光村らが陰陽師・祈禱僧を利用していたこともあり、機密の漏れるのを避け、信頼する隆弁一人にしぼったためと見られる。

三浦氏の叛乱鎮圧され、六月十三日如意輪秘法結願し、時頼は感激の余り隆弁に賀章を自筆で認めて贈った。建長三年（一二五一）十二月、僧了行らの陰謀が露顕し、一味処断されたときも時頼第では如意輪法が修せられていた。これに関連して頼嗣が京都へ送還される際、陰陽師が日に憚りありとしたのにも頓着せず、北条氏は建長四年四月三日鎌倉を進発せしめた。これには陰陽師国継が随行している。かく政変続きの鎌倉で、権力者に接する機会の多い陰陽師達は、御家人としての待遇をもうけている以上、むつかしい立場に置かれる場合も間々あったことと察せられる。

これは僧侶についても同様考えられ、とくに注目されるのは、陰陽師の活動と並行して宿曜師の進出が著しかった事実である。宿曜道は、空海が大陸よりその経典をもたらして以来、密教僧の間で盛んとなり、院政期には園城寺の仁統流、京都清水寺に近い北斗降臨院の珍賀流（興福寺系）の宿曜師が陰陽師に対抗して、暦・天文の勘定を行なっている（第七章第三三節参照）。

鎌倉では、建保四年八月十九日、既述のごとく鶴岡別当定暁が北斗堂を建て忠快が導師の下、落慶供養をとげた。北斗堂は妙見菩薩（尊星王）をまつるところで、星に関する祈禱の道場であり、忠快は既述の河臨法を主催した人で、ここに法師陰陽師たる宿曜師の活動すべき素地は開かれていた。

承久の乱後、珍賀の孫珍誉が東下し、貞応二年（一二二三）九月十日、天変御祈にはじめて陰陽師とならび七曜供を奉仕し、元仁二年二月には朔日、日蝕あるべしと勘申したが当らなかった。八月一日にも暦道と日蝕の有無について論争し、結局雨のため決着せず、嘉禄元年（一二二五）十月には泰時の新造邸敷地選定に立合っている。同二年二月の天変御祈に七曜供をつとめたとき、珍瑜法橋は北斗供を受持った。

以来二人は、相並んで種々の星供を勤め、安貞二年（一二二八）十一月十四日、月蝕には珍誉が月曜供、珍瑜が羅睺星供を営んだ。寛喜三年（一二三一）三月、天変御祈に珍誉法印は熒惑、珍瑜は歳星供を受持ち、延応元年（一二三九）八月には天変御祈に珍誉は塡星（土星）供を遂げている。仁治元年（一二四〇）九月、仏師三河法橋は召されて将軍の持仏堂へゆき、北斗七星・二十八宿・七曜・十二宮等の像の造立を命ぜられている。同十月には大倉の五大堂境内に北斗堂の建立が議せられ、翌年八月、これが竣工して三尺の北斗七星像、一尺の二十八宿・十二宮神像各一体と三尺の一字金輪像が安置された。これらは上記の三河法橋に命ぜられた造像であろう。

北条時頼も前記了行ら陰謀事件の起る前、計都・羅睺二星を造立供養して、一身の幸運を祈っており、当時蝕神と恐れられるこの星神は、日蝕・月蝕のほか病気や種々の災厄除去、祈願の対象として脚光をあびたが、それには宿曜師の活躍にまつところも大きかったであろう。

珍誉・珍瑜は従兄弟で、ともに桓武平氏高棟王の裔、興福寺出身であることは第七章に説いた。珍也・珍賀・珍耀(善)・珍誉と相承し宿曜道を伝え、一族珍覚法眼は京都で活躍した。上述の忠快も平氏の出身、しかも清盛の弟教盛の子で天台宗に属した。

四五　武家陰陽道の特色と新傾向

以上述べ来って、われわれは鎌倉武士の宗教が、禅宗中心であったかのように考えられてきた従来の通説は、改めて見直されねばならぬことを痛感する。ここに上述の分も含め、鎌倉で行なわれた陰陽道の祭を『吾妻鏡』から列挙してみると、つぎの四十八種に上り、それらはごく大まかに四つの部類に分けることができる。カッコ内の数字は行なわれた頻度であるが、実際は文献所見以上にあったと思われるから、数字は大体のめどを示すに止まり、絶対的なものではない。

㈠　泰山府君祭(71)　鬼気祭(25)　天曹地府祭(21)　三万六千神祭(17)　百怪祭(11)　呪詛祭(11)　霊気祭(11)

招魂祭（8） 鷺祭（2） 痢病祭（1） 疫神祭（1）

㈡ 天地災変祭（39） 属星祭（32） 歳星祭（14） 太白星祭（13） 熒惑星祭（11） 大将軍祭（6） 日曜祭（5） 月曜祭（5） 地震祭（5） 塡星祭（5） 代厄祭（4） 羅睺星祭（3） 大歳八神祭（2） 土曜祭（2） 木曜祭（2） 計都星祭（1） 北斗祭（1） 水曜祭（1） 夢祭（1）

㈢ 土公祭（29） 宅鎮祭（3） 石鎮祭（2） 防解火災祭（2） 堂鎮祭（2） 厩鎮祭（1） 西岳真人祭（2） 七十二星祭（2） 大鎮祭（1） 拝謝祭（1） 竈祭（1）

㈣ 四角四堺祭（9） 七瀬祓（9） 風伯祭（7） 井霊祭（3） 雷神祭（2） 霊気道断祭（2） 霊所祭（1） 五竜祭（1）

㈠は、病気その他直接身体の障害や危険を取除き悪霊の祟を防ぐもの、㈡は、宿星の信仰を中心とし自然の異変に対する祈禱的なもの、㈢は、建築物の安全祈願のもの、㈣は、祓いを中心としたもので神祇の作法に近い部分である。

この四つの部類を各々の種類数とカッコ内の頻度について合計すると、㈠は一一種一七九例、㈡は一九種一五二例、㈢は一一種四六例、㈣は八種三四例となる。つまり㈠㈡の部類が目立って多いので、これは個人の病気や身体不調の除去、または予防、これについては、社会的な不安の除去が圧倒的に求められていたことを示す。平安時代の公家社会でも同様な傾向はあったが、曜宿の祭がかく多種類で頻繁なものは認められなかった。

これは、既述のように宿曜道の進出からも裏付けられるので、つぎに宿曜作法を『吾妻鏡』に求めると、北斗供（8）、七曜供（6）、当年星供（3）、月曜供（2）、土曜供（2）、属星供（2）、日曜供（1）、木曜供（1）、熒惑星供（1）、塡星供（1）、本命星供（1）、歳星供（1）の一二種二九例がしられる。これと併行して密教側にも尊星・北斗などの護摩があり、もって北辰北斗・曜宿行法の盛行が察せられる。

もっとも、以上の記述のよりどころになった『吾妻鏡』は、幕府の上層武士を中心とした官撰的記録であり、しかも実朝以後の将軍が公家社会の出身であったから、これをもって直ちに下層、より広い武士層についても同様のことがいいうるかどうか問題はあろう。

しかし些細に検討すれば、この風潮が決して一部の人々に限られたものでないことは理解できるので、たとえば、元仁元年十二月二日、外記大夫祐通が上野国へ検注の用務で下向する場合、土用中憚りの有無を陰陽師に尋ねており、既述、同二年六月二十一日病中の政子が新御所へ移るにつき、医師行蓮は、民間士女の説として戌の日移転は憚りありと主張し、陰陽師達はこれが文献的根拠なしとして認めなかったものの、世間流布の禁忌は、かかる機会をもって武家社会に流布していったことがわかろう。

陰陽道信仰は、一概に上層階級から庶民社会へ下向してゆくものとは考えられないので、中世は民間に広がった禁忌の迷信が、のちになって、武家社会に採用されてゆくケースもあったのである。貞永元年（一二三二）正月二十三日、北条泰時は、この月の十二日、朝覲行幸が無事にすんだとの報らせを京都より受取った。彼は側近にこのことを話しながら、自分は同じ十二日、山内へ出かけようとしたら、友人が今日は道虚日で憚りありと教えてくれたので外出を延期した。しかし、京都では朝覲行幸があったことを考えると、この日はむしろ外出に吉とされるのではないかと尋ねた。浄円・円全ら有識の僧侶達は、道虚日の外出が吉とは初耳だ。古来貴賤を問わず道虚日は忌まれることになっていると述べると、三善康連は反対して、吉日として利用せられた昔の例を書き上げ、泰時に渡し彼を喜ばせた。

もっとも、康連が列挙した吉事とは、院政時代摂関家の人々が殿舎から殿舎への移転や朱器の授受、随身兵仗を給わる慶事などであって、外出そのことについての例は一つもなく、道虚日の外出を凶とする禁忌の風を否定する根拠にはなっていなかった。要するに、民間ではすでに広く流布するこの禁忌を、幕府の要路者がこれまで知らなかった事情を物語っている。多分朝勤行幸のごときは、特別な意味のものとして禁忌に入らなかったのであろう。

これにつき参考になるいま一つの例は赤舌日の禁忌で、鎌倉時代にはすでに民間信仰であったが、幕府では果してこれを知っていたかどうか。兼好法師の『徒然草』に、赤舌日とは、本来陰陽道では説かれたことがなかったのに、このころは誰が唱え出したのか忌まれる風になった。この日の出来事は実を結ばず、云ったことは叶わず、得た物は失い、企てたことは失敗するとされるが馬鹿々々しいことだとある。

一方祇園社では、観応元年(一三五〇)のころ、赤舌講が結ばれ、祇園執行僧らが廻り持ちで開催していた。行事内容の詳細は明らかでないが、宴会で素麵など馳走が出、大酒におよぶ場合もあった(『祇園執行日記』)。さらにこのころ安倍晴明に仮託して著わされた『簠簋《ほき》内伝』は、祇園社を中心とする宿曜道の禁忌書だが、これには上述の道虚日は明らかに出行深凶日としており、赤舌日もその記載がある。同書によれば、これと並んで赤口日もまた忌まれた。

およそ大歳神(祇園の牛頭天王第一王子で本地薬師如来、行疫神の第一)は、その東西の門に番神がおり、赤口神は東門の番神で、八大鬼を従えるが、そのうち第四番目に八嶽卒神あり、八面八臂にして神通を振い、閻浮提(この世)の一切衆生を惑乱するので、彼の主宰する日を赤口日と称し忌むのである。赤舌神は西門の番神で六大神を従えるが、そのうち第三番目の羅刹神は、極悪忿怒の神にて衆生を悩乱するので赤舌日と称し、彼の当番になる日を嫌うのである。

『徒然草』の記す赤舌日の俗信は、実に赤口日の禁忌と一対をなす信仰だったことが明らかだが、室町時代に入るや幕府はこれを正式の禁忌とし採用するに至った。二、三例を示すと、永享元年(一四二九)、義教の元服、将軍宣下に対する参賀の儀が四月一日、大赤口日に相当したので延期され、嘉吉元年(一四四一)四月九日も大赤口日の関係で祝賀行事を止め、同七月三十日、赤松満祐を播磨に追討する軍兵発向が大赤口のため延引している(以上『建内記』)。

かように室町時代は武将達が公家をまねて様々の禁忌呪法をつくり出し、いわゆる武家故実として庶民的教養をうたっているが、その素地は夙に鎌倉時代にあったのである。『平家物語』や『源平盛衰記』などの軍記物にのべられている陰陽道的信仰の中には、それが事実であったというより、鎌倉期の武家の教養として伝えられた意味において注目すべきものがある。

たとえば元暦元年（一一八四）二月三日、源義経が一の谷の平氏攻撃のための勢揃えをしたとき、翌四日は太政入道清盛の忌日と聞くから遠慮しよう。五日は西方天一神遊行にて塞り、六日も悪日（道虚日）だから七日出立にきまったとあって、出陣に余裕綽綽たる源氏方の模様が描写されており、同書壇浦の段では最後の決戦の際、海豚《いるか》二、三百匹（または一、二千匹）、魚を食べながら平家方の船に迫ってきたので、平知盛が安倍晴延（信）なる「小博士」を召して、占わしめられると、彼は海豚が元来た方へ引返えせば源氏不利、そのまま平家の船の下を通りぬけてゆけば、平氏敗北と判じ、みていると海豚はすべて平家の船の下をくぐりぬけて過ぎたので、小博士はもう助かる見込みがないと涙を流し、これをきいて二位禅尼は入水せられたとある。

年少の陰陽師安倍晴延については知るところがなく、平家は西走の砌、果して陰陽師を正式に携行したかどうかも怪しいが、平氏が戦いの結果を卜筮に求めたことはありえたであろう。同書はまた、平知盛が河越の黒と名付けた関東の名馬を秘蔵し、馬のため毎月泰山府君祭を修していたのでその験があったのか、馬は四十歳も生き、一の谷ではこの馬のお蔭で知盛は一命を助かったと記している。

鎌倉幕府が倒れ、建武中興より世は南北朝争乱期に移行するにつれ、武士は実戦の場に臨む機会がふえ、陰陽道はこれに則した形で日本的な展開を遂げるが、その源流はすでに鎌倉武家社会を中心として醸成されつつあったのである。

一〇　宮廷陰陽道の形骸化と世俗陰陽道の進出

第7表　鎌倉南北朝期歴代の一元号平均継続年数グラフ

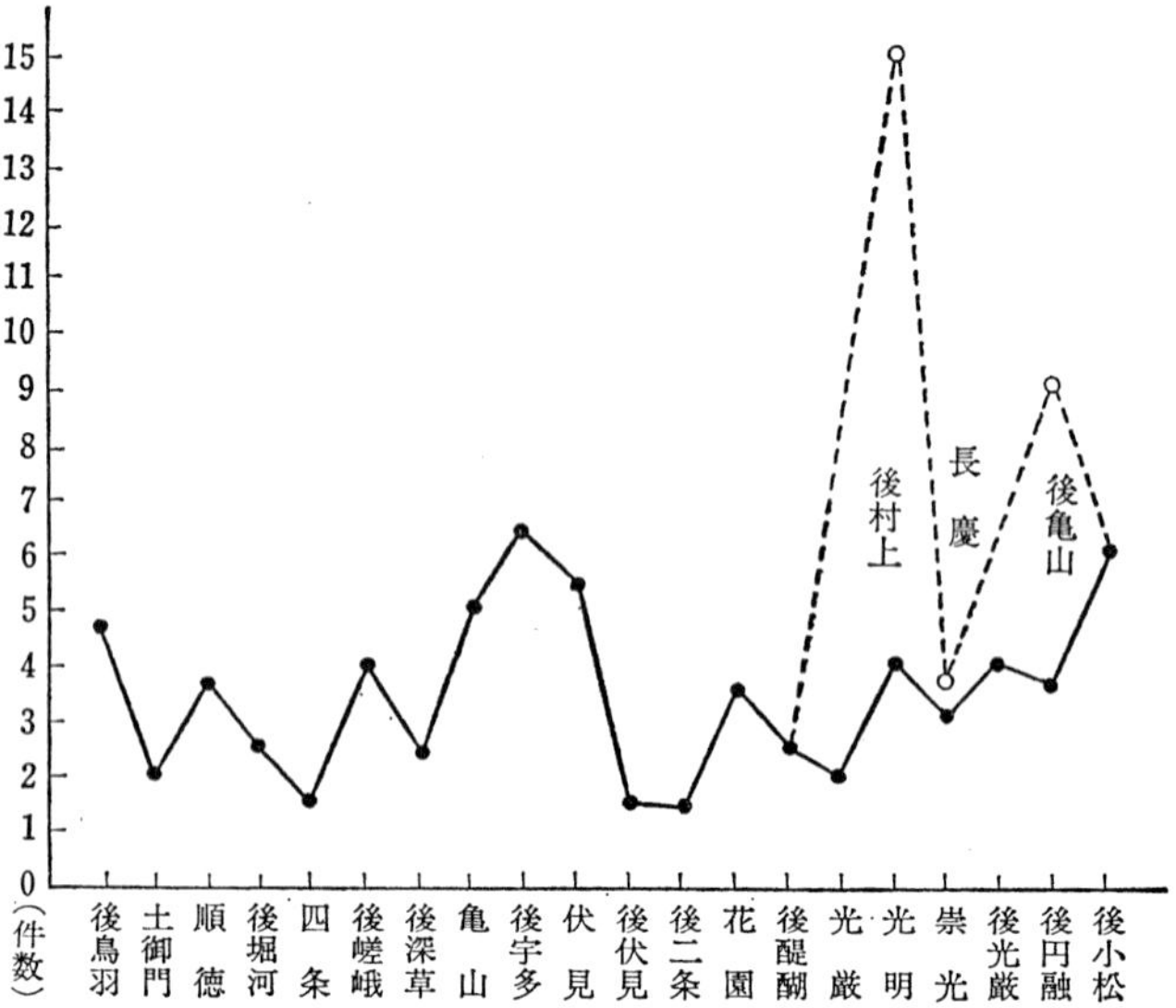

四六　鎌倉期の宮廷陰陽道と宿曜道

鎌倉期より南北朝期にかけての約二百年間は前代の平安朝に続き、改元の頻繁な時代であった。白河院政に始まった元号乱発の傾向は依然として変らず、鎌倉期には後堀河在位十一年間に六度、四条在位十年間に六度の改元で、両朝とも平均一元号継続年数が二年に未たず、二条朝と並んで改元史上最短記録を生み、後醍醐は在位二十年であったが、八度と歴代在位中の改元度数最高の記録をつくった(第7表)。

改元の理由の大方は天皇即位の代始めを除けば、天変・地変(地震・大雨・旱魃)・疫病流行の三者で兵革や革命革令は比較的少ない。鎌倉時代は後堀河・四条両朝のころ、水害・旱魃に基づく大飢饉が続き、花園朝中心に大地震が屢々発生しており、自然の運行は余り順調でなかった様だが、かかる環境を背景に宮廷の頽廃混乱は著しく、後鳥羽以後上皇の権力は衰退したとはいえ、改元に対する発言力は依然強かった。尤も天皇親政を強調した後醍醐の場合は例外であるが、南北朝期は兵乱が続いた関係から兵革のための改元が六回あらわれる一方、南朝では後村上・長慶両朝で正平二十五年にもおよび、明治以前では延暦の元号とならび応永(三十五年)につぐ長期記録を樹立した。当時南朝政権は度々の戦乱で、むしろ改元の余裕がなかったのであろう。南朝に常駐の陰陽師がいたかどうか疑問である。

元号乱発の四条朝で、即位のはじめ改元された天福の元号は世評が悪い上、九月三日後堀河上皇中宮藻壁門院が難産でなくなり、祈禱に当った僧侶や陰陽師は全く面目を失ったのみならず、翌二年八月六日、上皇もそのあとを追われたため、十一月五日遂に文暦と改元されたが、諒闇中の改元は珍しいケースであった。藤原定家もその日記『明月記』(天福元、四、十六条)の中で天福の号を評し、これは後晉の高祖の年号で七年しか続かず、この王朝は次代で絶えた。福の字の用い始めは唐の昭宗の景福だが、このとき朱全忠は諸州を陥れ都を洛陽に遷し、遂に宮門を犯すに至っている。漢の武帝建元以来千三十一年、魏・呉・蜀・南北朝ではすべて福字は複(並列)の意であるとして避けて来ているのを思うべきである。旁々、こんな元号は如何であろうか。「只暗夜に向うが如し」とこき下した。もってその悪評の程が窺われる。ついで、嘉禎四年十一月二十三日天変の理由で改元された暦仁の元号は、音が略人に通じ上下の人々が多く死んだとして翌年二月七日延応と改められ、わずか二ヵ月余の短命元号に終った。語呂が悪いからと簡単に繰り返えされる程、改元はその権威を失っていたのである。

後醍醐天皇が鎌倉幕府倒れ、天皇一統の世になったことを意義づけるため、後漢光武帝の建元にならい、建武と新号を制したことは有名だが、足利尊氏の叛に会って早くも崩れ、同三年には兵革の改元を余儀なくされ、延元と変った。以後元号は南北両朝の併立をみるが、建武五年(延元三年)、北朝では光明即位し、花園法皇の指示を仰ぎ暦応と改められた。しかし連絡が悪かったのか、この年発足した室町幕府ではこれを知らず、数日経って朝廷に問合せる始末であった。

歴代天皇中、陰陽道にとくに関心を持たれたのは花園で、がんらい好学の天皇は上皇になられてから卜筮を学ばれるようになった。同天皇宸記元亨四年(正中元年、一三二四)十一月四日条に、前天文博士安倍泰世に時計(漏刻)と晴明の著書『占事略決』を持参させられていることが記されている。また「格子月進図」なるものも泰世はお目にかけたが、一寸と御覧になったのみで、天文は学ぶにおよばずとこの方には関心を示されなかった。

正中二年(一三二五)、持明院統では立坊問題で日野俊光を鎌倉に派し交渉中で、十月十四日、幕府の意向をもたらし帰った俊光から逐一事情を聴取された。その内容は具体的に日記には記されていないが、これよりさき、夢中、春日・伊勢・熱田・北野諸社霊神の告あり、これを天皇みずから卜筮にかけて占われた結果と俊光の報告した内容が一致していると述べられており、かなり卜筮に習熟された様子が伺われる。正中二年五月四日、御子直仁親王が病悩の際は、賀茂在済が泰山府君祭・土公祭を、安倍泰世が呪詛祭を、宿曜師善算が本命元神供を修し、同十七日また親王腹痛とて在済が天曹地府祭、在冬が泰山府君祭を奉仕し、六道霊気祭も行なわれた。

天皇の修せられた陰陽祭を宸記に求めてみると、属星祭(延慶三、十、十九および正和二、十二、二十七条)、天地災変祭(延慶三、十一、一条)、玄宮北極祭(正和二、五、二十五条)、三万六千神祭(正和二、七、四条)、日曜祭(正和二、十、二十八および同年、十一、一条)、鬼気祭(正和三、二、一条)、六道霊気祭(正中二、五、十九条)はじめ、泰山府君祭は多数所見あり、百日泰山府君祭(元亨二、閏五、二条)もみられる。

元応元年(一三一九)九月六日、宿曜師善算が勘文を進め、天皇は今年六月より来年十月まで重厄と教えてくれたので隠居しようと思われたが、後伏見上皇がしきりに慰留され思い止まられた。元亨二年(一三二二)四月二十六日には郭公の声が盛んに聞え、世間では縁起の悪いこととして忌むので、祈禱を女房達がすすめるけれども、かかることは正式の所見なく、信ずべきでないとはねつけられるあたり、迷信に盲従しない天皇の信念が伺える。けだし当時斯種禁忌が巷間に流布していたので、やがては俗説と見下げられる信仰が上層部にもとり入れられるに至るのである。

これに関連して興味ある事実を示すと、同八月五日条に、後伏見上皇と広義門院が六条殿に御幸になった。これは先日戌の日に六条殿から伏見殿へ移られていたのを、彼岸念仏を始めるため再び六条殿へ戻られるにつき、戌日を避け、それ以前の日を選ばれたのである。戌の日を忌むことは本来陰陽師にはなかったのだが、近年世俗が忌むのでそれに従われたのであると宸記に述べられ、甚だ然るべからざることと批判を加えられた。つまり世俗の禁忌が禁中でも採用された一例である。

同様の禁忌が、鎌倉幕府でも議論されたことは前章でみた。すなわち、重病の政子が嘉禄元年（一二二五）六月二十一日、新御所へ移りたいと訴えたとき、折から戌の日で、医師行蓮は民間士女の説として、この日は移転に憚ありと主張し、陰陽師達は何等正規の文献的根拠なしとて彼を嘲笑した。しかしそれから約一世紀たって、この禁忌はすでに朝廷の採用するところとなっており、かつて嘲笑せられた民間士女の説は、堂々とまかり通る程になったのである。

鎌倉期を通じて、公家に多い陰陽祭として、泰山府君祭のほかには五竜祭があげられる。幕府側では余り所見はないのに反し、京都では炎旱や天皇不予の際に用いられており、『百練抄』（神宮文庫所蔵本）宝治元年（一二四七）五月二十八日条によれば、祭文は緑の料紙に認められることになっていた。祈禱僧が請雨経法を行なう場合、必ず五竜祭もあわせ申し行なうことになっていた由である（『吉続記』文永十、七、十六条）。弘安九年（一二八六）八月五日、賀茂在言が雷公祭、同在秀が風伯祭を修したのは何のためか明らかでないが、風伯祭は安倍泰貞が寛喜三年（一二三一）、鎌倉ではじめて試みたもの、賀茂家でもこれをとり上げるようになったのである。

鎌倉で盛んになった天曹地府祭は、京都では文永五年（一二六八）五月六日、地震御祈のため権天文博士安倍泰盛が、建治二年（一二七六）十一月十七日、新陽明門院御産御祈の際、賀茂在言がこれを修しており、必ずしも安倍氏独占ではなかった。七瀬祓も賀茂在兼（『勘仲記』建治二、十二、十七条）、同在有（同、弘安元、十一、二十七条）らの奉仕がしられる。また、弘長元年（一二六一）二月八日、および文永元年（一二六四）九月十七日の両度、陰陽頭賀茂在清が、難波浦で革命革令の御祈に海若祭を営んでいるのは他に例のないもので、海神の祭が革命革令とどう結びつくのか明らかでない。仁治元年（一二四〇）閏十月二十二日、権陰陽博士賀茂在直、暦博士同在高より御暦奏の際、安倍家の陰陽頭が御暦案を舁ぐのを止められたいと上申した。当時の頭安倍忠尚が舁ぐことを主張したからであろう。

毎年朔旦冬至に行なわれる御暦奏は、陰陽頭・助・暦博士・允・属らが御暦案や頒暦辛櫃を舁ぐことになっているが、安倍氏が頭の場合は参加しないことになっている。ただ寛治二年（一〇八八）には安倍国随が参加したが、これは形式だけで実際は舁いでいなかったと賀茂氏は主張した。この訴えは認められたらしいが、当時の暦道沈滞は蔽うべからざるものがあった。

正治元年（一一九九）正月一日を日蝕とする暦道に行衡・長衡等算道が反対し、結局雨のため勝敗はつかなかったが、元仁元年（一二二四）八月一日を日蝕とする暦道の主張ははずれ、寛元四年（一二四六）正月一日の日蝕予言は算博士雅衡が反対し、これは算博士の勝となった。宝治二年（一二四八）五月十五日の月蝕勘申に対しては、宿曜道・算道が反対し蝕の誤りが明らかにされた。正治二年（一二〇〇）六月一日、宿曜師兼一法橋は算道・暦道など大方の反対を押し切って日蝕を予言したところ、適中しており、このころ、宿曜師の活動は、鎌倉と並び京洛でも注目すべきものがあった。ただ賀茂在清は宝治元年（一二四七）五月十五日、月蝕を当て正四位下に叙せられ、漸く暦道の面目をほどこし、のち陰陽頭に任ぜられている。

およそ、鎌倉期を通じて陰陽頭の地位に上ったものを、賀茂・安倍両氏の系図（系図４５６８）から拾うと、賀茂氏は在憲・在宣・在親・在継・在清・在員・在秀・在益・在実・在方・在成と、『続史愚抄』(文永十一、十二、二十九条)に載せる在為(系図になし)を加えた十二名に対し、安倍氏は、名人と謳われた泰親以後、淳房・泰忠・有弘・長親・泰世・泰光・泰輔・泰尚・有重・泰宣・泰家・範昌・良宣・忠宣(系図になし)と『吾妻鏡』(暦仁元、閏二、十三条)に記す維範、『花園院宸記』(正中二、五、二十四条)に収める晴村(系図になし)、『勘仲記』(弘安十、六、二十三条)に載せる晴宗を加えて十七名となり、安倍氏が次第に優位に立ったことを物語る。

尤も右の系図は、必ずしも正確かつ精細でなく、また他の文献から知られるものがあるかもしれず、その数は確実とは断言し難いが、鎌倉の陰陽師団が安倍氏に独占された点からみても、賀茂氏の頽勢は最早明らかであった。中でも、維範や晴宗は、鎌倉に本拠をおいて活動しており、経済的に武家側の方が豊かであったことを示しているのであろう。

さて、宿曜師はこれまでにも触れた珍一流がもっとも目立つ存在であった。文永四年四月二十五日の日蝕御修法には、珍弐・珍意・任憲・聖算が参加し、翌年九月十四日の同じ修法には珍意も加わっている。応長元年(一三一一)正月二十七日の広義門院御産御祈には、珍幸法印なるものが七曜供を奉仕した。文永四年八月二十二日の止雨修法では、新造の北斗本尊七体、泰山府君一体、計八体安置の前で行なわれたが、かかる本尊の組合せは珍しいものである。

善算は、既述のとおり花園天皇の許によく出入し信任をうけたが、その子息が仁和寺で出家している(『花園院宸記』元亨四、十、十条)ところからみて真言系と思われる。嘉元三年八月十四日、亀山法皇御平愈祈禱に本命元神供を奉仕した。延慶三年(一三一〇)十月二十三日、後伏見女御広義門院御着帯御祈に三星供を修した栄算なるものは、あるいは善算と関係があるかもしれない。

一方、宝治元年正月二十六日、賢算と算明の二人が宿曜秘法相承に関し相論を起した。『葉黄記』によると、既述園城寺僧慶算の秘法は、良算・算明二人の弟子に伝えられ、良算はこれを聖算に伝えたが、聖算は旅先で急死したので、その子有王丸は、良算の弟子である賢算の後援をえて、宿曜道相承を申出、また良算の子陀羅尼丸も相承を主張するところがあり、多分算明は陀羅尼丸を後援したのであろう。その顚末は明らかでないが、当時宿曜師の間でも珍流・算流・一流（かりに上記兼一法橋や円一法橋――『平戸記』仁治元、十一、十三条――の一派を含めて）など諸流が各々秘法をもって対抗していたのであろう。なお、慶算が東方祭なる特殊の行法を能算に伝え、能算から永算に伝えたことは上述したごとくである。

また、権漏刻博士菅野季長の所持する『易塵相伝系図』なるものは、三善清行より日蔵・仁海・義範・仁寛・心也・弁君・信西と相承して、菅野季親に授けられた。いま一説には、清行より浄蔵・橘安・忠允・彦祚・文替・尋実・信西と伝ったものともいわれ、その後この秘法はどうなったのか詳かでない。

けだし、各種の秘法秘伝の殆んどは、院政期以来発生した様々の俗説を、創案あるいは混淆しつつ発生したもので、禁忌卜占の世俗的拡大がむしろその背景となっている。『宇治拾遺物語』には、あるなま女房が、若い僧に仮名暦をあつらえると、僧は禁忌の日を沢山並べた末、用便の禁忌までつくり、これを何日も続けたので、正直にこれを守ろうとした女房が困惑した話や、ある易の上手が一人娘に十年後、この家に宿する者から千両をとれと教えられ、そのとおり十年後宿をとった男に千両を請求すると、その男は易者で、占いでもってその家の中にかくされた千両を見つけて娘にやった話をのせ、易占は未来も掌を指すごとく知らせるものだと注記している。

民間に卜占を業とするものや卜占を求める者、暦をあつらえる人々があったことを物語っているが、佐藤政次氏『日本暦学史』（一六四―一六六ページ）も鎌倉および南北朝期の仮名暦断簡を掲げており、陰陽道の世俗化をよく裏書きしている。

第一は、正応三年（一二九〇）六月一日——十一日の暦で仏事、婿取り、移転、造作、爪切、山仕事などについての禁忌が記され、第二に、延慶三年（一三一〇）正月一日——八日の暦ではじめに大将軍南、歳徳神は辛卯（西南）にあると示し、禁忌には三日の袴着、門立て、こかひに吉、四日の耕田に吉、七日の木を伐るに吉、八日の裁縫、沐浴に吉など農家庶民の生活に則した事柄が挙げられている。第三は、嘉慶二年（一三八八）十二月一ヵ月のもので、忌事よりはるかに吉事の方が多く記されているのは、それだけ庶民生活に則して造られたことを意味していよう。

四七　簠簋内伝の成立と牛頭天王縁起

こうした世俗陰陽道を支える一つの文献として、われわれは安倍晴明に仮託された、『簠簋内伝』に注目しなければならない。幸い、本書については、すでに西田長男博士の精密な研究（『祇園牛頭天王縁起の成立』）があるのでこれを参考にしつつ私見を述べてゆきたい。

刊本である『続群書類従』三十一輯上所収本は宝永七年（一七一〇）の板本を元としているが、さらに古く、寛永六年（一六二九）本がしられ、写本では、高野山宝亀院所蔵の室町期とみられるものがあるという（下出積与氏解説『群書解題』第二十所収）。西田博士は、幕末に松浦道輔があらわした『感神院牛頭天王考』をひき、その末尾に述べられた記事を示されており、それによると祇園社務に行円なる者あり、行円の子賢円、その子晴算は建仁二年（一二〇二）生れ、文永八年（一二七一）八月十五日、七十歳で死んでいるが、彼は陰陽道を学び、子孫みな晴明に因んで晴の字を名のった。

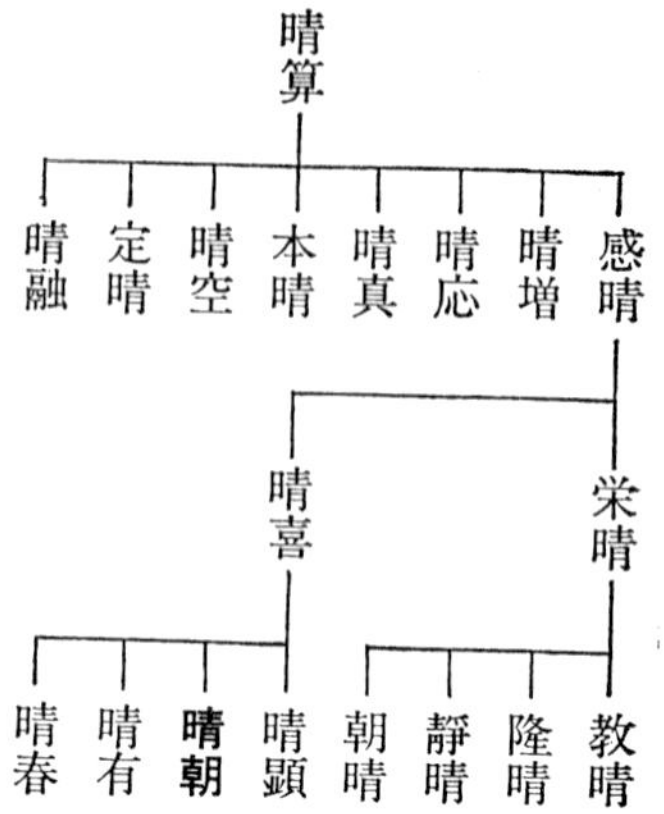

系図７　祇園社務陰陽師系図

これを系図にすると系図７のごとく、『簠簋内伝』をつくったのは、晴算の曽孫晴朝であって、彼は法眼となったが、元亨二年（一三二二）十一月、親父に義絶され祠官を追出された。これに従って、本書の成立は鎌倉末となるが、後述するように内容からみて妥当と考えられ、西田博士も、道輔は、何等か然るべき根拠があって書いたに相違なく、相当の信拠性をおいておられる。

　そもそも、安倍家はさきに説いたとおり、晴明の子吉平のあと、時親・円弼・奉親の三つの流に分れた。このうち円弼の子孫には晴の字をつけたものが多く、晴朝なる人物も見えるのである。わたくしは、この晴朝が祇園執行の晴朝と同一人と考えるわけではないが、祇園社に入った陰陽道は、この円弼流（晴道党ともいわれる）の影響をうけたものではなかったかと疑われる。『尊卑分脈』や群書類従本系図は、吉平の子に僧平算（菩提院都維那）なるものを記載し、その孫に宿曜師日覚が見えることから推しても平算は宿曜師であったらしいが、この円弼流も宿曜道と関係ある一流ではなかったか。

　とにかく、宿曜道に縁の深い安倍流の一派が、祇園執行家と結びついたに相違なく、しかも晴算が陰陽道をとりいれる素地は、すでに夙く平安朝にあったものとみられる。延久二年（一〇七〇）十月十四日に、祇園社神殿の焼失があって、官使が御神体の模様を調べたとき、感神院八王子四体、ならびに、蛇毒気神・大将軍の像の損害を検したと『扶桑略記』に記されていて、大将軍や蛇毒気神など宿曜道の祭神が、すでに安置されていたことは、当時における牛頭天王信仰と陰陽道の習合を裏書きするものである。

詳しくは、『三国相伝陰陽䡈轄簠簋内伝金烏玉兎集』と称する題名は、空海が将来した宿曜道の聖典、『文殊師利菩薩及諸仙所説吉凶時日善悪宿曜経』の長い名称を意識したもののごとく、内容的に換骨奪胎した感を抱かせられる。金烏玉兎は日月であり、簠簋は天地の神をまつる聖なる器物で、簠は外方内円、簋は外円内方の形をなす。けだし両器には天地の性を象徴する意があるのであろう。陽陰・簠簋・日月と並べるところに、陰陽道の原理と人間のそれへの応対と天文運行の三大要素が示され、所詮は人間の応対、つまり、どのように吉凶判断し、日常生活に役立てるかを示すのが本書の目的となるので、略して『簠簋内伝』と称される所以である。

全五巻のうち、第一巻は、牛頭天王を信仰し、その利益を被るに至る縁起譚を冒頭に掲げ、この神や眷属たちの運行に基づく吉凶の判断の目標を示した。第二巻は、天地開闢の際あらわれた盤古王の五人の妻が生んだ五帝竜王について、各竜王の眷属の運行吉凶を示した。陰陽道の十干十二支がここにおいて牛頭天王に結びつけられた。また様々の吉凶日の説明がほどこされているが、この部分は巷間に発生した世俗的禁忌が多く含まれる。第三巻は、牛頭天王の子である大歳神・大将軍の遊行吉凶はじめ、四季を通じて禁忌に注意すべき日、神仏の行事に関連してその吉凶日などを詳述した。第四巻は、土地や屋敷の吉凶判断を主として記述し、第五巻は、宿曜の説明にあてられている。全体として、構成は、必ずしも組織的論理的に筋をとおしたわけでなく、第三巻からは屋上屋を架した点も感ぜられ、繁雑感を益すが、これは世俗的禁忌を包摂したため体系化できず、一方ではそれだけ実用的な面も多い結果になった。最後の巻には、曜宿の説明を置き本書が宿曜の書としての性格を明らかにしている。

まず、第一巻の牛頭天王縁起譚は、いわば牛頭天王信仰と陰陽道の習合理論を、歴史的な形式をもって示したものであって、天刑星＝吉祥天の源を王舎城大王＝商貴帝＝牛頭天王と規定し、その姿は頭に黄牛面を載き、するどい両角を有し、夜叉のごとき醜い形相であったと説く。

この天王が天帝の使者瑠璃鳥の告げを受け、南海の娑竭羅竜宮に住む第三の女頗梨采女を妃に迎えようと八万里の長い旅に登った。途中南天竺の傍にある、夜叉国を通り、その大王巨旦大王に宿を求めたが断られ、大王の奴婢である一賤女の教えで、蘇民将来の許へゆき宿を乞うた。老翁の将来は天王の懇望もだし難く、貧しいながらも接待に努めた。一粒の米もないので、瓢の中に蓄えた僅かの粟を瓦釜で煮て梛（なぎ）の葉に盛り饗応した。天王は生活は貧窮でも心は貴徳の君にも勝るとよろこび、さらに将来が提供した隼鷂《はやたか》と名づける宝船に乗り、南海の竜宮城に到着し頗梨采女を得て八王子をもうけた。

やがて、天王は、后と八王子をつれて北天へ帰ることになったが、途中宿を断った巨旦大王はじめ、配下の魑魅魍魎の立籠る城を攻め亡ぼすため、八王子等に命じ進撃せしめた。巨旦大王は自分の顔が阿羅監鬼の相に変ったのを知って悪い前兆と憂え、博士に占わしめると、牛頭天王が攻めてくるという。その対策を求めると博士が教えるには、一千人の苾蒭《びっしゅ》(僧侶)を供養し、大陀羅尼を唱し、泰山府君の法を行なうのがよろしかろうと。大王はそのとおりにしたのだが、一人懈怠の比丘が眠って真言唱文が明確でなく、これが隙となって大穴を生じた。この大穴から天王の兵が乱入し、遂に巨旦大王を亡した。

その際、大王は蘇民将来が教えてくれた一賤女を助けるための桃の木の札を削って、「喼喼如律令」の文を書いてその札を投げると、賤女の袂の中に入り、彼女はこの禍をまぬがれた。巨旦大王の屍は切断して五節に配当して調伏の威儀を行なった上、大王は蘇民将来の許へゆき、彼に夜叉国を与え誓願していうには、我れ末代に行疫神となって八王子眷属等が国に乱入してくるかもしれないが、蘇民将来の子孫と名のるものは禍がない。お前に一つの守護の法を定めておこう。そのため二六の秘文を授ける。今後濁世末代の衆生が寒熱二病に罹るのはわれら部類眷属の所行であるが、もしこの病痛を退けんと思う者は五節の祭礼を違えず、二六の秘文を信ぜよ。五節の祭礼において、正月一日の赤白の鏡餅は巨旦の骨肉、三月三日の蓬萊《よもぎ》の草餅は巨旦の皮膚、五月五日の菖蒲は巨旦の鬢髪、七月七日の小麦の索麵は巨旦の継《すぢ》、九月九日の黄菊の酒水は巨旦の血、惣じて蹴鞠は頭、的は眼、門松は墓験《はかしるし》である。修正の導師、葬礼の威儀はすべて巨旦調伏の儀式である。かく教えて牛頭天王は北天の閻浮提に帰って行った。長保元年(九九九)六月一日、祇園社では三十日間巨旦調伏を行ない今日までこれを受け継いでいる。六月一日の歯堅は肝要である。最後に、

悪みても悪むべきは巨旦が邪気、残族魑魅魍魎の類、信じても信ずべきは牛頭天王・八王子等なり、その八王子は大歳・大将軍・大陰・歳刑・歳破・歳殺・黄幡・豹尾等なり、

の文をもって結んでいるのである。

大切なのはこの終りの部分であって、正月一日より九月九日までの五節句を巨旦調伏に結びつけるとともに、長保元年(九九九)六月一日、祇園社で安倍晴明が始めた巨旦調伏の儀が、今の世まで続けられていると説明しながら本書を晴明(清明)の撰述とし、敢て矛盾を露呈させている点である。つまり、牛頭天王の信仰が、晴明の名において権威づけられたことを強調するのが目的だったのであろう。

従ってこの由来譚には本書が撰せられた当時、すでに実修せられていた様々の牛頭信仰の習俗が説かれていると同時に、その文章自体牛頭天王に捧げる祭文でもあったのである。実修された部分を念のために挙げてみると二六の秘文信奉、五節の祭礼執行のほか、楠(なぎ)の葉に瓦釜で煮た粟飯を盛って供えること、喼喼如律令と記した桃の木の札を所持すること、千人の僧を供養した大陀羅尼真言を唱し、泰山府君祭を修することなどがあろう。それにもう一つ興味を惹くのは、頭に黄牛の面を載き、するどい両角をそなえ、夜叉さながらの形相であるが、これについては後述することとし、まず上記牛頭天王縁起譚につき、他にも二、三の伝承文献があるからそれに言及しておこう。

最古の伝承としてしられる、『釈日本紀』所引「備後国風土記逸文」の疫隅《えのくま》国社縁起において、『簠簋内伝』のそれと異なる主要点をあげると、牛頭天王を武塔神としていること、武塔神が帰り蘇民将来の許へ立ち寄った際、お前の家に子孫は居るかと問い、将来が妻と娘一人ありと答えると茅輪《ちのわ》をもって腰の上に着けしめよと教え、この二人の女子を除いてすべて殺してしまった。よって告げて曰く、われは速須佐雄能神である。後世疫病流行すれば、蘇民将来の子孫と称し茅輪を腰につけよ、その者だけは疫を免れようと、以上の話である。

この備後国疫隅社は、現在広島県芦品郡新市町戸手字江熊にある素戔嗚神社に当るとみられ、もと京都祇園社の分社としてまつられたものと思われるのみならず、武塔神に素戔嗚尊を習合せしめた点からみても、古風土記の逸文とは考えられず、鎌倉初期の偽作とみるのが妥当であろう。ここで、『簠簋内伝』に見えない重要な点は、武塔天神＝素戔嗚尊としたほか、茅輪を着ける風俗である。

つぎは、安居院の『神道集』に収められたもので、「十一、祇園大明神事」の条をみると、御本地、男体は薬師、女体は観音とし、牛頭天王の眷属を八万四千六百五十四神とし、巨旦大王（巨端将来）の妻を蘇民将来の娘とし、疫神の護符は柳の東に差出た枝を切取り、四角に削った札に蘇民将来孫と書いたものとし、牛頭天王の八王子の名を第一相光天王、第二魔王天王、第三倶魔良天王、第四徳禅天王、第五良侍天王、第六達尾天王、第七侍神相天王、第八宅相神天王とするなど異なる部分がある。また牛頭天王の形相を解説して三百四十二臂、頂上に牛頭あり、右手鉾をとり、左手施無畏印を結び、東王父・西王母・波利采女・八王子等多数の従神囲繞すると述べている。

『神道集』はさらに文殊の教えとして以下の説明をほどこしている。牛頭天王は武塔天神とも薬宝賢菩薩とも呼ばれる。无量劫より以来、大慈大悲の心をもって衆生を安穏ならしめる。薬師如来の化現でもあって左面は日光菩薩、右面は月光菩薩をなし、頂上の牛頭は妙法蓮華経をあらわす。両臂は十二神将また十二大願の意、左足は東方瑠璃世界、右足は西方極楽世界に他ならない。東王父は普賢菩薩、西王母は虚空蔵菩薩、波利采女は十一面観音の化現である。蘇民将来およびその娘は各々、本地薬王薬上菩薩、蛇毒気神王および海竜王は本地弥勒・竜樹二菩薩である。上記八王子である第一から第八までの天王は、その本地がそれぞれ、普賢・文殊・観音・勢至・日光・月光・地蔵・竜樹となっており、これが八王子真言である。

『神道集』は、また叡山西麓に鎮座する赤山明神についても、これが牛頭天王と一体であるとのべている。この神は、もと中国山東省の赤山法華院にまつられていたのを、承和五年（八三八）ころ、入唐した慈覚大師円仁がまずここに詣でて求法の大願成就を祈り、達成の暁は日本にも勧請するとの誓願を立てた。円仁のこの願はその寂後、仁和四年（八八八）、弟子安恵等の力で漸く実現したものである。『源平盛衰記』には、円仁帰朝の船上で、この明神が赤衣に白羽の矢を負うて出現したと記し、本地は地蔵菩薩または泰山府君としている。

『神道集』は、義浄三蔵訳『仏説武塔天神王秘蜜心点如意蔵陀羅尼経』を引き、牛頭天王には十種の変身があるとし、牛頭天王のほか、武塔天神・鳩摩羅天王・蛇毒気神・魔那天王・都藍天王・玉女・薬宝賢明王・疫病神等とし、武塔天神は、十一面を頭上に頂き八角の面に白牙を出し、毛髪赤色、忿怒相であると説明する。

また、牛頭天王・武塔天神・薬宝賢明王の三種の名は、三部一諦、非三非一の法門これ則ち妙法蓮華経なりと述べているあたり、天台法華の教説を露呈したもので、右の義浄三蔵訳なる長名の経典も天台の偽経であることを物語っているに他ならぬ。同様前記の「十二、祇園大明神事」の条に引かれている不空三蔵訳、『天刑星真言秘密牛頭天王経』『波利采女経』『八王子経』も恐らく偽経に相違ない。

四八　牛頭天王の像容とその曼荼羅

ここであわせ考えてみたいのは、京都の天台宗名刹妙法院に所蔵される巻首欠、原題名を佚した神像絵巻一巻である。巻末に「観応元年（一三五〇）庚寅正月十一日賜小野僧正興ノ御本」（以下に文字あるも判読困難）の奥書があるので成立年代は明らかである。小野僧正とは真言宗小野流に属する高僧かと思われ、仮りに興の字のつく人物を探すと、康応元年（一三八九）八月二十一日まで存命した勧修寺長吏興信法親王があるが、それ以上のことはいまの時点で手がかりが見出せない。

ここに掲げられた神像図は、すべて二十三体あり、内訳は天神七代が十一体、地神五代が五体、盤古王および五帝竜王が六体、牛頭天王一体の順で各グループの前後に説明・注釈がある。はじめに「秘伝云」として天神の七代は金智の七覚、地神の五代は台理の五刑をあらわし、わが朝は大日の本居、密厳の宝刹であるから大日本国というと述べ、つぎに『日諱貴（大日孁貴《ひるめむち》をさす）本記』（右大臣王神に勅詔して選表すとある）なる書が引用されるが、虫損の上、文章晦渋を極め、意味通じ難い。要するに三光降って神を生じ、それより日月が生じ、ついで天神七代、地神五代が生じたとの開闢論である。

つぎに、「禁疎極伝章」の見出しで、開闢論をさらに敷衍して述べられている。虫損のほか独特の表現、風変りな片仮名の振仮名がほどこされた術語が並び、文章の理解容易でないが、その大意を示すと、はじめに天霊大極なるものあり、万物を生じ国の基を開いたので国常立尊という。この尊から金輪王を生じ、金輪が赤白二輪に破れて一つは理神である埿瓊《すひじに》尊となり、他は智神である遅瓊《うひじに》尊となる。この男女神はまだ夫婦にならず、伊弉諾・伊弉冉尊に至って始めて夫婦神があらわれ、五角の島を生み、これが日輪となり、中に一面六臂の神があらわれた。それが天照大神で愛染明王・如意輪観音の姿を形どったものである。以上の解説があって天神七代の図解が示される。

第一代国常立尊は四面四臂四足、第二代国狭槌尊は三面六臂六足、第三代豊斟渟《くむぬ》尊は八面八臂八足、竜尾あり、以上は独化の男神、第四代は埿瓊尊（男神）・沙瓊尊（女神）・大戸間辺《とまへ》尊（女神）の三神、第五代は大戸之道《とのけ》尊（男神）・惶根《かしこね》尊（女神）の二神、第六代は面足《おもだる》尊（男神）、第七代は伊弉諾・伊弉冉尊二神、これら男神はみな鎧を着し、武器類をとり、頭髪は逆立つ忿怒相、女神は唐服に鼻高沓をはき、頭に宝冠を頂く。地神五代に移ると、また文があって天照大神は玉面光曜にして身色黄光なり、身量六尺六寸、心神と記し、『北野天神密奏記』なるものを引き、天照大神＝大日如来＝盧舎那仏の託宣の説明につづき、

我本秘密大日尊、大日々輪観世音、観音応化日天子、日天権跡名日神、此界能救大慈心、所以示現観世音、

の偈を掲げ、大日如来＝観世音＝日天子の意を明らかにし、天照大神には男女二神あってこれが両部大日に他ならず内宮は胎蔵界如意輪を、外宮は金剛界虚空蔵を象徴すると説く。つぎに『長谷寺縁起』を引いて、得道上人が十一面観音の化身で、文武天皇十年九月十五日に神宮荒垣内外に法楽を行なったとき、空にこの観音が示現したといい、北野天神や長谷観音の信仰を伊勢の両部神道の下に統合しようとする意図がみえる。地神五代の図は天照大神と第四代の彦火々出見尊（この尊のみ太鼓を打つ変った姿である）が唐装、第三代瓊々杵尊が羽翼飾の宝冠をつけ、半ば唐服半ば武装し、三神とも女形、第二代天忍穂耳尊と第五代鸕鷀草葺不合尊の二男神は装飾冠を被った武装形である。第二代より第五代まで各神像に簡単な注記があり、身長と肌色が示されているのは何を根拠にしたのかまだ未調査である。男女の性についても、彦火々出見尊や瓊々杵尊に関しては、『類聚神祇本源』『麗気記』などと一致しない。

地神の図像のあとには、盤古王以下の説明文があり、『神在経』なるものを引用して、まず盤石王（大馬石王ともい

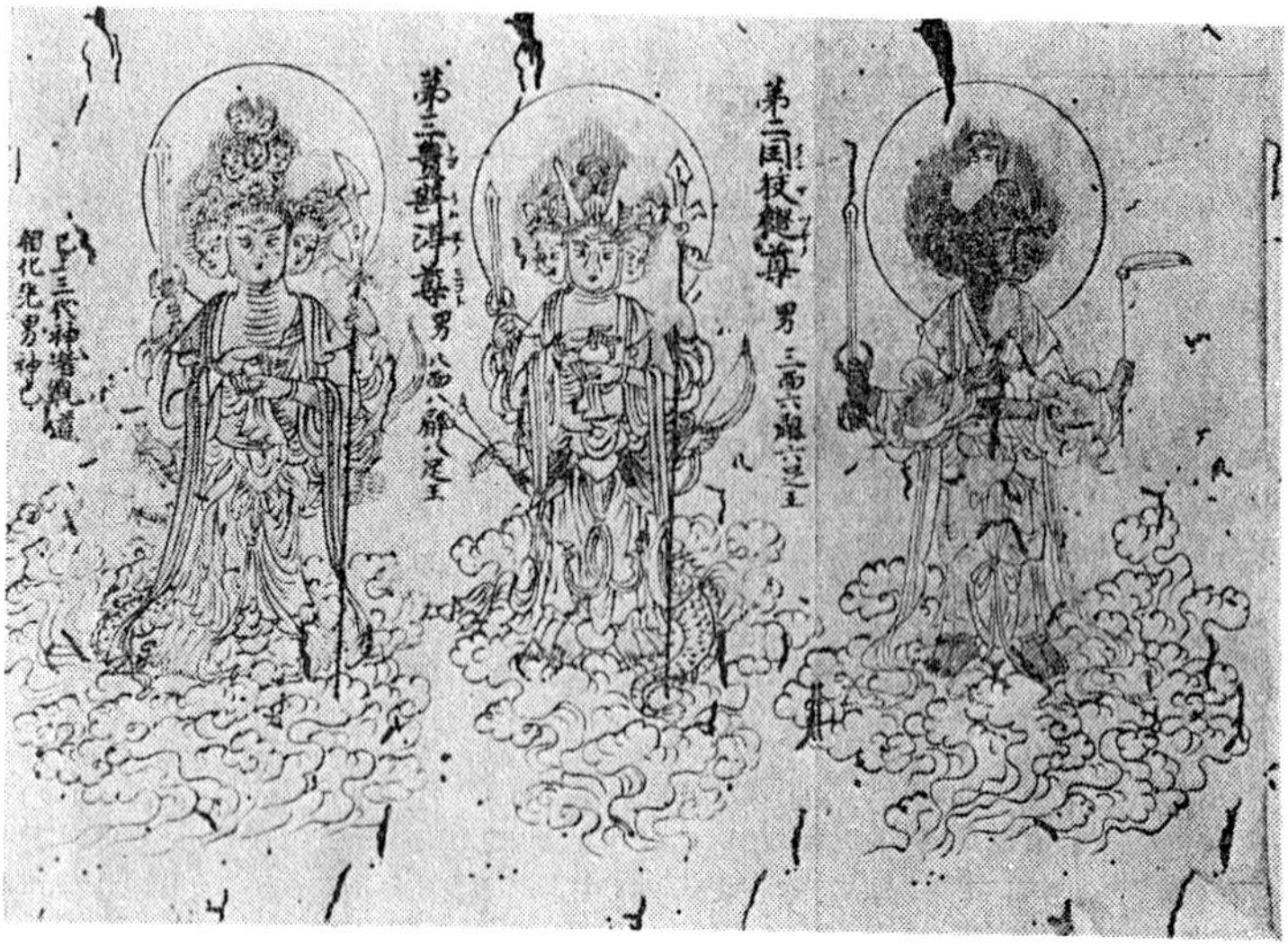

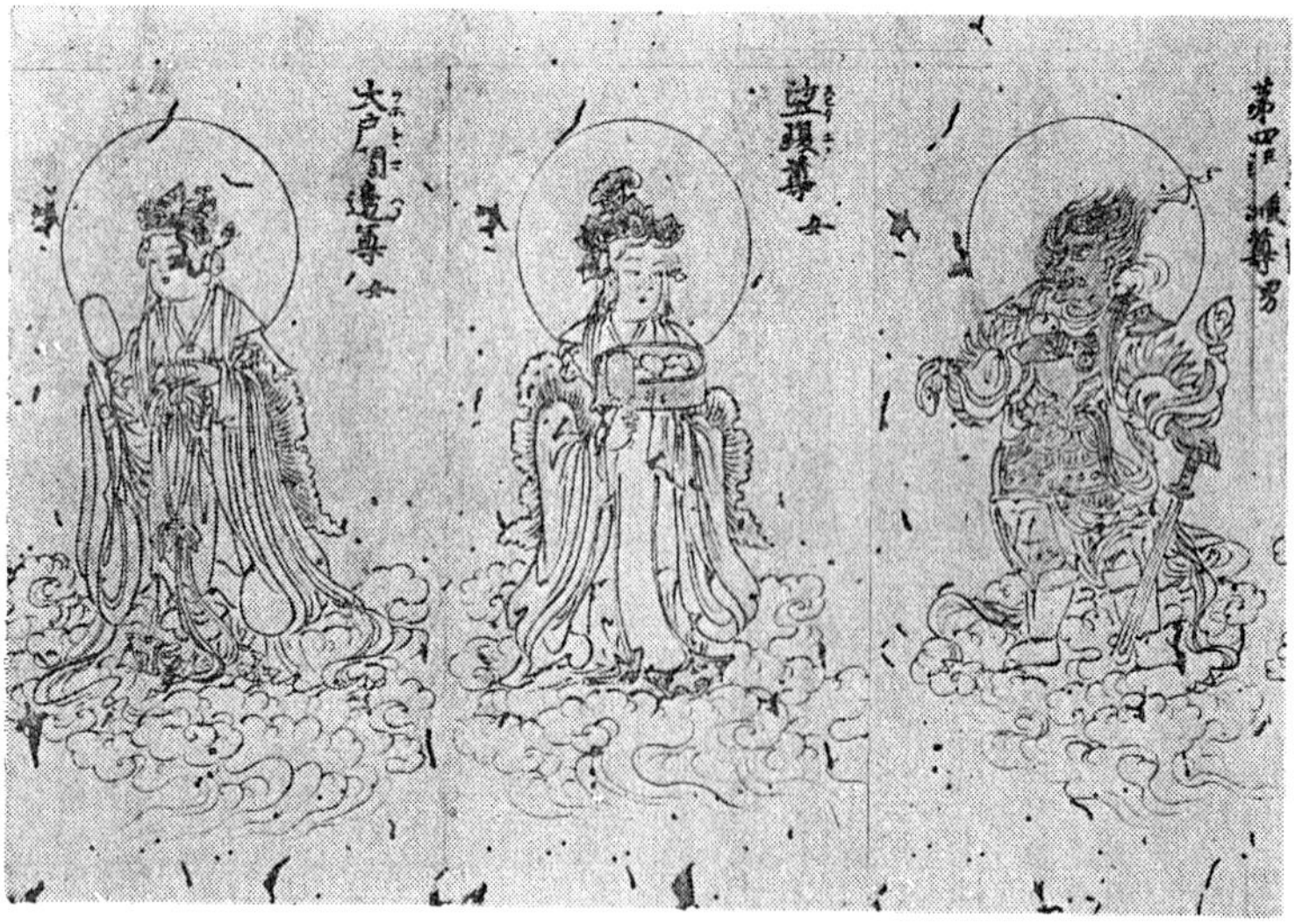

（妙法院所蔵）

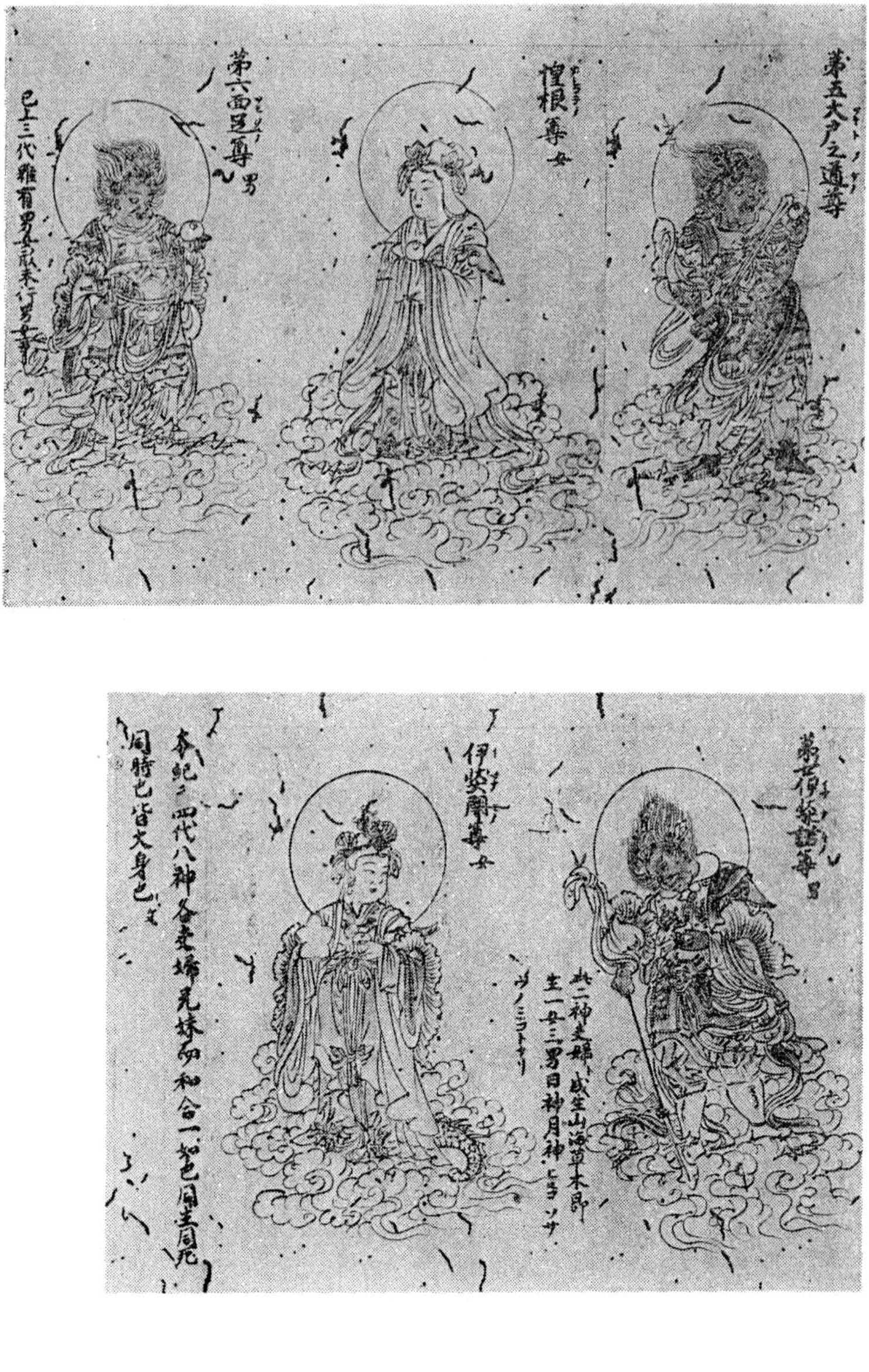

挿図14　神像絵巻

向受敬光如成明 真像非如常石手余表三相揭乃
盯留可 針丟四指是 枕錫杖足持念珠頭左手に表
三相向 則宝珠奉を 抵瓶是持花頃

第二忍戴香勝之速日天鷹福耳尊

心神武尊已
身量八尺申己
日滿王顏如月尊

第三深炭火獲火打尊 赤肉色身長九尺
第四炭火之出見尊 赤肉色身量六尺六寸

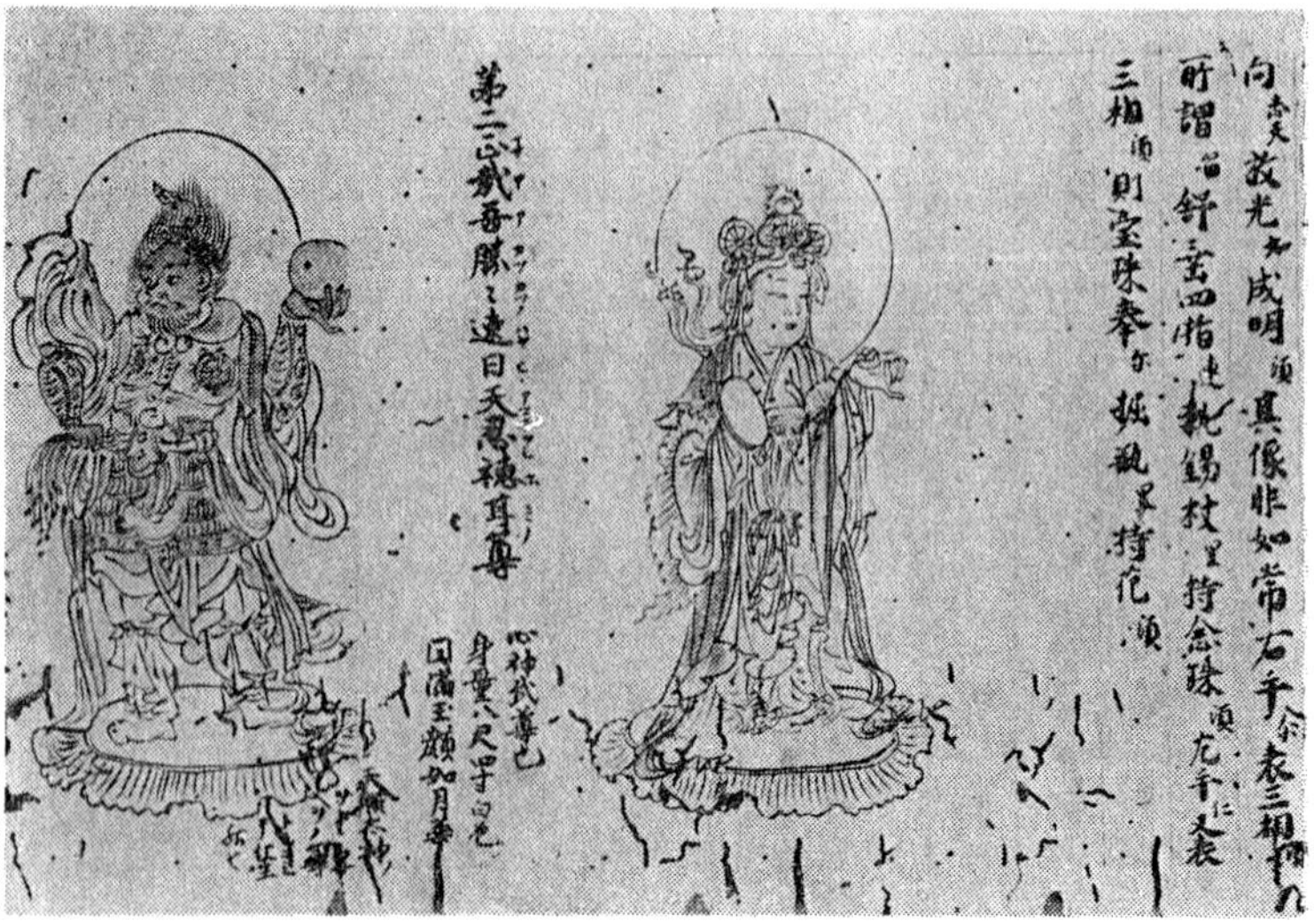

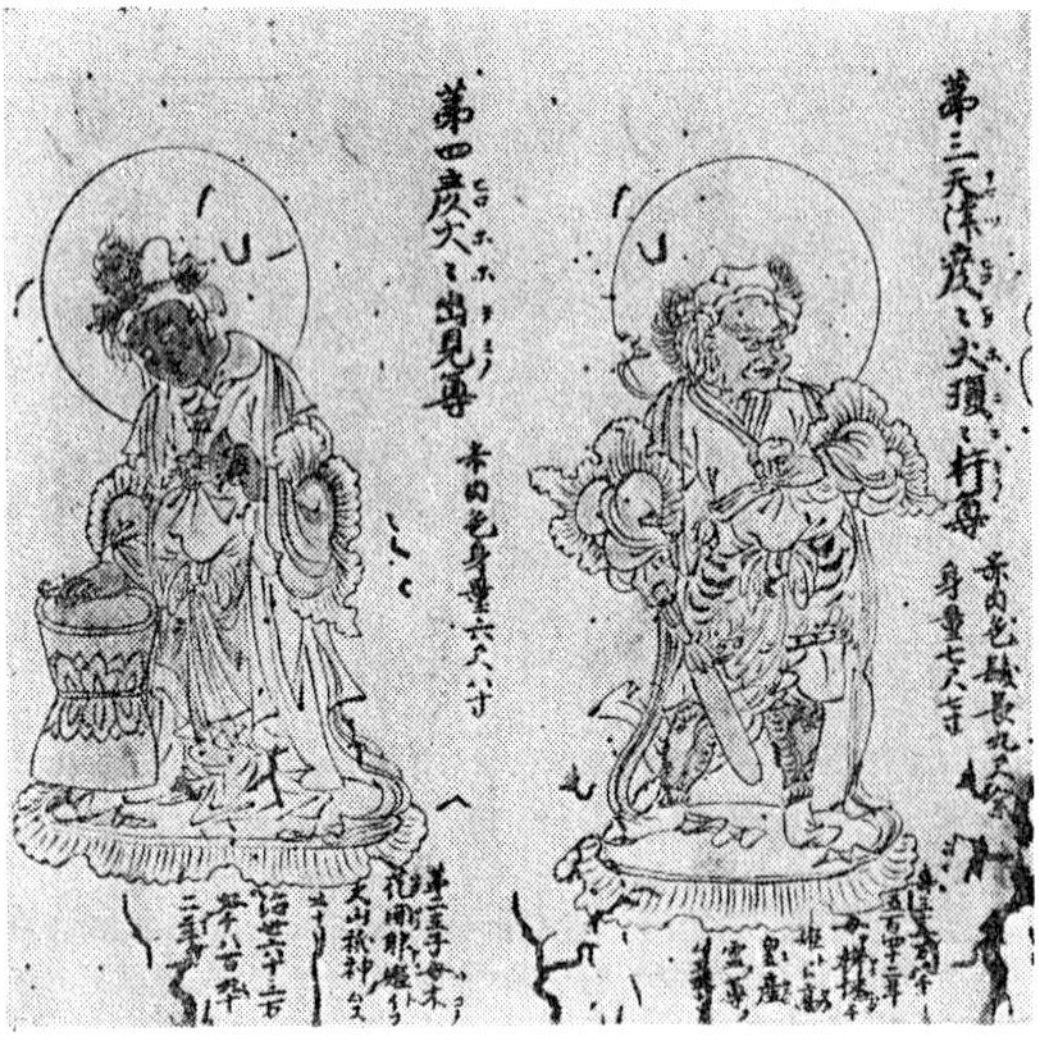

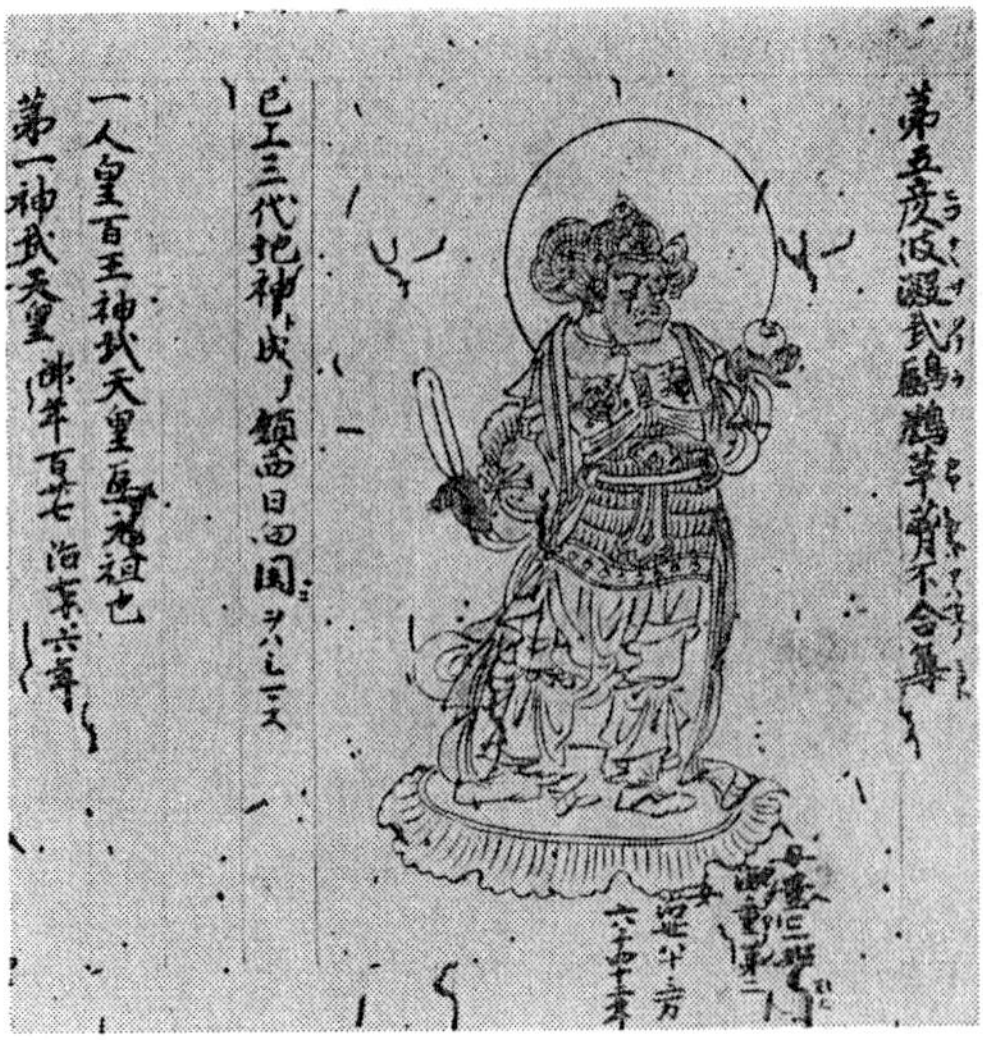
第五彦波瀲武鸕鷀草葺不合尊
第一神武天皇

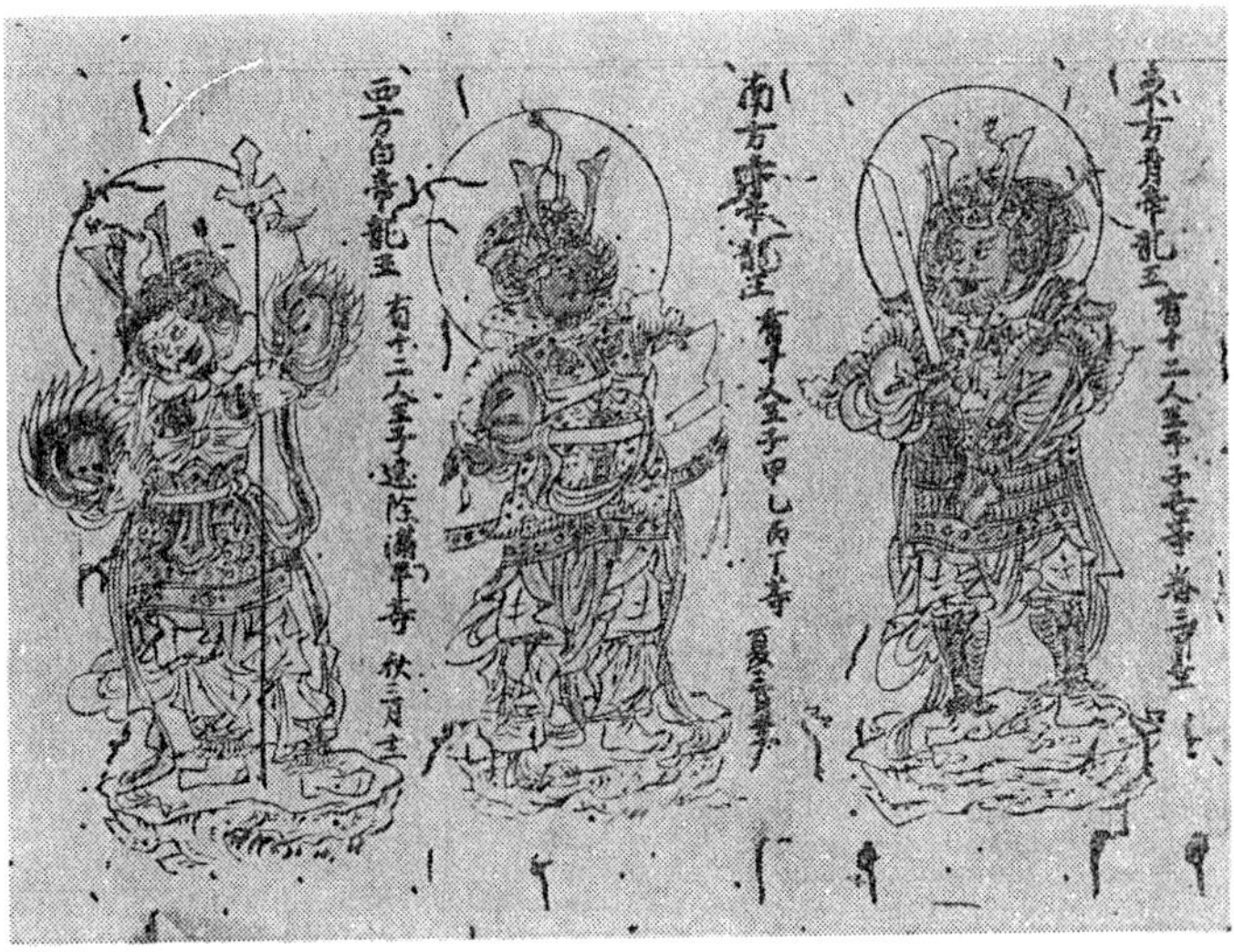
東方青帝龍王
南方赤帝龍王
西方白帝龍王

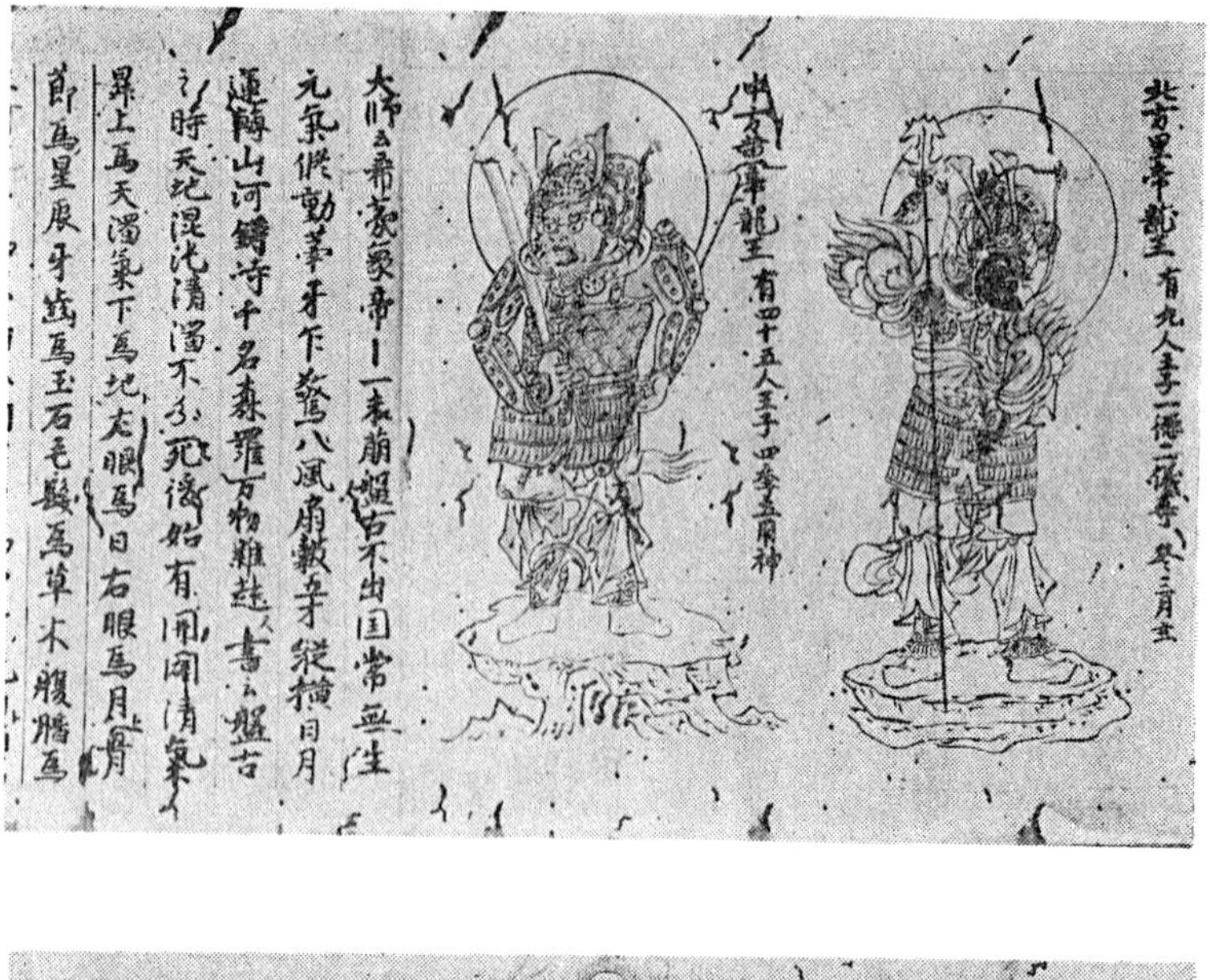
北方黒帝龍王 有九人王子
中央黄帝龍王 有四十五人王子 四季土用神
元気倶動
運轉山河
之時天地混沌清濁不分
昇上為天濁氣下為地 左眼為日 右眼為月
節為星辰 牙齒為玉石 毛髪為草木 腹腸為

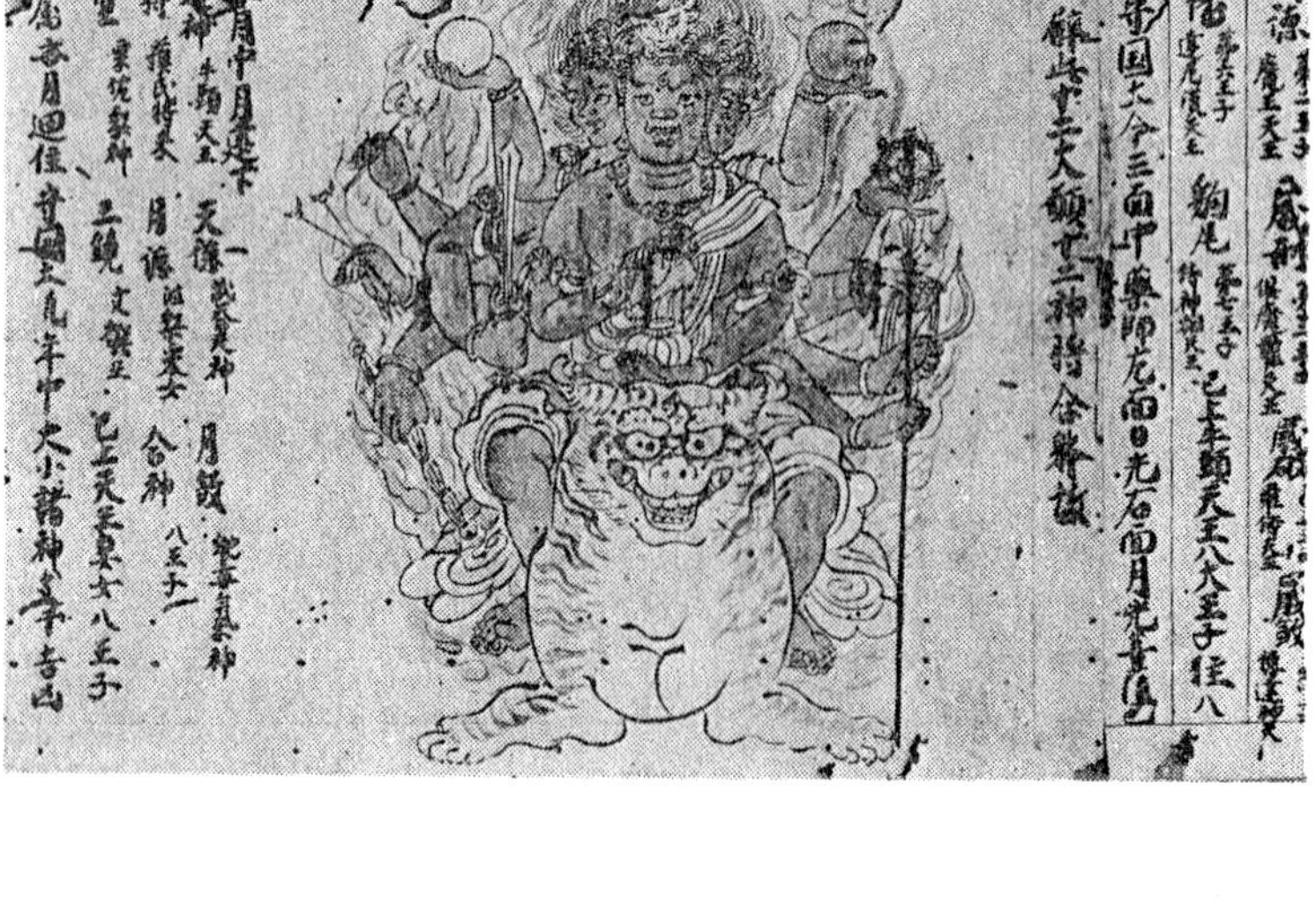
守帝国大分三面 中藥師左面日光右面月光菩薩
十二願此十二大願十二神將

う）に盤古王・土府・土公の三子あり、盤古王は五人の妻をもち、各々青赤白黒黄の五帝竜王を生ませ、各竜王はまた多数の王子をもうけたとしている。この部分は、上述のように『簠簋内伝』巻二にも似た文があるので比較すると、内伝では天地開闢のはじめ、あらわれたのは盤牛大王で長さ十六万八千由繕那、頭は円くして天となり、足は地となり、胸は猛火となって燃え腹は四海となる。三千大千世界の上に居ては大梵天王と号し、下座にあっては堅牢地神と呼ばれ、本来は大日如来と称した。左に青竜川を流し、右に白虎園を領し、前に朱雀池を湛え、後に玄武嵩を築き、五方に五宮を構え八方に八閣を開き五宮の采女を愛妻とし五帝竜王を産むとある。

この五宮采女は、第一伊采女（東方）・第二陽専女（南）・第三福采女（西）・第四癸采女（北）・第五金吉女（中央）と称するが、絵巻の方は、第一福女・第二微精女・第三陽堂女・第四恵吉女・第五台勢女で異なる。また内伝では青帝が十王子、赤帝が十二王子、白帝が十二王子、黒帝が九王子、黄帝が四十七王子をもうけるとしているのに、絵巻では青帝が十二王子、赤帝が十王子で入れかわり、白帝・黒帝は同じで黄帝が十八王子となっている。図像をみると六体とも甲冑をつけ岩座に立つ。持物は盤古王が木の字と払子、青帝が剣と索、赤帝が筆と巻物、白帝が長柄の三叉戟、黒帝が長短両柄の三叉戟、黄帝が長柄の三叉戟と剣である。

最後に、牛頭天王像の見出しでこれが薬師如来十二浄願の乗跡、日光月光三仏合体の秘仏であり、八王子以下多数の眷属があって、毎日毎時交互に守護することは暦法で示すと記している。つぎに列挙された八王子は内伝で八王子の母とされる歳徳神を第二王子とし、第一王子とされた大歳神を別格扱いにし、今天王（内伝では総光天王）と称し、以下八王子はつぎの天王名が付せられている。カッコ内は内伝の名称である。

大将軍相光天王　（魔王天王）

歳徳魔天王

大陰神宅相神横天王（倶摩羅天王）
歳刑神倶魔羅天王（得達神天王）
歳破神最侍天王（良侍天王）
歳殺神徳達神天王（侍神相天王）
黄幡神達尼漢天王（宅神相天王）
豹尾神侍神相天王（蛇毒気神）

かくて、末尾に本絵巻の眼目である牛頭天王の像が天地一杯に界線をはみ出して描かれる。三面十二臂で白牛（角の部分を取去ると全く狛犬そっくりである）にまたがり、肌は朱色、三面はそれぞれ三眼を具え、正面の顔の上に白い牛頭を載せ、さらにその上に本地薬師如来坐像を小さく現わす。光背は火焔で朱と青の二色を交えたもの、頭髪は逆立ち、宝冠を頂く。持物は、赤白の宝珠・宝瓶・如意輪・弓矢・鉞・宝棒・杵等で、武器類が主である。

かかる形相を、たとえば、京都府大山崎の宝積寺に所蔵する弘安九年（一二八六）在銘板絵神像中の牛頭天王像と比較すると、こちらの方は、牛には乗らない坐像であるが、全体的に類似したものがある。ただ三面には各々両角を有し、多臂でなく両手の持物は、削落してしかと見定め難いが、多分剣と薬壺あたりであったろう。

つぎに奈良春日大社に所蔵する牛頭天王曼荼羅図衝立は鎌倉期のまことに珍しいもので、丹色の地色に牛頭天王曼荼羅を、裏面には白描の狛犬一対と牡丹・鳳凰が描かれ、まさに御正体鏡同様の性格を示している。画面は五区に仕切られ、中心の内区に相当する部分は、牛面を頂く三面十二臂三目の牛頭天王が何と虎に坐している形相である。けだし『簠簋内伝』には造屋・出行に吉の神として白虎をあげており、牛頭天王の虎騎乗は吉相を示すものであったろう。

最外区である第五区では四天王と三十六体の天部を四方に配し、第四区では二十八体の菩薩像をめぐらし、第三区には四隅に女神像と十二支を置き、第二区には供養の人物を示している。これらは図様が不鮮明になっているので一々の像容を見極め難いが、星宿神や密教の眷属神などを組合せてあるものと思われる。あるいは密教の星曼荼羅などを基にして構想された図かもしれない。

この衝立図は、もと春日社の摂社水谷神社の社殿にまつられたと伝え、文永六年（一二六九）の『中臣殖栗連祐賢筆記』にも、水谷社の祭神を牛頭天王とし、記録的に裏付けるものがある。他方、『東大寺雑集録』に興福寺僧円如が春日水屋を承平四年（九三四）六月二十六日に移して祇園天神堂を建てたとある春日水屋がこの摂社とすれば、牛頭天王信仰を通じて春日と祇園の間に深い関係のあることが一層はっきりし、あるいは牛頭天王曼荼羅の発祥が南都系密教にあるかもしれないとの感じを抱かせる。

かくて斯種曼荼羅の画幅の流布は、当然考えられてくるが、その好例が大阪府八尾市、志紀長吉神社に存在する。これも鎌倉期の作と覚しく、画面は牛頭天王と四神の内区、八神の中区と十二支の外区に分れる。牛頭像は牛に乗る三面十二臂三目に牛面を頂き牛に乗り、後背に火焔を負う、妙法院図像と同様のものである。しかし四神は忿怒明王形が二体、女形一体、衣冠像一体、八神は図様明瞭を欠くが、ほぼ女形と明王形から成っていると思われ、眷属の構成については妙法院本とかなり相違するものがある。

すなわち、妙法院本は神祇的色彩が強く、いわばこの方は垂迹曼荼羅的意味の濃いものといえるが、いずれにしても、そこに配置された二十三体の図形を見渡してみると、天神七代は雲に乗り、地神五代と盤古王は荷葉座の上に立ち、五帝竜王は岩座に立つことから考え、三段階に格付けされていることがしられる。尤も天神・地神十二代はすべて宝珠を持つと説明され（ただし図像では彦火々出見尊のみ楽器をとり、珠はない）、これは神璽すなわち如意宝珠で神鏡や神剣とともに大日の識神であると説くあたり、明らかに陰陽道的感覚がある。

いまこの垂迹的な陰陽道曼荼羅を仮りに説明すると、天神・地神合して十二代は牛頭天王、本地薬師如来の十二浄願・十二神将に対応するし、それは取りも直さず大日如来の分身であって、様々な利益《やく》の機能は牛頭天王が代表するのである。五帝竜王が示す方位的吉凶禍福も畢竟、牛頭天王に支配されるので、そうした牛頭天王の偉大さを曼荼羅的構想において示そうとしたものといえよう。すべての像が明王・天部を基調とした表現をとっているところに、陰陽道的神祇としての性格が看取され、小野流の真言宿曜僧が祈禱・卜占の際の礼拝の対象としたと考えても無理でない。ただ説明文に難解な文や不可思議な振仮名・造字・解釈があり、奇怪な引用典籍が示され、民間世俗の風説の混入も考えられぬではない。それがやがて安家系陰陽道をとりいれる素地になったともみられ、のちには両部神道の影響も加わった。しかし『簠簋内伝』には未だそうした仏家神道の影響は濃厚に感ぜられず、この点からも観応の妙法院本より遡るものと判断される。

四九　牛頭天王の祭文

さて、牛頭天王縁起は室町時代に入っていよいよ普及し、多様の異伝を生じた。西田長男博士は、長享二年（一四八八）十一月の年記のある吉田家旧蔵本や天文十九年（一五五〇）四月十四日の年記ある宮地博士本を掲げられており、まず前者についてみると、牛頭天王は蘇民将来に宿を借りた礼として牛玉を与え、この玉は所願悉く成就するものだと教えており、これが毎年正月、祇園で出される牛玉宝印の起源であるとしているのがこれまでの縁起に見えない事柄である。

後者は、はじめに灌頂（勧請）祭文と題し、文中には、

謹しんで請う、行疫神・御霊・二天・八王子等に白して言さく、夫れ末代の衆生皆陰陽の徳を蒙り、蘇民将来の子孫と伝え承れば、牛頭天王のために武塔天神とも申す神御座《おわし》ます、甚深の広恩なり、而して王城の南、和州平群当郷に居住せしめ給う信心大施主等種々の麗応を備え、慇懃に礼奠を致し奉る、青蓮の御眼を開き、金剛の御身を動して御納受を垂れ給えと申す（原文漢文）

の文あり、「和州平群郡当郷」の七字は、もと「和州葛城郡当郷」とあった上へ、帖紙して書かれたので、天文のころ、大和国の平群《へぐり》郡・葛城郡地方で読まれたことが察せられる。

つぎに牛頭天王が蘇民将来の小屋で宿泊の際、将来は、粟飯・粟酒・楉《にれ》粥・トチノ餅を饗応したとあり、蘇民将来の娘を助けるためには茅輪《ちのわ》を作り、赤い絹の端に巻きこめて左の脇につけよと将来に教えたことが記されている。最後に講讃、つぎに九条錫杖、つぎに慈救呪二十一反、つぎに吉祥天呪二十一反、つぎに八王子呪二十一反、尊勝陀羅尼三反、荒神呪二十一反、心経三巻とあって、この祭文を読んだ者は山伏形の陰陽師であったとみられ、従って、本山・当山いずれかの派に属した遊行僧、つまりは法師陰陽師と見なすべき宗教家であったに相違ない。

なお、江戸期の一本として西田博士が紹介せられたものは、牛頭天王縁起と八王子祭文の二つより成り、縁起の方では天王が八歳にして背丈五尺、顔は三面、額は十一面をあらわし、頂に三尺の牛角生え、これは赤色の五尺の角になった。この五牛角は妙法蓮華経の五字で三面は法報応の三身、空仮中の三諦、仏金蓮の三部三点の表示、十二臂は薬師十二神将または十二宮神形像を意味する。やがて天地開闢して唐土には神農皇帝とあらわれ、秦始皇帝が、これを祭り始めた。その後、日本に渡り孝霊天皇四十四年、対馬国に来住し、欽明天皇元年、尾張国海部郡門真庄津島津に移り、東国の衆生を利益し給うたと。

以上は、他の縁起に載せない興味ある記事である。八王子祭文では、八王子中の蛇毒気神王が蘇民将来の子孫を万代に至るとも守護することを誓っている文や、八王子各々の誓願の文は面白い。たとえば蛇毒気神では、「家内腹胸病物有る時、我が名百遍誦せば必ず除愈せしめん」としている。そしてそのあとに、「維れ当来大歳王女天王の御門を開き王城より巽東海道勢州度会郡山田原にして其郷其村にして居住せしめ給ふ諸氏人(中略)師旦和合して檀那繁昌一々安全、諸願満足疑い無し」云々とあり、これらから、愛知県海部郡津島町向島鎮座の津島神社や伊勢外宮の山田地方で読まれたものであることが判明する。師旦和合、檀那繁昌は外宮の御師が檀那の信者達のために読んだことを物語っていよう。かくて少なくも室町期には牛頭天王信仰の祭文は各地に拡がり、陰陽道思想は法師陰陽師・山伏の徒を通じて伝播された。

五〇　牛頭天王の彫像

ところで、牛頭天王やその眷属神達の図像形相については、ほぼ上記のとおりとして、彫像はどのようにまつられていたか、記録と現存遺品の両面からさぐっておく必要がある。

まず、『二十二社註式』が引く承平五年(九三五)六月十三日の太政官符に、天神婆利女王・八王子等の神体が観慶寺五間檜皮葺の神殿に安置されている旨を記し、『本朝世紀』には、延久二年(一〇七〇)十月十四日、寺家別当安誉が鍛冶を雇い釘を造らせているとき失火、宝殿を焼き、牛頭天王の足焼損、蛇毒気神焼失したが、久安四年(一一四八)三月二十九日、三条末河原辺小屋より出火し、数百戸延焼のため祇園社も神殿を失った際はかろうじて神体を持ち出しえたとある。

『扶桑略記』に延久二年（一〇七〇）の火事のあと、官使をもって八王子四体、蛇毒気神・大将軍の神体焼失の実否を検せしめたとのべていることは既述のごとく、『玉蘂』は承久三年（一二二一）四月十五日の火災に関連し、延久二年被害に遭った神像について、牛頭天王は足焼損、八王子・蛇毒気神・大将軍は焼失、八王子は一体だけ取り出し、丈《たけ》六尺余の婆利女王は両足焼損、丈三尺の八王子のうち、三体は一部焼損と報じ、かなり詳しい模様を伝えている。すなわち八王子は高さ三尺の小形像であるのに対し、婆利女王はその二倍以上もあり、これから察すると牛頭天王はさらに大きく、一丈ぐらいはあったのではあるまいか。

蛇毒気神・大将軍は『簠簋内伝』と異なり、八王子とは別物とされており、牛頭天王の眷属として重きをなしていた。とくに蛇毒気神については、その素性がはっきりせず、密教では「辟蛇法」「救蛇苦経」（成賢『遍口鈔』）や「除悪毒法」「治蛇毒法」（『覚禅鈔』）などの呪法があるところからヒントをえて案出されたものではあるまいか。内伝では八王子の最末尾に置かれ、本地を三宝荒神とし、この方向に大小便をすれば凶、宜しく六畜を収めざるべしとあってさほど重視されていないように見えるが、『小朝熊社神鏡沙汰文』によると、延久二年に焼失した神体の再造につき蛇毒気神像は、もっともむつかしかったとみえ、これだけとくに造立の吉凶を慎重に卜い、権少僧都良秀は浄行有智十口を率い、七カ日間大般若経を転読して造立を祈請し、冥感を求めた。

しかしその験がないので、重ねて権少僧都公範を感神院に籠らせ祈らしめた。その結果、延久四年三月十日夢想あり、冠を著し赤色で金薄を押した衣の甚だ大身の俗形が童子を一人つれて顕現した。髪は左右振分け手に白杖を捧げていた。さらにまた他の夢に、紺青色の坐せる忿怒像があらわれたので、公範は、これは仏成道のとき障碍をなす輩の落形かというと、布衣の僧が魔形でなく変貌にすぎないと答えた。

こうした経緯から推すと、蛇毒気神の像容には諸説あって一定せず、再造にかなり手間取った事情が想像され、これも結局正式の儀軌とみるべきものが存在しなかったからであろう。『神道集』には、蛇毒気神の本地について、弥勒菩薩・地蔵菩薩・持地菩薩など様々の説を掲げている。

中世祇園社とは末社の関係にあった、大将軍八神社（京都市上京区一条御前通西入）に所蔵される多数の神像彫刻もここに参考されよう。この社はもと、平安京鎮護のため都の四方に設けられた大将軍社の一つと伝え、『山槐記』治承二年（一一七八）十一月十二日条に、神社四十一ヵ所、仏寺七十四ヵ所へ高倉天皇中宮安産の祈願として奉幣された中にみえる大将軍がそれに当るという。

降って、南北朝期の『祇園執行日記』正平七年二月八日および十日条には、上大将軍社の名で祇園社末社に取扱われ、現在は素戔嗚尊五男三女神を祭神とする。所蔵される神像は約六十五体、これ以外にも破損した個体が多数で、これらは大別して衣冠束帯姿と武装姿に分けられ、ほぼ中世の様式を示す。武装は毘沙門天風で神像一々の名称は定かでないが、降魔的機能から考えて、大将軍はむろん、牛頭天王以下八王子や星宿神もかなりこれに含まれるのではなかろうか。

同様な毘沙門天風の坐像で島根県鰐淵寺にあるものは頭上に牛頭あり、三面をつけ怒髪をあらわし、牛頭天王像と察せられる。さらに京都府田辺町普賢寺の朱智神社にも牛頭天王一体をまつる。中世の作で唐装束鰭袖付、怒髪三面で後世修補された右手は叱咤の印をなし、左手には宝珠を捧げ岩座に立つ、やや風変りの遺品である。また両腋下や腹部背面に群青、袖に黄、前垂の朱の色が遺っていて、極彩色の美しい像であったと思われる。

以上、木像のほか、室町期の『大乗院寺社雑事記』文明二年（一四七〇）六月二十六日条には、祇園社炎上してから神体は五条辺に安置した。この神体は黄金の鋳造物で牛頭の姿はまことに珍しいものであった。ところが社人がこれを砕いて売り飛ばし、それが発覚したため社人は生きながら淀河へ投げ込まれてしまったとあって、黄金像の存在が認められる。いずれそれ程の大きな像ではなかったのであろうが、それまでの文献からは所見がない。

また、治承二年（一一七八）四月、沙門観海が祇園三所権現御正体金銅三尺仏菩薩三体ならびに同常住三尺円鏡三面を鋳造するための勧進を行なっているように、御正体鏡も安置された。三所権現とは、牛頭天王・婆梨采女・八王子、本地は、薬師如来・文殊菩薩・十一面観音で、三尺の仏菩薩三体はこれらの本地仏に他ならない。

五一　簠簋内伝の吉凶と辰狐の信仰

牛頭天王縁起および神体形像についてはこの辺で擱き、なお『簠簋内伝』の他の部分について興味ある点を指摘しておきたい。

第一巻の金神七殺の説や遊行のことは、もと院政期に始まり、中世には一般化したが、内伝はこれを巨旦大王の精魂に結びつけている。金神七殺の方位について甲己歳は午未酉の方、乙庚の歳は辰巳戌亥の方、戊癸の歳は子丑申酉の方、丙辛の歳は子丑寅卯の方、丁壬の歳は寅卯戌亥の方とするが、暦の説は異なり、甲己歳は午未申酉、乙庚歳は寅卯辰巳、丙辛歳は子丑午未、丁壬歳は寅卯戌亥、戊癸歳は申酉子丑の方とする。その他、金神遊行の方角を毎月、四季について詳しく示しており、それだけ恐れられたことを想像させる。

第二巻では、多数の吉凶日が列挙され、その中には、既述の赤口日・赤舌日も含まれる。赤口神には八大鬼である兜雞羅神・魔醯《けい》首羅神・閻獄受神・八獄卒神・羯摩大神・閻羅刹神・雷電光神・広目頭神が交代で大歳東門番神となり、赤舌神には、六大鬼である明堂神・地荒神・羅刹神・大沢神・白道神・牢獄受神が西門番神となる。なかんづく東門の鬼八獄卒神と、西門の羅刹神が猛威を振うので恐れられるとしているが、牛頭天王と冥府の信仰の結合を示すのであろう。
第三巻では、仏事神事に上中下三種の吉日が設定されている。とくに神上吉日としては、
㈠乙丑は大日如来が出羽国大梵字川の源にあらわれ湯殿権現となった日、
㈡己巳は厳島・竹生島・江島に天女が垂迹した日、
㈢壬申は伊弉諾・伊弉冉二神が男体女体として鹿島・香取大明神とあらわれた日、
㈣癸酉は素戔鳴尊が出雲国で八岐大蛇を退治し、稲田姫と婚し大己貴神を生んだ日、
㈤壬午は鹿島大明神が阿久留王退治のため東海河に下り北方に向い陣社を構え、鬼門の関を塞いだ日、
㈥甲申は天照大神が天岩戸を開き伊勢国二見浦に垂迹した日、
㈦甲子は熊野三所権現が芸旦国より紀伊国牟漏郡音無川の源屏風岡に宝殿を建てた日、
とし、神中吉日には、
㈧庚午は神功皇后が豊前国宇佐郡蓮台寺辺で七日七夜天神地神を祭り始めた日、
㈨乙酉は大和武尊が東国の夷を退治し、紫雲剣を草薙剣と改めた日、
㈩甲辰は伊勢神宮神殿再興の日、
⑪乙巳は三島若宮八幡造立し、富士権現が芸旦国よりこの国に垂迹した日、
⑫戊申は藤原鎌足が春日宮を造営し、両国大王聟取の日、
などがあり、神下吉日としては、
⑬丁丑は菅原道真が筑紫大宰府より上洛した日、
⑭丙午は吉田大明神が関白の官を賜わり、日本神主領となる日、

㈤　戊午は藤原鎌足が多武峯に大神宮を建てた日、などがあげられる。これら十五項中、㈠㈡㈦㈧㈩等は修験者の思想が、㈣㈨はこれに関連して鋳物師の信仰が背景となっているものとみられ、㈢㈤㈢㈤は藤原氏に縁があり、南都宿曜師の説に出たものではないかと推測される。㈥㈩の伊勢に関する説は、両部神道の影響が考えられないでもないが、やはり修験道や鋳物師の信仰に由来するところがあるようである。またこれらの吉日は、伊勢・熊野の御師達が檀家に弘めてまわったことも想像されよう。

第四巻では、土地や建築など造作の方位吉凶に関する記事で占められ、牛頭天王とは関係が薄く、第五巻も宿曜道の解説であって牛頭天王の牛宿についての託宣以外、さして密接な関連は認められず、第一―第三巻とは、異質的な感じがないわけでなく、あるいは後に付加されたとも考えられよう。

これをもって、『簠簋内伝』に関する考察は終るが、その中で少しく触れた『神道集』については、なお若干注目すべき記事がある。その一つは稲荷大明神の項で、「或人の日記」を引用し、上中下三社の祭神を各々命婦辰狐・千手観音・如意輪観音とし、このうち辰狐は本地大日如来、三世覚母の大聖文殊で四王子あり、天女子・赤女子・黒女子・帝釈子と称する。中でも帝釈子は右手に筆を執り左手に黄紙を持つ智神で、本有を倶生神とする。この四天王は五行や四季を現じ、五行相剋の力となり、一年十二月、一昼夜十二時を守護する。また辰狐は八人の童子を眷属とし、そのうちの第七童子は、一切衆生のため諸の陰陽の法術をもって所願に利せしめる。つねに辰狐は二人の式神を使役し、一人は遊行して持者に福徳を、他の一人は行者に寿命を与えるのである。まことに雑駁な説だが、巫術信仰に冥府や五行思想が纏綿しており、持者・行者をいうところに、かかる合成の信仰をつくり上げた修験者が背景に考えられる。

つぎに、武蔵六所明神について、そのうち四宮は秩父大菩薩で本地を毘沙門天とする。紫金山に居住して二鬼を従え、常に月の八日に使を下して巡察せしめ、あらゆる者の口言身行の善悪の詞を記す。また十四日は使者、十五日毘沙門天が、二十九日には太子（何をさすか不明）、三十日には四天王や日月五星二十八宿が下るので、これらの名号をよく暗誦すべきであるとのべられている。ここにも冥府思想の影響が感ぜられ、所引の『四天王経』は偽経であろう。

吉野の蔵王権現については既述、祇園の条にも見えた『天刑星秘密心信陀羅尼経』を引き、権現をめぐる十二星宿の名として、除伏随順・水行天・天門天・断裁福恵・天官愛天・増令天・障善天・観悪天・観喜天・和合天をあげ、『復義』なる書では別の説として、伊舎那天・帝釈天・火天・炎魔天・羅刹天・水南天・風天・多門天・大梵天・持地天・日天・月天をあげている。

『神道集』では、牛頭天王も蔵王権現も本質的には同様に取扱われるが、夫婦合身の形で象頭人身の体とものべ、さながら吒茶尼天の像容を思わせるところがある。上記の辰狐が、そもそも吒茶尼天に他ならないことを考えただけでも、『神道集』のこれら数々の伝説は、相互に関連性をもつことが考えられ、冥府と宿星の信仰を習合した修験者の伝播活動がしのばれる。修験道にみられる陰陽道思想については後章で再び考えることとしたい。

一一　室町期公武社会の陰陽道

五二　室町前期の武家陰陽道と安賀両家の活動

室町時代は幕府が京都に開設せられ、朝廷は事実上その支配下に入ったため、陰陽道も公武の別は稀薄となり、むしろ武家が公家の伝統に干渉を加えつつ、みずからも因習にとらわれる結果を招いた。また安倍氏にあっては、殆んど鎌倉に下らなかった泰茂――泰忠の流が陰陽道界の主導権を握り、また円弼の流は大むね民間に活動の場を移したようであった。

まず改元については前章で説いたごとく、建武五年（一三三八）暦応と改元された際これを指示されたのは花園法皇で、幕府は関知せず、数日たって朝廷への問合せでやっと武家も改元を知ったのであったが、その後幕府は改元に関心を高め、永和五年（一三七九）康暦と改元の際はすでに前年、崇光上皇より沙汰せられていたのに、幕府は従わず、漸くこの年三月二十二日になって承認したが、初代将軍尊氏は延文三年（一三五八）、二代将軍義詮は貞治六年（一三六七）に死んだので、これらの年号の文字は使用するなと申入れ、結局康暦とされたのである。

康暦三年二月二十四日、辛酉革命定ならびに永徳と改元の儀あり、後円融天皇・将軍義満以下公家出座してこれを聴聞した。ついで永徳四年二月十二日、義満が今年甲子革令当否の勘文を召し、同二十七日至徳と改めた。以後、嘉慶・康応・明徳・応永すべて義満の命をうけた改元で、これも彼の権勢を誇示する意識から出たことであろう。ことに応永改元の際、彼は洪の字を用いる（たとえば洪徳）よう強く望んだが、これは当時シナの明の年号が洪武であり、「彼の風化を学ばんがため」であったらしい。しかし異国の年号に追随するのは国の恥との意見が出て遂に採用されなかった。明に対して臣下の礼を執り、対明貿易に積極的であった義満は、年号の上でも彼の国にあやかろうとしたのであろうか。

義満のあとをうけた四代将軍義持は、ことごとに親の政策に反対したそのあらわれなのか、改元に冷淡な態度をとり、天皇は後小松より称光に代っても改元せず、応永は遂に三十四年の長記録を示し、三十五年目に至って義持死し、義教が将軍となるにおよび、代始めの理由（『皇代年略記』）で正長と改元された。天皇は代ってもその儘なのに、将軍が代れば改元するという異例の現象が出てきた。尤もこの年、称光天皇も崩じたため、正長は一年で翌年は永享と改元されている。

義満の時代に活躍した陰陽師は、陰陽頭安倍有世である。明徳二年（一三九一）十月十五日午刻大地震起り、有世急ぎ御所へ馳参じ、以ての外の御慎、世に逆臣出で七十五日の内に大兵乱あるも一日で収まるとの勘文を上奏した。果してそれから二ヵ月余たって明徳の乱起り、山名氏清は亡びたが、彼も合戦にあたって召具した陰陽博士（名前は未詳）に勝敗を占わせていた。その博士の占いによると、氏清は水性の人で時は冬、されば水は王にして年内に合戦あらば勝とのことであったが、博士はひそかに部将小林上野守義繁に打明けて語るには、氏清の手前、勝との占いを出したものの、十二月は冬の囚の位で気春に近し、また水は北より南へ流れるのは陽の道で順、南より北へ流れるのは陰の道で逆なるゆえ、このたびの合戦覚つかなしと告げ、義繁も最初から死を覚悟で戦場に臨んだ。

安倍有世はまた応永六年（一三九九）九月、客星南方に出現したので九十日のうち大兵乱ありと占い、やがて同年末大内義弘は堺に兵を挙げたのであった。

応永十一年のころより有世は毎月十八日、私館にて将軍のため泰山府君祭を修し、その他、随時天曹地府祭・天地災変祭・三万六千神祭も奉仕しているが、これら陰陽祭のあるときは殆んどこれと併行して、金剛童子法・文殊八字法・仁王経法・五壇法・六字法・尊勝法など密教祈禱も修せられている。『続史愚抄』に応永九年十二月二十四日、明年天皇二十七歳の厄年のため、同十一年十二月二十七日、明年天皇二十九歳の厄年のため、各々有世が泰山府君祭を奉仕しているとあるのは、引用原典の『祭文抄』に重複があるためかと疑われる。

応永十三年正月十六日には、賀茂在弘が義満のため天曹地府祭を七日間行ない、以後在弘が三万六千神祭（応永十四、六、二十一条）、泰山府君祭など奉仕しており、暦博士の賀茂氏がこれらの陰陽祭も執行するのは少ないことである。

在弘の子在方は、応永二十一年（一四一四）『暦林問答集』を著わし、問答体をもって陰陽道の要語を解説した。上下二巻に分ち、上巻では、天地・五行・日月星・大歳・歳徳・大将軍・大陰・歳引・歳破・歳殺・黄幡・豹尾・歳名・歳次・二十四気・七十二候・六十四卦・閏月・日月蝕・納音・十二道・十干・十二支・月建の二十四項目を、下巻は土用・弦望・社日・三伏・臘第・没滅・大歳位前対後・天恩・天赦・母倉・帰忌・血忌・厭対・無翹・九坎・重・復・往亡・日遊・凶会・八竜七鳥九虎六蛇・五墓・伐・遠行・忌夜行・天間・歳下食・下食時・天一天上・大将軍・土公土府・伏竜・十干吉凶・十二支吉凶・二十八宿吉凶・七曜吉凶・太禍狼藉・羅刹・甘露・金剛峯の四十項目をあげている。これに引用された典籍は、『渾天儀経』『春秋元命苞』『春秋命暦』『定象記』『五行大義』『五行通義』『新撰陰陽書』『金匱経』『郝震堪輿経』『宿曜経』『易緯』『易通卦験』『語緯』『推度災』『堯典』『蔡邕月令章句』『尚書暦』『淮南子』『京房易伝』『尓雅』『農書』『説文』『広雅』『資治通鑑』『三礼義宗』『群忌隆集』『昕《き》天論』『関令内伝』『天文要抄』『五行備問』『周礼』『周書』『魏書』『合誠図』『黄帝斗図』『暦図』『張衡』『謝氏』『朱子』『荘子』『郭氏』等である。

『群忌隆集』は平安末、安倍晴通が引用して以来知られているもので、舶載書かどうか明らかでないが、その他のものはすべてシナ伝来の書であり、日本で著わされた文献が全く含まれていないところに、在方のオーソドックスな著作意図が窺われよう。

巻末の文によれば、天地の根元より宿曜吉凶に至るまで八十八問を設け、その答えるところは皆権威ある諸氏の説である。これを周易の卦にのっとり、六十四段に分ち二儀を象って上下二巻とし、上巻は節気の定法、下巻は五行の成数を示すとし、近代は名を道に仮り利を衢に求むるものが本書を写して渡世の資としているのであると慨歎している。応永三十二年七月二十二日、天皇のため在方も暦博士として天曹地府祭を、ついで二十八日泰山府君を執行している。

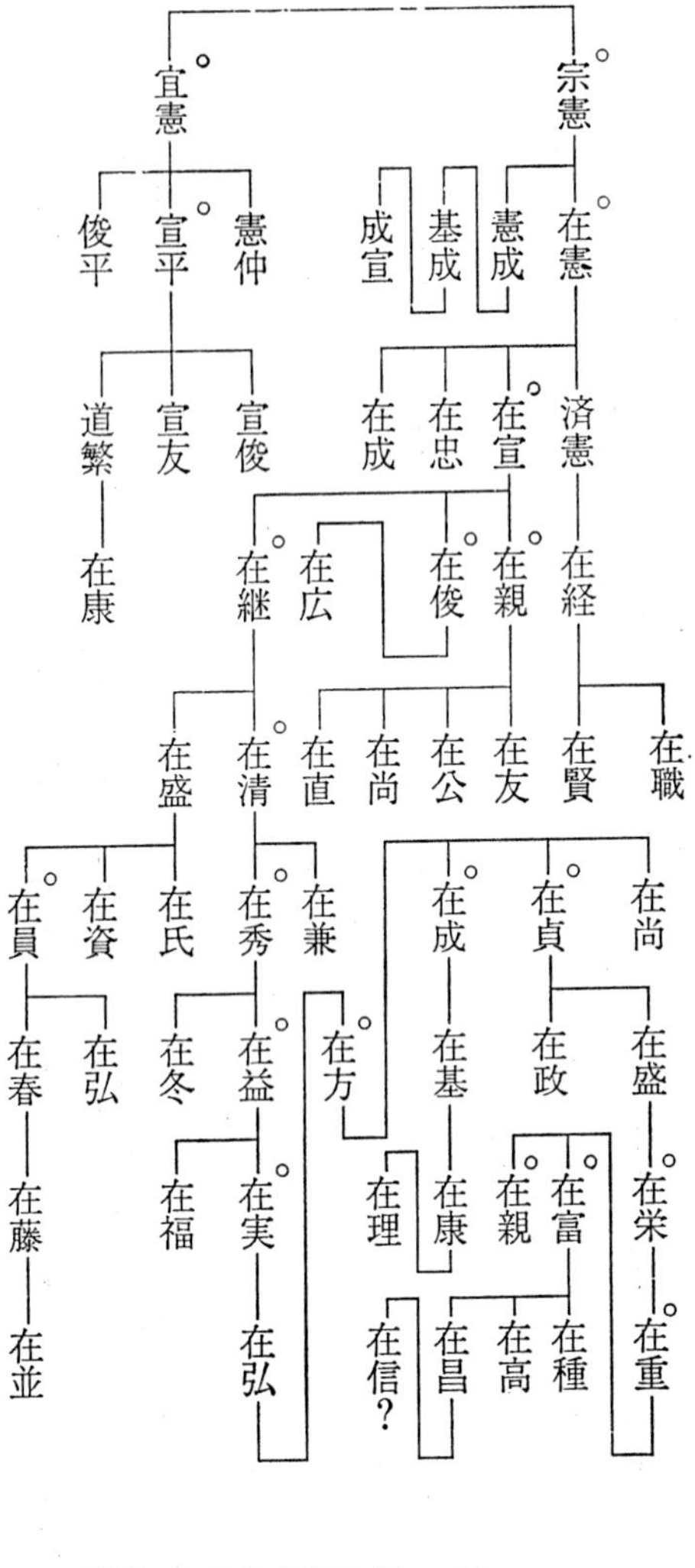

系図8　賀茂氏系図（その2）
（o印は陰陽頭になった人）

在方の子在貞は、文安二年（一四四五）勘解由小路家を称して以後、暦博士を世襲するに至ったが（系図8）、その子在盛には日記があり、今日その一部である永享三年（一四三一）・長禄二年（一四五八）・文明十一年（一四七九）の分が断片的に遺っている。いまその中から興味のあるものについてのべてみたい。

長禄二年閏正月十九日条には、多分将軍御所庭の造作について王相方の方忌を指示したものがある。庭の石や草花竹木の配置である。同じ条に山城国葛野郡木嶋天照魂神社境内の杉の神木二本の祈禱につき、吉田兼右からの書状が収められており、陰陽道と吉田神道の交渉を示唆する史料として注目される。同二十七日には、木嶋社立柱の日時刻を勘申した記事がある。『続史愚抄』によると去年幕府が木嶋社の神木を伐らせたところ、このころ義政病気勝ちはこの神の祟といわれたので、伐った木を返却し、拝殿等の修理に用い、神には正一位を授け奉ったとある。

四月四日には、将軍の蚊帳、釣り始めの日、同月七日には関東御征伐門出の日、五月七日には御連枝義別（永）の隠岐配流の日、同十六日には将軍御寝の枕の方角についての勘申がされている。八月四日の禁中における天曹地府祭には三百疋を賜った。八月十七日蚊帳を撤すべき日の勘申あり、蚊帳は鎌倉末につくり出されたものであるから、それについての吉凶は室町時代に言い出されたことであろう。

文明十一年の条は、メモ風に箇条書きされているが、その中に年中四十五日一度御方違日というのがある。正月六日・二月二十一日・四月八日・五月二十四日・七月十一日・八月二十七日・閏九月十五日・十月三十日・十二月十七日の六回で、こんな風習は鎌倉期には見られなかったものである。なお花御所が長禄二年十一月二十七日修理造作がきまり、移徙《いし》や造作方の日次吉凶定とともに、材木杣取奉行人の諸国下向日次方角についても詳細に報告されている。

永享六年（一四三四）二月九日、義教の息義勝誕生のため三宝院満済は仏眼法を修し、賀茂在方は供料三千疋を賜って河原に陰陽祓を行ない、馬一疋・太刀一腰をもらった。続いて同十六日、七夜御祝に供料三千疋・馬一疋・撫物・鏡一面を拝領して泰山府君祭を修した。ところが一方では天文博士有富が経廻を止められ、前陰陽頭有清も経廻を止められた上、所領を没収されている。『後鑑』は義教が将軍となってから永享六年まで僅か十六年間に所領を取上げられ籠居を命ぜられる者七十余名に上るといい、その人名を列挙した中に陰陽師が二人含まれているのである。恐らく義教の譴責を受けた裏松義資の妹重子が、義政の子義勝を生んだので、他の公家・僧侶等と同様、その祝賀に裏松家を訪れたためであろう。

五三　伏見宮・万里小路時房と陰陽道

ところで、伏見宮貞成親王（後崇光院）の遺された『看聞御記』は、陰陽道関係についても多くの史料を提供している。よってその中から興味あるものを拾い出して述べようと思う。

親王家によく出入した陰陽師の一人安倍泰家は、泰宣の孫で庶流に属する。曽祖父泰世の子に泰吉・泰宣あり、泰吉の子で既述の有世は至徳元年（一三八四）土御門家を称して安倍家の主流となった（系図4）。泰家は毎年親王に新暦八卦を献上していたらしいが、応永二十四年（一四一七）七月十六日死んだとき、『看聞御記』に、

仙洞・室町殿御祈禱申、権威富貴者也、予自年少為管領如八卦進之、不便無極、

とあり、幕府・朝廷に重用せられ、富裕な暮しをしていた事情が察せられる。これ以後新暦は賀茂在弘、泰家の子有清、あるいは安倍泰継らが進献した。同年九月、親王は瘧病しきりに発して悩まれ、そのため退蔵主のすすめで寅時東方の井水を汲み神符を呑み、桃の枝で身を払われた。これで瘧病が収まったという。当時行なわれた呪的治療法と

して興味深い。

翌年正月二十四日、将軍義持は武士富樫某を相国寺塔頭林光院に遣わし、院内の足利義嗣を攻めて寺を焼き、義嗣を自殺させたが、これは去る二十日、旗雲天に聳える奇瑞を占った陰陽師晴了が、これは兵革の瑞であるから将軍に反抗する者を急に討伐されるがよい。もしそうでないと兵乱が近く起るであろうと申し上げたので、さきに叛謀が露顕し出家した義嗣を急ぎ退治してしまわれたのであると。義嗣誅伐を卜占に藉口したのであろうが、晴了なる陰陽師は系図に見出すことができない。あるとき親王は有清に大将軍方違について聴かれたところ、有清の答えに、塞方へ方違するのは、賀茂氏の説で、安倍家では、吉方へ方違することになっている、四十五日ごとに方違するが、その日が悪日に当れば前二、三日のうちの吉日を選ぶので、これは口伝であると（永享六、十二、二十六条）。

永享五年十二月三日、安倍有盛が死に、その弟有重が永享七年九月初めて参上し身固を奉仕したいと強く希望したので、これを親王は許された。同年十二月末には、将軍義教が親王の御所へ来るとのことで賀茂在方に吉日を占わせ、二十五日・二十七日が選ばれた。二十五日は大赤口日にあたり、陰陽道では別段忌まぬが、世間が問題にする上は如何かと将軍に伺いを立てた結果、憚なしとのことで二十五日将軍を迎えることになった。赤口日の禁忌はすでに前章に述べたとおりである。

興味あるのは、上記有重が今月霊気祭を禁中のため執行するに際し、親王のためにも同じ祭りを奉仕したいといって来、それについて四半紙十三枚に鶏を一羽宛書き、是に唾を吐き掛けて賜りたいと求め、十三枚は一年十二月と閏月を合せたもので、求めに応じ十三羽にすべて唾を掛けて親王は有重に半紙を返えされた。一体この紙をどのように祭るのか明らかでないが、有重の家のみの秘伝と称している。霊気祭は古くから行なわれているが、秘伝と称し、陰陽師各自の流儀をいれて特色を出すことを競っていたのであろう。

永享八年閏五月、有清が今年は親王が八卦御厄に当るゆえ、今月殊に御慎みあって祭を行なわれるようしきりにすめるので、親王はこれを許され、十六日より七日間泰山府君祭が営まれる祭料として三百疋下賜されている。永享八年十二月の新暦八卦の献上は賀茂在方隠居し、子在貞が代って勤めた。この年末は安倍有季（有盛の子）が初参して新暦八卦を献じ、有清も同様の献上を行なうなど陰陽師は親王家への奉仕にまさに競合の有様であった。

有清はなお天曹地府祭も勤仕したいと申し出たが、将軍より譴責中の身であるため許されなかったのに、どうしても頼むので内密で祭料を遣された。所領を取上げられた有清としては、親王に取り入って強引に陰陽祭を勤めねば収入の道がなかったのであろう。

有重は恒例に従い大晦日、霊気祭を執行し、新暦八卦を献じた。歳が改まると在貞が御祈御祓を献上、有重が、ついで有清が御身固と奉仕を競い、三月上巳御祓も同様のせり合いであった。五月十五日、有清は宮方御慎の月だと称し、今日より七カ日の御祈勤仕を願ってきた。必死になって親王の恩顧に縋ろうとしている様子が窺われる。その後も親王御湯殿新築に際しては吉日を勘進、嘉吉元年（一四四一）辛酉御祈には、天曹地府祭七カ日を奉仕（同年、二、十八条）するなどその恪勤振りは続いた。同年四月十九日、入江殿病悩のため泰山府君祭の御祈を有重に相談された。

入江殿は親王の第一女、応永三十一年四月、九歳で三時知恩寺へ入寺された。同寺文書には称光天皇第一皇女で同年月入寺、永正六年（一五〇九）六月十一日、九十四歳でなくなり、了山大菩薩戒尼（四宗兼学）と呼ばれた方が見えるが、それとは別人であるらしい。四月入寺されるにつき、伏見御所から寺は北に当り、この方大将軍北塞りのため親王は在方にたずねられると、入室には左様な禁忌は気にせずともよろしい、その上、寺は御所より正確に北ではないと答え、よって十九日を吉日とし入室の儀があった。その入江殿病悩御祈について在重は如法は大儀であるから小泰山府君祭がよろしかろう。祭料は千疋・五百疋・三百疋何れでも七日間致します。将軍は四季ごと三千疋でやっておりますと述べ、それなら五百疋でやってくれと親王は依頼された。小泰山府君祭の費用が知られて興味がある。何分鐘愛この上なき御息女ゆえ、病悩には一入御心痛で、算置法師を召してきくと、邪気もっての外と答え、「見とをし」と号する陰陽師も邪気をのけられないと大事に至ると説いた。親王の心配につけこみ、しきりに邪気の祟りを強調する風が見える。

この「見とをし」なる陰陽師は、「推条之占如指掌」と噂のある民間人らしく、入江殿から算置法師に祈禱を命ぜられ、また三井寺大心院の有験者にも依頼されるところがあった。日吉山王よりは猿に大豆をやってみて下さい、もし食えば祈願成就、食わなければ成就せずとすすめられ、試みられるに、甲斐甲斐しく食ったので本復の瑞相と喜ばれた。当時様々な祈禱者や呪法者が親王の許に集まっていたのである。それにも拘わらず同年五月二十八日、生年二十六歳で遂になくなっている。

『看聞御記』について、内大臣万里小路時房の『建内記』も注目すべき史料を含んでいる。まず正長元年(一四二八)五月、禁中御悩御祈のため、義教は、安倍有盛にその私邸で七ヵ夜如法泰山府君祭を行なわしめたとき、その祭料は万疋に達する豪華なものであった。義教自身はそのころ、洛北御深泥池《みどろ》で虹が立ち口に入る夢を見、在方が短命で百日中兵乱と占いをしたので安倍有富に泰山府君祭を修せしめた。赤口日の禁忌が上層社会でとりあげられてきた次第は前章に触れたとおりで、永享元年(一四二九)四月一日、義教の元服および将軍宣下参賀や、嘉吉元年四月九日の大覚寺義昭誅殺参賀などがそのため延期されたのみならず、嘉吉元年七月晦日、義教を暗殺した赤松満祐ら誅伐軍発向について大赤口日は軍事憚るとの説が武家の間に行なわれていることを時房は指摘し、追討綸旨の起草を八月一日にした。

永享十一年六月義教が三万六千神祭を有重にさせているのは理由は明らかでないが、祭料千六百疋と馬であり、あわせて五壇法が勤修されている。毎年六月晦日の祓を時房は勘解由小路家に命じ、菅貫を届けることになっていた。永享のころは、在方が義教の勘気に触れ、籠居中で、子在貞が代って勤めた。菅貫は越輪とも呼び、菅藁をたばねて紙で巻いたもの、これを左手に持ち右手には祓を持ち、菅貫を越えた上で祓をし、息を吹きかける作法を三度繰返えすもので、六月祓輪くぐりの神事と同様の儀礼を陰陽師も修していたのである。翌年二月五日夢想を被り、時房は在貞から霊気道断の秘符をもらって門や舎屋に打ちつけさせ、嘉吉元年三月、屋上の石が転がったとて在貞の子在盛に相談し、彼はその石を封ずる術ありと答え、百怪符をしたためている。

また毎月晦日には竈神祭（宇賀祭）を在貞にやらせていた（同年、四、三十条）。義教が殺されたあと、在方は蟄居を免ぜられ、六月越輪の祓をつとめることになり、七月十三日には、禁裏より世上物忌御祈のため小泰山府君祭を命ぜられている。さらに同三年正月には将軍御祈を仰付けられたが、久しく幕府からの御用がなかったので袍がなく、在貞から時房へ借用を願い出ているが、畠山持国は在貞を扶持することになった。同じころ時房は、八幡厄神会に撫物を出しており、八幡宮でも陰陽道的祓が行なわれていたのである。

同年三月の七瀬御祓は右兵衛佐成房が一人で七瀬の使を兼ね、しかも七瀬には全く赴かず、禁中で撫物を返進するだけであった。撫物を陰陽師へ送る際、四瀬分を一つの広蓋に納め、残りの三瀬分は広蓋がないので葛蓋・平箱蓋等を代用するなど、かなり簡略化されていた事情がしられる。

時房よりさらに下級の公家として、つぎに明経博士少外記中原師守の日記から、二、三、陰陽師の活動を摘記すると、康永四年（一三四五）四月三日、家屋の柱から羽蟻が出て陰陽師に相談の結果、口舌の禍と占われ、師守は百怪祭に一貫文、泰山府君祭に三百文を送って祈禱を依頼した。この場合百怪祭の方が泰山府君祭より祭料が遥に高かった。四月八日には前漏刻博士賀茂定夏が鏡二面と物忌札を届けて来、同月二十六日、父師右の寝殿新築移徙には、土公祭・火災祭の祭料として、米五斗と一貫文が定夏に渡されており、定夏は中原家出入の陰陽師であった。

五四　宮廷陰陽道の危機と摺暦座の登場

応仁の乱起り、その年八月二十日は、前内大臣西園寺実遠・前大納言葉室教忠・中御門宰相宣胤以下公家要人の第宅多数焼失したが、賀茂在貞・同在長・同在盛らの宅も類焼し、陰陽道も受難の時代に入った。

諸社の祭礼行事は相ついで中止されたが、文明三年（一四七一）閏八月、折から疫病流行したので疱瘡の疫神が尼の姿で所々に出没し、病を弘めて歩くと噂され、七日には地下人ら風流山をつくり、疫神を送るため囃物をして祇園会さながら御霊社に練り込み、将軍義政ら武士は桟敷で見物した。十日には飛鳥井雅康が近江柏木に白烏をえて義政に献上したが、混乱の世相の中では白烏の瑞も役に立たなかった。文明九年十月二十日、安倍有宣が百怪祭を行なったのは、何等か禁中不浄のためではないかと思われるが、十一年七月十六日には夜一条の仮皇居、台屋より烟様のものが立ち、数日来しきりに烏が啼くので有宣は火災の兆と占い、井霊祭を行なっている。

これ以後陰陽道の公的な祭は絶え、わずかに足利義政が文明十五年十二月二十三日、重病のため泰山府君祭が行なわれた位で、日蝕・月蝕その他の天変にも、また後土御門天皇の崩御前にも密教の御祈禱はもちろん、陰陽祭は勤仕されず、陰陽師の生活は深刻化したものと想像される。

かかるとき、一方では吉田兼倶の進出が目立ち、彼は文明九年十月十九日、この春以来清祓がないとて内侍所に安鎮祭を行なっており、十四年閏七月二十四日には、北斗をその館庭にまつり、長享二年（一四八八）七月には、京畿疫病流行のため疫神祭を奉仕し、明応九年（一五〇〇）四月十四日には、御悩御祈として三魂七魂安健祭なるものを修し、この際は安倍有誠にも泰山府君祭・霊気道断祭を併修せしめられた。これら兼倶の祭祀は、彼独特のもので、察するに陰陽道や密教から思いついたものが多いのではあるまいか。たしかに彼の登場は陰陽官人にとって脅威となったであろう。

明応十年は、辛酉革命の歳とて文亀と改元せられたが、年号に動物名を用いるのは、奈良時代光仁朝の宝亀以来絶えてないことであった。これ以後も、永禄十三年（一五七〇）、元亀と改元された例が一つあるに止まる。宝亀の時代のごとき祥瑞改元ではないが、似た意識が多少は働いていたかもしれない。「和長記勘文草」には、「尓雅曰、十朋之亀者一曰神亀、二曰霊亀、三曰摂亀、四曰宝亀、五曰文亀、六曰山亀、七曰筮亀、八曰沢亀、九曰水亀、十曰火亀」とあって、十朋の亀すなわち宝の亀といった発想はこれに通ずるものがあるのである。

さて、朝廷・幕府の権威地に墜ち、兵乱の時代となる一方、庶民の生活向上による需要増大の結果、暦はあちこちで而も版本としてつくられるようになってきた。摺暦座の登場はこれを裏書きするものである。『後鑑』は、伊勢家所載の文書として、明応九年（一五〇〇）十月十日付で、幕府が経師良椿なるものに摺暦座の支配をまかせ、他の業者の競争を排除せしめた旨の下知状をのせている。

渡辺敏夫氏は、その著『日本の暦』の中で、版暦の歴史につき桃裕行氏提供の土御門文書などを基に詳論されており、それによると、摺暦座の後援者は多分暦博士の賀茂家であって、毎年賀茂家が作った暦の草稿に基づき暦の開板、および頒行を許されたものが摺暦座であった（従って賀茂家は、摺暦頒行の元締としての権利を保留しつつ、経師より若干の利潤を上納せしめ、生活の一助にしていたかもしれない）。

そうして良椿のほか、『家秘要録』裏書によれば、千法師なる経師は、曽祖父清印法眼から相伝した座を有し、丹後法眼・伊予公等がその仲間であって、長禄二年（一四五八）十一月二十五日付政所奉書案文や同三年八月二十九日の京極殿所司代多賀出雲折紙案文、あるいは一色殿所司代羽太折紙案文から武家の安堵状をえて、営業を保障されていたことを知る。『実隆公記』文亀三年（一五〇三）六月二十七日条によると、六条経師良精なるもの不都合があって摺暦座支配を大経師愛竹ならびに兵部卿良椿に仰付けられており、摺暦座を支配した経師は何人かあったのである。

当時この摺暦は三島暦の名でも知られていたが、もと摺暦は伊豆の三島地方で夙くから行なわれていたため、一般的に用いられるようになったのであろうと桃氏は推定されている。渡辺氏の引用された文書に従えば、天正九年（一五八一）ころには筑後法橋、天正十一年ころには常祐法眼、慶長九年（一六〇四）ころには常庵法橋なるものが開板を許されており、近世に入っては明暦四年（一六五八）の下知状に洛中大経師権之助が従来、京洛の三島暦開板を一手に支配することと定められていたのに、和州奈良、勢州山田の暦師が勝手に開板商売致すにつき、これらの暦師を召籠めるよう指示されていて、諸国暦師の支配権が確立された次第を知る。

上記大経師良椿は、大永二年（一五二二）に死し、代って一条烏丸には、加賀と名のる大経師の家が出現し、これは渡辺氏のいうごとく『御湯殿上日記』永禄九年（一五六六）閏八月二十日の条に見える「上の大きやうし」にあたる。この日記の文には、「上の大きやうし」に暦のことで失策があったため、「下のちくこ」「下のきやうし与一」に代りを仰せつけられた意味のことが述べられていて、京都には烏丸一条在住上の大経師加賀常俊と下の大経師筑後与一の両家があったことを示している。渡辺氏は下の大経師は貞享二年（一六八五）まで続いた大経師浜岡権之助の先祖であろうと推定された。

因みに、権之助は貞享改暦の際、従来の伝統に従って、頒暦刊行を一手に取扱いたい旨を京都所司代稲葉丹後守に願い出、拒否されても執拗に食い下り、江戸奉行所へ直接訴えたため、丹後守の激怒を買って改易され、改めて大経師降屋内匠が知行高十一石二斗を貰って之に代った。一方院経師というのがあって、これは菊沢家が慶長十八年十一月以降、幸徳井家から暦草をもらって開板したのに始まり、その頒布は京都を中心とする地域に限られたが、両家とも明治初年まで暦屋として存続していた。

五五　宮廷陰陽道の没落

さて、以上の情勢とともに、伝統的な宮廷陰陽師たちは戦国乱世の時代を迎え、多難な前途に直面することとなったが、これを窺う有力な史料に『言継卿記』がある。生活に窮して多くの公家が地方へ下った中にあって、山科言継は苦しい家計ながらも内蔵頭として朝廷の率分関から上る関税など若干の収入をえて京都に踏止まり、禁中の経済や服飾故実等に関与して重要な役割を演じたが、陰陽家と交渉が密接であったことは興味深い。

当時土御門家（安倍家）では天文のはじめころ、有春が陰陽頭、天文十年ころから以降はその子有脩がこれを継いだが、ともに所領若狭名田庄に在住することが多く、天文十一年正月には二月の御楽始の日次勘進に陰陽頭不在のため賀茂（勘解由小路）在富《あき》に代行させた。在富は陰陽頭・左馬権頭・宮内卿・暦博士を歴任した人で、従二位まで上ったが、とくに言継と親交あり、日常互いに訪問し、会食し、あるいは在富が方違や衣装の借用に言継を訪ねることもあった。

天文十七年三月二十三日、言継が正二位に叙せられたとき、賀茂在種《あき》も従五位上になった。在種は在富と兄弟の在康（一族在基の養子となる）の子で在富の養子となり、このとき叙爵したものである。然るに『尊卑分脈』によれば、在種は天文二十三年十月四日、二十一歳で父のため殺害せられたとある。ただしこの日およびそれ以後をみても、『言継卿記』にはこれに関した記事は全く見当らず、十月四日には在富に借用中の輿昇十徳両人分を返えしたとあるほかは何事も記してない（とすれば父というのは義父在富でなく実父在康をさすのであろうか）。その後も在富との友好状態に変化はないことからみると、右の時点での在種の横死に疑問がないでもない。

これに関連して注意されるのは、天文二十二年九月二十二日に在富の室が言継の三男鶴松丸に会いたいとやってきたことである。鶴松丸は天文十六年生れ、当時数え歳七歳であったが、何かの事情で会えなかった。これは在富が鶴松丸を養子にしたい意向があったので、これに対し言継は賀茂氏が地下の家なので、そんなところへ息子をやりたくないと洩している。結局この養子の話は実現せず、十一月になって伊勢国の東福寺末寺へ禅僧にやる話が出、これもとりやめて、弘治三年（一五五七）薄《すすき》家に養子にゆき、以継《ゆき》と名のり、のち諸光と改めた。

以上の記事から推すと、天文二十二年にはすでに在富は後継者を物色していたわけで、そのころ在種は死んでいたか、それとも在富から義絶された状態になっていたか何れかであったろう。この年正月二十日には近衛殿の和歌会始の懐紙を用意するにあたり、在富は中風の気があるので清書を言継に頼んでおり、かような健康状態で彼が息子を殺害するというのもやや不自然な感がある。要するに在種殺害についてはその理由も現場に関しても一切史料なく不明であるが、右の天文二十二年のころ、在富に後継者がいなかったことは確かである。

言継は天文二十二年十二月、嗣子言経の元服の日を在富に選んでもらい、同月二十五日、在富に布衣・烏帽子を借りて元服の儀をすませており、弘治二年二月、禁中参内のため指貫を在富より借用、永禄八年（一五六五）四月十六日には厠を建てる日次を彼に相談するなど親交が続いていたが、同年七月十九日、言継が訪れたとき、去る七、八日ころより癰腫が出来、悩んでおるとのことで会えなかった。八月三日また訪れて見舞った際はかなり病状が悪化していた。その後の模様は、日記が九月より十一月まで欠けていて知ることが出来ず、ただ十一月九日付、左の宗屑軒宛言継の書状をもってこのときすでに在富は他界していたことがわかる。

雖未申通候、以事次令啓候、賀二位逝去、言語道断之儀候、就其跡職之事、既及断絶候間、被取立度之叡慮候、
貴殿御息被取持候哉、不然者可似相候仁体為後見再興有度候間、様体可有御談合候間、可有御上洛之由被仰出候、
女房奉書如此候、旁期御上洛之時候、尚金蔵房可被申候也、謹言、

宗屑軒は土御門有春であって、このときは若狭に在国中であった。これよりさき天文二十一年三月、有脩が地子督促について武家に申入れ方を言継に懇請しており、土御門家はかなり生活が逼迫していたらしいこと、言継がそのため武家との斡旋に努力していた事情が想像されるが、具体的なことは知りえない。その後も有脩に大帷を貸したり（永禄三、正、二十一）、有脩の京都の宿所で馳走の振舞いをうけることもよくあり、永禄八年正月には有脩からの訴えで禁中の御身固御祈を行なわれるよう言継から長橋局へ申入れている。

けだし恒例の年頭陰陽師祈禱がこのころはとだえてしまい、陰陽師の収入減になるところから、旧儀復活を訴えたもので、大永五年のころには二百疋下行された例もあり、御祈禱料についてもこの先例を勘案すべきことを言継は上申した。かく言継は土御門家のためにも奔走するところあったが、いよいよ賀茂家断絶の事態に直面しては、有春に対し叡慮の旨を奉じて暦道再興に立上ることを懇請せざるをえなかったのである。これに対する有春の返事は翌永禄九年（一五六六）六月六日になって言継の許に届けられ、その結果、有春は次男有高（つまり有脩の弟）に賀茂家を継がせることとなり、勅許をえてその旨を同年九月二十六日、言継は在富の未亡人に伝えた。

そこで在富の有した所領は在高が相続する次第となったが、これはすでに三好日向守長逸が押えてしまっていたらしい。そのため、賀茂家雑掌片岡主計が何とか取りもどしてもらうよう言継に頼み、知恩寺見松院長老もこれに協力しているのは、見松院が長逸と昵懇であるためだろうか。十月十日、以下の女房奉書と書状をもって長逸に対し在富遺領への配慮を求められた。

こあきとみの卿あとの事、たんせついたし候事、ちか比ゆたんくせ事なる事と覚しめし候につきて、あり春の卿はつふをめしのほせられおほせつけられ候へきふんにて候、さ候へは山しなみさゝきをはしめ、その外のちきやうふんをもさうゐなきやうにかたく申つけ候やうにまつ御わたくしとしてなんはうにてみな〱におほせ事候へく候、いつれもくはしき事はあとめけふあすにまかりのほり候へきほとに、その時なをおほせ出され候へく候よし、心え候て申とて候、くわんしゆ寺位とのへ、就故在富卿相続之儀被仰下之間如此候、委細見松院可被申候也、

尹豊

十月九日

三好日向守殿

この女房奉書をみると、京都山科陵など若干の知行分の返還を求めたものである。十月二十四日、言継は一条道場西坊借屋に仮住居の有春のところに招かれ、鮭の振舞をうけており、十二月二十日には権大納言四辻季遠と同道、言継は三好日向守を本満寺内の旅宿に訪れ礼をのべ、太刀糸巻を贈ったが、これは日向守が在富遺領返還に応じたからである。翌十年二月二十六日、養子在高（十三歳）が近日御礼に禁裏へ参るにつき服装の太刀は糸巻でよいか片岡主計から問合せあり、言継は金覆輪とすべきよう指示した。二十九日、有高は長橋局へ礼に参上し酒樽を進献した。

かくして、賀茂氏暦道の継絶は漸くまぬがれた様子であったが、頼みとされた土御門家も決して安泰とはいえなかった。京都に常住できなかった関係上、公家向の御用には何かと不便が多かったものと思われる。永禄十年十二月には、正親町天皇御不予のため幸い在京中であった有春に属星祭のお祈りを念入りにやるよう言継より申し伝え、御撫物と共に供物燈明代百疋の折紙が下され、明けて翌年も毎月天皇誕生日の二十九日に、小泰山府君祭を行なっていた模様である。

もっとも、京都の旅宿では祭祀の設備もなかったに相違なく、若狭名田庄の邸で行なったとすれば、京都との頻繁な往反は止むをえなかったであろう。名田庄の土御門邸には、久脩がまつった泰山府君社があったと伝えるが、その存在はすでに有春のときからと見て不自然ではあるまい。

永禄十二年閏五月七日には、百座仁王講の日次問合せ、井戸に埋める符の進上などを若狭の有春へ言継から伝え、同二十七日に有春から返事が到来した。この間約二十日の日数がかかっているのである。永禄十三年七月四日、有脩が言継を訪れ、この月の末か来月始めその子久脩を元服させるにつき相談した。その顚末については、『言継卿記』に何等の記載がなく詳かでないが、多分は同年のうちには元服したものと判断される。

さて山科言継が著した『歴名土代』によると、在富《あき》には在昌《あき》という実子がいたが、彼はなぜ父のあとを継がなかったか、同書に彼は「慶長四年（一五九九）三月二十六日従四位下、同八年八月、八十一歳卒」とあり、彼は当時キリスト教と共に入った西洋天文学に感服し、パードレに従って入信した為、在富から義絶されたらしい。当時わが国で行われていた宣明暦法は貞観三年（八六一）採用の古い暦法であったから推算の狂いは救いようがなかった。在昌は天正八年頃から宮仕えし始め、醍醐寺所蔵の史料には文禄五年（＝慶長元年、一五九六）閏七月十三日の伏見大地震に関し、閏七月十五日付、正五位下行大蔵大輔博士加茂朝臣在昌の名の下に提出した吉凶勘文の記事の載せられていることが今回橋本初子氏により発見された。養子在高《あき》は元亀三年の元服記事以後史上より消え、在昌も結局賀茂暦道家の後継者としては正式に認められず、その子在信に至っては謎の人物として残ることになった（系図9）。

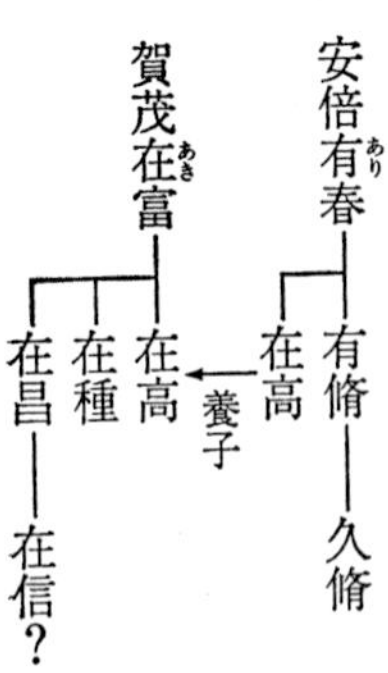

系図９　戦国期の安賀両家の関係系図

なお久脩のことについては、後にも言及するとして、元亀元年九月十日、若狭より上洛した陰陽頭有脩を言継がその宿所近衛殿（有脩は、前年二月には、徳大寺近辺の小山某宅に宿をとっており、このころ上洛の都度、公家の縁故をたどって旅宿は転々としていたらしい）に訪れると、彼は明日摂津の中島へ下向しなければならないので新暦は半分しか出来ない。陣中では暦の作成もむつかしいので、再び上洛してから残りを仕上げるが、然るべく禁中へとりなしてほしいと言継に懇請した。有脩は何のため摂津中島へ下向したか。陣中、暦の作成もできぬといっているところからみて、武将に呼ばれたためらしい。

当時、本願寺顕如と結んだ三好三党は七月二十七日、中ノ島、天満森に陣し、八月には織田信長がこれを攻め、九月、堀江・蝦江方面に激戦展開し、顕如も門徒を集めて大攻勢に移っていた。有脩が赴いた陣営はどこであったか、多分は信長側であったと思われるが、作戦に関して何等か吉凶の判断の必要があったのであろうか。

一方、京都では、新暦作成が延び延びになっているとて、女房奉書が出され、有脩の上京を促された。仰せの内容は左のごとくであった。

きとありながにおほせ候へのよし候、ないし所御こよみの事いつものことくゆたんなくてうしんいたし候へとかたく〳〵おほせつけられ候へく候、きこしめし候へははう〳〵をし候よしさた候、もしゆたん申て御かれい御しき日をちかへまいらせ候てはくせ事のよし候、又みしまなとも十月にほんを出し候、是はかなひ候はぬ事にて候まま、よく〳〵おほせ事候へく候、又こんとの御しゆりにつけて御ふたかりのはうもなためまいらせ候、御ふた御屋かためいけき候、てうしんいたし候へと、よく〳〵おほせ下され候へく候のよし、かたくおはせ事候へく候よし、申とて候、かしく、

山しなの大納言とのへ

就新暦之儀如此被仰出候、早々被申御暇、可被上洛事専一候也、謹言、

八月十九日

言継刑部卿殿

二十四日には、有脩上京して言継に女房奉書伝達の礼を述べた。この奉書を読むと内侍所の暦の調進を督促されており、宮中の修理に関し守札調進も命ぜられ、「きとありなかにおほせ事候へのよし候」とか「かたく〳〵おほせつけられ候へく候」などの文面からも有脩に対するお叱りの気持が窺われる。また「みしまなとも十月にほんを出し候」とあるのは、一般民間では十月にも暦の出版がされるとの意であろうか。何れにせよ、この歳十月末、有脩は若狭へ下ってしまい、翌年二月十九日までは在国していた。

以後『言継卿記』は、天正三年まで記事を欠き、同四年よりまた有脩の消息を伝えている。同年三月二十四日、有脩の宅で法楽連歌催され、言継も招かれ、四月二日には、飛驒国国司姉小路自綱の子息元服のため、公家元服の作法書を有脩の求めに応じて貸与した。八月十九日には有脩は京都に小家を新造したいので赤土を百荷計り言継邸の庭から欲しいといってきた。その後十月二十日にまた赤土を所望されているが、このころ有脩は健康を害していたらしい。ために禁中ではこれを憂慮し、大典侍をもって久脩に通達あり、言継はこれを取り次いだ。

その主旨は、賀茂・安倍両家の道が有脩一人に受けつがれている情況下で、有脩が万一他界すれば、陰陽道は継絶の事態に陥る。ゆえに久脩は、まだ若年(『公卿補任』によれば天正四年十七歳となる)ながら斯道を学び、稽古に励むべく堅く申し付けるというのである。かくて久脩は両道の勉学にいそしんだと思われるが、十二月二日には、理髪・作法・稽古について言継を訪れている。八日には、有脩に言継笙灌頂の日次をきき、十五日には真名暦を借りて書写した。暮の二十八日に有脩をたずねると病気がかなり重くなっていた。かくて翌五年正月一日遂になくなったのである。享年五十一歳。上記、女房奉書をもって、久脩に勉学を申し付けられたのは無駄ではなかった。

『言経卿記』も天文五、六年を欠き、七年正月十三日になって、久脩の在国は然るべからずとの禁中からの仰せを言経は彼に伝えており、有脩が洛中に建てた小家は如何なったのか、依然土御門家の本拠は若狭にあり、久脩は不興を被った様子であった。『公卿補任』によると同八年十二月二十三日、正五位下に叙し、天文博士に任ぜられているが、以後の消息については史料なく『風俗見聞録』によれば秀吉の時代に闕所せられ、ことに文禄のころ(一五九二―九五)、秀次追放の際、土御門家がこれに関係したとて尾張へ配流され、陰陽道は闕職となった。その配流の際、晴明以来の家の伝書を失ったという(明治九年七月八日付、土御門晴栄が修史局長長松幹氏に提出した文書――宮内庁図書寮蔵――によれば兵火に焼失とのべている)。かくして平安朝以来の宮廷陰陽道の伝統はここに一たん滅亡したのである。

滝川政次郎博士は、若狭国遠敷郡名田庄村納田終《おい》にある久脩創祀と称する泰山府君社を調査され、同社を合併した同地の賀茂社において、泰山府君祠に収められた永正の制札や、安政の棟札を実見された(同博士「一代一度の天曹地府祭」神道史研究、一四ノ二)。同社を管理される藤田安治郎氏の許には、当時より以降の土御門家の古文書・古記録が多数保存されている模様で、それらは、同博士の要請で、小浜市立図書館の小畑昭八郎氏がマイクロフィルムに収められ、そのフィルムは同図書館に保存せられた。そこでこのたび小畑氏に乞うてこのフィルムを拝見したところ、所領関係については、大むね宮内庁書陵部に所蔵される土御門文書と同様で、これから冊子に写し取られたものとも考えられる。

いまこれら両所に所蔵の史料に基づいて、おもなものを摘記すると、正和二年(一三一三)八月二十八日付沙弥某の譲状は、紀伊国鳴神社が白河院の時代に、公家毎月の泰山府君祭料として、安倍泰親の拝領するところとなり、淳房のとき淳宣と宗光に二分して与え、宗光はこれを親秋に永代譲与するというものである。文和二年(一三五三)十一月十五日付の綸旨は、若狭国名田庄内上村を長日泰山府君祭料として知行することを有世に対し確認した安堵状のごときもの、寛喜元年(一二二九)十月十九日付六波羅下知状は、近江国竜花庄下司職に対する兵衛尉為清の濫妨停止を命じたもの、応永十二年（一四〇五）六月二十七日の御教書は、山城国奥山田郷に対する僧長桂の狼藉処罰を命じたもの、康暦元年（一三七九）二月十四日の御教書は、有世に対し、摂津国溝杭村内倍家《へか》資勝跡地頭職を祈禱料として将軍義詮が宛行ったもの、応仁元年（一四六七）十一月二十七日の御教書は、長日祈禱料所として、但馬国朝来郡東河庄衣摺村、播磨国河述北条領家、紀伊国暗神領下、摂津国山田下司職・芹野公文職、美濃国津保下条、同国片方郡佐野郷・平賀郷等を将軍義政が返付するもので、多分幕府か守護の押領していたところであったろう。

また室町期の年不明十二月十一日付の覚書は、京口の諸口雑務料を以前同様土御門家の知行に任せるもので、これも押領されていたからであろう。文明十八年（一四八六）四月の有宣の言上書は、越中国二上庄年貢が加賀の本願寺門徒に抑留されたことを訴えたもの、永正八年（一五一一）十二月二十一日の御教書は、山城国葛野郡大岡御墓領、西方寺並びに北山松雲寺領が侵害されたことに対する安堵状のごときもの、天正期に入ると、同三年（一五七五）十一月七日信長朱印状は安倍久脩に対し、山城国上鳥羽内二十石を宛行うもの、同十四年五月十一日の朱印状は、山城国西岡・寺戸内二十石を同十五年十月二日の朱印状は丹波国船井郡熊野村替地、同郡内観音寺のうち六十石を宛行うもの、同十六年四月十五日の秀吉朱印状は、聚楽第御幸につき、近江国高島郡海津西庄真野内五十石を、同十九年九月十三日付朱印状は、山城国吉祥院村内十七石を洛中地子の替として遣すもの、年未詳五月二十五日付文書は、備前国裳懸庄を先規の如く知行すべきを命じたものである。

以上で、土御門家が中世支配した所領関係はほぼ察知しうるが、戦国時代には殆んど武家に侵蝕せられ、永正十年（一五一三）有宣のとき遂に若狭の名田庄へ本拠を移さざるをえなくなり、久脩の代に上記のごとく信長・秀吉より逐次朱印状をもらい、多少の所領回復をなしえたが、一方京極氏が若狭一円を支配するにおよび、若狭の本拠を立ちのき、再び京都へ戻ることを余儀なくされている。秀次の事件が起るまで秀吉もこうして土御門家に多少の経済的配慮をしていたのである。

　ところで、いま一つ土御門家には『家伝』と称する冊子があって、代々の陰陽家の履歴が列挙されているが、久脩の箇所に後筆と思われる注があって、それによると相伝の名田庄一万石知行は織田信長によっても承認される筈になっていたところ、本能寺の変起って御破算に帰し、家康の代に百八十石しか宛行なわれず、訴えたが未だに御沙汰がないとある。とにかく文禄のころ秀吉に忌まれて出奔した久脩は、慶長五年（一六〇〇）関ヶ原の戦の結果、豊臣方の頽勢決定的となるや、京都に還住して出仕し、以後累進して慶長十九年（一六一四）正月、左衛門佐、元和七年（一六二一）、正月、従三位に叙せられ、寛永二年（一六二五）六十六歳にして没した。宮内庁書陵部所蔵、年月日不詳、土御門家知行所村割と称する文書には、

五拾石　山城国乙訓郡鶏冠井村之内
弐拾石　同国同郡寺戸村之内
八拾石　同国葛野郡梅小路村之内
拾　石　同国同郡西院村之内
拾七石六斗同国紀伊郡吉祥院村之内
　　都合百七十七石六斗

とあるのは家康のときに宛行なわれた石高であろう。

宮廷陰陽道の推移については、一先ずこれ位に止め、『言継卿記』に見えた言継自身の信仰について若干述べておこう。さすが有職の家だけあって彼の教養は広いが、香道にも関心があって十炷香など張行しており、これはまた彼が医者として種々の薬種を取扱っていることとも関係があろう。香道を嗜む以上、香炉についての作法も心掛けており、

香炉の足の事、足一つを人の方にむくるは坎中連にて北を人にむくる、二つの方は離中断にて南を我方へむくる也、北は上、南は下の故也、八卦を表したる也（天文元、正、九条）。

といい、鼎の足は一本の方を客人に二本は自分の方へ向けるのが作法で、これを八卦でもって理屈づけるのは一体何時ころから始まったものか。

天文二十二年五月二十七日、言継は竜天院覚弁なる者から鎮宅霊符の作法祭文以下の次第を相伝され、折紙三十疋を贈った。爾来みずから鎮宅霊符祭を執行し、七日ないし十日間連続する場合もあり、時折は聖降日と称していて、これは特別作法厳重の日であったらしく思われる。鎮宅霊符の陰陽祭は既述のごとく安倍家の行事であったが、覚弁なる人物は宿曜師なのかその辺のところ判然としない。

同年九月二十九日、また覚弁が来て祓をし、つぎに算を置いた。言継の息子三人も南向に坐してその様子を見た。各東方執心、十一月十二月はつつしみとの占いが出て言継は祈禱を依頼した。十月五日に覚弁が訪れて祓をしたあと、札十六枚、護符五をくれ、札は家中のあちこちに押し、護符も自分や子供がこれを懸けた。弘治元年（一五五五）は二月から三月、翌二年正月にかけ岡殿へ出向いて行なうなど依頼次第では出張して修する程熱心であった。これも不安な世相を反映し、言継の自衛意識のあらわれであろうか。永禄八年（一五六五）六月十九日には覚弁のところで算を用いた占いを頼み、気血道と教えられている点からみて病気の占いもされたらしい。

その覚弁が永禄十二年五月七日、妻と一緒に幕府奉行人飯尾昭蓮（貞遙）に連行され、翌閏五月三日処刑されてしまった。如何なる理由があったのか一切不明である。しかし言継の霊符祭は依然熱心に続けられていた。嗣子言経も陰陽道に関心深く、宗英蔵主に八卦占方を尋ね（『言経卿記』天正十一、九、二十九条）、明王院（同天正十二、十二、一条および二十三条）や永運坊（同十二、十二、十六条）に『命期経』『暦数八卦』等を借りた記事がみえる。禅宗関係でも易道・暦道に通じた僧があったらしい。

さらに、『言継卿記』天文二十一年十一月二十一日条に、竈の塗り替えにあたって、言継が声聞師を呼び地祭をさせたり、天正四年（一五七六）九月二十八日家族に病人が出たため、声聞師有祐なるものに算を置かせ祈禱させた旨を記しているのは面白い。『言経卿記』天正七年二月十七日条にも唱聞師幸松を呼び祓をさせ算の占いを命じた記事が載っており、当時声聞師の徒が陰陽師として活躍した事情を伝えている。

周知のごとく、『大乗院寺社雑事記』文明九年（一四七七）五月十三日条に、尋尊大僧正が声聞師の生業として、陰陽師・金口・暦生宮・久世舞・盆彼岸経・毗沙門経等を列挙し、陰陽師を筆頭に示したように、この職業が当時声聞師の主流をなしたので、より古くは金鼓打ちの非人法師が声聞師の実態をなすものであったと考えられる（盛田嘉徳氏『中世賤民と雑芸能の研究』一一二ページ）。第一〇章で述べた牛頭天王の祭文を読む法師陰陽師もこの声聞師陰陽師と近い関係にあったと見られ、声聞師が土御門家の支配を受けるに至るその媒介的存在として、山伏形の法師陰陽師は注目すべきであろう。

ところで、上記声聞師の竈祭は陰陽道的なもので、当然宮廷陰陽師もこれを行なっていた。『建内記』に万里小路時房が賀茂在貞・在盛をして、宇賀神祭すなわち竈神祭を、四月晦日（嘉吉元および文安元年）に行なっている記事が出ている。祭料は三十疋であった。

そもそも、竈神は、『古事記』に大歳神が天知迦流美豆姫を娶って生んだ奥津日子神・奥津比売神の二座であるとし、『続日本紀』天平三年（七三一）正月二十六日には、神祇官より庭火御竈《みかま》四時の祭祀を永く常例とすることを奏していて、竈神祭が重視せられ、『延喜式』の「神祇式」には、鎮竈鳴祭・御竈祭を臨時祭として記し、「大膳式」には、竈神四座・御膳神八座・竈神四座の春秋二季の料があげられて、少なくも年二度の祭りがあったことを知る。しかるに中世に入ってこの祭りに陰陽道が関与するようになった。その過程を詳細に追究するのは容易でないが、すでに言及した安居院の『神道集』釜神事の条に左の話が載せられている。

人王二十八代安閑天皇の時代、近江国甲賀郡由良里の一人の男が年貢を京都へ納めて帰る途中、甲賀山の麓で日暮れ、山中の大木の許に臥った。ときに光物が飛んできて地中の者と話すのをきくと、由良の里で軒を並べた二軒の家にどちらもお産がある。一方は男子で、箕を作りつつ門を廻って売るべしと書いた文字を手にして生れ、他方は女子で、作らねども万福来るの文字を把って生れてくるという。夜が明けてこの野宿男が由良の里へ帰ってくると、男子が生れていた。隣りでは女子が生れていたので両家の親が相談して生れた男女を将来夫婦にする約束をした。やがて子供は成長して夫婦の契を結び両家の財産を合せて富裕になったが、男は遊女に狂って女房を離縁し、女房は追出されて止むなく伊勢国浦野の母方の伯母を頼ってゆく途中、村雨に遭い雨宿りした家の主が妻に死なれて三年たっていたのでこの男と夫婦になった。女は生れつき福徳自在の女房だったので富裕な家庭になったが、この男も遊女に狂って遂に零落し、遂に箕を作って売り歩く身に転じ、由良里のある家に売りに入ってみると、簾の中から見ていた女房が昔自分をすてて出て行った夫とわかり、男はそれを知って卒倒し死んだので、女房は釜屋の後へ人に知れずこっそり死骸を埋め、召使の女には、その場所へ供物を釜神の御料と名づけて毎朝置かしめた。結局死んだ男は釜神になり、女房もやがて釜屋の守護神になったが、釜神の小蓋の御料ということは近江国甲賀郡から始まったのである。

以上、まことに荒唐無稽で辻褄の合わぬ変な話だが、鎌倉末南北朝ころの民間における竈神信仰の存在を物語る。この話の始めの部分で光り物と語った地中の者とは、地神であり竈神に他ならない。人間の幸不幸がこの男女の話を通じて示されるが、竈神が仮りに人間に現じてその信仰の効用を示したものとも受取れる。

要するに、竈神信仰は、甲賀郡由良の土民がまつったところに発祥したとするもので、これを語ったものが他ならぬ甲賀の竈祓を業とする声聞師の陰陽師であった。現在も甲賀郡には、竈祓をはじめ「中臣祓」をもって村々の祓に従事した陰陽師声聞師の裔があり、彼等と密接な関係にあった修験山伏を通じて、竈神の信仰は地方に拡大した（福田晃氏「甲賀の唱門師」伝承文学研究、第三号）。地神とは、土公神であって、『簠簋内伝』には牛頭天王第四子歳刑神で本地堅牢地神とされ、春三月は竈に、夏三月は門に、秋三月は井に、冬三月は庭にあるとする。

また、中国では古く『酉陽雑俎』『抱朴子』などに、毎月晦日は竈神が天に上って人の罪状を報告し、大なるは紀（三百日）を奪い、小なるも筭（一日）を奪うとあり、人の過ちを司る神が罪の軽重に応じその算（命数）を奪うので、算が減ると貧しくなり病気に罹り、算が尽きれば死するに至るとの思想が根底にあって、これは後述の庚申信仰にもあらわれている。万里小路時房も四月晦日、陰陽師に竈神祭を修させており、これを宇賀神祭と呼んだ。かく中国の文献から察すると、大陸では古くは鬼神ないし祟りの神としての性格が付与せられていたのである。

一方わが国では、大歳神の子として、福神的性格を有しながらも、火を用い厳重に清浄を要求する神とされたところから、不浄に対する祟りのきびしさを恐れる余り、荒ぶる神としての観念を高め、漸次その祓いに陰陽師が干渉し来った。これに対し、密教側でも、三宝荒神の概念をこれに結びつけて荒神供を始めたが、これは恐らく中世中ごろに偽作された『無障礙経』などの経典に基づくもので、三宝荒神とは如来荒神・麁乱荒神・忿怒荒神と説いた、『簠簋内伝』では、蛇毒気神を本地三宝荒神とし、また斗賀神とも称してその遊行の方を忌むべしと述べている。さらに大禍日・狼藉日・滅門日の三悪日は貧窮・飢渇・障碍三神の日とし、日蓮の『御義口伝』巻下では、これが三荒宝神で十羅刹女に他ならないと説明している。

かくてわたくしは、竈神と三宝荒神を結びつけたものが、法師陰陽師の徒でなかったかと考える。そうして彼等には、修験者として活動したものも少なくなかった。鎌倉期に成立したとみられる摂津の『勝尾寺流記』に、宝亀三年（七七二）二月十一日、荒神が天皇の夢にあらわれ、天から祭文を降らしたと述べ、『元亨釈書』でも同寺の開山開成皇子が荒神を感得したとしているのは、この寺が修験道の道場であった事情からして、荒神信仰の背後に山伏があったことを推測する一助となろう。

竈神の信仰についで注目されるのは庚申信仰である。申すまでもなく、この信仰は中国における道教の三尸説に出で、窪徳忠氏によれば、三国時代または西晉のころ（三世紀中葉）の成立である。人体における寄生虫の障害を経験した中国古代人が、この虫を鬼神的な観念で把え、尸《し》（かたしろ、よりしろ）と称し、平素は人の腹中に住み、庚申の日をもって天に上り、天帝に人の罪過を告げる。この日昼夜寝なければ（これを守庚申と呼ぶ）虫（三尸）は天に上ることができず、守庚申を七度迄やれば、精神や身体は安らかに長生することができるとの庚申説は唐代にほぼ完成していた。

また不空訳と伝える『北斗七星護摩秘要儀軌』には、

北斗七星すなわち日月五星の精は七曜を総べ、上は天神を曜かし、下は人間を直し、以て善悪を司り、禍福を分つ（中略）もし人有りて能く礼拝供養すれば長寿福貴、信敬せざれば運命久しからず、是を以て禄命書に云う、世に司命神有り、庚申日に至る毎に天帝に上向して衆人の罪悪を陳説し、重罪は則ち算を徹し、軽罪は則ち紀を去る、云々とあり、さきの竈神の昇天にも似て北斗七星と庚申を結びつけた説がみられ、密教・宿曜道と三尸説の習合が行なわれていたのである。

わが国でも古代末から鎌倉期にかけ、『守庚申経』なるものが園城寺系密教僧の手で偽作され、三尸説と青面金剛法が結びつけられ、密教色の強いものとなった。この青面金剛法については京都妙法院所蔵、元和九年閏八月二十八日の記入がある『青面大金剛薬叉三部合行秘記』によると、庚申丑時、疫鬼来る故用心せよ、総じて申日にこの法を始めるべく、もし急用あって出来ぬときも一七日のうち申日を選んで行なうべき旨を記し、病気を落す祭落法も申酉日を吉日とすると述べていて、陰陽道的要素は明らかに認められ、宿曜師の関与した背景が察せられるのである。

室町時代に入ると、庚申縁起がつくられ、庚申講が生れ、青面金剛を庚申の本尊とし、これに供物を備え勤行を営む宗教儀礼的なものへと進んでゆく、宮廷や公家の宅でしきりに催されるのは、従来の伝統に過ぎないといえばそれまでだが、未曽有の盛況を呈し、窪氏が指摘されたとおり、連歌・俳諧・双六・将棋・囲碁・十種香・平家琵琶・音曲・謡曲・貝勝負、酒・冷麺・田楽豆腐・赤小豆粥・白粥等の馳走と内容も多彩化した。ただし粥は延命の薬石としての意味であった。武士でも、蜷川親俊など幕府の要職にある人物も天文二年（一五三三）六月・七月・九月、天文十一年閏三月・五月と度々催していることがその日記から知られ、恒例化の傾向を窺いうる。ここではお伽衆も呼ばれ、武家の戦陣における徹夜のなぐさみ行事に通ずるものがある。

さらに窪氏の紹介された如く、現在最古と解される長享二年（一四八八）十月二十九日の日付ある庚申塔では、奉申待供養結衆として、融秀阿闍梨・道珎門・与一五郎・右馬五郎・与一三郎・六郎三郎・弥右太郎・又二郎・右衛門四郎・助六・平次五郎・弥八・平六の名前が見え、融秀阿闍梨を中心とする結衆（多分庚申講）の存在が知られ、これらの人々の多くは名主層農民であったろう。かくして室町期は急速に社会的な拡大を示しているのである。

申待は庚申待の略としても使用され、庚待と書かれることもあるが、いずれにせよそこでは、日本古来の日待・月待と似た感覚が加わり、慶長十五年（一六一〇）五月十六日には、吉田兼右の子梵舜が庚申に際して神楽を奏させているごとく、神祇的儀礼を導入するものもあらわれ、かかる素地がやがて十七世紀中ごろに至って庚申＝猿田彦神の説を出現せしめた。とにかく室町期は庚申信仰が一段と日本化をすすめ盛大ならしめる時期に当っていたが、とくに陰陽師がこれに対して宗教儀礼を行なった形跡はない。窪氏が天理図書館に陰陽頭賀茂在盛の所持していた『守庚申経』の室町時代写本が蔵されている旨を記されているように、陰陽師は大いに関心を示してはいても、単に一般人同様、庚申待に参加したにすぎなかった。

当時、星宿に関連して、いま一つ流行した俗信は、七福神の一つである福禄寿と寿老人の信仰である。両者は本来同じもので、中国では『史記』封禅書に寿星は蓋し南極老人星を指し、之を祠って福寿を祈るとしている。『日本七福神伝』所引の「風俗記」には、北宋の元祐年間（一〇八六―一〇九三）、京に丈三尺の一老人あって首と胴が同じ長さで秀目豊髯、幅元埜服、市で卜をし、銭を得ては酒を飲み、自ら寿を益す聖人と称した。役人がその異様な風貌を見て写生し天子に奏上すると、彼は天子に召され問われるのに答えて、自分は南方から来たと称し、不思議な話をしたが、清風庭に満ち白雲空に映ずるとみて老人の姿は忽ち消えた。翌朝皇太子は寿星がひそかに天子の座に連ったのだと奏した。『天命苞』は春秋緯書であり老人星出現を祥瑞としたが、醍醐天皇昌泰四年（延喜元、九〇一）、三善清行は彗星と相前後して出現したことを理由に、旧を除き福寿至るの兆であると改元を上申したのであった。

しかし、『伊呂波字類抄』には、老人星祭として三日忌籠し鏡をもって之を祭り御精進とあり、『扶桑略記』は、昌泰三年老人星あらわれて武蔵国に強盗蜂起したと述べ、必ずしも瑞とはせず、一種の妖星ともみられたのであった。しかるに室町時代に入って禅僧の間に福禄寿星の信仰が高まり、相国寺の瑞渓周鳳はその居所を寿星軒と称した程で

あるが、その日記『臥雲日件録』(宝徳三、四、廿四条)によれば、惟肖得巌は細川満元のために扇面寿星に讃して、

老人星是太平祥、現則時清主寿昌、丹頂緑毛千万歳、比公猶是少年場。

と詩を書いており、崇寿院に住した無求周伸は、応永十三年(一四〇六)正月二十五日、北山第に招ぜられたとき、足利義満から寿星像を拝領した。また永享八年(一四三六)六月二日、足利義教臨席して扇面寿星像を題とする頌会が催され、周鳳はこのとき始めて義教の知遇をえている、当時寿星像はあちこちにあって周鳳は大方これを写したと。以上の記事が載せられている。

蔭涼軒の亀泉集證は足利義政が逆修(生前に供養すること)の寿牌(生前につくる位牌)の書き方について、義政の生年乙卯をとり「乙卯当生本命元辰」「乙卯本命元辰福禄寿星」「乙卯本命元辰吉凶星斗」の三様を示したところ、福禄寿星と書いたのが気に入った。喜田貞吉博士は長頭短身の奇異な僧がそれ以前から存在した寿老人星の像と並び行なわれ、別仙と解されてきたものであろうと論ぜられている(「福禄寿と寿老人」民族と歴史、第三巻第一号)。

以上、竈神・庚申・福禄寿と何れも星の信仰に関係深く、これら俗信仰の流布は民間人の手で広められたもので、とくに法師陰陽師ないしは民間宿曜師の活動が力あったものと思われる。七福神のごときは、従来「仁王護国般若波羅蜜経受持品」にある七難七福に淵源するとされているが、既述七瀬祓に明らかなごとく、七は陰陽道で甚だ重視せられ、『漢書律暦志』は七を天地人四時の始なりとしており、滝川博士の御指摘どおり、七曜・七正・七政・七難・七福・七殺みな陰陽道思想に基づき、また『簠簋内伝』にも七箇善日として、歳徳・歳徳合・月徳・月徳合・天恩・天赦・母倉の七日を説き、これら七神が上界の七賢聖あるいは七星神と曰うとあって、陰陽道思想に由来することは確かである。

中世宿曜師は、仏教の民衆化、それは浄土教系統に限らず、むしろ密教的呪術的信仰の普及に伴って民間に目ざま

しい活動を行ない、宿曜の祟りよりもその福徳の面を強調し、戦国兵乱の不安な時代にこそ心の拠り処として人々に希望を与えたのであろう。官僚的陰陽道は没落して行った反面、民衆仏教と習合した民俗的信仰として、陰陽道は日本人の生活に深く滲透するに至ったのである。

五七　武家故実にみる陰陽道思想

そこで、本章の最後に、当時武家故実の成立に伴い、軍陣兵法等に各種の陰陽道的解釈が侵入した事情を、二、三の心得書や作法書を通じて一瞥することにしよう。新田義貞作に擬せられる『義貞記』では、まず「毎朝早起テ属星ノ御名ヲ微音ニ七遍唱テ、次ニ鏡ヲ取テ面ヲ見、次ニ暦ヲ取、其日ノ吉凶ヲ知リ」云々とあって、これはまさに平安中期の『九条殿遺誡』そのままである。ついで敵を討つ月日時とその方角について、

春ハ庚辛日、夏ハ壬癸日、秋ハ丙丁日、冬ハ戊己日、土用ハ甲乙日也、但三日・五日・九日・十一日・十五日・十七・廿一日・廿三日・廿七日・廿九日ヲ可除、殊ニ小月ノ晦日、敵討事ナカレ、出テ帰事ナシ、次、朔日・二日・七日・八日・十三日・十四日・十九日・廿日・廿五日・廿六日、是ヲ上吉トス、亦日ニ二時、夜ニ二時、人死スル時アリ、知此時可寄、此時アラズハ討敵亡ス事難シ、此ヲ兵法ノ占トモ知、死期ノ占トモ云也、用心をスルニモ此時ヲ知テ稠ク警固スヘシ、亦敵ヲハ玉女方ニ向テ討テ聞神方ヘ可引、聞神・指神・斗加神ノ方ニ向テ敵ヲ討事努々有ベカラズ、大将軍并天一遊行之方ヲモ慎ミ、空忘神殊ニ大節也、

とあるが、出陣の月日時について、果して実際にかかる禁忌が守られたものかどうか。聞神が滅門神のことであれば、これは障碍の神、指神は荷律智神ともいい、第四禅定摩醯《まけい》首羅天を指し、斗加神は三宝荒神のことと『簠簋内

伝』に説かれている。また合戦にあたって勝負を予知する法として、鯨波あるいは戦呼の音による判断を示している。すなわち、一越調・平調・盤渉調・雙調・黄鐘調の五つの音調を聞き分け、これを四季ごとにそれぞれ王相死囚老に配当し、王相は吉、他の三者は凶とするのである。これは作戦の方法でなく、一種の占法である。

吉田兼倶が宝徳二年（一四五〇）に著わした『倭国軍記』の一部改竄したものともいわれる『兵将陣訓要略鈔』二十一ヶ条では、敵陣発向の日を四季に分ってこれを十干で示すこと、『義貞記』に同じく、但し大将となる人は自分の姓の五行を考え、木姓の人は庚辛日、火姓は壬癸日、土姓は甲乙日、金姓は丙丁日、水姓は戊己日を避けねばならぬとする。敵城を攻める場合、敵城は主人で季の五行をもち、寄手は客人で日の五行を有する。従って寄手としては城方の五行を殺すべき干支をよく考えてその日に攻撃すべきである。旗じるしに神仏名を書くのは秘伝であって、帝釈天の旗の桁は勝軍木《ぬるで》を用い、「勝軍不動大勝金剛勝敵毗沙門麻利支天一字金輪」等の真言秘文を書いて桁に添えて籠めるのである。帝釈天の旗紋には上に北斗七星、下に八輻転宝と書くので、これらは源頼朝の用いた先例に従い、頼朝の旗は弘法大師の筆と称している。

兵具について、公家の近衛大将・中将の胡録は矢の数二十八とし、二十八宿を像《かたど》る。また別に陰陽の矢二本が添えられる。鎧を着用するときは、本人との相尅相生の関係を正すべきである。すなわち、鎧の核《さね》毛は、着用する者の姓と相剋の関係にあることが必要、たとえば木姓の人ならば黄色である樽櫨匂を用うべきで、白皮威《おどし》は不可、何となれば黄色は土、白色は金、木は土に尅ち、金は木に尅つからである。また木姓の人は黒糸黒革を用うべきで、これは水、木を生ずるがゆえ、また緋威赤革もよく、これは木、火を生ずるからである。

冑の頂の竜頭は陰陽日月を像る。鎧を造るのは神武天皇の故事により己未日あるいは戊己日でなければならず、刀剣・太刀・長刀・鎗・鉾などの造日は壬癸日を選ぶべきである。これは天照大神が天宮より天八千鉾を伊勢海に下された日だからである。己未日については理解に苦しむが、戊己日は五行に配すれば土、壬癸は水であって、夫々、鎧・刀類を象徴するとしているのではなかろうか。要するに以上の様々な理屈は五行と十干を都合よく当嵌めたもので、十二支の方は余り利用されていない。

著作者の明らかな書物としては、多賀豊後守高忠がまとめた『中原高忠軍陣聞書』があり、一たん寛正二年（一四六一）に成立してから追記し、文正元年（一四六六）いまの形に成立したとされる。

まず出陣帰陣の祝について、軍配を祝うには南を向くこと、その他「兵具ふぜひの事さたする事」はすべて東南に向くべし、軍配の盃は人に飲ませず自分一人飲むこと、酒の酌は自分ですること、初献はそびそびばびと三度、二献はそびと一度、左へ廻ってくわえて又そびばびと二度、三献はそびそびばびと三度入れ、すべて九度であるが、「そび」とはそっと入れること、鼠の尾の心、「ばび」とは酒を沢山長く入れることで馬の尾の心、つまり陰陽の儀に他ならぬとする。結局三三九度は陰陽の儀である。

大将出陣のとき、南または東に向い弦を一つ打つ、馬のいなきは厩または引出して乗らぬ前ならば吉、あぶみに足をかけてからは凶で、その場合は弓を脇に挟み、上帯をも結び直し、腹帯をも締め直すべきである。えびらに負る征矢は十六矢または二十五矢とし、十六は九曜の星と七星を像るものである。幡を縫うのは馬年の男が陽の方に向ってすること。これは本命星・破軍星を意味するからである。大将と幡さしを相生、その出立も相生の色を用うべし。合戦が終って宿所へ戻っても幡はとりはずさず、三日間そのままにしておくこと、三日目、悪日ならば以降の吉日をもって納むべし。

具足着用の際の扇は表面、地は紅で金箔の日を大きく画いたもの、裏面は地色空色、白の箔で月に星を配する。その数は七または十二とする。表面は昼の容、裏面は夜の躰をあらわす。骨は黒骨で数は十二、扇の使用法は昼は日の方を表にして骨を六つ開き、残りの六つは畳んだまま、夜は月の方を表面にして同様にし、勝利の場合は扇を全部開いて用いる。悪日に合戦するときは昼は月の方を表面に、夜は日の方を表面にして用いる。そのほか産所における鳴弦の作法についても細かな心得が記されているが、要するに鳴弦の度数に呪的意義が付与され、そこに秘伝の中心があった。

『高忠軍陣聞書』には、「口伝」「秘説」「聊尓に伝事なかれ」の語が散見し、武家故実も公家同様秘伝的なところに意味があり、さらには家ごとに異説を立て、そこに家の権威と誇りを感じた。公家の形骸化した先例尊重を嘲笑した武士も戦国乱裡の社会不安につつまれた時代には縁起を祝い、陰陽道的吉凶判断が日常生活の強い精神的支えとなっていたのである。

一二　陰陽道思想の理論的拡大

五八　神道理論の形成と陰陽道

前章において室町時代は宮廷陰陽道没落の反面、世俗陰陽道の武家はじめ庶民社会への活発な流布をみた時期であることを理解したが、これと併行して各種の宗教家の間に陰陽道が理論的にも拡張導入せられ、さらには、芸能・学問など宗教・信仰以外の分野にも利用せられて来、この思想のもつ文化史的意義は頓に多彩な様相を呈しつつあった。本章では、そのおもな分野につき概観せんとするものである。

そもそも、古代において、陰陽道がわが神祇信仰にもっとも早く接触した部分の一つは祓いなる宗教儀礼であり、中臣氏の祓の詞とともに、東西文部の祓の呪言が、六月・十二月の大祓に読まれたことは第三章第一四節で述べたとおりである。それが平安朝に入ると、陰陽師の側より中臣氏の祓にも管掌の手を伸ばし始め、中臣祓は陰陽道的な儀礼の中にとりいれられ、たんに穢れを払うだけでなく、あらゆる災厄障碍を消除し厭魅呪詛、怨恨の類を解除せしめる呪法へと発展した。また密教にも入った次第は、第七章における河臨法の説明からも肯けよう。一種の呪詛調伏法であって、多分に陰陽道の影響をうけており、読経・護摩に続き中臣祓が読まれるが、この中臣祓が董仲舒祭文に淵源し、吉備真備の手で日本風に書改められたとの俗説は、けだし陰陽師の造作するところであったに違いない。

それにしても、中臣祓の文が、果して成立以来これまでに外来思想と全く無関係でありえたかどうかは疑問視されるので、西田長男博士は、『仏説灌頂抜除過罪生死得度経』『薬師如来本願功徳経』等が詞章に影響しているとものべられている（「神道の死の観念と仏教との関係」仏教研究第四巻第一号）。

平安後期、法師陰陽師が祓いをやっていた事実は、第五章第二一節でも引いた『今昔物語集』に載せる播磨国の紙冠の法師の話でも知られ、そこでは渡世のため下級法師が神の忌むにも拘らず敢て紙冠をつけてこれを営んでいた。当時はまだ祓いはたんに密教呪術の一端として仏教と接触する程度に止っていたが、中世に入り仏家神道の形成がすすむに伴い理論的な習合が試みられるようになった。その一つのあらわれが弘法大師に仮託された『中臣祓訓解』の述作である。

これは、『中臣祓記解』『両部鈔』の名でも知られるので、祓の神詞を大神呪とし、祓えとは智恵の神力をもって怨敵四魔を破することであると説き、一度の祓は百日の難を除き、百度の祭文は千日の咎を捨てると功徳を示しているが、そこには陰陽家の思想の影響も認められるのであって、気吹戸《いふきと》を泰山とし、気吹主神を泰山府君の所化とし、速《はや》佐須《さす》比咩《らひめ》神（速須戔嗚尊）は焔羅王であり、司命司禄はこの神の所化であって一切の不祥を散失せしめると、明らかに道教思想の習合を示したのである。さらに「縢源司命西源魂召を饗し紫広七座の祓を賛す、明らかに三十年を転ず、祓ハ此れ不死ノ薬なり、故に能く万病ヲ治ス」と述べてその利益も著しく道教化されたのであった。大日霊《ひるめむち》尊は大元尊神あるいは遍照一尊と称し、神は一気の始、生死の元《はじめ》で、天神地祇は一切の諸仏、本覚の如来と一躰無二であるとしている。

この中臣祓がのち吉田神道に入り、陰陽道的要素を加える点については後述するとして、同じく鎌倉期の成立とみられる『大和葛城宝山記』には、天神七代の神を天の七星、地神五代を地の五行としているが、これは当時の両部神道における五行的解釈の成立を告げるものである。この風潮をうけて伊勢神道が「神道五部書」を中心に興り、そこではいわば五行神学とも名づくべき説が展開された。

まず、もっとも古く成立したと思われる『宝基本紀』において、垂仁二十六年十一月、新嘗祭の夜、天照大神の発せられた託宣なるものを載せ、その中で神人混沌の初を守った理想の時代が人智の進むにつれ悪化し、神は去り、人人は暗闇の根国底国をさまように至ったが、西天真人があらわれてこれを救い、世の中を建て直し、大神は復帰して陰陽を正し長生術・不老薬を教えた云々の記述をしている。

つぎに神宮の神殿について、内宮は日天の図形、天照大神は五行中の火性で白色に相当し、白銅をもって飾られる。外宮は月天の図形、豊受大神は五行中の水性で赤色に当り、金銅をもって飾られると説く。これは水が火に尅つとの五行相尅思想をもって豊受大神の優位を暗にほのめかしたものである。また千木の端を剺《そ》いであるのは水火(陰陽)の起り、天地の象、堅魚木は衆星の形を示し、瑞垣・玉垣・荒垣は天四徳、地五行、万象大位、五官みなここに備わるとの理屈をつけた。

『宝基本紀』の原本裏書には、古人の秘伝として内外両宮を胎金両部の大祖とし、つぎの意味をもった説明がなされている。内宮の日天子については、天地陰陽未だ分れざる以前、混沌の時代における万物霊を虚空神、別名大元神と称し、さらに国常立神あるいは倶生神とも呼ばれる。それがさらに広大の慈悲を発し、自在神力において種々の形を現じ、方便利益として出現したものが天照大神である。日天子については天地の間において気形の質がまだ離れぬ前、渾淪と称し、そこに現出した尊形が金神で、水にも朽ちず火にも焼けず本性精明で人の願いのままに宝を降らせ万品を利すること水徳のごとく、ゆえに御気都神とも称すと。

『倭姫命世記』では、倭姫命が告げた天照大神の託宣として心神は則ち天地の本基、身体は則ち五行の化生なり、ゆえに元を元として元初に入り、本を本として本心に任すと『漢書』叙伝の句を引きつつ道教と五行説を折衷せしめてある。

もっとも後から書かれたと覚しき『御鎮座本紀』も、ほぼ以上と同様の主旨が繰返えされているが、神殿の中心にある心御柱なるものをとくに神聖化し、天御柱・忌柱・天御量柱等の別名を付記し、これは天四徳・地五行に応じたもの、径四寸、長さ五尺の柱で、五色の絁をもって巻き、八重榊で飾られており、陰陽変通の基、諸神化生の心台、すべて天心に合し木徳の性とする。こうした伊勢神学は、ついで度会家行の大作『類聚神祇本源』において大成の域に達し、陰陽道・道教は一層その役割の重要性が明確にされた。

すなわち、最初の天地開闢篇において漢家・本朝を分ち、漢家の部では、『新端分門纂図博聞録』なる文献を引き、天地生成の理論を図示しつつ、『老子道経』『周易』『五行大義』『淮南子』『三五歴記』『元命苞』『老子述義』『荘子』等を引き、易中心の世界生成論を詳述している。本朝の部はこれを官家・社家・釈家に分け、わが国の開闢論を諸説について列記しており、ここでは三家いずれも密教的要素が強く加味されてくる。

この天地開闢篇は、以下巻二から巻十五まで十四の篇が各論的であるのに対し、基礎理論的なものとみられるが、それにしてもこの基礎理論と各論は、必ずしも有機的体系的に結びついているわけでなく、五部書についてみたように、道教の混沌や不老長生の思想と陰陽道の五行説を中心に北斗星宿説が場当り的に適用されるにすぎず、適用にあたっての相関関係は余り顧慮されていない。その点で天地開闢篇の詳細な道教・陰陽道の叙述は、たんなるシナの古典的史料の羅列であり、伊勢神道形成が強い道教＝陰陽道意識に支えられていたことを強調する点に、より大きな意味があったらしい。

そこで、これを一歩すすめて、道教・陰陽道の有機的体系的摂取を計ったのが吉田兼倶であり、そこに吉田神道形成の根幹があった。兼倶が祖先兼直に仮託してつくった『神道大意』は、吉田神道の根本伝書とされる一つで、その中に神の概念を以下のごとく規定し解説している。

神は天地に先立って天地を定め、陰陽に先立って陰陽を成した。天地にあっては神、万物にあっては霊、人にあっては心がそれである。形なくしてよく形あり、物を養う、人の五臓に託しては五神となり各臓を守る。頭に七穴あるは天の七星、腹に五臓あるは地の五行で、合せて十二は神代の数であると。

これと並んで同じく先代兼延に仮託、兼倶の偽作した『唯一神道名法要集』は、従来の神道を分別して、本迹縁起神道・両部習合神道・元本宗源神道のいわゆる三家神道とし、この最後の元本宗源神道こそ、わが国開闢以来唯一神道であるとするが、その意は元が陰陽不測の元元を、本が一念未生の本本を明らかにすることであると説き、明らかに易の思想に立った発想である。

そうしてこの唯一神道は、顕露・隠幽の二教（顕密の二教にあたるもの）より成り、所依の経典として、前者には『先代旧事本紀』『古事記』『日本書紀』あり、三部の本書と呼び、後者には、『天元神変神妙経』『地元神通神妙経』『人元神力神妙経』なる三部の神経があり、この神経は天児屋根命（春日大明神）の神宣で、後世、北斗七元星宿真君降って漢字に写し経としたものであるとする。

つぎに、祭儀の場所として、斎場（内場）と斎庭（外場）を分ち、内場行事にあたっては祈願・表白等の文、発言の初に無上霊宝神道加持が行なわれる。この名称の意味について、無上とは高天原の尊号で太極の天に他ならない。これは『北斗元霊経』にいう無色界の上の三清の天である。『妙法要集』が所依経典としたこの『北斗元霊経』は、『太上説北斗元霊本命延生妙（妙または真）経』と称する道教の経典を意味し、西田長男博士によれば、兼倶が用いたのは、玄陽子保道齢集注の『太上玄霊北斗本命延生直経註』で、上記「無上霊宝神道加持」の呪文も『北斗元霊経』最初の「無上霊宝三清三境」云々の発願文を換骨奪胎したにすぎないのである。

さらに、天地人にそれぞれ五行を定め、天の五行は水徳の神国狭槌尊、火徳の神豊斟渟《くむぬ》尊、木徳の神埿賚《うひじに》尊・沙賚《すひじに》尊、金徳の神大戸之道《とのち》・大苫辺《とまべ》尊、土徳の神面足《おもだる》・惶根《かしこね》尊、地の五行は三生元木の神句句廼馳《くくのち》命、二儀元火の神軻遇突智命、五鬼元土の神埴安命、四殺元金の神金山彦命、一徳元水の神罔象女《みつはのめ》命、人の五行は地大輪の神天八降魂《あめのやくたりむすび》命、水大輪の神天三降魂命、火大輪の神天合魂《あうむすび》命、風大輪の神天八百日《やほひ》魂命、空大輪の神天八十万日魂《やそよろづひむすび》命とする。

このうち、天の五行と人の五行は『類聚神祇本源』にも同様の配列を行なっているが、地の五行はいわゆる地神五代と名づける天照大神以下鵜鶿草葺不合尊の五尊を用いず、諾冉二尊が生んだ木火土金水の五神を宛てたところに兼倶独自の考えが認められる。彼は『名法要集』の著作を、吉田神楽岡に斎場を建設したのと相前後して完成させたと考えられているが、西田博士は、景徐周麟の『翰林葫蘆集』巻九に収める「三倶元辰君悟道記」なる一文を紹介されその中に、文明十四年閏七月二十四日夜、寅刻、北斗の一星である貪狼星が兼倶の吉田の私第庭前に落下し、これに対して兼倶が師である横川景三より与えられた棒喝をくらわせ大悟せしめた末、景三・兼倶より一字ずつ取って三倶元辰君の名を新たに与えたとある記事を指摘され、『名法要集』以前に兼倶が捏造した星落下の話に注意された。

わたくしは、三神経が天より降った北斗七元星宿真君の漢訳にかかるとする『名法要集』の上述の記事をここにあわせ考え、兼倶の北斗に対する信仰の、ことに深かった次第を察するのである。もっともここでの北斗信仰は著しく道教がかったものである。兼倶はまた中臣祓を重視し、これを彼独自の形としたが、三種の大祓と称するものも恐らく彼の創案にかかるのであろうと西田博士は推定されている。

これは、㈠吐普加身依身多女《とほかみえみため》、㈡寒言神尊利根陀見《かんごんしんそんりこんだけん》、㈢波羅伊玉意喜余目出玉《はらいたまいきよめでたまう》の三つの祓詞より成り、㈠は亀卜の呪文、㈢は広く祭祀に用いられた祓い賜え、清め賜えの句であるのに対し、㈡は坎艮震巽離坤兌乾の八卦を並べたもの。㈠は五大（水火木金土）所成の祓、㈢は善言美詞の祓と呼び、㈠㈡㈢を各々、天津大祓・国津大祓・蒼生大祓に宛て、総称して三才大祓とする。また従来中臣祓と呼ばれたものについては、陰陽道の祓申す清め申すを、他力易行門を摂取して祓賜え清め賜えと改め、その呪詞を極端に簡素化して三種大祓の㈢をつくり出した。もっとも総括的にみれば、これらの祓詞は両部神道系の七種祓・三種祓等に影響されたものと考えられる。

かかる独自の理論に従って造られた斎場所は大元宮を中心とし、虚無太元尊神《おおぞらのみことのみたましい》を根本神として奉祀する。大元宮は八角茅葺きで棟上に奇数と偶数の千木・勝男木をのせ、陰陽に像る。この本殿の後方には、左右に内宮宗と外宮源が並び、伊勢内外両宮の本宮とされ、本殿の東西には、延喜式内三千百三十二座の神々が細長い殿舎の中にまつられる。この斎場で読まれる祭文の一つに勧請祭文があり、出村勝明氏（「吉田神道における隠幽教の秘伝」（下）神道史研究、二十三巻三号所収）によれば、兼倶自筆とみられる史料が現存する。以下に同氏の載せられた文をここに再録しておこう。

勧請文

日本最上神祇斎場毎日毎夜十二時中、降臨鎮坐乃諸神達乃体名於申佐久、扨毛畏畿三界六欲三十三天大小乃神霊別之天波大日本国天神七代地神五代天孫降臨卅二神、式内案上案下三千一百卅二神、惣天波式外宮中洛中洛外畿内七道六十余州仁跡於垂礼坐須程乃大小乃神祇冥道各部類眷属并春秋火戴祭祀内外竈神妙見諸神難陀竜王抜難陀竜王八大竜王百大竜王善女竜王竜神卜部類眷属勧喜天善勧喜天宇賀八神十五王子大弁天多門天善二童子大吉祥天女迦羅大黒大神眷属七母女天玉女指神立産見産内津社外津社本命元辰当年星行年禍害殺命生気養者鬼吏五墓一徳二儀三生四殺五鬼六害七傷八難九厄大歳八神大将軍天一大白日月五星廿八宿卅六禽北斗七星六合将軍十二月将天一鬼神十二将軍牽牢地神五方五竜王六神武塔天神牛頭天王娑迦陀女八王子蛇毒気神五流行疫神魔道神専女神道祖神含怨結恨貴賤霊等道俗亡霊悪霊邪気十二冥道大山府君五道乃太神一切乃冥道太山五岳四海江河天神地祇八百万神群会鎮坐愛愍納受之賜陪止恐美恐美毛申須、

夥しい勧請神を一覧すると、陰陽道・宿曜道関係のものが過半を占めるが、これらは他の多くの諸仏尊とともに密教を媒介としてとり入れられたものが大方であったろう。

五九　能楽理論の形成と陰陽道

仏家神道から吉田神道へと、陰陽五行説が、如何様に利用されて行ったかについてのごく概観的な展望はこれで措き、つぎには、室町期に興った猿楽能はじめ芸能の分野に筆を転じてゆく。

とくに猿楽者については世阿弥を始めとする大和猿楽の名手たちに多数の伝書があり、その中には明らかに陰陽道思想をとり入れたものも認められる。最初に能楽論を樹立した世阿弥は、長年の経験と教養を基にして、彼のつくり上げた新しい芸術の真髄を幾多の伝書に綴った。生涯を通じて得られた貴重な体験や工夫を秘伝として子孫に遺すのが目的だったので、様々の典籍類を引用することは少なく、理論はすべて実際と直結したところから来ている。たとえば『風姿花伝』の中に、

秘義云、抑一切は陰陽の和する所の堺を成就とは知るべし、昼の気は陽気なり、さればいかにも静めて能をせんと思う工みは陰気也、陽気の時分に陰気を生ずる事、陰陽和する心也、これ能のよく出でくる成就の始め也、(中略)夜は又陰なればいかにも浮き〳〵とやがてよき能をして人の心花めくは陽也、これ夜の陰に陽気を和する成就なり、(中略)又昼の内にても時によりて、なにとやらん座敷も湿りて寂しきやうならばこれ陰の時と心得て沈まぬやうに心を入てすべし、

云々とのべているのは、演ずる時と場所に演技を調和せしむべきことを説いたもので、世阿弥の陰陽論は、極めて実際的な演者の心得につながっていた。

やがて彼の女婿禅竹の時代になると、能楽は成長より守成の段階に入り、禅竹の遺した数々の伝書にもその変化が

あらわれ、著しく抽象論的性格が加わった。そこでは歌道・儒教・神道・密教などとともに宿星信仰をとりいれ、能の本質を説明しており、もって理論的な権威付けに力をいれた。その意味から注目されるのが禅竹自筆本の存する『明宿集』である。

その主旨は猿楽の神聖なる所以を翁すなわち宿神とする信仰の立場から理屈づけたものであるが、巻頭、翁の妙体を説いて、本地は、両部大日あるいは弥陀如来または応身釈迦牟尼仏とし、垂迹は、住吉大明神・諏訪明神・塩釜の神、走湯山権現・筑波山明神など様々に示現するとしている。つまりは融通無礙に様々の仏神に化現するわけだが、なかんづく住吉大明神を神の筆頭にあげたように、この神を重視しているのは、あとになって、「愚願ノ心中アリテ住吉ニ祈誓申、御告ゲニマカセテ現ワス所、上ニ記セルゴトシ」と述べ、その前に翁の面の謂れとしてこまごました理屈を並べた文があることとでも肯けよう。続いて「御影ノ賛ニ云、百福荘厳常法身云々」としているとおり、禅竹は住吉明神の画像を掛けてまつっていたものと思われる。この住吉明神は、鎌倉時代に、本地高貴徳王大菩薩で白髪の老翁として表現され(『古今著聞集』)、老翁の垂迹神影図の室町時代作遺品(故宮地直一博士所蔵)も現存している。

禅竹はさらにこの神のお告げとして、「日月星宿影ヲ宿スゾ」の文を載せ、これを、

翁ヲ宿神ト申タテマツルコト、カノ住吉ノ御示現ニ符合セリ、日月星宿ノ光下テ昼夜ヲ分カチ物ヲ生ジ人ニ宿ル、三光スナワチ式三番ニテマシマセバ、日月星宿ノ儀ヲ以テ宿神ト号シタテマツル、宿ノ字ノ心、星下テ人々ニ対シヨロヅノ業ヲナシ給フ心アリ、イヅレノ家ニモ呼バレ給フベキ星宿ノ御恵ミナレド、分キテ宿神ト号シタテマツル翁ノ威徳、仰ギテモナヲ余リアルベシ、

と敷衍し、宿神の姿を解説して、

御立烏帽子ワ両曜アラタナル日月ヲ現ワシ、御数珠ワ星宿ヲ連ネ給エル御姿、御檜扇ワ十二月ヲ表シテ昼夜ヲ捨

テズ、衆生ニ結縁シ給フ、御形水干ワ母の胎ニシテワ胞衣《エナ》トイワレシ襌《チハヤ》ノ袖、九条ノ紫ノ御袈裟ワ忍辱慈悲ノ衣、紫色ワコレ赤色ニモアラズ、黒色ニモアラズ、スナワチ中道実相ノ御姿ナリ、御履《クツ》ワ地ヲ表セリ、

と記している。一方、表章氏の紹介された『享禄三年二月奥書能伝書』には、宿神はマタラ（摩多羅）神のことであるとしている（服部幸雄氏「宿神論」（下）文学、昭和五十年二月号一八九ページによる）。ところが摩多羅神の画像の今日知られたもの（滋賀県坂本の中邑祐久氏所蔵品や『塩尻』に掲載されているものなど）をみると、幞頭冠に狩衣の姿で腰を掛け鼓を打ち囃し、前に烏帽子を著た丁礼多・尼子多の二童子が銘々茗荷と笹の小枝を持って舞い、画面上方には北斗七星を出す図様になっていて、『明宿集』のとく像容と一致しない。

これについて服部幸雄氏は、『明宿集』の像容は、観世大夫元広の描かせた「宿神像」に記した寿桂月舟和尚の賛文（『幻雲文集』所収）に老翁の面で冠を頂き朝服に紫袈裟をつけた旨が述べられているのと合致し、さらにそれは現在走湯山般若院に所蔵される伊豆山権現の神像（重要文化財）に通うものがある。ゆえに摩多羅神の姿には中邑氏所蔵や『塩尻』所載のごとく七星を伴う形式のもの（これは天台で玄旨帰命壇灌頂の本尊となるもの）と『明宿集』や『幻雲文集』に説かれ、あるいは伊豆山権現木像のような袈裟をまとった神仏習合の形象化的形式のものと二種類があり、前者は星宿神としての属性を有し、後者はそれと直接つながりのないものと判定せられた。しかしこれらは画像と彫像で多少表現の条件も異なり、七星を頂く形式も画像では簡単にあらわせるが彫刻では厄介である。景山春樹氏（「摩多羅神信仰とその遺宝」『神道美術の研究』所収）の紹介された叡山西塔椿堂の江戸初期と覚しき木彫彩色像には七星の付属はない。

わたくしはかつて叡山東塔で、もと八部院堂にまつられたと思われる木彫妙見菩薩立像を一見したことがあったが、それには光背のごとく針金様のものを背後にめぐらし、それに星をあらわした円形のものがとりつけられてい

た。かかる付属は彫像では失われ易いことも考えられる。また『明宿集』に述べる像容は、立烏帽子・水干に袈裟をまとい、手に数珠と檜扇をもつ姿で、烏帽子には日月、数珠には星、檜扇には十二月を象徴するものがつけられていたが、この象徴物は必ずしも禅竹の付会した説明に限らず、実際そうした画像・彫像があったことも考えられる。『幻雲文集』の叙述は、朝服に袈裟の老翁形という簡単な記事にすぎず、伊豆山権現の彫像に至っては、立烏帽子・直衣（水干でない）に袈裟をつけた老翁姿、持物は失われているが、従来左手に宝鉾、右手に笏を持っていたと伝えられる。

この像の製作年代について、奈良国立博物館編の『垂迹美術』八五ページでは、「鎌倉時代の肖像彫刻にくらべて類型的になっている部分が多い」との理由で室町期とするが、わたくしはやはり通説に従い、写実性のよく表現された鎌倉期の作と考えたい。この持物について服部氏は、左手には数珠が掛かっていたと想像されているが、いま一体、静岡県森口淳三氏所蔵の室町期と覚しき烏帽子・直衣姿の木彫彩色像では左手は掌を上にしていて、少しく様子が異なるから、これはどんな持物があったと想像すべきであろうか。

以上摩多羅神の形像を示す諸例中、時代的にもっとも古いと判断されるのは般若院の伊豆山権現立像で、伊豆山権現社の別当寺である般若院の歴代別当がこの神像を護持したと伝え、景山氏（『神道美術』日本の美術シリーズ一〇、七五ページ）は、鎌倉荏柄天神社にある鎌倉期の木彫天神像と同系に属し、後世流行の夷神像のごとき形式の源流と解されている。伊豆山神社では服部氏が紹介されたとおり、むかし正月五日には常行堂で摩多羅神の秘祭があり、別当をはじめ鉦鼓の拍子を打ち、摩多羅神秘像を押戴き、神社の和歌を唱詠し扇を取って舞踏する故事があり、一般には公開されなかった由である。服部氏は右の木像をこの常行堂にまつられたものかもしれないと見ておられ、そうだとすると、これは玄旨帰命壇の本尊となる七星を戴く系統の像形と同様の意味において星宿につながりをもつ神像ということになる。

ゆえに、わたくしは、摩多羅神の像容を二種類のものに分けうるとしても、それが星宿信仰につながりの有無を区別することにはならないと考える。本来賤民芸能者には服部氏が詳しく考証されたごとく、守護神ともいうべき宿神がまつられ、そこには宿星信仰とのかかわり合いは全くなかったのであるが、古代末頃より賤民活動の中に陰陽師の仕事がとりいれられ（というより宮廷の下級陰陽師が没落して賤民社会に入り）、夙の民の生業には、『大和国添上郡奈良坂村旧記』（藪田嘉一郎氏紹介）によると、正月元日諸公家の門に臨み祝文を啓し不浄を祓い、俳優歌舞することが含まれており、明らかに陰陽師の作法が看取される。

また、既述した声聞師の生業も、『大乗院寺社雑事記』が「陰陽師・暦星宮・久世舞・盆彼岸経」云々と記していて、陰陽道・暦道はじめ芸能にわたる巾広いものになっていて、賤民芸能者の中に星占いなど宿星信仰が夙くより滲透していたことは疑いがなく、これが守護神である宿神信仰と結びついたのも能楽興隆以前にあり、宿神＝摩多羅神の表現も様々に工夫されたので、ただ俗形で老翁姿というのが基調になっていた。

『明宿集』は、翁が人丸とも天満天神とも一体であることを説いており、上述伊豆山権現像が鎌倉荏柄神像に通うものがあるとされたのもたんなる思いつきからくる感じではない。また同書が終りの方で、

神明ハ（中略）俗体ヲ改メズシテ直ニ天地未分開闢ノ時ヲ示シ給フ、然共代ヤウヤク心キタナクナリシヨリ、西天ノ真人ニ教ヲ譲リヲワシマシテ御神託ヲ止メ給シヨリ、人ノ心耕弱下劣ナルニ従ヒテ髪ヲ剃リ衣ヲ染メテカノ仏教ヲ崇メ末ヲ導カレタテマツル、神明マタコレニ准ジテ仏法ヲ崇メ衆生ヲ助ケ給ヘリ、本ノ本ニ帰セバ末ノ末ヲバ恐ルベカラズ、本ノ本ヲ知ラズンバ末ノ末ヲ嘆キテ仏法ヲ尊シタテマツルベシ、コレニヨテ翁ノ俗体、天地ノ内証ニ基ヅクベシ、

とのべているのは、明らかに両部神道の理論の導入を示し、翁の俗体神聖視の思想が礼拝対象においては、宿神＝摩多羅神の様々な像容に一貫してみられる老翁形と昇化したのである。かくて、『明宿集』にみる禅竹の非合理的思考は中世芸能一般の思想に根ざすところであり、むしろそれを意識的に本書にまとめ上げた点は、彼の他の著作における独自の理論形成と相俟って注目に価するものであった。

その後、観世方の諸伝書をまとめた『八帖花伝書』があらわれ、ここには一段と陰陽道的要素を明確に認めることができる。春日若宮祭に一の鳥居脇の影向松の前で演ぜられる猿楽、下り松の小鼓について、大鳥居の方より笛をひいと吹くのは日吉の字を意味し、小鼓をたつと〳〵と三度打つのは九曜の星を象徴する。小鼓は糸目を丸く塗るは星を像る云々と説明し、鳴物の調子についてはこれを五行で解釈している。双調は春三月の調子、方角は東、五臓では肝臓木性に相当し、黄鐘《しき》は夏三月の調子、南、心臓火性に当り、平《ひょう》調子は秋三月の調子、西、肺臓金性に当り、盤渉は冬三月の調子、北、腎臓水性に当り、一越《こつ》は土用の調子、中央、脾臓土性に当るとする。

また、十二律を一年十二カ月や十二支の時刻に配すること以下のごとし。すなわち盤渉は八月、子、神仙は九月、丑、鸞鏡は七月、寅、双調は四月、卯、鳧鐘は五月、辰、上無調は十月、巳、黄鐘は六月、午、一越調は十一月、未、断吟は十二月、申、平調は正月、酉、下無調は三月、戌、勝絶は二月、亥となる。

ところで、土用中でも間日の調子は異なるとして、その理由を長々解説した。その部分を摘記してみよう。

> 間日には春ならば春、夏ならば夏、秋ならば秋、冬ならば冬、季の調子を謡ふべし、右の子細は昔天竺に盤古王と申す王あり、御子五人坐す、一番は太郎の王子、二番は二郎の王子、三番は三良の王子とこれを名付く、四番は四良の王子なり、五番は五郎の王子と申也、彼御兄達四人には四季を一季づゝ分け給ふ、五郎の王子に所務分けなし、然によつて御母君より五郎の王子大ほうけんどの剣を得給ふ、かるが故によつて七歳の御時、御兄四人

の王子達彼剣を取らむため軍《いくさ》をばし給ふ、その時五郎の王子は天竺恒河川の水上、めつの池と申池有、かれにめつの池の中に城を拵へ給ひ、彼の城に籠り御軍《いくさ》を初め給ふ、御兄四人の王子達さまざま攻め戦ひ給ふ、彼の大ほうけんどの剣を抜き敵の方へ向きて振り給へば、四人の王子は悉く負け給ひ、血の河、七日七夜流れける。その時大王より文選博士を勅使に立てられければ、五郎の王子にも所務分けあれとの給ふ、其時春三《み》月より十八日、夏三月より十八日、秋三月より十八日、冬三月より十八日、合せて七十二日を五郎の王子に参らせければ、それにても御不足とて、又怒をなし給へば、滅日・没日・大敗日をもつて三年に一度の閏月を作り出し、土用七十二日に添へて参らせ給ひければ、五郎の王子御喜び限りなし、そのとき御褒美とて文選博士に土用の内に間日といふ日を下し給ふ、其子細にて土用の内にも間日の調子は違ふなり、又四季に土用の調子の違ふも此義なり、

と。けだし五郎王子なるものは、滅日・没日・大敗日を支配する夜叉神的なものであり、宿星信仰につながるのであろう。鼓については、小鼓が陰、大鼓が陽で、天地・陰陽を象徴する。鼓に六つの穴をあけるのは六曜の星を象徴し、大鼓は月、笛は日を意味し、胎蔵界・金剛界に配される。『八帖花伝書』はそのほか囃子や舞全般にわたり陰陽の理念の下に陰の陰、陰の陽、陽の陰、陽の陽の四種を序破急の九種と合せて実技につき説明し、芸能の旋律性と多様性を工夫したのであった。

猿楽の陰陽道的理論付けは当然狂言にもおよび、大蔵虎明はその整備を目ざして書き留めた『わらんべ草』で、

昔会拍子は本二つなり、天地陰陽、其中へ人の拍子を入、天地人の三才となる、その三つの間へ一つづゝ入て五拍子となる、それより数々に分るべし、五拍子を手足身口意の五つにあてて身の振舞の拍子にとる、諷《うたひ》に扇子拍子有、拍子に本末、上中下、裏表や声《ごゑ》にも受くると受けざると陰陽順逆有り、

と教え、

心の拍子、身にて踏むと腰にて踏むと膝にて踏むと爪先にて踏むと踵《きびす》にて踏むと、切る拍子つなぐ拍子、数によりて陰陽有、

とか、

眼にも進む目、退く目有、尤陰陽有、身の風情《かかり》退くとかかると左右へかゝるに陰陽同前也、

といった具合で、実技における陰陽五行的心構えは、当代芸能確立の大前提となっていたのである。

六〇　雅楽・花道・茶道への陰陽道思想の進出

ただし、その中で音曲・調子に関する部分は、すでに古代以来の伝承が基礎になっているところもあり、芸能における陰陽五行思想の導入は、雅楽が中国からの伝統を受け継ぎ遥に古い歴史をもっていた。そのあらましを鎌倉期に狛近真が遺した『教訓抄』について見ることにしよう。

まず、『八帖花伝書』に記す双調・黄鐘調・平調・盤渉調・一越調を四季や東西南北中央、木火金水土に当てることは、夙く『教訓抄』に示しており、十二調子を十二月に配する説も見えるが、多少異なり、正月盤渉調、二月神仙調、三月鳳音調、四月壱越調、五月鸞鏡調、六月平調、七月勝絶調、八月竜吟調、九月双調、十月鳧鐘調、十一月黄鐘調、十二月断食調とし、「古キ物ニシルシテ侍バ、シルスバカリナリ、可レ尋見二其図一タリ」と注し、この説がかなりに溯ることを伝えている。琵琶については、

或抄云、琵琶ハ胡国ヨリ出デ、漢家ニ盛ナリ、明月ノ団々タルヲ懐《オモイ》テ玉響《ケイ》高々タルヲ発ス、長三尺五寸、三尺ヲ三才ニカタドリ、五寸ヲ五行ニカタドリ、四絃ヲ四時ニナゾラヘ、二穴ヲ二儀ニタトフ、

とし、箏については、

皇道ノ政機ハタヾ箏ニアリトコソミヘテ侍ベシ、二儀五行此ニカタチセズト云事ナシ、帝軒ハジメテ箏ヲ作テ楽ヲ調庭ニハテ南風ニウタヒ給テ天下皆ヲサマリヌト云キ、五文ヲナガサトシ、五尺ヲヨコサマトセリ、二十五絃ヲハレリ、五丈五行、五々廿五行トセリ、五人ヲシテ此ヲヒカシム、甲ヲタカフシテ天ニカタドリ、裏ヲヒラニシテ地ニカタドル、実ニ陰陽ノカタチ、仁智ノ器ナリ、（中略）後ニ秦ノ蒙恬、暖《ツヅメ》テ五尺十二位トセリ、此ヲ十二月ニカタドル、又後ニ一ノ絃ヲ加フ、此ヲ潤月ニカタドル、（中略）或ハ云秦ノ婉無寿ト申物一ノ瑟ヲフタリノムスメニ伝フ、二女此ヲアラソヒテ中バヨリ引破テ即箏ノ躰ヲ作ル、此ニヨリ争フノ字ヲシタガヘタリ、其長云ヘバ六尺五寸、六合五行ニカタドル、左右ノ手ノ常ニ動クハ日月ノメグレル相ヲ表ス、甲ノソレルハ天ノ円ナルカタチ、腹ノヒラナルハ地ノケタナル躰ナリ、柱ノ長サ二寸、陰陽ノ法度トス、

なる説明があり、楽器そのものにも陰陽五行の意味を付与して神聖観を強調することは、当時すでに伝統的なものとなっていたのである。室町時代は笙の家に豊原統秋が出で、戦国乱裡に際し、斯道の廃絶をおもんぱかり、秘伝を含めた楽道の智識をメモした大著『体源鈔』を書き遺したが、『教訓抄』の楽道理論よりは、一段と詳細なものになっている。双調・黄鐘調・平調・盤渉調・壱越調の五調子の解釈は、一層こみ入っていて、たとえば、黄鐘調（夏、火性）について、

此調子を黄鐘と名付事、黄は火の色なり、火ハあかけれども、あかくかくハにざる也、黄に書似よし、分明也、（中略）此調に水のこゑある事以外之秘事也、南ノ卦ト申は離中断☲かやうに有之、上下の筋は火也、中ニ切たるハ水の心なり、水ハ黒色なるゆへに火ノ中なる物不見、北卦坎中連これは又上下断☵上下は水、中に連タルハ火なり、水ハ黒けれども、上下のみつ中なる火にてらされて千尋のそこまでもものゝみゆる也、如此工能の侍る

問、水音尤其謂有者歟、盤渉調音事ハ水ノ位勿論也トモ調音侍ル事も双調音、木の位、木相火此心通用して可得其意也、

と秘伝を説き、盤渉調と対象させて論じている。つぎに十二律は、十二月の配当が『教訓抄』とは相違し、『花伝書』の方に一致する。むろん『花伝書』が『体源鈔』に示された室町期楽道の説に従ったのである。そのほか上の五調子に大食調を加えた六調子について、その語義や相互の相生相尅をシナの書を多数引用し論じているが、『体源鈔』全体が思いつくままに書きついで行ったものであり、各所に散見する陰陽道思想もそれらの間に一貫した体系が考えられたわけでなく、むしろ雅楽の伝統を権威づけようとする意識に支えられていたにすぎなく感ぜられる。

転じて花道をみるに、戦国期に活躍した池坊恵応の口伝書『専応口伝』は、本格的な花論の最秘として注目せられるが、その序論で「凡初頓の花厳といふより法花にいたるまで花を以て縁とせり、青黄赤白黒の色、五根五躰にあらずや」と述べて五行思想的理論を交え、具体的な立花を説明しては、青黄赤白黒の色の順に花を挿すこと、北は黄、南は青、東は白、西は紅と指示している。つまりこれに従えば、南北東西の順にいけるわけで、五行に対する色の配当が異なっているのは、花道の独自性を示したものであろう。また葉には表をみせるもの裏をみせるものによって陰陽の相違があり、聟取・嫁取の立花は陰陽の葉、天下和合の枝を用い、花は陰の方に包花、陽の方に開花したものを用いるとしている。

茶道にあっては、利休が禅的理念を導入して侘数寄の道を樹立したが、まだそこには煩瑣な理論は付会せられなかった。しかるに、文禄のころ(一五九二—九六)、南坊宗啓の手に成った『南坊録』では、五行的解釈が導入され来った。その第六、墨引の巻に曲尺割の法則を示して、

凡天地順行ノカネアリ、四季ニ土用ヲ加ヘテ節ヲ五ツニタテ(中留)陰陽五気ニアラワレテ人モ五ノ体ヲウクル

等ノモトヅキニテ、五ツガネヲ定規トシテ、大モ小モ此カネ違フコトナシ、五ハ陽数ナリ、形ニアラハルヽモノハ陽ナリ、此五ツガネノ間〳〵六ヲ陰ノカネトス、本式ニハ陽ノ五ツヲ用テ六ハ常ニ不用、草庵ノ茶ノ湯ハ台子本式、書院ノ格式ヲ本トスルトイヘトモ、陰陽トモニ用ル子細アリ、書院台子ニモ陰陽トモニ用ル子細ニモトヅキテノコトナリ、

と教え、数寄屋における初座・後座の趣向は、前者が床に掛物、釜の火かげんもにぶく、窓に簾をかけ一座陰の体となるのに対し、後者は、花を生け釜の火をわき立ち簾をはずし陽の体となる。もっともこれは天気の晴曇、寒温暑湿の次第で茶人は運営を考えねばならぬ。鬱陶しい天気に初座でも簾をはずし花を生けて明るくするが、釜火はまだ盛んではないのでこれは陰中ノ陽と心得るべきである。後座のときもまた同じ、かく陰中ノ陽とか陽中ノ陰といった考えは、すでに能楽理論にもみられ、茶道理論はそれに追随した感がある。

つぎに、台子書院では、昼は曲尺《かね》も数も陽を用い、夜はすべて陰とする。台子上、陽の曲尺割は五つ、陰は六つにし、茶道具一つ宛その上にかざる。上段に茶入ナツメ茶碗と三色並び飾るときは陽のカネ二つ陰を挟んで置くこと、これを続きのカネと称し、書院台子に必要な心得であるとしている。かくて「台子陰陽ノカネヲ以テ百千万ノ飾、草茨ノワヒ座舗マテコノ法ニモルヽコトナキ子細ハ多年修行ノ前ナリ」ということになるのである。陰陽の曲尺割法則が、厳密にはいつ成立したか明らかでないとしても、織豊期より江戸初期にかけ、各種芸能が陰陽道思想をもって理論的荘厳を試みた風潮の一つのあらわれであることは首肯されよう。

六一　修験道および医学の陰陽道的形成

芸能関係の概観を終って修験道に移る。当時修験道が密教を基調とし、教団組織も台密・東密の流れに添って展開しつつあったことは、改めていうまでもなく、それと併行して教義理論の形成は活発化した。すでに密教自体が陰陽道的要素を含んでいたのみならず、法師陰陽師が修験行者的活動を行ない、民間の祈禱・卜占・祓等に応じ各地を行脚していた時代である。理論形成は、鎌倉時代の仏家神道進出の影響をうけて促進され、秘伝・口決を旨としながら次第に記録が遺されるに至り、室町期から近世初期におよび諸種の典籍がつくり出された。

鎌倉期、光宗の著作である『渓嵐拾葉集』に、大峯は真言両部の峯、熊野は胎蔵権現、金峯山は金剛権現で、大峯中間に両部不二の曼荼羅ありとし、二元論的な発想に立つため、陰陽道的理論を習合せしめ易い条件を具えていた。極秘の修法としてもっとも重んぜられる柱源神法なるものについて、建長六年（一二五四）二月、内山旭蓮僧正編する『峰中灌頂本軌』によれば、その中心は柴燈護摩にあり、それに用いられる小木すなわち乳木が柱に他ならぬ、一切生物の息をさせる元が柱で、二本の乳木をもって象徴される。源は陰陽和合の水原であり、一切衆生が形成される根源となる。

護摩が焚かれるにあたっては、乳木は五行中の木（導師の三昧耶形）、柴打・鈴打・斧鉞等は金（弥陀の三昧耶形）、護摩の火は火（宝生の三昧耶形）、炉中の洒水は水（釈迦の三昧耶形）、炉底の土は土（大日の三昧耶形）と大永七年（一五二七）に書かれた『修験道峰中火堂書』に記されている。また『峰中灌頂本軌』は、

人初めて生ずるの時、天同時にして二神を生ずるを倶生神と名づけ、焔魔王に善悪を奏す、所謂二神とは本命星

と元辰星なり、是れ父母交会の時、天地の二気来る、本命星は天より来つて耳より入り父の頂に住し、父の五大五穀の精用を引き下し、元辰星は地より上つて母の耳より入つて五大五穀精を誘引す、これ和合の時われ等本有の識神、愛恚の二心を託し、男女の相を現ずるなり、

と人間の生成を説く。要するに護摩を焚く作法を通じて五行五智が和合し、胎蔵大日内証、即身成就を実現する訳である。かくて陰陽五行説に基調を置き、道教思想を交えた修験理論は様々の呪法の解釈へ押し拡げられた。いまその呪法の若干を『修験深秘行法呪集』から窺ってみよう。

『日本大蔵経』に収録された本書は修験伝授切紙類を集めたもので、中世以来の呪法が多数含まれている。まず修験者の呪法としてよくしられたものの一つに九字を切る作法がある。これは臨闘皆烈前の五字と兵者陣在の四字を線でもって交叉させるので（四竪五横）、五字四字の組合せには異説もある。同書に、

九字の印明は本、仏説に非ず、道家内抱朴子等あり云々、是れ沙門の行うべき法に非ず、然りと雖も、本朝の武夫、沙門の所作なりと思いて盛んに懇請す、若し之を知らざれば却つて誹謗さる。ゆえに世に順じ且誘罪を懐くこと勿らしめんが為に此の九字法を記す、

と記し、九字を切るときは朝、日天に向い、切り終れば日輪の内の左に光字を書き、右にボロンの梵字を書く。『抱朴子』が山に入って邪気を避けるための呪文として、「臨兵闘者皆陣烈在前」の九字を唱うべしとのべているが、本来この九字は兵法に関する一種の呪的表現であり、それぞれの文字を仏尊や星宿に該当させ祈禱することはわが国で中世以来、密教行者が案出したものであろう。九曜・当年星の配当は臨が計都星で七歳、兵が日曜星で八歳、闘が木曜星で九歳、者が火曜星で六歳、皆が羅睺星で十歳と十一歳、陳が土曜星で二歳、烈が月曜星で五歳、在が金曜星で四歳、前が水曜星で三歳とされ、南方の天に向い九遍誦して九遍嚙みくだくようにすれば、その年の星の厄難を免れ

る。同様、北方の天に向い該当の北斗七星を祈り、九字遍誦すれば九九、八十一の寿命を延ばす秘法もある。

さて九字のほかに、十字大事と称するものがあるが、文字も全く異なり、それぞれの文字が異なった場合に護符として効用ありとするもので、わが国で新しく考察されたものであろう。その他では、金神七殺の方へ越すとき、四堅五横とバン（金剛界大日の種子）を表書きし、中に「迷故三界城」「悟故十方空」「本来無東西」「何処有南北」の四句と「ウン」「キリーク」等の梵字を組合せた内容のものを入れた守り札を作り、あるいはこれを長さ七寸に切った白膠木《ぬるで》の札に書いて所持し、または石に書いて四角の柱の根本に埋めるなどの呪法がある。以下この書に載せられた呪法だけでも三百七十六種に達し、中には近世の創案もかなり交っているらしく、ここには大むね省略に従う。

ただ九字切については、享保十五年（一七三〇）、京都西陣光明山の日蓮僧日栄が著した『修験故事便覧』につぎの説明をしているので参考に付記しておく。すなわち、同書は、三山の施公子美撰するところの『軍林宝鑑』なるものを引き、その上巻連用篇の

𦓐正しく門内に立て歯を叩くこと三十六遍、右手の大拇指をもつて先づ四縦を画き、後五横を為し、訖れば即ち呪して曰く、四縦五横吾れ今出で行く、禹主道を衛り蚩尤兵を辟く、盗賊起らず、虎狼行かず、故郷に帰還せん、吾に当る者は死し、吾に背く者は亡ぶ、急急如律令、呪し畢つて便ち行く、慎しんで反顧すること勿れ、

の文を載せ、仏家はこれをまねて妙法蓮華経序品の「令百由旬内無諸衰患」の九字をとり、九字切をする。九は陽の満数であり、邪鬼は陰気に託《かか》るゆえ陽をもって陰を伏するの意である。臨兵闘者皆陣烈在前のうち、とくに在前とは在は粮食を積み薪水を設け兵をして疲労せざらしめんと欲すの意、前は戦わずして勝ち、誅せずして恐れしむ。弓を袋にし剣を匣《はこ》にして将の威行なわれ、吏の政諄なりとの意であるが、『祖書録外』第十三剣形抄に、この九字は、法華経から出たものだとの日蓮流の説を加えている。けだし修験の流派・系統により九字の解釈も様々な異説を生じたの

である。

修験者はかかる陰陽道的理念を教義ばかりでなく芸能の上にも展開したので、全国各地の村落に住みついた彼等が、それぞれの土地に伝えた里神楽のなお今日に至るまで伝承されているものには、その濃厚な痕迹を認めることができる。それについては今日幾多の民俗学的業績が出ており、詳細はそれに譲って、ここには、西角井正慶氏の『神楽研究』に述べられているところを、二、三の点について要約しておこう。氏が

何処の里神楽にも五行の所作のない処はないと言うてよい。神楽に何か神遊びの古義を発見しようとする吾々が、何時も困惑するのは陰陽の色彩があまりに執拗である為だ。と言うて其が近代神楽を成立せしめているのであるから、陰陽道に過ぎないからとして目を背けるなら、永い間之を養成し発達せしめた過程が訣らない。尤陰陽思想を取り入れた事は至つて古く、神楽の舞が何時代はかうと言ふ様な事は至難な事であり、甲斐なき業でもあろう。只現在の民間神楽は神道の儀礼の中にその甚しく具体化した吉田の本拠神楽岡の大玄宮配下の亜流が夫々に進展しつつ或は段々と退化もして、とも角最後に形骸をとどめているものである（二六七ページ）。

といわれたように、陰陽五行思想抜きで里神楽が考えられなくなったのは、これが法師陰陽師たる修験者の長きにわたる歴史的な管掌のあとを物語るものである。舞の基本は五方（東西南北中央）、順逆順（天地人左右左）、反閇、契印、九字壺きり（角きり）、切払い、射払い等で、まず五方は普通の神楽殿と中央に竈の据えられた場所では多少舞人の歩み方が異なり、前者は四角形に、後者は三角形に動く。西角井氏は信州新野の金山舞や群馬貫前神社の四方固め等を例として、これを具体的に解説されたが、ここでは説明を省き、要は四方の柱が各方角の神で、舞人は中央の神と見立てた五行の舞であることを注意するに留める。また舞人が五人の場合として、福岡県京都郡城井村若宮八幡の岩戸神楽をあげ解説されている。

これは、白衣白袴の上に東西南北中央の色（青赤白黒黄）の側次を著た者五人が刀を持って舞う。その中で東方木神と南方火神、南方火神と西方金神、西方金神と北方水神が互いに切り合う所作をし、五行相尅をあらわすところがある。ついで東西南北の神が中央の土神とわたり合った末、式部と称する役が出て諾冉の国生みを説き、自分は陰陽五行の理を和らげる勅命を賜ったとして東方木の神に春三月、九十日の内より十八日を抜き出し土用と号し、土の神へ奉り、残り七十二日を守護し給えと命じ、同様夏秋冬の三神にも十八日宛、譲らせて土の神に合計七十二日を与え、終りに土の神はこかぐらを舞い、式部はけんばいを踏んで舞うといった筋である。順逆順は舞台を廻る「左右左」または「右左右」の所作を指し、天地人の理念を付会したものである。反閇の作法も様々に舞の中にとりいれられるが、花祭では榊鬼が病人のいる家へ求めに応じて訪れ、病人の悪いところを鬼に踏みつけてもらう風習もある由。契印・九字には秘伝が多くその流儀も複雑であるが、殆んどは近世に入って分化したのであろう。

要するに、舞人が舞台を対角線にあるいは十字形に動き廻るのは、陰陽道における北極星祭・太一神祭・九曜祭・五星祭・七十二星祭等から来たものであろうと西角井氏は論ぜられている。

神楽殿に張られる注連縄は七五三縄とも書くが、『彦山修験最秘印信口決集』によると、七五三は諸神祭精進の際に用いられ、そのほか二二は疫神祭、一六三五は荒神祭、七二五三は鬼神祭、三三三四は孝養、五二二は蚕養、九二四三五七八一六七は一切祈禱、一六二は産、三八五六七一五五は地鎮土公祭に用いられるとあって、縄にも様々な理屈のついたものがあり、これらの数が一体どういう意味なのか。いずれは五行を基調としたものに違いないが、一切は彦山修験一家の秘伝として語られない。里神楽に使用される神楽殿の設備についての秘伝的解釈も、地方修験が権威付けのために生み出した秘伝の一部が名残りを止めたものとみることができる。

ところで、神楽行事は民俗的な土公祭と結びつくことによって、一段と陰陽道的要素を強く示すものがあり、ここには備後国甲奴郡上下町に遺る弓神楽の例を参考に出しておきたい。前章では近江国甲賀郡の竈祓について言及したが、上下の弓神楽は土公神である竈神に対して二人の神職が交互に祭文を唱え奉仕するもので現在も続けられている。以下にその大体を田中重雄氏（「まつり」二六号、備後上下の弓神楽）に従って述べてみよう。

弓神楽は、普通の弓を伏せた半切り桶（すし桶）に結びつけ、約六十センチの打ち竹を両手にもち、弦を叩きつつ祭文を唱えるので、終始正座し、最後に、悪魔退治の放矢のとき立膝をするのみなので、「いざり神楽」とも呼ぶ。時期は正月から三月ころまでの間で、家人の年祝いの当り年に宅神祭をとくに弓神楽行事として営む。神迎の祭文は、

謹請、東方に木祖《きのみおや》久々ぬちの命が御座《おわし》ますあいみん納就御座ますなら、謹請、南方に火祖火具土命（以下同文）、謹請、西方に金祖金山彦命（以下同文）、謹請、北方に水祖みずはのめの命（以下同文）、謹請、中央に土祖はにやすの命（以下同文）、謹請、黄竜に日高日宮大元宮三千一百三十二神、天の若宮、日の御門天の岩戸を押し開き今だ影向御座ますな、

とあり、あるいは、

謹請、東方に鬼《き》あるか鬼もなし、魔《ま》もあるか魔もなし、天魔はくしやうぐんを祓はんため、その御佩《は》かせの頭《こう》槌の剣、天の波士《はじ》弓、天の波々《ばば》矢を引き持ち給ふて東方に七つ足の変拝《へんばい》を踏み給ふ、これやこれ東方に甲乙《きのえきのと》を司どり、天を納め地を堅め所堅めの神となり、弓道剣神の威徳を以て入り来る悪魔を斬り捨て射祓ひ、穢れ不浄を祓ひ捨て、この地を清浄にして当家三神の広前に木神将軍と立ち給ふ、謹請、南方……丙丁を司どり……火神将軍……謹請、西方……庚辛を司どり……金神将軍……謹請、北方……壬癸を司どり……水神将軍……謹請、中央……戊己を司どり……土神将軍……

と唱える。土公祭文は盤古大王が四人の王子と四人の姫を生み、大王死後、五郎王子が生れ、四人の兄王子と争い、最後に竈に鎮まる話で、既掲『八帖花伝書』にのせた五郎王子の夜叉神的信仰に源流をもつものであろう。田中義広氏（「まつり」二五号、豊松の土公神祭り）の紹介された、備後国神石郡豊松の土公祭では、五行霊神祭・五行祭・舞上神楽が報告されており、ここには短文の神楽祭文のみを掲げておく。

東方久々能知命は青き御籏を差上げ申して、甲乙に舞うて居る、重ねて正笏垂れ給え、南方火具土命は赤き……丙丁に……西方金山彦命は白き……庚辛に……北方水波女命は黒き……壬癸に……中央埴安彦命は黄なる……戊己に……大王様から后の宮迄よく遊べ、遊んで氏子に福を得させる、有難や天地五行をかたどりて拝する我身は五行とは知る、何事も神に願を掛け巻くも畏き神は利生得るかな、神こそは何時より嬉しと思召せ、今日より外には遊ぶ日も無し、遊んで神こそ守れよ、願主を千歳まで、千歳の命も長く久しうに、

かくのごとく、五行祭文を平易な文に直したのは、極く新しい時代なのであろう。近世、荒神（土公神）祭は地神盲僧の営んだものが多く、神呪経や竈神の本地、荒神和讃などを唱え、一般の地鎮祭の求めにも応じ、現在なおその伝統は残されているが、そうした民俗的説明は上記田中氏らの論文に譲っておく。

最後に、医学については、既述平安朝に『医心方』が著わされて以来、丹波康頼の医学が権威を保持してきたが、鎌倉時代に入り、宋儒性理の学の伝来とともに五運六気の説がとなえられた。五運は木火土金水の五行運転の気、六気は君火（少陰）・桐火（少陽）・湿土（太陰）・燥金（陽明）・寒水（太陽）・風木（厥陰）の次序の気で、五運の流行に大過不及の異あれば六気の昇降に逆従勝復の差ありと説く。人間の身体には五行具わり、五運の流行と相対応していて、天地の気和するときは健康を保つが、五運が不調を来せば六気も混乱を起し、疫病の因となるとするのである。室町期には田代三喜が明に留学すること十二年、李東垣・朱丹渓の学を受け帰朝し、その門に出た曲直瀬道三に至っ

て李朱医学は大いに栄えたが、道三の弟子饗庭東庵は金の劉完素の説を奉じ、五運六気蔵腑経絡配当の論を唱え、易医学はここに行くべきところまで行きついた感があった。そこでは、五運六気に五臓六腑を対応せしめるほか、五臓に心包を加え六臓とし、六気の陰陽を配合して六臓を陰経、六腑を陽経とし、肺より出る気が神を、肝より出る血が精を養い、神と精をもって人身が形成され、気は陽、血は陰であるとする。

十七世紀後半、寛文より元禄のころにかけ、名古屋玄医を先駆とする古医方起り、また和蘭医学・南蛮医学も広まりつつあったが、一方易医学の伝統も根強く残存した。その事情は富士川游博士の『日本医学史』に譲って、本書では割愛に従う。

以上、本章で宗教・芸能その他の諸分野にわたり、室町時代以降、陰陽道的理念が広く社会的に普及し、その時代や土地に則した独自の理論ないし解釈を生み出し、中には「秘伝」の粧いをもってその権威付けをはかるものもあらわれた次第を概観した。かかる現象は、オーソドックスな古代の律令的陰陽道からすれば、明らかに卑俗化であり変容に違いなかったが、それはたんに時代思想が迷信化非合理化を深めた証拠としてのみ片付けてしまえないものがあるように思われる。

宗教の権威が凋落してゆく時代に、そして混乱する世相の中で、人々の精神的拠所となったのは、高遠な神仏の布教宣伝より、祈禱・医療・卜占・祓・暦等を通じ、実生活と結びついた陰陽道であった。また易の複雑な理論はさておき、陰陽五行の理法を人生のあらゆる現象にあてはめて理解することは、神や仏より人間中心となった時代の要求にむしろ応ずる思想といえよう。古代公家文化の残滓にすぎぬかに見られた陰陽道が、近世日本文化の形成に、案外影響を及ぼしていたことは、改めて考え直すべき問題であると思う。

一三　近世における陰陽道の趨勢

六二　土御門家の復興と近世宮廷の天曹地府祭

第一一章で明らかになったように、戦国争乱の時代、賀茂家の正嫡は絶え、土御門（安倍）家は存続したものの、所領は失われ、貴重な典籍財宝は散逸して、あまつさえ秀吉の忌諱に触れ遂に若狭へと都落ちを余儀なくされ、ここに古代以来の宮廷陰陽道の伝統は終止符を打ったのである。

かくて近世の陰陽道は安賀両家の復興が最大の課題であった。既述のごとく、土御門久脩は慶長五年（一六〇〇）、再び京都に還住し、徳川氏より陰陽道宗家として認められ、京都周辺で百七十七石六斗の禄を与えられて落ちつき、藤田家保管の記録によれば、慶長九年には政仁親王（後水尾天皇）の御色直、御髪置、将軍秀忠の家督相続、後陽成天皇別殿行幸、伊勢内宮山口祭、同十年には八宮（一条昭良）御誕生に伴う湯殿造・産湯・胞衣納・産衣・産髪等の行事、秀忠将軍宣下、伏見宮貞清親王元服、御八講、大覚寺尊性法親王宣下、相国寺法堂立柱をはじめ、数々の行事に時日勘文を作成しており、このころもっとも活躍していた。また慶長九年三月六日、天皇・親王方・将軍のため祭りを嘉例のごとく行なっており、将軍から恒例行事として毎年五十石を賜っていた。

しかし土御門家にとり何といっても重要なのは天曹地府祭であり、明正天皇以降、仁孝天皇まで江戸期歴代にわたり一代一度の天曹地府祭が執行され、後陽成・後水尾・孝明の諸天皇についても他の種類の都状が遺されている。これらの都状はいま宮内庁書陵部に所蔵され、わたくしも一見したが、すでに滝川政次郎博士は、「一代一度の天曹地府祭」（「神道史研究」第十四巻）なる論文で詳細に論究されているので、いまは便宜、同博士の御研究を引用しつつ説明してゆきたい。

現在、土御門文書に収められた都状は、博士調査の結果、天曹地府祭によるもの、明正・後光明・後西・霊元・東山・中御門・桜町・桃園・後桜町・後桃園・光格・仁孝の諸天皇十二通と後陽成天皇の慶長六年正月晦日方凶謝祭都状（写とも三通）、後水尾天皇の慶長十八年十一月五日大将軍金神祭都状、同天皇元和四年十一月天地災変祭都状、霊元天皇の元禄二年十二月四日方凶謝祭都状、同天皇の正徳五年十二月三日御悩平愈御祈願都状、光格天皇の寛政二年十一月十五日内裏御造営方凶謝祭都状、同天皇の寛政五年七月十七日王相金神祭都状、同天皇の寛政八年十二月十四日および文化八年八月二十五日の三万六千神祭都状、同天皇の享和二年七月二十六日天地災変祭都状、仁孝天皇の文政三年九月五日木星祭都状、孝明天皇の安政二年十一月十四日、内裏御造営方凶謝祭都状の以上二十六通がある。

ただし、藤田家保管の「系譜」なる記録には、後水尾天皇の天曹地府祭は泰重が元和四年十一月、寛永七年十二月十四日、同二十年十月九日の三度行なったことになっている。滝川博士は後西天皇の天曹地府祭の都状を原文のままで、光格天皇のそれを仮名交りで示されたが、わたくしは後西天皇の方を仮名交り文として示しておこう。

謹上　天曹地府都状
南浮州大日本国大王「良仁」（宸筆）廿歳謹啓
本命丁丑
行年丙申
献上　冥道諸神一十二座
金幣
銀幣

素絹
鞍馬
勇奴

春正月天皇位ニ即ケルニ依ッテ歴代ノ鴻基ヲ尋ネ、謹ンデ天地水三官、陰陽曹府、泰山府君、南斗七斗、六道冥官、八百万神等ニ啓ス、斎誠沐浴シテ一七日祭場ヲ設ケ十二座ノ清供酒菓奠ヲ備ヘ、諸神ニ謝シ奉ル所ナリ、遠クハ神武ノ佳躅ヲ践ミ綿々大業ヲ稟ケ縄々宝器ヲ保チ、四門ヲ闢キ四聡ニ達シ五教ヲ敷キテ五品ニ親シム、是レ舜属之位、四海黎ヲ率ヒ、諸基緒《シタガ》フ矣、高台ニ登リ人煙之盛ナルヲ視、民竈之賑ヲ悦ビ深夜御衣ヲ脱シ、巣居之苦寒ヲ悲ム、惟レ威仁徳・醍醐之先聖王、神鬼ヲ敬シ社稷ヲ治メ百官ヲ撫育スルハ積善之余慶也、願クハ此彼是ニ類センコトヲ、伏シテ惟ルニ天曹地府之神徳、至妙ニシテ測ラズ、而シテ之ヲ仰ゲバ弥高ク之ヲ鑽レバ弥堅シ、若シ至レバ寿夭ヲ増減シ禍福ヲ興廃シ、善ヲ勧メ悪ヲ懲ス、仍リテ怪ミ之ヲ夢ミ、邪気ニ驚歎ス、怨霊之祟、厭味呪詛之徴、年災・月厄・日破・元辰・算尽・魁罡、和光同塵之結縁ニ拠ラザレバ、誰カ掃ヒ誰カ除カン乎、玆ニ於テ蘋蘩《ヒンパン》ヲ沼ニ沚《シ》ニ釆リ、青白幣ヲ捧ゲ、丹誠ヲ凝シ赤心ヲ群神ニ偏ス、早ク領納ヲ垂レ、献ズル所、尚饗センコトヲ、玉躰安穏、宮中繁栄、延年益算、夜守り昼守ルト護リ幸ヘ給ヘト、恐ミ恐ミモ申ス、六府三事元治、万世永ク唯此ノ神明ノ助ケヲ頼ムノミ、大王「良仁」《(宸筆)》廿歳丁丑、殊ニハ心中祈願成就円満セシメ給ヘ、謹ンデ啓ス、

明暦二年二月十一日

一方、山本博氏編の『陰陽道と額田歴代組』をみると、後陽成天皇の天曹地府祭が慶長六年正月、同八年二月、同十年四月と三度、後水尾天皇のが元和四年十二月、同九年七月と二度あったことを述べているほか、もと土御門家司

若杉家所蔵の『文旰抄』なる書から後奈良天皇の弘治二年（一五五六）の都状（祭文）を載せているので、つぎにこの都状を転載する。

本文は長文ゆえ、仮名交り文に改めたが、由来陰陽道の祭文は殊更難解珍稀な文字や表現を使用して読解容易ならざる上、編者が原文の文字を咀嚼せぬまま活字にした個所も所々に認められ、必ずしもこの仮名交り文は絶対正確を期し難いが、戦国期の都状が如何なるものであったか、その大体を窺うよすがともなれば幸である。

天曹地府祭祭文

維日本国弘治二年丙辰五月吉日良辰主人
謹遣有司、敬備銭財疋帛鞍馬清酒菓哺
之贄、敢昭告天地水三官陰陽曹府南斗
北斗六道冥官、伏願尊霊際臨壇席、歆
饗非薄、領衲丹誠、再拝上酒添香
謹奉請天曹具官来下就座
謹奉請地府具官来下就座
謹奉請水官具官来下就座
謹奉請北帝大王具官来下就座
謹奉請五道大王具官来下就座
謹奉請太山府君冥官来下就座
謹奉請司命司禄君具官来下就座

謹奉請六曹判官具官来下就座

謹奉請南斗好星君具官来下就座

謹奉請北斗七星君来下就座

謹奉請家親文人来下就座

向来謁セント請フ、天曹地府、六道冥司、南斗北斗星官、伏シテ降臨ヲ垂レ位ニ依リテ座ニ就キ薄礼ヲ歆《キン》饗シ銭財ヲ領納センコトヲ、伏シテ惟ルニ軽微ニ憚ラズ、恩ヲ留メ福ヲ賜ハラント、再拝上酒、

謹ンデ天曹地府、北帝大王、五道大神、太山府君、司命司禄、六曹主者、南斗北斗星官ニ啓ス、伏シテ惟ミルニ至尊至重、惟レ正惟レ明、統領ノ生死、記注ハ善悪、寿命修短、之ニ由ラザルナク、禍福興衰皆科簡ニ在リ、伏シテ聞ク、神道遠カラズシテ祈レバ必ズ霊ヲ降ス、啓シ請フ、至誠ノ福ハ主人某生ニ応ゼザル無ク、居人代リテ長ク閻浮ニ在ルノ名ハ陽官ノ命ニ侍リ、陰府ノ誤ニ由リ鄙薄ノ黍《シヨ》ヲ以テ其ノ位ニ居リ、百行多ク違ヒ積殃累畳、洗雪階無ク、神理未ダ有ラズシテ爰ニ怪夢凶祥ノ所、人神ヲ蹭蹬《ソウト》セシムル所、鬼賤ヲ安ンジ、恐レ多ク、之ニ加フルニ追日朝ニ夕ニ静マル所ナリ、爰ニ恐レ爰ニ惶レ、抑災ヲ銷《ホロボ》シ祥ヲ致シテ過タズ、祭祀難ヲ去リ厄ヲ去ルハ只神恩ニ在リ、廷王敬鬼延命百余景公咎ヲ謝シ災ヲ三舎ニ輔ク、仍リテ其災患ヲ避ケンガ為、跪《ヒザマヅキ》テ如在ノ礼ヲ設ケ今謹ンデ銭財ヲ上リ酒脯ヲ献ジ、誠丹ノ款《マコト》ヲ懇ニシ、露腹ノ心ヲ布カン、伏シテ願クハ慈垂必流ヲ祐ケ、慈沢天羅ヲ銷シ、北府ニ於テ地細ヲ解キ南宮ニ於テ必ズ所願ヲ蒙リ、洪恩ヲ仰載セン、謹ンデ啓ス、

謹ンデ重ネテ啓シ白サク、惟レ神聴之纊総明ヲ聞キ、不測之謂、神変化シ、無窮之謂、賢将以テ禍ヲ転ジ福ト為シ、死ヲ改メテ生ヲ注ス、是レ太庇神霊ヲ興奪スルニ非ズ、祈請スレバ必ズ応ジ已《スデ》ニ降ヲ蒙リ願ニ及ブ、休祥ヲ布キ恩典ヲ垂レ、主人ニ臨ム、恐ル、所ハ三災九厄、六害三刑、絶命魁罡、拘絞衝破、元辰検殷、地細天羅、八

卦九宮、四殺五鬼、連星等悪ヲ尽シ加臨ヲ殺ス、即チ簿書ヲ改メ災度厄年災月災日災時災病災死災飛ノ殃、横禍疫毒、天行ヲ銷シ、次ニ八解除悉ク銷散セシメ、五路ヲ開通シ、百途ヲ豁利シ、出入行来之方神、匡衛天官、死籍ヲ地府ヨリ除カンガ為、生名ヲ注センガ為、若命短命ヲ改メテ延長シ、若シ厄襄《シャウ》スレバ、即チ攘除ヲ垂レ、永ク利貞ヲ保チ、重恩ヲ載荷センコトヲ、稽首謹ンデ啓ス、再拝、

謹シンデ重ネテ啓ス、在座天地、水官冥官、曹府本命星官、既ニ降臨ヲ垂レ所献ヲ尚饗シ、已《ステ》ニ鳴息ニ沭シ、更ニ余力ヲ誇リ、当ニ三宮主者ニ願クハ福寿ヲ増シテ暦数ニ題シ、黒簿ヲ削リテ生名ヲ上セ災ヲ使シ、九地禍ヲ銷シ、大陰ヲ滅シ、常ニ福祐ヲ蒙リ、永ク利貞ヲ剋シ、家番鬼賊病厄永ク銷シ遠ク除カン、謹ンデ啓ス、再拝、

重ネテ啓ス、諸神君等ニ啓白ス、事畢リテ宜シク将月ヲ釈シ、別ニ更ニ珍羞ナク、敢テ神久ク留ラズ、殊ニ侍従ニ任セ、排馬・銭財・疋帛・鞍馬・勇奴、諸神各人状ニ依リ、爰ニ使者ヲ領シ般運監蔵、付庫一人分明ナリ、請フ失錯セザランコトヲ、謹ンデ啓ス、再拝、

銀銭二十貫文　白絹十疋　鞍馬一疋
　勇奴三人　奉上天曹官
銀銭二十貫文　白絹十疋　鞍馬一疋
　勇奴三人　奉上地府君
銀銭二十貫文　白絹十疋　鞍馬一疋
銀銭二十貫文　白絹十疋　鞍馬一疋
　勇奴三人　奉上北帝大王
銀銭二十貫文　白絹十疋　鞍馬一疋

勇奴三人　奉上五道大王
銀銭二十貫文　白絹十疋　鞍馬一疋
勇奴三人　奉上泰山府君
銀銭二十貫文　白絹十疋　鞍馬一疋
勇奴三人　奉上司命君
銀銭二十貫文　白絹十疋　鞍馬一疋
勇奴三人　奉上司禄君
銀銭二十貫文　白絹十疋　鞍馬一疋
勇奴三人　奉上六曹判官
銀銭二十貫文　白絹十疋　鞍馬一疋
勇奴三人　奉上南斗好星君
銀銭二十貫文　白絹十疋　鞍馬一疋
勇奴三人　奉上北斗七星君
銀銭二十貫文　白絹十疋　鞍馬一疋
勇奴三人　奉上家親文人

右以前奉上銭絹鞍馬等、伏願領納、謹啓、再拝、敬供、呪曰、向来所請諸神感有、侍役倖齢、不預座列者、皆領玆大来、末同賜宴饗、酔飽為度、請重啓白、伏恐上曹多務下府事繁、雲車既駕竜馬、已鞴酒盈七爵、餚《コウ》無百味、不貴単䟴缶、歓喜迎神千里、送神于此伏惟、神垂車馬各還本宮、頓首謹啓、再拝、

呪曰、五色命禄連綿、五方除落死籍解却、凶殃銷禍、至福寿命延長、急急如律令、

以上祭文は、長文慇懃を極め、厳粛な感はあるものの、同様な内容を難解な語句を連ねて繰返えし、むしろ冗長で執拗の感を深くする。困窮時代の陰陽道宗家が祭文の威厳を張ろうと努めた跡が読みとれるようである。同時にこれを前述の後西天皇都状に比較してみると、内容の点でかなり注目すべき相違が後者に認められる。

すなわち、後西天皇都状は文末に「恐ミ恐ミモ申ス」なる宣命体の個所があり、「仁徳・醍醐之先聖王、神鬼ヲ敬シ社稷ヲ治メ、百官ヲ撫育スルハ」とか「之ヲ仰ゲハ弥高ク之ヲ鑽レバ弥堅シ」等儒教風の言葉が多く散見し、後冷泉天皇の都状にも全く見られなかったところである。従って滝川博士御指摘のとおり、これは土御門神道を知る上での重要な史料ともなる。天皇の都状が黄紙に朱書（宸筆の部分は墨書）をもってすることは、博士御推察同様、わたくしも書陵部所蔵品について実見した。

さて、天曹地府祭の目的は博士所説のごとく、桓武天皇の交野における祭天の儀（第四章参照）に倣い、昊天上帝の庇護を受け、天子陰陽燮《しょう》理の機能が円満に四海晏然、百姓康楽ならんことを祈ったもので、江戸時代多くの場合（霊元・孝明両天皇は例外）、即位より一年以内に梅小路の土御門邸内で執行され、祭文中に見えた神々のうち天曹は天の官曹（役所）で、既述のとおり勿体をつけて敢て「冑《ちゅう》」なる異体文字をもって表現した。

その組織は、天帝の座である紫微星を中心に、中天より北側、半円内の星を天帝の内臣、南側半円内の星を外臣、両者の間を出入する太白星を外征する将軍に見立てており、地府は地祇の帝王として尊崇される泰山府君（東嶽泰山・西嶽華山・南嶽衡山・北嶽恒山・中嶽嵩山の五帝中の首位）の家宰・家令にあたり、司命司禄は冥府の戸籍（死籍）を司り、以下都状に列挙された神々（冥道十二神）は昊天上帝や泰山府君を呼びかえたもの、ないしはその代官的性格のもので、陰陽道の八百万の神々に他ならないが、家親文人を滝川博士は、文道の神たる文昌星と科挙の試験に合格し進士

となった祖先の霊を含めたものとされた。なぜかかるものを何時ごろから含めるに至ったのであろうか。

祭典の次第は、若杉家所蔵の「天曹地府祭次第」に詳しく、『陰陽道と額田歴代組』や滝川博士の論文に引用されているが、ここに長々列挙するのも無味乾燥なのでおもな点のみを摘記するに止める。

まず始まるに際し六鼓が報ぜられると、長官以下斎服浄衣を着し、執事は斎室に入って祭場の備えを告げ、祭郎が螺を吹く。神饌が案上に運ばれる。具官六人祭門の腋に列立し、その間を長官が祭文箱を捧げるものと、都状箱を捧げるものの二人の執事を先駆として入場して仮座につく。長官以下本宮に参詣し壇上に都状箱を置き、ついで勅使も仮座につく。長官祭場に入り着座、続いて献者・謁者・執事・祭郎・具官も着座する。つぎに長官は洒水加持し磬を打つ。やがて勅使御撫物を携行して祭門に入り着座、長官は撫物を受けて案上に置く。長官また洒水加持、また祭場の上下八方祭器神饌を洒水する。さらに御撫物や勅使にも洒水し、長官以下拍手、執事座を立って雑香を燻ずる。長官以下奉幣し迎神文（上掲、後奈良天皇都状の始めの部分「謹奉請〔十二神〕来下献座」とあるところまでがそれに当る）を誦し、中臣祓あり、降神招請の礼を行なう。

献者・謁者起座し左右に分れ覆面して瓶子を進供する。謁者起座して名香を燻じ長官奉幣・打磬、ついで執事起座・雑香を燻ずる。献者・謁者起座、覆面して左右に分れ二献を進供、続いて七宝銀銭（何れも紙製）・素絹を壇上に陳設する。また奉幣・燻香・奉幣ののち、長官は都状を読む、あと長官磬を打ち祭郎起座、鞍馬を召す。長官磬を打ち、祭郎起座勇奴を召す（馬や勇奴に扮した土民が形式的に出場したのであろう）。長官之に加持して勇奴退去、執事燻香後、献者・謁者三献を覆面にて供し奉幣し、長官日鐸を振り祈念し、印像加持、点符加持を行ない磬を打つ。つぎに御撫物を加持し長官月鐸を振る。

これが陰陽道独自の祈禱呪術であって、天皇に罹るあらゆる災厄は消除されることになる。鞍馬・勇奴以外の幣物はのち焼却されるので、それは鎌倉時代の祭儀で説明しておいた。かくて献者は神饌を撤し、長官は南を向いて散供加持、祭郎は洒水加持、具官は小案散供を撤し長官は還祈の文を誦し拍手、打鳴吹螺と次第し、長官以下万歳を唱して退出となる。

以上の祭儀内容は、新しい記録に基づくとはいえ、江戸期を通じてその伝統は維持されたものと考えられる。その中でしきりに行なわれる洒水・加持・燻香・打磬は仏教から来たもの、印像・点符の加持も密教的色彩が濃厚で、拍手・奉幣・中臣祓だけは神道の形式をとり、法螺を吹くのは修験の要素が混入しているのである。これら諸宗教作法の合成は恐らく室町末より近世初期の間に行なわれたので、これも諸思想を集成した吉田神道の影響なしとはいえないであろう。

祭儀の行なわれる祭場は、滝川博士が、『陰陽道と額田歴代組』所載の「天曹地府祭場図」と若狭の藤田家保管土御門家屋敷図に基づいて祭場見取図を作成、論文の中に納められたので、いまこれに多少の手を加えて転載させて頂く（挿図15）。博士の解説では、本宮には土御門神道で天照大神を本地とする泰山府君がまつられ、権殿は内裏の内侍所の建物を下賜せられたものの由、また藤田家管理の土御門殿図には外苑の北側、土御門邸の居宅に跨って大きな池が描かれており、これは星を拝む際、池水にうつる星を礼拝するためのものであるといい、とにかく上掲、祭儀次第はこの

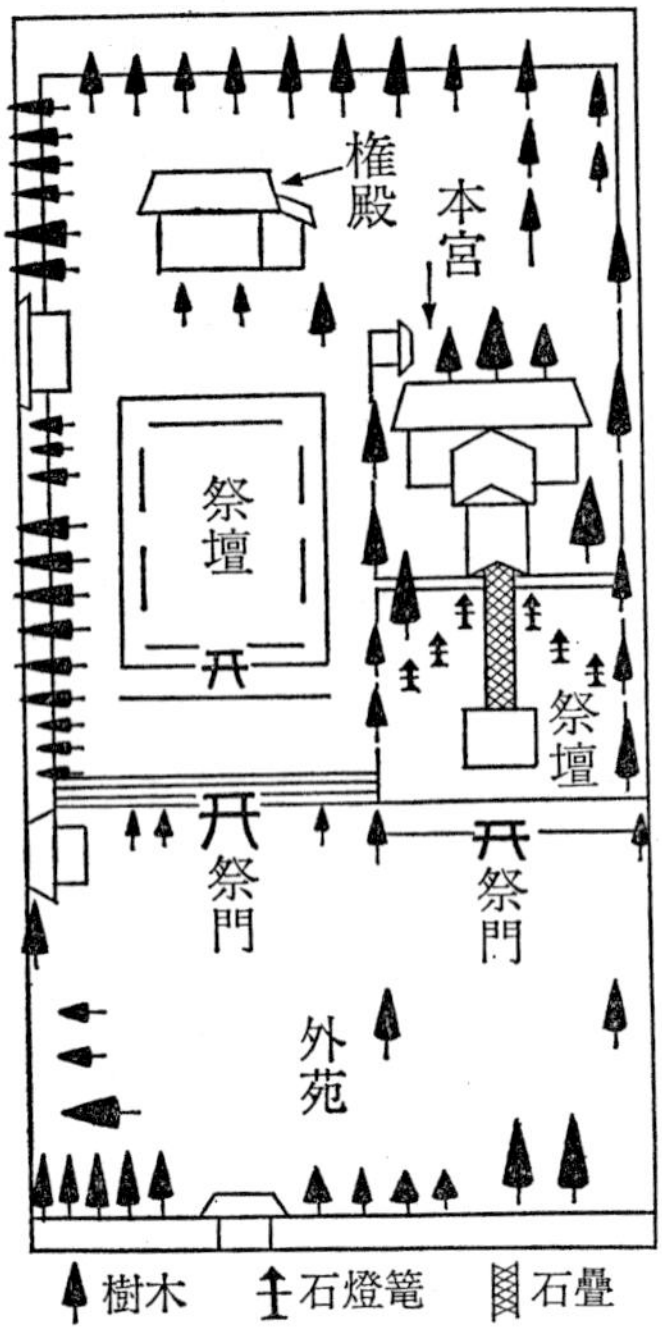

挿図15　天曹地府祭祭場見取図

本宮前の祭壇で行なわれたものである。

ところで、この祭儀が桓武天皇以来の伝統を引き、天帝に天子受命を謝し、統治の円満を祈るものであったことは、土御門泰福が起草した霊元天皇都状にも、「本朝受命の日、禋《えん》を天社の神に告げ、厥広遠なる千有余儀、舜禹より天下を有《たも》ちし以降、泰山梁父に封禅せざるなし、和漢道を異にし、禅代同じからずと雖も、応天順人に至つてはその揆一なり」とのべているごとくで、天曹地府祭を封禅の儀に相当するものとされている。封禅の儀は桓武天皇が交野に営まれた祭天の儀と同様、土壇をかまえて天をまつり、地をはらって山川をまつるもので、上古、中国の皇帝は巡狩して四岳に至れば太山に封じて天を祭り、小山に禅して山川を祭ったが、後世はただ新王朝を建てた天子が権威を示すために行なう儀礼にすぎなくなった。日本は易世革命の国でなかったが、受命の天子という中国の思想を容認していた以上、封禅の儀は当然あってよいことになる。応天順人つまり人道は天道に即してあるべきものとする天人合一思想は封禅の儀において最高度に象徴されるからである。

しかしそれにも拘らず、上掲天曹地府の祭文を読めば気がつくように、現実は天皇個人の無病息災・延命長寿に力点がおかれ、そうした意味の言葉が多きを占めており、天皇の私的な祈願としての性格を強く感ぜしめる。ここにおいて滝川博士は、これは桓武天皇祭天の儀の復活に非ずして、文徳朝以来知られた八十嶋祭や『延喜式』にみえる羅城の御贖（第四章所説）の復活と見なすべきことを提唱された。八十嶋祭・羅城祭は平安朝の宮廷行事として知られているが、天皇や皇族の穢を祓い、息災を祈る私的性格のものであるからである。のみならず近世は天皇・公家が政治的主導権を失い、宮廷行事の権威は形式だけで、而も天曹地府祭は土御門家の私邸行事であったから、「一代一度」の名儀のみがかろうじてこの祭儀の公的装いの拠り処になったにすぎず、八十嶋祭・羅城祭の復活とみるにせよ、遥かにそれは規模の小さく、かつ形式化の一段と強い興醒めのするものになってしまったのである。

六三　近世の暦道

さて慶長五年、久脩が若狭から京都へ還住したとき、配下の神官揃わなかったところ、摂津・河内等より、以前土御門家に仕えた者が集まって彼を輔け、ここに彼等を一括して旧組、若狭より久脩が養成し、連れ来った人達を新組と称し、両組合せてこれを歴代組と呼ぶことになった。

従来、歴代組は、公武の重大式典に関係ある高位高官の身固、すなわち、衣冠装束を有職故実に基づいて譴装して来たと称する。『枚方市史』が、河内・摂津歴代組に就て賀茂家に属する配下を古組、安倍家の配下を新組と称し、前者はおもに凶事方、後者はおもに慶事方に奉仕したから御大典や造暦は安倍家の掛であり、枚方の歴代組はこの方に属した。はじめ賀茂家が上座であったが、晴明以来両者は対等になり、遂に安倍家が上座の陰陽頭に、賀茂家は助となって新組が勢力を得たとしているのは何を根拠にした議論かわからぬ。

要するに、滝川博士所説のごとく、陰陽寮に隷属した雑戸の民が歴代組の遠い源流と考えるべきであろう。歴代組には、総目付役・横目付役・触頭・組頭・小頭がおかれ、組の者は家筋について控や慎方《つつしみかた》の規定があった。

さて、久脩は織田信長舎弟民部の女を娶り、長男泰重を、家女房の腹に次男泰吉をもうけた。泰吉は慶長十七年十二月蔵人にすすみ、別家を許されて倉橋家を名のり、寺戸・唐橋両村で百五十石を給せられた（系図10）。これより泰重の子孫は土御門家を嗣いで陰陽頭を世襲し、泰吉の子孫は倉橋家をついで陰陽助となる例であった。土御門家の家司としては、吉田陰陽大允・三上大炊・若杉陰陽少允・星合右兵衛があり、また倉橋家の邸は堺町御門外にあった。

泰重は、後水尾天皇中宮蓬春門院に仕え、信任篤かったが、彼の時代に幸徳井友景が陰陽頭に任ぜられ、一時安倍

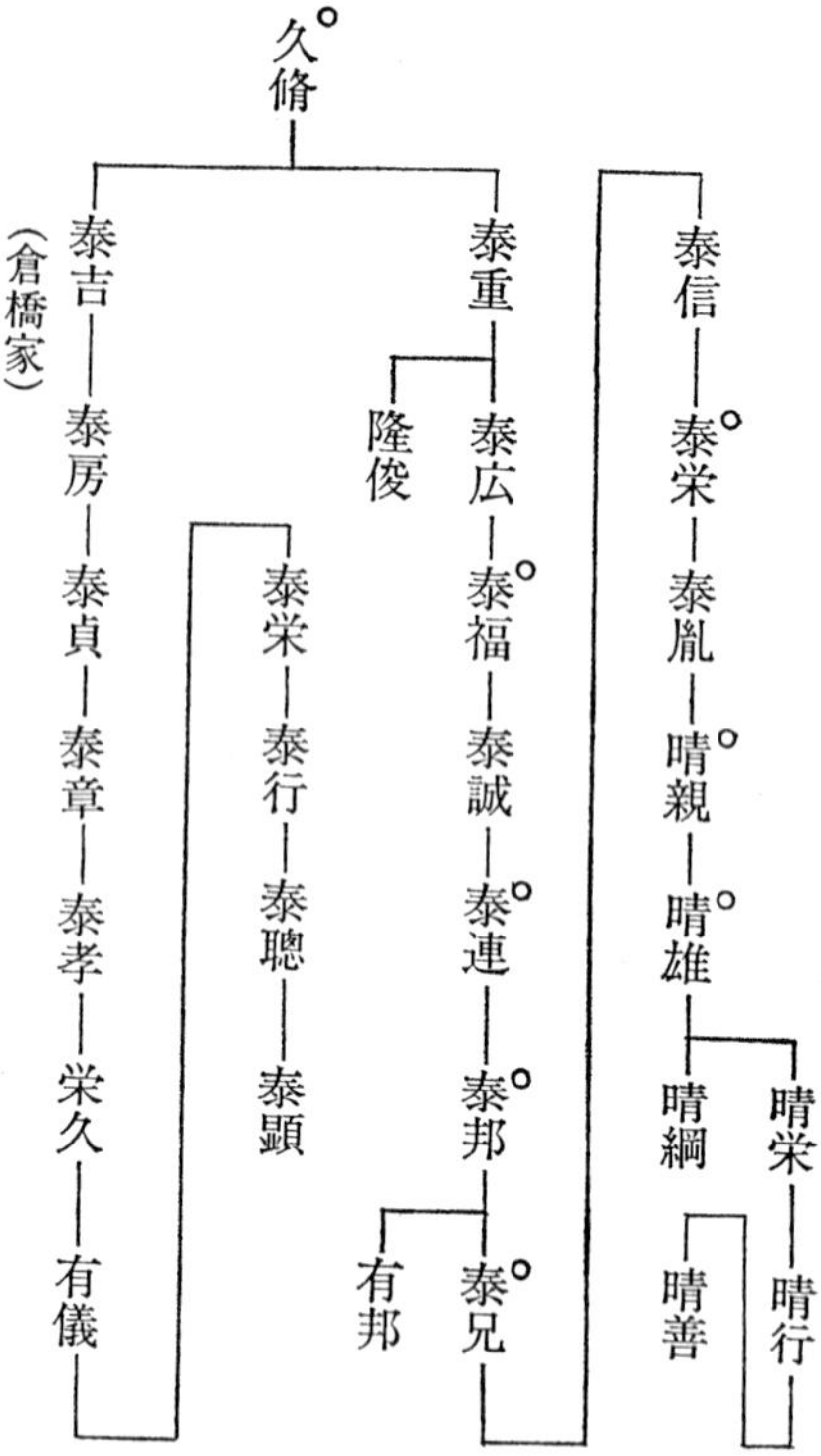

系図10　安倍（土御門）氏系図（その5）
（○印は陰陽頭になった人）

氏はこの地位を下りた。この幸徳井は院政期に出た賀茂成平の子で従四位図書頭漏刻博士周平を祖とし、応永ころ（一三九四―一四二七）には、刑部卿陰陽助定弘なる人物が出で、安倍一族の友氏二男友幸がその弟子となり、応永二十六年（一四一九）養子入りをして賀茂姓に改めた。その住地は南都の幸町で、往古神水の井あり、幸徳井と字した。吉備真備の墓は、それより東方遠からずにあり、もともと陰陽家にゆかりの場所であった。よって爾来幸徳井の姓を称するに至ったのである。『平城坊目考』には、幸町のほか、山上・吉備塚・梨原をあわせて南都四家陰陽家の住地とあり、吉備塚辺のものは奈良の市内に移りいま陰陽町（いんぎょまち――「いん」の部分にアクセントをつけて発音する）と呼ばれるのはその旧蹟と伝える。

以下幸徳井家については、渡辺敏夫氏『日本の暦』に従って要点のみを述べることとし、まず桃裕行氏の御好意をえて、幸徳井家の系図（系図11）をここに掲げる。泰重は幸徳井家の人々に暦本の書物を指南しており、表向、安倍家は暦道に関与しないことになっていた。元和二年（一六一六）、泰重は在富以後、賀茂家断絶し、安倍家が暦道を兼ねた時でも奥書は賀茂家の姓を用いた旨を述べ、禁中に対して造暦進献を断った。幸徳井家は友景・友種・友傅《すけ》と三代陰陽頭についたあと、土御門泰重の孫泰福が頭となった。泰福の時代、天和三年（一六八三）五月十七日、諸国陰陽道支配を安家に仰付けられる旨の霊元天皇綸旨が下り、これより土御門家は全国の陰陽師を統轄して免許を与える権限が付与された。ゆえに陰陽師職掌の一つである造暦も同家の支配に任されたのである。

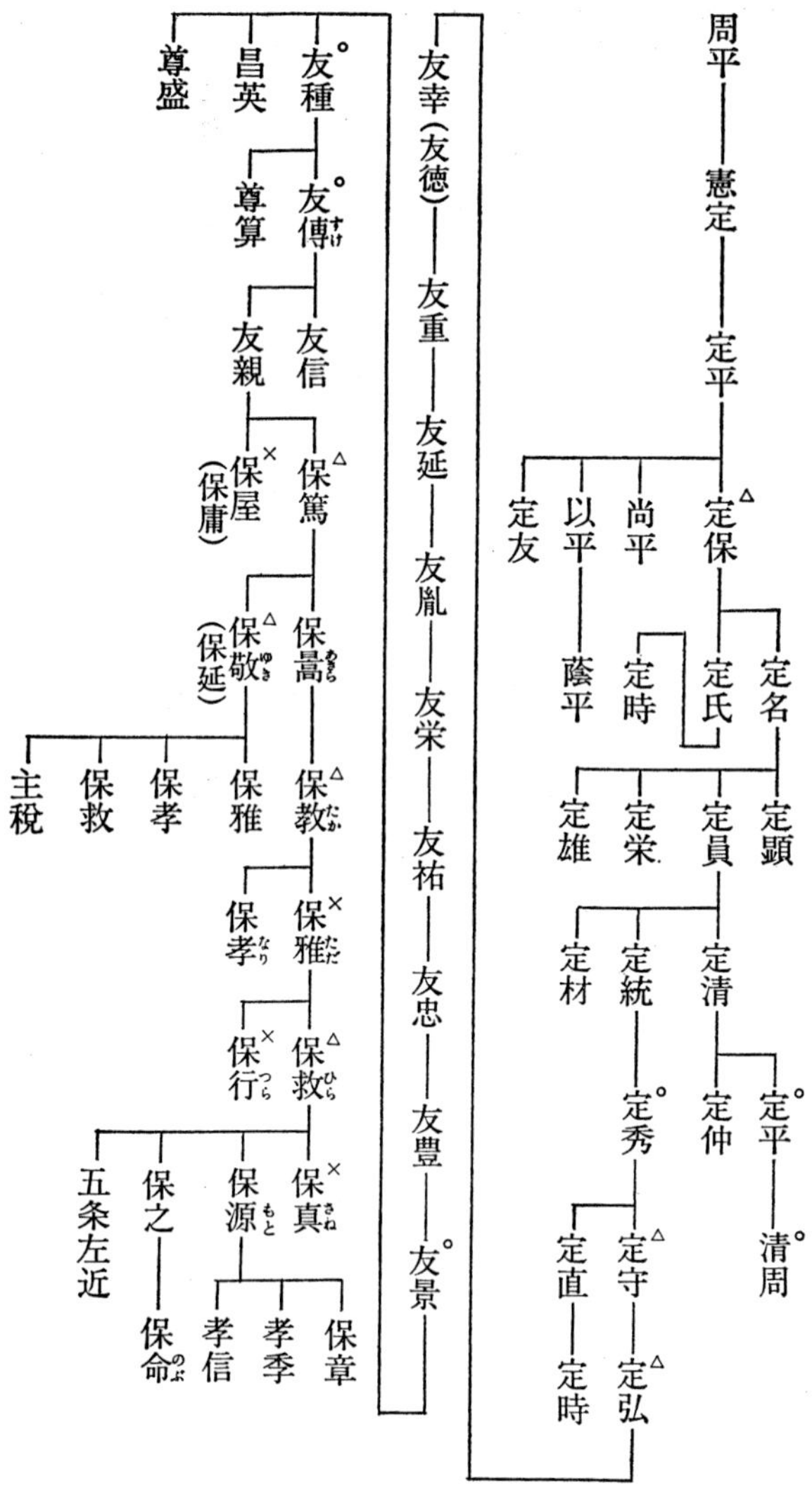

系図11　賀茂（幸徳井）氏系図（その３）
（○印は陰陽頭、△印は陰陽権助、×印は陰陽権頭になった人）

泰福は山崎闇斎の門に入って垂加神道を受け、中川経晃からは伊勢流の神道を学び、これらを基に、諸家神官の所説ならびに有職故実の伝承を羽翼として家伝の陰陽道の上に独自の神道を開いた。これが土御門神道・安家神道・天社神道などと呼ばれるものであるが、彼自身それについての著作なく、彼の神道をうけた渋川春海や春海の弟子、谷重遠（秦山）の著書から間接にその思想を把握する他はない。ただ既述江戸期天皇の都状や祭儀次第からその一端を窺うことは出来よう。春海（算哲）とのつながりはともに闇斎について学んだところにあり、春海が泰福の神道をうけた代りに泰福は春海より天文・暦学を授かった。

春海は寛永十六年（一六三九）閏十一月三日、京都四条室町に生れ、本姓を藤中氏、幼名六蔵、長じて助左衛門と称し、幼時、河内国渋川郡安井村出身で、将軍家碁所四家の一といわれた安井家（また渋川氏とも称す）に養子に入り、安井を名のり、のち、保井と改む。承応元年（一六五二）、養父算哲（次吉）死して碁所を継ぎ、出家して春海と号した。数学・暦法を岡野井玄貞や池田昌意に学び、清和天皇貞観三年（八六一）以来、使用しつづけられてきた宣明暦（第五章参照）が当時の実際に則さず、これを廃止すべきを主張した。

寛文十年（一六七〇）二月十五日の月蝕が暦本では一日違っていたのに、彼はこれを予言適中せしめ、将軍綱吉はこれを知ってその説明に耳を傾けた。翌十二年十二月、頒暦に注された望月蝕が当らず、ために延宝元年（一六七三）六月、上表して元代の授時暦をもって改暦されるべきを奏請したが用いられず、ついで同三年、夏の日食は宣明暦が合い授時暦ははずれた。ここにおいて彼は大いに悟るところあり、事実について究明の必要を感じ、天体観測を続け、天和三年（一六八三）十一月六日、重ねて改暦を上申した。よって朝廷は彼に改暦を命じた。しかし貞享元年（一六八四）三月三日の改暦にあたっては、春海が授時暦を改良して作った新暦は無視され、明の大統暦採用が決定した。

これは中国崇拝の心理にもよるが、編暦権が関東に移るのを恐れたことに由来しよう。春海は三たび上表してその不可を論じ、十一月望の月食を実例として説明し、衆議を伏さしめた。それより梅小路の土御門邸に八尺の鉄表を立て、泰福とともに晷《き》影（立てた竿の投射する影）を測り、星台を造り、彼の考案した新渾天儀をもって七星の運行を精測し、春海製作の新暦と校するに寸毫も違わず、ここにおいて泰福は新暦の千古に踰える優秀なものであることを霊元天皇に上奏し、遂に十月二十九日、貞享暦の名を賜い、大統暦は八カ月にして廃せられた。春海は欣喜雀躍、江戸に下って十一月二十八日、暦を綱吉に献じ、翌月碁方を免じ暦職天文方に任ぜられ、幕府の天文方はここに発足し、その公署を頒暦所と称した。

以後、頒暦は毎年江戸の暦職が作り、これを京都の土御門家に進上し、同家では暦博士の幸徳井に暦注を加筆させ、江戸へ戻し、暦職がこれを浄書してまた土御門家に送り、ついで朝廷に献上する例となった。この暦注加筆はまず八将軍と二神の記入、中段に定・取・破・危以下の項目、下段に社日・八専・土用以下日常生活の吉凶を記載するものである。いまも京都市下京区梅小路東中町の土御門邸址にある円光寺の境内には五尺四方の巨大な石がのこり、対角線的に十文字の溝と溝の外端にあたる四隅には穴が掘られていて、天文観測のための台石であったことを推さしめる（挿図16）。同寺の筋向い土御門家菩提寺である梅林寺には、「土御門泰邦製」と側面に刻した天球儀の台石が保存せられている。泰邦は、泰福の末子で陰陽頭天文博士になり、天明四年（一七八四）五月九日に没した人である。

挿図16　京都市梅小路円光寺境内にある天文観測台石（著者撮影）

長年中国に専ら依存してきた日本の暦道がここに独自のものを生み出した意義は大きいが、春海は貞享二年（一六八五）、『日本長暦』『天文瓊統』

をあらわし、さらに中世以来跡絶えた七曜暦を復活した。これを幸徳井友親が写記して上り、禁中で七曜暦拝の式典が行なわれた。春海は江戸本所二ッ目に司天台を設け、のち駿河台に移し、子孫にその職を世襲せしめたが、養子図書（昔尹）は春海に先立って没し、甥の右門がこれに代り、以後代々その子孫が継ぐこととなった。幸徳井友親は元禄十四年（一七〇一）三十一歳のとき東武に下り、春海について貞享暦の伝授をうけ、暦道の権威が関東に移ったことを事実上示した。

将軍吉宗も天文・暦学に関心深く、西洋暦法に基づく改暦を企図し、享保三年（一七一八）、紀州の工人加藤金右衛門に命じて測午儀を造らしめ、吹上御苑に置いてみずから観測を行ない、また建部賢弘に天体の南中を測ることを司らせた。賢弘は門人の中根元圭を吉宗に推薦し、吉宗は元圭に享保十七年、伊豆下田および江戸深川において日出の時刻や太陽の最高度を測らしめ、貞享暦との誤差を調べさせたが、それは見つからなかった。吉宗はさらに西川如見の子正休を天文方に起用し、右門の子則休とともに改暦の準備にかからしめ、土御門泰邦にもはかってその梅小路邸内に測量所を設置し、その費用として毎月金千二百両・米九百俵を下賜した。

しかるに、はしなくも正休・泰邦の間に意見の衝突が起り、これと前後して吉宗が世を去ったため、西暦法に基づく改暦は頓坐し、代って貞享暦に多少の修正を加えた新暦が採用され、宝暦四年（一七五四）十月十六日、奏進されて宝暦甲戌元暦と呼ばれた。あと泰邦は陰陽頭を辞し、代って幸徳井保暠《あきら》が任ぜられた。泰福以後、幕末まで頭は連綿土御門家の独占であった時期に、僅か四年余ながら、幸徳井家が一時任ぜられたのは、何故か解し難いが、泰邦が幕府天文方である正休と対立した結果、その地位を退かねばならぬ羽目に陥ったからではないか。保暠が正休と親しかったことから考えても、この更迭には幕府の力が働いていたのであろう。多分は洋暦に対する泰邦の抵抗があったと見られる。

とにかく宝暦暦がお座なりの修正に終ったことは、やがて宝暦十三年（一七六三）九月朔日の日蝕が頒暦になかったことから、さらに改暦の必要に迫られ、一方大坂の麻田剛立はみずから製作した曲折望遠鏡を用い、持中暦なる新暦法を編み出し、長崎の志筑忠雄（中野柳圃）は直接、西洋の天文暦法を研究し、蘭書の翻訳にあたりニュートンの学説を紹介する程の情勢へと進んだ。かくて幕府は麻田剛立を召して改暦せんと企てたが、剛立は老齢をもって辞し、その推薦にかかる門弟高橋至時・間重富の二人が起用された。至時は天文方に抜擢され、翌年八月、先任の吉田秀升（靫負）・山路徳風らと京都で、重富は江戸で奥村邦俊と観測に当った。京都では土御門泰栄（泰邦の養子）と相談して三条朱雀に観測所をおき、大坂の足立左内も加わって準備がすすめられ、かくて両地における調査の結果がまとめられて『暦法新書』八巻が成り、泰栄より上奏して寛政丁巳暦と暦号を賜わり、十年から実施され、吉宗の素意は漸く達せられたのである。

ついで阿波の藩士少出長十郎修善の改暦の献議をうけた幕府は、天保十二年（一八四一）二月十六日の月蝕実験でその正しさを覚り、渋川学佑訳『新巧暦書』と山路諧孝訳『西暦新書』に基づき改暦を行なうよう天文方に指示し、学佑・階孝・長十郎や足立信頼・吉田四郎三郎らが参企して九段坂上に観測を行ない、『新法暦書』九巻を作成、天保十三年、土御門晴親の校閲奏進を経て天保壬寅元暦の名を与えられ、十月六日宣下されたが、天保十五年より実施された。この天保暦は、日月五星の運動に楕円軌道論を入れた純粋の西洋流暦法で、太陰暦では最後のもっとも精緻な暦法であった。

六四　晴明社の神祭

さて、土御門家では、宝暦四年（一七五四）三月、享和四年（文化元年、一八〇四）三月、嘉永六年（一八五三）三月、晴明御霊社においてそれぞれ三七日の間、晴明七百五十年・八百年・八百五十年遠忌の神祭を執行した。七百五十年祭の記録には、

従一位左大臣仲麻呂（高屋大明神）安倍大明神十世、晴明霊社、右霊社北斗巨門星之精、文殊菩薩之化身也、但文殊因縁ノ事ハ元祖安倍大明神入唐ノ時文殊法ヲ伝来有故ニ南都ニ於テ大明神ノ御殿、御南所ニ文殊菩薩ヲ安置シ奉リ、即所ノ名ヲ安倍山文殊院ト号セリ、其後晴明霊社又於安倍山文殊ノ法ヲ修シ尊信アリ、当時泰邦卿御守本尊文珠菩薩ナル故殊ニ尊信アリテ今度霊社年回ニモ文珠ノ法ヲ専ラ修セラル、ヿ也、

とあり、当時晴明の霊所と称せられた七カ所に代参が土御門家から派遣せられた。その七カ所についてつぎの記述がある。

晴明霊社旧地之次第、

和州安倍山、是者先祖仲丸公御旧地也、則晴明霊社遺族相納石櫃有之当家第一之所ニ候事、

摂州東成郡安倍野村晴明霊社旧地、毎月鎮火祭被修行候、第二之旧跡也、

若州名田庄当家之旧地ニ者霊社鎮燕之所ニ候、第三、

泉州信田当家之旧地ニ而則霊社鎮守有之候、第四、

京葭屋町一条当家元屋敷霊社有之候、第五、

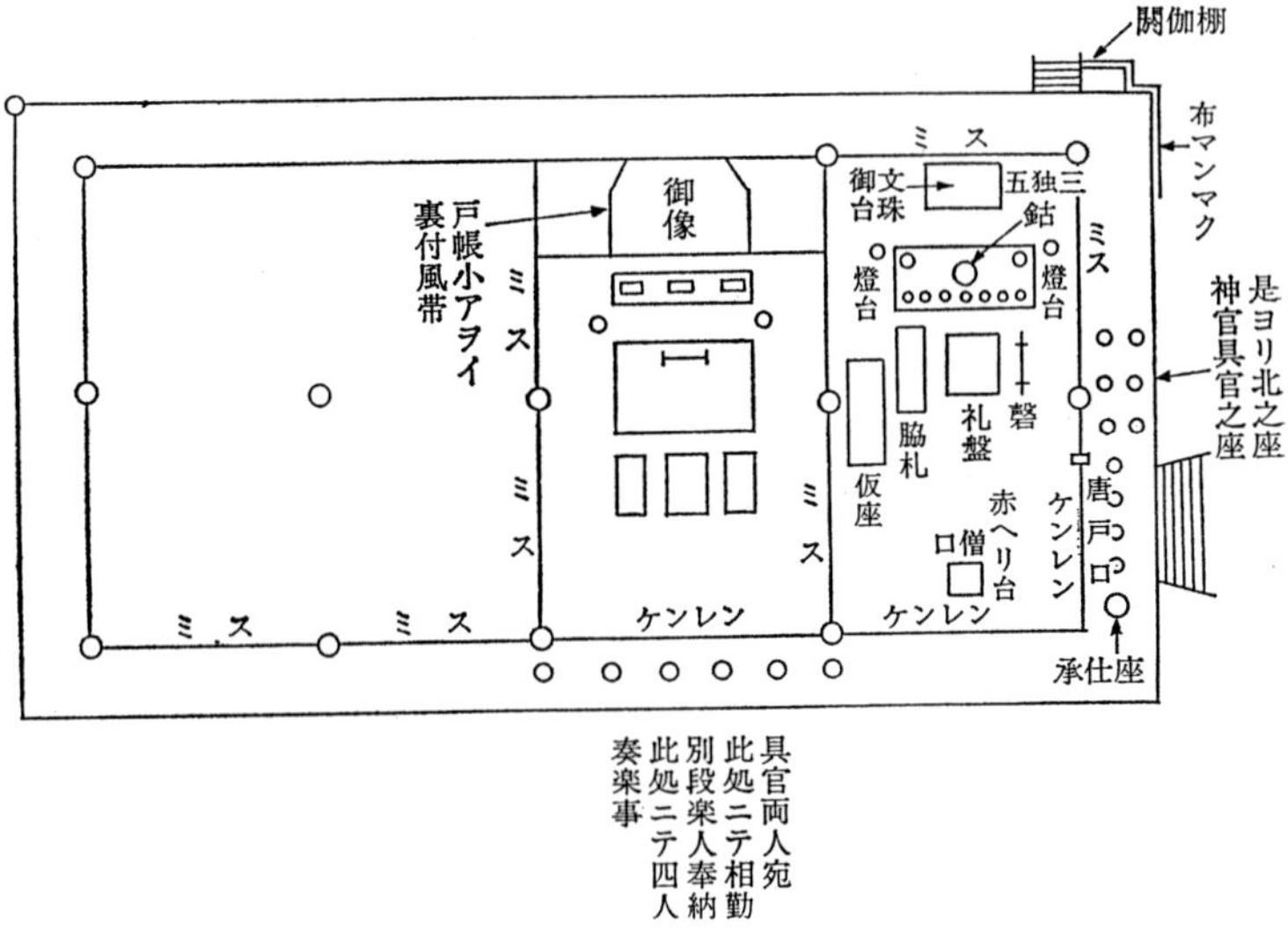

挿図17　晴明社八百五十年祭式場指図

嵯峨寿寧院寺内晴明廟有之候、第六旧跡、
伏見街道ニ橋元遣迎院晴明墓有之候事、第七旧
跡、

これらの旧地旧跡近辺には土御門家配下の陰陽師が住んでおり、この神祭には様々のお供物を献上している。七百五十年祭は泰邦、八百年祭は泰栄、八百五十年祭は晴雄が営んだもので、八百年祭には無量寿院僧正なる人も参加しているが、これは多分安倍氏出身の僧侶で浄土系の人と思われる。梅林寺墓地には清浄院殿安倍泰明の墓があり、墓碑に

当寺中興開基、宝暦二年壬申十一月二十三日建
之、安倍英元建之

とあって、土御門家菩提寺としての梅林寺は泰明のはじめたものであることが判明する。土御門一族の墓としてはこれがもっとも古く、ついでは、宝暦四年八月二十九日卒の泰兄（泰連の子で泰邦の養子）の墓で、泰明は泰連または泰邦の子かとも思われ、右の無量寿院僧正は泰明のつぎの住職ではあるまいか。

八百五十年祭の記録をみると、東寺宝菩提院からも当日参詣され、文殊像所で御修法が営まれた。宝菩提院は宿曜道の寺院で、いまも宿曜道関係の典籍が多数所蔵されている。この年は祭の初日が三月八日で当日巳刻、陰陽頭以下が本門を出て南行、八条通を西行し、南方赤門に入るころ、宝菩提院の僧は権殿東階を昇り、唐戸より入って着座し修法を勤めた。その式場の指図は第17図に示されているる。同時に大陰陽祭儀と称せられる盛儀もあり、これは三月六日習礼の次第書と祭場の指図があるので、それによると、天曹地府祭に似て神酒が三献まで行なわれ、その間酒水・加持・拍子・炷香・打磬・振鐸・祭文朗読がある。その中で奉幣が行なわれる。五方座および弓箭鉾銭《くゎ》座とはどのようなものであろうか。

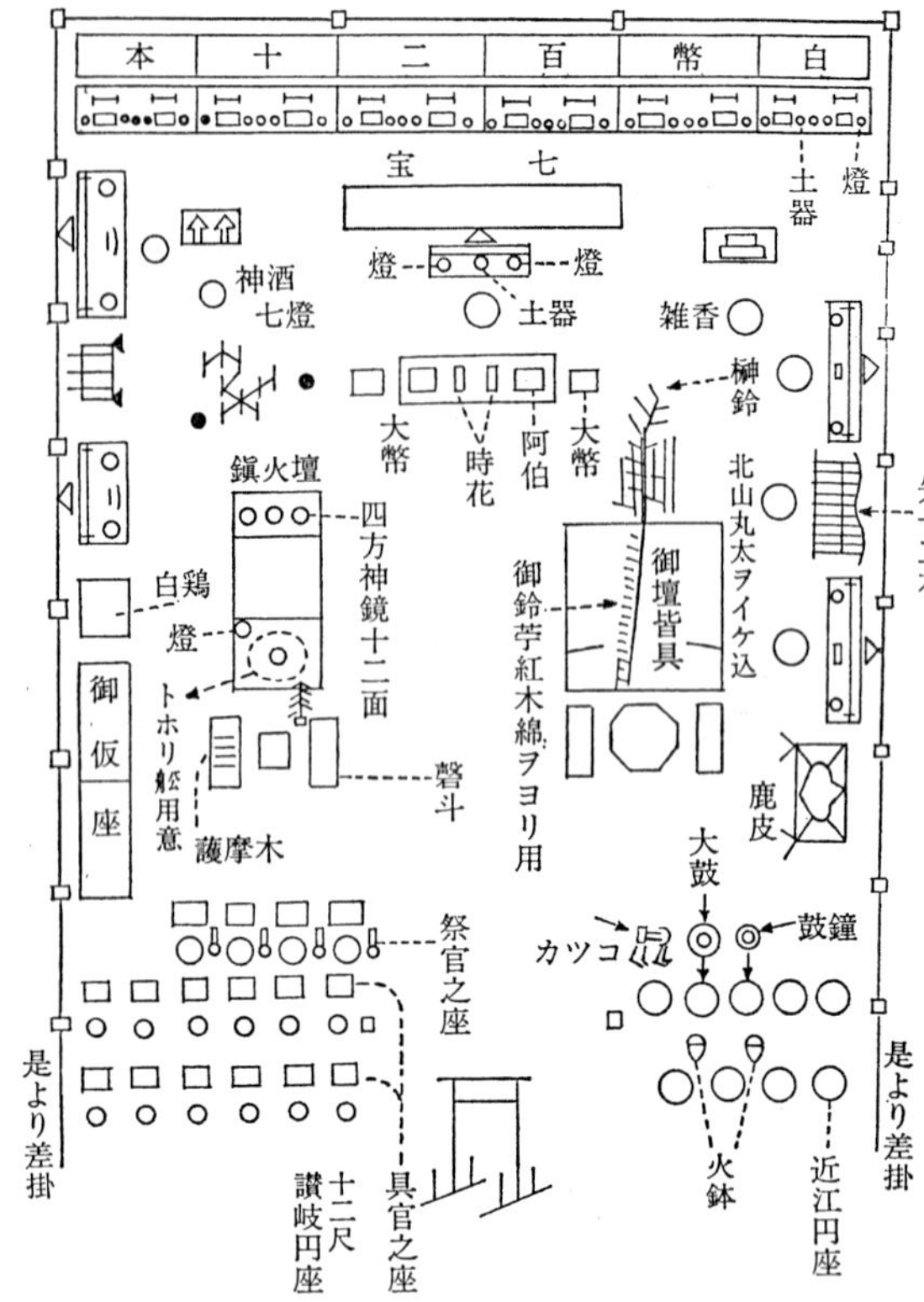

挿図18　晴明社による大陰陽祭儀式場指図

ここに示すその祭場の指図（第18図）は、未だ紹介されたことのないもので、重要な陰陽道各種祭儀を知る上にも参考になるであろう。一見して祭祀の中心が何処にあるのかわからぬほどごたごたしているが、七宝と神鏡と鈴榊と三つの壇があり、背後に百二十本の白幣が賑かに並べられる。面白いのは鎮火壇の向うに七燈と称し、北斗七星の様な配置に燈が並べられていることや、北山丸太に榊と鈴を執り付けたものを立てること、護摩木が用意されていることなどである。白鶏はそういった作り物をおいたものか。奏楽に鐘鼓・大鼓・羯鼓が用いられることがわかる。つぎに権殿の北に接して霊宝の展示場を設け、一般の観覧を許した。

これも指図があるが、いまその図に記載された展示物を展示順に列挙してみると、霊符神像図、加藤清正奉納鈴、楠木正成奉納神鏡、万里小路宣房筆蹟、劔璽渡御記（中納言為秀筆）、冷泉為氏筆蹟、三社神像図、高八足硯フタ、紫フクサ、六甲占、晴明霊社神像、織田信長所持の鉦、唐玉石座帳、大内義興筆蹟、平教盛筆蹟、安倍仲麻呂硯石、足利義政筆蹟、東山時代硯箱、柴田勝家筆蹟、義政所持蒔絵小箱、水戸黄門筆蹟、水晶玉、大黒天図（狩野貴信筆）、水晶山水、潔斎竹ノ図（狩野氏信筆）、おくたんとり、小渾天儀、猿ノ画（唐大監筆）、渾天儀、徳川秀忠筆蹟、源頼朝筆蹟、三条西実隆筆蹟、藤原忠通筆蹟、後伏見院宸翰、後陽成天皇宸筆天満宮神号、後陽成天皇宸翰、以上三十六点でこれ皆本物ならば大したコレクションであり、それらの行方はいまどうなっているのであろうか。この行事には、福寿講・月来講・美玉講はじめ、晴明町八雲社中などが、手伝いに参加した。

因みに、右の宝物に関し解説された文を若干紹介してみよう。

霊符神像

抑北辰鎮宅霊符尊神と申奉る者天に在してハ北辰尊星、地に在してハ鎮宅霊符神、左右にましますハ抱卦童子・持卦童郎と申奉る、此霊符尊神ハ御当家左大臣安倍高屋大明神より千三百余歳の霜々を経て其霊験のあらたかなること、人の能く知る所なり、今年晴明御霊社八百五十年の御遠忌ニより、諸人拝礼を許るさる、誠に稀のことなれハ、おの〳〵慎ミて拝礼あるへし

三社御神像図

抑此三社の御神像と申し奉るは往古よりの御伝来にして長日の御祈念怠りなく祭られ給ふ処、天正四年九月、織田信長公深く御所望ありて江州安土に安置まし〳〵、御出陣之節ハ怨敵退散之御祈願を籠給ふ、就中中国征伐の砌、信長公より秀吉公へ賜りしが、秀吉公御在世中深く御尊信あり、其後故有て再ひ当家納り、已前の如く長日の御祈禱修行まし〳〵て霊験誠に新に、悪魔降伏、怨敵退散の霊像なれハ、各慎て拝礼有るへし、

加藤清正奉納鈴

抑此霊符神璽、加藤肥後守清正常々此尊神を信仰ありて軍中に祈念し給ひしが、就中文禄二年二月、朝鮮のゐきに明軍の百万清正を囲み、殊に危急の籠城なりしに、勝軍破敵の象を表して駅路の鈴に玄武のかたちを彫、霊符神之尊躰を勧請し、深く祈念し給ひ、終に明の大軍危急の難戦に打勝給ひ、帰朝の後当家に納められし御霊像なり、

楠木正成奉納神鏡

楠贈三位中将正成卿ハ古今の忠臣、希代の良将にして、わづかの勢を以百万の勢を禦き給ふことハよく人の知所なり、此正成卿厚霊符尊神を信し給ひ、常々此神鏡を所持し給ひしに、行東運命の霊夢を蒙り、建武三年御当家江納め玉ふものなり、

六甲之占

抑六甲の占ハ御霊社以来、于今御当家神蔵あり、平日拝見を許されす、今年稀の御遠忌ニて拝見を許さる、猥ニ

手ニふれハ、冥罰を蒙るへし、

晴明社御印像

此御印像ハ晴明御霊社御幼年より天文・暦道・陰陽道に深く御琢錬、遂に其奥儀に通し給ひ、後世御子孫に伝へらるとて此御印像を残し玉ふなり、

織田信長鉦

信長公征夷大将軍の御時大明国より献ずる名器なり、信長公の御息女御当家御先代泰重の北之方なり、此御由緒によりふかく御秘蔵の品を進られしものなり、

玉石座帳

此唐玉石座帳は唐より信長公江献する珍器なるかゆへ信長公平日側におかれ、重宝し玉ひしに御息女御縁の砌、御当家江御随身ありしものなり、

安倍仲麻呂硯石

安倍仲麻呂公御年十六歳にして天文・暦学及ひ古昔聖教を学ハんとて遣唐学生として入唐御渡海の御時、阿波の鳴戸海底の珍石を以て御自作ありてより、此御硯を以唐土ニて数多の書籍を写し給ひ、日本国ニ送り玉ひしより、悉く吾朝に博すること、実に天下の名器なり、扨童女の輩まて能く知れる百人一首の内、天の原の御詠歌も此御硯にて記るさせ玉ふものなり、

義政蒔絵小箱

足利家ハ御当家ニ御由緒あり、殊更東山殿ニハ格別の御親みありて此御硯箱・御小筥等進られしものなり、世俗に時代と申て茶器其余種々の類数多なり、然ルニ時代と申ハ其比のやう思ふ人もあれとも、惣而時代と申ハ東山

殿を指して申こと也、

以上、荒唐無稽の伝承を含むこれら遺物も、近世の土御門家を権威づける器物として示されているところに、興味を惹くものがあるであろう。

晴明遠忌神祭の一瞥を終って、話を幕末に進めると、嘉永元年（一八四八）九月には、孝明天皇一代一度の天曹地府祭が祭料米百二十石をもって挙行された。これが最後の宮廷天曹地府祭で、明治天皇の時代に入っては遂にその跡を絶った。欧米科学思想が輸入されて天人合一の理念はいまや時代遅れとなり、陰陽道は新政治理念からとり残されてしまったのである。

明治三年（一八七〇）、維新政府は太陽暦採用を決意し、陰陽寮を廃止し、天文暦道局をつくって大学の管轄とし、陰陽頭土御門晴栄を天文暦道御用掛に任じ、ついで暦法の書籍は東京大学暦道局へ、天文台は星学局に移された。星学局は同四年天文局と改まって翌年、大学南校内に移され、太陽暦採用を建言した内田五観を同局の勤務とした。かくて明治五年十一月九日、改暦の詔は下り、暦上の諸迷信打破が宣せられたのである。

朕惟フニ我国通行ノ暦タル、太陰ノ朔望ヲ以テ月ヲ立テ太陽ノ躔度《テンド》（三百六十度の度数を指す）ニ合ス、故ニ二三年間必ズ閏月ヲ置カサルヲ得ス、置閏ノ前後、時ニ季候ノ早晩アリ、終ニ推歩ノ差ヲ生スルニ至ル、殊ニ中下段ニ掲ル所ノ如キハ率ネ妄誕無稽ニ属シ、人知ノ開達ヲ妨ルモノ少シトセス、蓋シ太陽暦ハ太陽ノ躔度ニ従テ月ヲ立ツ、日子多少ノ異アリト雖モ、季候早晩ノ変ナク、四歳毎ニ一日ノ閏ヲ置キ、七千年後僅ニ一日ノ差ヲ生スルニ過キス、之ヲ太陰暦ニ比スレハ最モ精密ニシテ其便不便モ固リ論ヲ俟タサルナリ、依テ自今旧暦ヲ廃シ、太陽暦ヲ用ヒ、天下永世之ヲ遵行セシメン、百官有司其レ斯旨ヲ体セヨ、

晴栄はのち正三位勲三等貴族院議員子爵に任ぜられている。因みに安倍邦子は万延元年（一八六〇）より明治七年

（一八七四）まで和宮の上﨟として勤仕しているが、晴栄の伯（叔）母に当る人ではないかと思う。

六五　方違神社の信仰

近世における土御門家についてはこれでその概述を終り、一般民間の信仰に筆を転ずるが、近世は土地ごとに様々な俗信や慣習となって拡がり、これに関する文献や民俗的資料も夥しく、到底簡単には論じ尽せぬものがあるので、ここにはその二、三について論ずるに止めたい。

そのまず第一は、大阪府堺市三国ヶ丘に鎮座する方違神社《かたたがえ》の信仰である。近年植垣節也氏はこの神社の歴史と信仰を研究され、あわせて同社の史料とともに出版せられた（同氏『方違神社』―研究と史料―）ので、以下同書を基にして要点を記述してみよう。

方違神社のある依羅郷《よさみ》は、現在の大阪市住吉区から堺市北部にまたがる地域を占め、とくにその三国ヶ丘の地は摂津・河内・和泉三国の境界にあたっていた。延喜式内大依羅神社もこの郷に位置し、ともに平安初期から著聞していた。神功皇后が三韓から帰られ、この境界の地で方違の祭をし、やがて表筒男《うわつつのお》・中筒男・底筒男三神の和魂を住吉邑に移したと「方違宮縁起」（享保十五年成立）にあるのは、近世の伝承であろうが、方違信仰発生の真の原因を植垣氏は三国の境界という場所に由来するものと推定された。つまり当社へ参れば三国の土が踏めるから、この地方の人なら目的の方角の吉凶を知らずとも、おのずから参詣によって方違の意味が生ずるのである。

「方違宮仮名縁起」には、禁忌の方に向って舎宅を構え、窓垣を新たに開き塞ぎ、あるいは、旅行廻船の門出等をなしたものは急ぎ此社に参りその罪を解除し、社の埴土をうけて其身其家内に納め、此大神を敬信すれば皆災害をまぬがれるといい、あるいは境内の埴土をもって飴に造り粽とし、禁忌の宅地に納めれば邪気を避くと教え、その由来を神武天皇がむかし椎根津彦と弟猾《おとうかし》をして天香山の埴土を取らしめ、八十平瓮《やそひらか》・天平抉《あめのたくじり》八十枚を造り、丹生川上に天神地祇をまつり、菟田《うた》川の朝原において八十平瓮をもって水なしに飴を造るにあたり、これが成功すれば天下平定しようと占い、果して願いのごとくなった話を引いている。

住吉神社でも、恒例行事として毎年春二月四日・五日の両夜ならびに十一月上の卯辰の日、両夜の神事に前夜大和国畝傍山の社の埴土を三抓《つまみ》半取って帰り、これを取粉として住吉社の土で餅をつくり、社人の少女が餅を平桶に盛り頂に載せ、神前に運び、神官これを受取って神前に供える儀式がある。

さらに縁起には、方違宮の南一町余の場所に鈴山と呼ぶ小丘あり、むかし神功皇后此丘の下に御玩物の黄金製鶏を埋み納められたと伝え、世人は節分の夜、方違宮に参籠し、鈴山のもとに宿する時は年中禁忌の方なし、もし稀に金鶏の声を聞けば必ず祥瑞を得る吉兆と称し、節分の夜社参籠し、鈴山の下に宿し、明旦新年を迎えて去る時、各々鶏の声をつくるならわしであった。今の世、各地で節分の夜、除厄の祝詞をつくり、鶏鳴の声して吉兆とするはこのゆかりであろうと述べている。

以上の縁起の内容からしられる方違の方法は、社参して罪を祓い埴土を受けて家地に納め、あるいは鈴山のもとに宿するなどの呪法であって、宮廷の方違とはいささか異なる。この点について、植垣氏は、同社所蔵の「方違大祓」の文に、「級長津彦《しなつ》と云ふ神の朝霧夕霧を吹払ふ事の如く、万《よろづ》の民の方違ふ不図《おもはぬ》罪を吹放ち賜へと……」とあるのを引き、これは方角を正す意味でないとし、また「天津神等の詔に逆らへ給はむと云ふ事の方違はむ事を方違へと……」とあるところから、天津神の詔に逆らうことが方違う事と解され、方角の吉凶に関係のない考え方で、むしろ罪という観念に近いと述べられた。

確かにこれは方違信仰の大きな質的変化と考えざるを得ないが、植垣氏は多分「方違大祓」の作者が『延喜式』祝詞の大祓詞に引きづられて誤ったのだろうとしておられる。わたくしは、誤ったというより意識的に方違の呪法を一層民衆的に手軽にしようとしたところから来たものと思う。事実そうした考えによって当社の信仰は人気を博したので、近世における陰陽道普及の一面が窺われよう。

京都では、洛南の城南宮（真幡寸《まはたき》神社）がいわゆる方違《ほうちがえ》神社として現在も有名である。この社は式内社として、また白河・鳥羽両上皇の営んだ鳥羽離宮の鎮守として史上に著聞するが、鳥羽伏見の戦で社伝を失ったため、方違信仰の由来について何等徴すべきものがないのは残念である。

六六　近世の庚申信仰と有卦無卦信仰

方違信仰については、第一一章に取上げた庚申信仰が再び顧みられねばならない。

室町時代に隆盛期に入った庚申待の行事は、江戸期にはいよいよ普及し、様々の地方色を生み出したが、ここでは窪氏の研究に従い、その概括的展望を行なっておきたい。

元和・寛永のころよりすでに各種の娯楽とならんで鬮取が催され、さらし一反、太刀、円座など賞品は豪華なものであり、また七人で庚申待を催す風も起り、『言緒卿記』元和元年（一六一五）五月十四日条に見えるのが文献上の初見とされるが、これは庚申信仰と「七」の密接な関係を示すのみならず、庚申さんが治病辟病神とされていた事実を示すと述べられている。ついで『お湯殿上日記』天和二年（一六八二）五月十三日条以下の記事や『華頂要略』『日次記事』から、青面金剛に七色菓子・洗米・酒・燈火を供えて勤行したことが知られ、延宝三年（一六七五）刊の『芦分船』に至って金剛は庚申日の唯一の崇拝対象と説かれるようになり、その地位が高まってきた事情を示す。

このことはひいて各地に庚申堂造立の流行を促した。庚申塔についても板碑が天正ころで跡を絶った後、万治・寛文（一六五八―一六七三）ころから急増してくる。その原因として政情の安定、経済の発展、あるいは切支丹禁止の影響などがあげられているが、まだ充分でない。

飲食についても『寒松日記』元和九年三月二十九日条および寛永二年七月十三日条に豆腐を用いることが初見し、『鹿苑日録』寛永十五年二月二十六日条には、「今夜栄蔵主、梅岑に於て薬石を設く、薬石は粥なり」とあって、粥が延命の食物と見なされていたことを物語る。小野高潔の『歳事考証』には、赤小豆粥は古来正月十五日に啜るならわしで、このころは餅もその中に入れるようになった。これは辟邪延齢のためであるが、庚申の夜まで赤小豆粥を食うのは何のためだろうかといっており、同書成立の文政元年（一八一八）正月の風が庚申行事にまで拡がってきた次第を物語る。

庚申堂参詣も盛んで、なかんづく四天王寺庚申堂参詣は雑踏した。『難波鑑』や『浪華百事談』によれば、庚申は一年のうち平均六度はあり、参詣の人々は初庚申から願成就祝い納めの庚申詣までが大切とて十二燈十二燈と呼ばわる声、七色の菓子菓子と売る声交錯して、「仕舞い庚申」はとくに賑かなものあり、その日裸で参詣すれば遺尿愈ると伝え、褌のみの参詣者が多かった。京都では、青蓮院門跡の境内地にある庚申社は見猿、言わ猿、聞か猿の三猿をまつり、庚申日の参詣が多かった。けだし山王の猿を通じ、三猿の教訓が庚申信仰に結びついたのではないかと推測されている。由来庚申塔には殆んど三猿があらわされるようになった。

かくて庚申信仰の御利益は拡大して諸願成就となり、江戸松屋橋東詰の庚申像には何事によらず立願なすもの引きも切らず、願成就すれば石像の前に塩を供するならわしであった（万寿亭正二『江戸神仏願懸重宝記』）。庚申日の禁忌について、結婚・鉄漿・裁縫が忌まれ、この日孕めばその子必ず盗賊となるゆえ、もしその月に子が生れれば金の名をつけるがよいとされ（『東都歳事記』『松屋筆記』『燕石雑志』）、そのほか結髪・洗濯・建築の禁、地震・火事の場合、講を翌晩やり直す等俗信の派生は止まるところを知らぬ有様であった。

山崎闇斎は、庚申信仰より仏教色を払拭しようとし、伊勢神道と猿田彦神を結びつけた独自の三猿説を案出したが、仏教主流の傾向は依然として変らなかった。それらの詳細は窪氏の研究に譲りここでは割愛する。馬琴の『燕石雑志』には、中国で丙午・丁未の両年は必ず災ありとて恐れるが、日本では専ら丙午・庚申が忌まれる。丙午の女はその良人を食い、庚申の子は必ず盗賊となると述べ、そのあと、「宋より以降人の命運を談ずる者はかならず八字を唱ふ」とあるのは如何なる意味か、四柱推命学と呼ばれるものもこれに関係があるであろう。唐の李虚中の創唱にかかり、宋の徐子平がこれを完成したと伝える推命説はすでにわが国にも渡来していたのである。

有卦（気）無卦（気）の説も近世大いに流行した。もと五行家の説に出で、『五行大義』に一例として木性をあげ、これは申に受気し、酉に胎し、戌に養し、亥に生（長）し、子に沐浴し、丑に冠帯し、寅に臨官し、卯に王（帝）し、辰に衰へ、巳に病し、午に死し、未に葬（墓）るから、胎養長沐冠臨帝まで七気を王相の気すなわち有気といい、衰病死墓絶を死没の気すなわち無気とすとある。『古今要覧稿』には隋朝以前より知られていたが当時は一年十二月の間で考えられていたのを、唐のころより年にかけ五年七年と続くものとされ、貞享ころ（一六八四―七）以降、仮名暦にも載るほど普及し、有卦に入る人は名物の頭に「ふ」文字のついた七種を供えまつる風が拡まったとある。江戸時代、天下泰平の世に、しかも封建圧政下の中で、人々に希望をもたせ人生に潤いを与える材料として、かかる風が歓迎されたのであろう。有卦のみならず無卦にも祝いをすることがはじまり、倹約がきびしくとなえられた江戸末期の世中でもこの祝いの贈答は盛んなものがあった。

六七　易者の繁栄

かくて街の売卜者は繁昌し、『嬉遊笑覧』に卜者を「うらやさん」と呼ぶのは中世の算おき売卜者から来たものであろうとし、『人倫訓蒙図彙』を引いて、世に手占見通しというもの、伊勢・近江・讃岐など諸国にその集団あり、路傍、門の片隅にうずくまって下輩の男女を相し、判の占、五音調子の占など様々なものがある。法師の黒衣に輪袈裟を掛け数珠と扇を持ち、筮を用いず、貞享・元禄以後は有髪の修験者姿もあらわれたと述べている。

かように卜占の道具も筮占に限らず、様々な新規の方法が編み出された。銭卜はその一つで、八卦銭占とは「元亨利貞」の語を何度も唱え、三銭を手の中で上下まぜ合わせ、そのまま一銭宛縦に並べて銭の表裏を見分け、これで卦を立てるのである（天保十五年版『本朝年代記』）。筮竹の占法にも宝暦ころ（一七五一―六三）、平沢常矩なるもの略筮法を案出、易者間に議論を捲き起したが、その内容の解説は平田篤胤の『三易由来記』にゆずる。

小川顕道の『塵塚談』に江戸自慢の一つとして、卜占者の多いことを挙げている。曰く、

占卜者、人相家、相剣相墨色見等猶多し、諸所に居住し、渡世とする者数百人あるべし、中にも高名なるものは立派にくらすなり、又辻々往来へ出て活計とする者一町毎に一人ヅ、は極めて居れり、千を以てかぞふべし、

と。『江戸繁昌記』も売卜先生、大きな机の上に一巻の人相図本をひろげて弁説巧みに人の足をとめ、天眼鏡を用いて手や面貌を見、相手をみて吉凶を説き、金を巻き上げる。中には卜巫者もいて、神祭の壇をしつらえ荘厳をほどこし、人の信仰を集めるものもあると記している。これらは幕政も頽廃的様相を濃くしつつあった十八世紀後半からの著しい現象であった。

当時知られた易者には、新井白蛾をはじめ、河田東岡・水谷雄琹・松井羅州・片岡如圭・土肥鹿鳴（『先哲叢談』後篇）・中村襲袋（『近世畸人伝』）・神谷登・平沢左内（『賤のをだ巻』）らあり、わけても白蛾は浅見絅斎・菅野兼山について学び、易書十余種を著わし、擲銭星命と飛伏納甲雑占のごとき邪法をしりぞけ、専ら卦象を主とし、古易中興の称があった。けだし儒学界における古学唱導、国学の復興と、その傾向を一にするものであった。晩年加賀藩に召し抱えられて金沢に移り、寛政四年（一七九二）、六十八歳にて没した。坊間では白蛾の門人と自称する者が多かった。片岡如圭もまた名占をもって知られた。京師の人で、かつて江戸に遊び、有名な紅舗芳村屋の嗣児三歳になるのを占い、七歳にして夭折、家も没落するであろうと断じ、果してそのとおりになったとの挿話もある。

一方、いかさま師の例として、白蛾の『闇の曙』には大坂高麗橋一丁目に住む金神医者の話を収めている。患者を診察すると、十に五つはこの病人金神の祟りあり、薬では治療し難しとて祈禱をすすめる。その金神除の祈禱には必ず京四条辺に住む山伏をすすめるので、二人は相棒だと世間の評判であった。

民間における卜者の繁昌はたしかに天下泰平の象徴とも見えるが、他方では幕藩体制の行きづまりを反映した世相を示すものであった。やがて明治維新とともに宮廷陰陽道は解体し、暦法は太陽暦に改まったが、現代社会にも民間易道は生き続けてきた。科学万能にみえる現代世相にも多くの矛盾・頽廃は鬱積しつつあり、その意味から、泰平のこの世に陰陽道存在の意義は依然として消滅しないものがあるのである。

〔追　記〕

このたび三六七頁を中心に記事を大幅に改めた。これは木場明志氏「暦道賀茂家断絶の事」（『中世社会と一向一揆』昭和六十年十二月）の論旨をとり入れたのによる。また同頁で紹介した京都醍醐寺所蔵史料は文禄五年の「大地震記」と称する記録の一部で今回新発見にかかる。これについては改めて発表の期を待ちたい。

平成九年一月

村山修一

わ　行

索　　引

あ　行

か　行

さ　行

た　行

な　行

は　行

ま　行

や　行

ら　行

村　山　修　一（むらやま・しゅういち）

略　歴

1914年　大阪市に生れる。
1937年　京都大学文学部卒業。
現　在　大阪女子大学名誉教授，文学博士。

主要著書

日本都市生活の源流	（関書院，昭28）
神仏習合思潮	（平楽寺書店，昭32）
平安京	（至文堂，昭32）
藤原定家（人物叢書）	（吉川弘文館，昭37）
浄土教芸術と弥陀信仰	（至文堂，昭41）
山伏の歴史	（塙書房，昭45）
本地垂迹	（吉川弘文館，昭49）
古代仏教の中世的展開	（法蔵館，昭51）
習合思想史論考	（塙書房，昭62）
陰陽道基礎史料集成	（東京美術，昭和62）
変貌する神と仏たち	（人文書院，平成2）
修験の世界	（人文書院，平成4）
比叡山史	（東京美術，平成6）
天神御霊信仰	（塙書房，平成8）

日本陰陽道史総説《にほんおんみようどうしそうせつ》

1981年4月10日　第1版第1刷
2000年4月20日　第1版第8刷

著　者　村　山　修　一
発行者　白　石　タ　イ

発行所　株式会社　塙　書　房
〒113-0033　東京都文京区本郷六丁目8―16
TEL　03（3812）5821（代表）
FAX　03（3811）0617
振　替　00100-6-8782

検印廃止　　西田整版・弘伸製本

定価はケースに表示してあります。落丁本・乱丁本はお取替えいたします。

日本陰陽道史総説《にほんおんみょうどうしそうせつ》　〔オンデマンド版〕

2010年9月20日　発行

著　　者　村山修一

発行者　白石タイ

発行所　株式会社 塙書房
〒113-0033　東京都文京区本郷6-8-16
TEL 03(3812)5821　FAX 03(3811)0617
URL http://www.hanawashobo.co.jp/

印刷・製本　株式会社 デジタルパブリッシングサービス
http://www.d-pub.co.jp

ISBN978-4-8273-1620-9 C3021　Printed in Japan
定価はカヴァーに表示してあります。